Blogs, Video und Online-Journalismus

Moritz „mo." Sauer

O'REILLY®
Beijing · Cambridge · Farnham · Köln · Sebastopol · Tokyo

Kommentare und Fragen können Sie gerne an uns richten:
O'Reilly Verlag
Balthasarstr. 81
50670 Köln
E-Mail: kommentar@oreilly.de

Bibliografische Information Der Deutschen Nationalbibliothek
Die Deutsche Nationalbibliothek verzeichnet diese Publikation in der Deutschen Nationalbibliografie; detaillierte bibliografische Daten sind im Internet über *http://dnb.d-nb.de* abrufbar.

Lektorat: Inken Kiupel & Ariane Hesse, Köln
Korrektorat: Sibylle Feldmann, Düsseldorf
Satz: Tim Mergemeier, Reemers Publishing Services GmbH, Krefeld; www.reemers.de
Umschlaggestaltung: Michael Oreal, Köln
Produktion: Andrea Miß, Köln
Belichtung, Druck und buchbinderische Verarbeitung:
Druckerei Kösel, Krugzell; www.koeselbuch.de

ISBN 978-3-89721-973-1

Dieses Buch ist auf 100% chlorfrei gebleichtem Papier gedruckt.

Für Freiheit, Dialog und meine beiden Mädels

Inhalt

Teil 4: Rechtliche Grundlagen von Laura Dierking und Christoph Golla

Vorwort

Das Internet hat eine Medienrevolution eingeleitet, die jetzt richtig in Fahrt kommt. Während früher wenige Journalisten und Redakteure über das Radio, das Fernsehen und die Printmedien viele Menschen informierten, so bietet uns das Internet heute die Möglichkeit, dass jeder mit jedem kommunizieren kann. Dadurch rüttelt das Internet als ein Medium individualisierter Massenkommunikation an den Grundpfeilern der etablierten Massenmedien, weil jeder von uns zum Sender werden und autonom bestimmen kann, was er gerade empfangen möchte.

Während wir bei den sogenannten *One-to-many-Medien* (Radio, Fernsehen, Printmedien) lediglich zuhören, zuschauen oder lesen können, bietet uns das Internet zahlreiche Formen der (Re-)Aktion. Ob in Foren, Blogs, in Gästebüchern, per Chat oder in Newsgroups – überall dort, wo Interaktion erwünscht ist, kann man mit Einträgen oder Kommentaren seine Meinung in Form von Bildern, Texten und Tönen hinterlassen.

Noch spannender gestaltet sich das Internet, wenn man mit einer eigenen Webpräsenz selbst zum Sender wird. Preiswerter Webspace, vielseitige Software und moderne Technologien ermöglichen es jedem von uns, eigene Texte, Bilder und Videoclips einem potenziellen Millionenpublikum zugänglich zu machen. Bemerkenswert ist dabei die Tatsache, dass man heute Internetseiten ins Web stellen kann, ohne programmieren lernen zu müssen. Zahlreiche Blog-Anbieter oder frei erhältliche Redaktionssysteme ermöglichen das Publizieren von eigenen Text-, Ton- oder Videobeiträgen. Für einen einfachen Internetauftritt braucht man heute nur wenige Stunden, denn die entsprechende Software greift einem hilfreich unter die Arme. Den Bau der Seiten übernehmen hierbei kleine, wendige und einfach zu verstehende Redaktionssysteme – z.B. das in diesem Buch vorgestellte *WordPress*. Sie ermöglichen es dem Benutzer, über den eigenen Browser Einträge zu verwalten, zu editieren und um neue Artikel zu erweitern. Mithilfe dieser Weblog-Systeme konzentrieren wir uns auf das Wesentliche: die Gestaltung guter und spannender Inhalte.

Wer vor zehn Jahren mit einem Artikel ein größeres Publikum erreichen wollte, musste gute Kontakte zu den Printmedien haben oder für den Selbstverlag des Texts in die eigene Tasche greifen. Heute reicht ein wenig Webspace, und schon kann es losgehen. Um z.B. ein kleines Internetmagazin zu einem speziellen Thema zu betreiben, reicht ein wenig technisches Know-how. Während die Herausgabe eines Printmagazins immer ein finanzielles Risiko darstellt, vorfinanziert werden muss und einen eigenen Vertrieb benötigt, muss ein Onlineartikel nur ins Web gestellt werden. Während ein Printmagazin immer einen längeren Vorlauf und eine längerfristige Planung erfordert, können Sie Texte direkt nach der Fertigstellung im Internet veröffentlichen. Und während Sie sich beim Printmagazin fragen, wer es wohl liest, welche Artikel beliebt sind und was Ihre Leser eigentlich denken, erfahren Sie über die Kommentarfunktion Ihres Blogs direkt, was Ihre Leser von dem jeweiligen Beitrag halten und worüber sie noch mehr erfahren wollen.

Als kleines Beispiel möchte ich Ihnen mein eigenes Magazin vorstellen: Phlow.net. Das Magazin habe ich 2002 ins Leben gerufen, nachdem ich durch die Insolvenz meines Arbeitgebers meinen Posten als Onlineredakteur verloren hatte. Das Publizieren im Web wollte ich jedoch nicht missen. Ich stieß nach einigem Ausprobieren verschiedener Redaktionssysteme auf das Weblog-System Movable Type und ein paar Jahre später auf das exzellente WordPress-System. Ohne das Internet und ein Blog- oder Content Management System (*CMS*) wären mir viele großartige Dinge entgangen. Denn über das Magazin habe ich im Laufe der Jahre Gleichgesinnte kennen- und schätzen gelernt, die in der ganzen Republik verstreut sind. Mit meinem Blog erreiche ich täglich mehrere Tausend Leser, erhalte als Journalist interessante Rückmeldungen zu meinen Artikeln, und ich genieße die Interaktion mit den Lesern. Dagegen nimmt sich die Ausbeute der Reaktionen auf meine Artikel in den Printmedien mager aus. Während der letzten acht Jahre erhielt ich, vermittelt durch die Redaktion, lediglich eine einzige Leserfrage. Im Vergleich mit mehr als 4.000 Kommentaren im gleichen Zeitraum via Phlow ist das noch nicht einmal ein Tropfen auf den heißen Stein.

Das Schöne an dieser Geschichte ist, dass sie keinen Einzelfall darstellt. Zahlreiche deutsche Blogger erreichen täglich eine große Stammleserschaft. Diese Leser rufen pro Monat und pro Weblog mehrere Hunderttausend Webseiten auf. Doch bleibt es nicht allein beim Lesen, sondern die Besucher und Blogger diskutieren, kommentieren und kommunizieren über moderne Techniken wie Trackback miteinander. Die Themen gestalten sich dabei so bunt wie ein wild zusammengeflickter Hippie-Teppich. Denn es gibt keine Regeln, worüber man schreibt. Gelesen wird, was amüsiert, weiterbildet, unterhält oder einfach informativ ist. Deswegen kann man zu Recht von einer Medienrevolution sprechen, denn mithilfe eines Blogs kann sich jeder seine eigene, persönliche Publikationsplattform aufbauen.

Fünf Argumente für dieses Buch

In diesem Buch erfahren Sie, wie Sie professionelle Inhalte für das Internet erstellen. Ob Sie Journalist, Wissenschaftler, PR- und Marketingprofi, Politiker oder ambitionierter Blogger sind, ob Sie gern schreiben oder lieber ein Video produzieren: Dieses Buch zeigt, wie Sie erfolgreich Inhalte in Text-, Bild- und Videoformaten im Internet publizieren und Leser, Zuhörer und Zuschauer finden. An dieser Stelle möchte ich Ihnen nur fünf aktuelle und wichtige Themen nennen, mit denen sich alle, die über das Internet veröffentlichen wollen, unbedingt beschäftigen sollten und zu denen Sie in diesem Buch zahlreiche Antworten finden.

Blog-Basics und individuelle Erweiterungen

Technisch gesehen, ist ein Blog ein robustes und intuitiv zu bedienendes Redaktionssystem. Das in diesem Buch vorgestellte *WordPress* nutzen und unterstützen weltweit Millionen von Nutzern. Der große Vorteil: WordPress ist flexibel! Den einen dient es als Tagebuch, anderen als Portfolio-Website, wieder anderen als Magazin, und manche nutzen es auch als Nachrichtenkanal für ihr Unternehmen.

Wie Sie WordPress installieren, konfigurieren, ausbauen und in Gebrauch nehmen, erkläre ich Ihnen in Teil 1, *Bloggen mit WordPress* und *WordPress mit Plug-ins erweitern*. In diesen Kapiteln erfahren Sie, wie Sie mit WordPress arbeiten und Ihre Artikel veröffentlichen. Außerdem zeige ich Ihnen, wie Sie ein neues Design hochladen und das Blog nach Ihrem Geschmack gestalten. In Kapitel, *WordPress mit Plug-ins erweitern*, erfahren Sie dann, wie Sie mithilfe von Erweiterungen, den Plug-ins, den Funktionsumfang und die Einsatzmöglichkeiten Ihres Blogs ausbauen.

Video – ein nachhaltiger Internettrend

Stellen Sie sich vor, Sie kommen auf eine neue Website. Auf dieser Website stehen Ihnen nun zwei Möglichkeiten zur Verfügung, die Website genauer kennenzulernen: Entweder Sie lesen dazu einen Text, oder Sie klicken auf einen großen Play-Button, der ein Video startet. Welche Möglichkeit reizt Sie mehr? Klicken Sie auf *Mehr Lesen!* oder lieber auf *Play*?

Zumindest der Großteil der Surfer klickt als Allererstes auf den Play-Button. Allzu groß ist die Neugierde, herauszufinden, was für ein Video hinter dem Button steckt. Und der Trend, Internetvideos und Videos auf mobilen Geräten anzuschauen, nimmt weiter rapide zu. Laut YouTube riefen im Jahr 2009 Nutzer pro Tag eine Milliarde Videos ab. Im Jahr 2010 sind es bereits 2 Milliarden pro Tag. Und während 2009 pro Minute 20 Stunden an Videomaterial hochgeladen wurden, so sind es 2010 bereits 24 Stunden. Auch die jüngsten Medienuntersuchungen der bekannten Firma Nielsen Media Research zeigen, das Video auch auf mobilen Geräten auf dem Vormarsch ist. Im ersten Quartal 2010 vergrößerte sich das Publikum für *mobile video* um mehr als 50% gegenüber dem Vorjahr (siehe *http://bit.ly/nielsen_video_2010)*.

Auch Sie können dabei sein und eigene Videos produzieren, um sie im Internet zu verbreiten. Mit Ihrem Handy oder einer Digitalkamera mit Videofunktion besitzen Sie schon die nötige Hardware für erste Experimente. Und um die Übertragung kümmern sich Videoportale wie YouTube, Vimeo & Co. Wie wenig Sie für ein Video brauchen und wie Sie es produzieren, zeige ich Ihnen im zweiten Teil, in Kapitel 4, *Video*.

Das A und O: Recherche und Netzwerk

Wer als Online-Journalist ernst genommen werden will, muss recherchieren können. Deshalb setzt sich Teil 3, *Online-Journalismus,* ausgiebig mit den vielfältigen Funktionen der Suchmaschinen auseinander. Sie werden überrascht sein, welch vielfältige Informationen man aus Datenbanken herauskitzeln kann, wenn man nur weiß, wie man die Suchriesen wirkungsvoll für sich einsetzt. Ein anderer wichtiger Aspekt dabei ist, dass Sie am Ball bleiben und Ihre Themen stets im Blick behalten. Wer kontinuierlich über ein Thema und dessen Entwicklungen berichtet, der möchte, dass ihm nichts entgeht. Für den Nachrichtenüberblick in Echtzeit oder der jüngsten Vergangenheit ist *Twitter* das Werkzeug, das inzwischen im Werkzeugkasten eines jeden Bloggers zu finden ist. Doch nicht nur im Zusammenhang mit Nachrichten lohnt sich der Einsatz von Twitter, der Kurznachrichtenservice eignet sich auch hervorragend für die Netzwerkpflege und den Austausch unter Freunden und Kollegen. Ein weiteres nützliches Werkzeug, um Themen, Blogs und Nachrichten-Websites im Blick zu behalten, sind *News-Aggregatoren*. Diese Programme, auch *Newsreader* genannt, sammeln automatisch die von Ihnen abonnierten Newsticker-Daten per *RSS* und helfen Ihnen, Nachrichtenportale, Blogs und Magazine im Blick zu behalten.

Auch wenn sich dieses Buch im dritten Teil hauptsächlich mit technischen Aspekten wie Suchmaschinenoptimierung, Twitter oder RSS beschäftigt, erkläre ich die Ur-Darstellungsform des Journalismus – die Nachricht – und gehe den Fragen, wie man eine gute News schreibt und worauf es beim Texten ankommt, nach.

Journalismus ist Kommunikation und Diskussion

Journalismus ist Kommunikation und Diskussion und keine nur in eine Richtung befahrene Autobahn wie in vergangenen Zeiten. Wer heute erfolgreich publizieren möchte, der muss mit seinen Lesern, Zuhörern und Zuschauern kommunizieren. Ein gelungener Beitrag ist gut, aber erst durch den aktiven Austausch und die Vernetzung mit Lesern, Zuhörern und Zuschauern wird er zu einem zweckdienlichen Beitrag. Für die erfolgreiche Kommunikation sind Weblogs, Twitter und Videos hervorragende Möglichkeiten. In diesem Buch vermittle ich Ihnen, wie Sie sich in Diskussionen einklinken und von der Kommunikation profitieren. Mit solidem Wissen im Bereich *Social Media* und über die technischen Möglichkeiten, Inhalte über Dienste und Plattformen wie Twitter oder YouTube zu verbreiten, haben Sie einen Vorsprung vor Ihren Kollegen und verbessern ganz erheblich Ihre Aussichten auf interessante neue Jobs.

Technisches Handwerkszeug für Journalisten

Wer im Internet erfolgreich Inhalte veröffentlichen möchte, sollte sich mit ein paar Technologien auseinandersetzen. Je mehr Sie über die technischen Anforderungen und Möglichkeiten im Web wissen, desto besser können Sie Ihre Beiträge aufbereiten und in Suchmaschinen platzieren. Darum setze ich mich eingehend in Teil 3, *Online-Journalismus*, mit der technischen Aufbereitung von Webseiten und Artikeln auseinander. Damit das möglichst anschaulich geschieht, bearbeite ich einen Beispielartikel, an dem Sie die einzelnen Schritte der Aufbereitung gut nachvollziehen können. Dabei erfahren Sie, wie Sie Webseiten den Webstandards entsprechend mit XHTML erstellen, und ich gebe Ihnen hilfreiche Tipps zur Gestaltung von Links, Bildern und Textbausteinen mit der Formatierungssprache CSS. Auch wenn das zuerst ein wenig trocken klingt, werden Sie sehen, wie viel Vergnügen es bereitet, die eigenen Inhalte zu optimieren.

Die technische Optimierung von Artikeln lohnt sich allein schon deshalb, weil sie dafür sorgt, dass Ihre Artikel durch die Suchmaschinen besser gefunden werden. Die sogenannte *Suchmaschinenoptimierung* bildet inzwischen ein eigenes Fachgebiet, denn die Anzahl der Websites wächst weltweit explosionsartig. Wer wahrgenommen werden will, muss sich mit Google & Co. beschäftigen. Teil 3, *Online-Journalismus*, zeigt Ihnen, wie Sie Ihre Artikel bestmöglich aufbauen, damit sie ihren Weg in die oben stehenden Treffer der Suchmaschinen finden. Das garantiert Ihnen nicht nur mehr Leser, sondern bringt in vielen Fällen auch handfeste finanzielle Vorteile mit sich.

Wer im Internet eine Website betreibt, twittert oder Videos veröffentlicht, bewegt sich nicht in einem rechtsfreien Raum. Wie alle Bereiche des öffentlichen Lebens ist auch das World Wide Web durch eine Vielzahl gesetzlicher Vorgaben geregelt. Damit Sie mit Ihrem Weblog oder Ihren Videos juristische Fallstricke erkennen und meiden, haben die Juristen Laura Dierking und Christoph Golla in Teil 4, *Rechtliche Grundlagen*, die für Sie wesentlichen Informationen zusammengestellt. Darüber hinaus haben sie zu den einzelnen Kapiteln Tipps und Hinweise beigesteuert, die auf konkrete Gefahren oder rechtliche Risiken im Zusammenhang mit den behandelten Inhalten hinweisen.

An wen sich dieses Buch richtet

Dieses Buch richtet sich an alle, die Spaß am Publizieren von Inhalten im Web haben. Ob in der Freizeit oder im Beruf: Bloggen und Videos produzieren ist einfach, und jeder Webinteressierte sollte es ausprobiert haben. Darüber hinaus richtet sich das Buch auch an

Studenten, die sich mit dem Thema Online-Journalismus näher beschäftigen wollen. Denn als Dozent habe ich leider allzu oft feststellen müssen, dass die Lehre mit der Geschwindigkeit der Netztechnologien nicht mithält. Auch Wissenschaftler oder Firmen, die Weblogs oder Videos im beruflichen Umfeld einsetzen wollen, entdecken sicherlich Interessantes in diesem Buch, schließlich sind Blogs und Videos hervorragende Werkzeuge, um mit anderen Forschenden oder Kunden schnell und unkompliziert zu kommunizieren und eigene Ideen oder Produkte im Dialog vorzustellen. Zu guter Letzt lade ich natürlich auch all diejenigen ein, die bereits bloggen oder Videos produzieren und sich intensiver mit der Materie auseinandersetzen wollen.

Danksagungen

Ein Buch ist nie das Werk nur eines Menschen. Ohne die zahlreichen Bücher von cleveren Autoren in meinem Schrank, ohne die (Fach-)Blogs und das Web und besonders ohne die Hilfe meiner Freunde und Kollegen wäre das Buch nie so gut geworden. Darum winke ich euphorisch aus Köln und drücke euch herzlich. Mein größter Dank gilt Jeannette und Ida für die Unterstützung beim Endspurt, meinen Eltern sowie Inken Kiupel und Ariane Hesse für die Geduld. Danke.

Typografische Konventionen

In diesem Buch werden folgende typografische Konventionen verwendet:

Kursivschrift
: Wird für Datei- und Verzeichnisnamen, E-Mail-Adressen und URLs, für Schaltflächenbeschriftungen und Menüs sowie bei der Definition neuer Fachbegriffe und für Hervorhebungen verwendet.

`Nichtproportionalschrift`
: Wird für Codebeispiele und Variablen, Funktionen, Befehlsoptionen, Parameter, Klassennamen und HTML-Tags verwendet.

`Nichtproportionalschrift fett`
: Bezeichnet Benutzereingaben auf der Kommandozeile.

`Nichtproportionalschrift kursiv`
: Kennzeichnet innerhalb von Codebeispielen Platzhalter, die Sie durch Ihre eigenen spezifischen Angaben ersetzen müssen.

Tipp

Hinweis

Warnung

Beispiel

§ Juristischer Tipp

Einführung

Der Benutzer ist der Inhalt.
Marshall McLuhan

Die Zeit der One-to-many-Medien ist vorbei. Heute informiert jeder jeden über das Medium Internet. Die Leser, Zuhörer und Zuschauer greifen immer öfter selbst ins Geschehen ein. Der Empfänger emanzipiert sich und macht den Schritt vom Konsumenten zum »Prosumenten«, der gleichzeitig produziert und konsumiert. So liest man im ersten Schritt vielleicht einen Artikel, im zweiten kommentiert, verbessert oder ergänzt man ihn. Früher diskutierte man dann in Kneipen, heute hinterlässt man seine Meinung über Ereignisse, Produkte und seine Lieblingsthemen auf Facebook, Amazon, Twitter oder seinem eigenen Blog.

Der Schritt vom Fan zum Berichterstatter ist fließend geworden. Passiert etwas, zückt heutzutage jeder sein Mobiltelefon, fotografiert, nimmt ein Video auf und lädt die Inhalte anschließend ins Internet hoch. Als Mensch will man teilen, und die Barrieren, die die Teilnahme an der Medienproduktion erschweren, sind mittlerweile so stark geschrumpft, dass jeder auf Wunsch zum Sender wird.

So ist auch endlich die Diskussion beerdigt worden, die einen Graben zwischen den Bloggern als »Rittern der Schwafelrunde« und den ernsthaften Journalisten zieht. Ernsthafte Journalisten bloggen heute und heißen nicht nur Stefan Niggemeier. Auch Trends kann heute prinzipiell jeder setzen, denn jeder kann berichten. Das fängt bei jungen Frauen an, die als Mode-Bloggerinnen zu den großen Laufstegen als Berichterstatter eingeladen werden, und hört bei Video-Bloggern auf, die fachspezifische Screencasts produzieren und Technik transparent machen.

Aus all diesen Gründen ist das Internet die größte Herausforderung für Journalisten seit der Erfindung des Buchdrucks durch Gutenberg. Denn das Web vereint sämtliche zuvor da gewesenen Medien und setzt als Sahnehäubchen noch die Möglichkeit zur Interaktion in Echtzeit oben drauf. Das Netz ermöglicht die Kombination aus Video, Audio, Links, Bildern und Interaktion. Außerdem transportieren die Datenleitungen – im besten Fall – Inhalte dorthin, wo die Leser, Zuhörer und Zuschauer diese abrufen wollen. Texte, Videos, Bilder, Audio konsumiert man heute nicht nur im Browser, sondern ordert Inhalte immer häufiger über E-Reader wie Kindle und den Tablet-PC iPad, RSS-Newsreader und mobile Endgeräte. Mit der drahtlosen Flatrate-Kommunikation wandert das Internet in die Hosentasche, ist die Suchmaschine omnipräsent und das soziale Netzwerk nur einen Klick entfernt.

Und die Botschaft lautet: *Sie können mitmachen!* Ein Blog oder ein Videokanal bei YouTube genügt, und Sie gehen auf Sendung und Empfang. Welche atemberaubenden Möglichkeiten sich Ihnen heute bieten, eigene Wort-, Video- und Tonbeiträge im Netz zu veröffentlichen, erläutere ich Ihnen in einem Schnelldurchlauf.

Blogs

Blogs – *ursprünglich Weblogs genannt* – sind Medien, die in der Regel von Einzelpersonen betrieben werden. Aber es gibt auch zahlreiche kooperative Blogs, bei denen sich mehrere Autoren auf ein Themengebiet spezialisiert haben und darüber berichten. Blogs sind dabei mehr als simple Tagebücher. Sie werden heute z.B. von Wissenschaftlern, Journalisten, Fachleuten, Bürgern, Politikern, Müttern, Jugendlichen, Unternehmen und vielen anderen für eine direkte und oft sehr ehrliche Kommunikation eingesetzt. Blogs machen es durch ihre einfache Handhabung leicht, Informationen zu organisieren und aufzubereiten. Mithilfe eines Blogs schafft sich jeder unkompliziert einen Nachrichtenkanal für die individualisierte Berichterstattung.

Schon allein durch das einfache Publizieren von Inhalten gelangen Blogs in das Bewusstsein der Öffentlichkeit und schaffen wiederum selbst eine Öffentlichkeit. Dadurch relativieren Blogs die etablierten Medien und bilden eine Gegenöffentlichkeit, die über eine alternative Stimme verfügt. Aktuelle Beispiele für Erfolge dieses Journalismus von unten und der unmittelbaren Wirkung per Weblog bilden die zahlreichen Fotos und Videos von Mobiltelefonen, die vor, während und nach dem Loveparade-Unglück im Web veröffentlicht wurden. Aber auch die Blogs, die aus Krisengebieten wie dem Iran, Irak oder Afghanistan Bericht erstatten, erzeugen Aufmerksamkeit und werden gelesen. Dabei greifen Blogs oft noch vor den etablierten Medien Themen auf und veröffentlichen wichtige Informationen.

Schon diese Beispiele machen deutlich, dass die Blogosphäre als sehr locker zusammenhängendes Kollektiv verstanden werden muss, in dem sich Tagebuchautoren neben Technik-Nerds, Experten mit außergewöhnlichen Fachinteressen und vielen anderen tummeln. Blogs bilden einen fast unüberschaubaren Markt an Meinungen und ergeben ein dynamisches Geflecht von Websites, die weit über das Internet verstreut sind und gleichzeitig nebeneinander, zum Teil auch untereinander agieren. Ihr kleinster gemeinsamer Nenner ist die ihren Websites zugrunde liegende Technologie, die Blogs von Foren, Magazinen oder Internetzeitungen unterscheidet.

Weblog-Typen

Neil Postman hat in seinem Buch *Wir amüsieren uns zu Tode* erklärt, dass Lesende anders denken, den Rhythmus der Informationsaufnahme bestimmen und ihre Konzentration stärken. Kein Wunder also, dass Blogs zum Denken anregen. Denn hier wird gelesen, mitgedacht und mithilfe externer Links das Verständnis einer Sache vertieft. Zahlreiche Blogs werden deswegen für den (politischen) Austausch von Gleichgesinnten genutzt, für die Organisation von Informationen oder das Sammeln von Fakten. Mittlerweile gibt es eine Vielzahl von Weblog-Typen, von denen hier einige vorgestellt werden sollen.

Watchblogs

Als *Watchblogs* bezeichnet man Blogs, die eine Medien- und Journalismuskritik betreiben. Eines der bekanntesten deutschen Watchblogs ist das mit dem Grimme-Preis prämierte *www.bildblog.de*, das es sich zur Aufgabe gemacht hat, die Bild-Zeitung zu überwachen und journalistische Verfehlungen, fehlerhafte Recherchen und streitwürdige Behauptungen aufzudecken (siehe Abbildung 1). Nach dem riesigen Erfolg hat das BILDblog jetzt »alle Medien auf dem Kieker«. Ein Watchblog muss aber nicht per se ein anderes Medium überwachen, sondern kann sich auch auf ein Themengebiet spezialisieren und seine Leser kontinuierlich über aktuelle Strömungen und

Tendenzen informieren. So beobachtet das *www.npd-blog.info* die rechte Szene in Deutschland rund um NPD, DVU & Co.

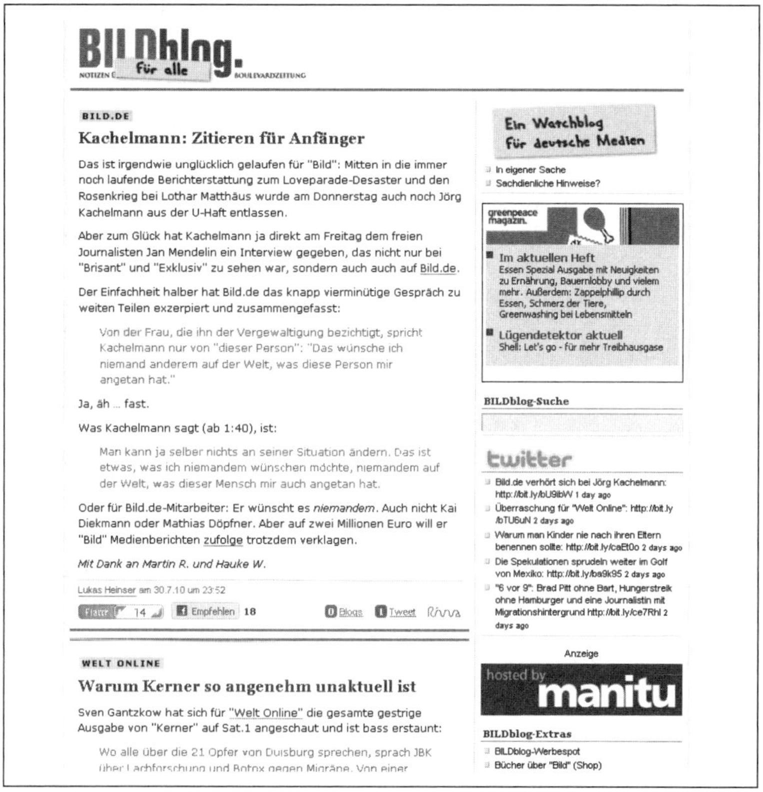

Abbildung 1 ▶ Das BILDblog ist Deutschlands renommiertestes Watchblog. Nahm das BILDblog früher nur die BILD auseinander, so berichtet es jetzt über journalistische Patzer und Fehlschläge aller deutschen Medien.

Warblogs

Blogs, die sich thematisch mit Kriegsschauplätzen und der Krisenberichterstattung auseinandersetzen, nennt man *Warblogs*. Die ersten Warblogs wurden bei der Invasion von Afghanistan eingerichtet. Eine Auswahl an Warblogs enthält der Wikipedia-Artikel *http://en.wikipedia.org/wiki/Warblog*.

Fotoblogs

Fotoblogs (oder Photoblogs) sind beliebt unter Fotografen, denn sie setzen die Bilder eines Bloggers in Szene. Das Themenfeld umspannt hierbei private Tagebücher im Fotoalbencharakter über Kunstprojekte bis hin zu Portfolios von professionellen Fotografen, die kontinuierlich ausgebaut werden. Ein Beispiel hierfür ist das Hamburger Fotoblog von Sean McKendall (siehe Abbildung 2).

▲ **Abbildung 2**
Fotoblogs sind besonders beliebt bei Fotografen und bieten ein wunderbares Schaufenster für ihr Portfolio (hier www.treeswing.net).

Videoblogs (auch Vlogs)

Um das Thema Videoblog kursieren zahlreiche Begriffe. Manche bezeichnen Videoblogs auch als *Vlog (Zusammensetzung aus* Video und Weblog). Das aktive Bloggen von Videos nennen Nerds dann *Vlogging*, *Videocasting* oder auch *Vodcasting*. Gemeint ist eigentlich nur, dass man in einem normalen Blog anstelle von Texten Videos veröffentlicht. Das bekannteste und älteste deutsche Vlog ist die Satiresendung *www.ehrensenf.de*. Ein weiteres bekanntes Videoblog, *Sixtus vs. Lobo*, wird sogar von 3sat ausgestrahlt (siehe Abbildung 3).

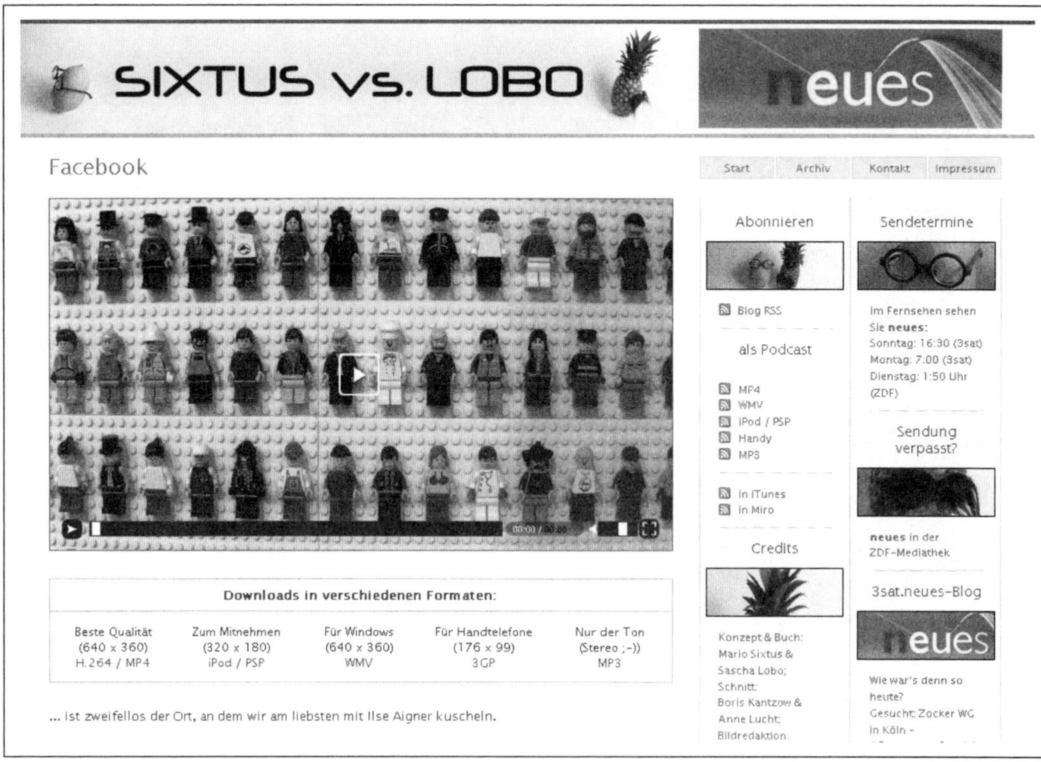

Abbildung 3 ▲
Sixtus vs. Lobo ist das satirische Videoblog der beiden Netzexperten Sascha Lobo und Mario Sixtus, das wichtige Internetphänome aus zwei schrillen Perspektiven auseinandernimmt.

Corporate Blogs

Blogs gehören mittlerweile zum guten Ton eines Unternehmens und dienen der Kommunikation mit der Außenwelt. Diese sogenannten *Corporate Blogs* sollen für mehr Transparenz gegenüber dem Kunden sorgen und können ganz ähnliche Funktionen übernehmen wie ein Newsletter. Sie eignen sich gut, um Anregungen der Kunden aufzugreifen und zu sammeln. Deutschlands Urgestein unter den Corporate Blogs ist *Das Saft Blog* (*www.walthers.de/saftplausch/saftblog/*). Auch Megakonzerne wie Mercedes versuchen sich an Corporate Blogs (*http://blog.mercedes-benz-passion.com/*). Und natürlich bloggt der O'Reilly Verlag unter *http://community.oreilly.de/blog/* ebenfalls.

Video – ein nachhaltiger Trend

Wer hätte im Jahr 2000 gedacht, dass zehn Jahre später jeder Videos kostenlos ins Web hochladen kann? Wer hätte geahnt, dass private Videoproduktionen ein Millionenpublikum begeistern und eine Videoplattform Unbekannte zu Stars werden lässt, ohne selbst aktiv in Erscheinung zu treten, wie wir es vom Fernsehen gewohnt sind? Und wer hätte schon vorausgesagt, dass jeder die Bordmittel für die Videoproduktion in der eigenen Hosentasche immer dabeihat?

Auch jetzt sind Video und Internet immer noch das Trendthema im Internet. Immer häufiger realisieren Blogger, Firmen, Marketingleute und der normale Bürger, wie einfach und preiswert es ist, Videos zu veröffentlichen. Der dicke, große Play-Button erscheint immer häufiger auf Websites – noch vor sämtlichen Artikeln. Auch die Klickzahlen belegen die Beliebtheit von Videos.

Doch Videos konsumieren Surfer nicht nur zur Unterhaltung. Screencasts (Bildschirmaufzeichnungen) vermitteln Wissen, erklären Zusammenhänge und die Bedienung von Software direkt am Bildschirm und ergänzen oder ersetzen herkömmliche Lehrmaterialien. Videos plus Interaktivität via Kommentarfeld, das sind die Stärken des Internets; sie verbinden Produzent und Konsument und eröffnen den Dialog.

Moderner Online-Journalismus

Online-Journalisten stehen für die Aufbereitung ihrer Inhalte andere, vielseitigere Möglichkeiten zur Verfügung, als es im Print-Journalismus der Fall ist. Guter Online-Journalismus ist immer die Kombination aus interessanten Inhalten und sinnvoll genutzten Technologien. Diese Kombination ermöglicht eine andere Vermittlung von Informationen als die alten One-to-many-Medien, und Links öffnen neue Bezugsfelder. Zudem lassen sich Leser einbinden, indem ihnen die Möglichkeit geboten wird, unmittelbar Kommentare und Rückmeldungen zu einem Beitrag zu hinterlassen. Darüber hinaus haben Onlinemedien den Vorteil, dass die Verbreitung von Inhalten über die bestehende und überaus praktische Infrastruktur eines Netzwerks verlaufen. Technologien wie RSS-Feeds oder API-Schnittstellen, mit denen Leser oder Hörer unmittelbar über die Veröffentlichung eines neuen Beitrags informiert werden können, machen das möglich. Viele Blogger und Videocaster nutzen bereits dieses Potenzial, und mehr und mehr Onlineausgaben von Printmedien bieten ebenfalls solche Dienste an.

Auch fundierte Kenntnisse darüber, wie Webseiten mit XHTML und CSS aufgebaut werden, sind im Online-Journalismus wichtig. Indem Sie Ihre Inhalte gut strukturieren und dafür sorgen, dass Ihre

Website standardkonform ist, schaffen Sie die Grundlage für gute Ergebnisse in den Suchmaschinen. Letztere nehmen neben sozialen Netzwerken eine absolut zentrale Rolle im Web ein, denn Google, Yahoo!, Bing.com & Co. leiten die Aufmerksamkeitsströme im Internet. Webseiten, die im Index der Datenkraken nicht auftauchen oder nur weit hinten aufzufinden sind, werden nicht wahrgenommen. Das bedeutet, dass Inhalte nicht nur für die Leser, sondern auch für die Suchmaschinen bestmöglich aufbereitet werden müssen, damit Sie Ihr Publikum auch tatsächlich erreichen.

Die Zukunft ist da!

Neben dem Internet hat sich vor allem auch die Mobilfunktechnik in den letzten Jahren rasant entwickelt. Waren Mobiltelefone anfangs noch als Geräte für die reine sprachliche Kommunikation konzipiert, so trägt man heute einen kleinen Mini-Computer samt Entertainment-Center mit Netzanbindung mit sich herum. Standardmäßig gehört mittlerweile zu jedem mobilen Telefon eine Kamera, die wie selbstverständlich Videos aufzeichnet. Weitere Funktionen wie ein integrierter MP3-Player, immer größere Speicherkapazitäten mit Speicherchips in Gigabyte-Größe und immer umfangreichere vorinstallierte Programme erweitern das Mobiltelefon zur persönlichen Schaltzentrale.

Mit der Unterstützung dieser Geräte wird jeder zum mobilen Reporter, das tragische Ereignis bei der Loveparade im Juli 2010 in Duisburg hat das eindeutig bewiesen. Während mit der Kamera vor Ort Bilder geschossen werden, zeichnet die integrierte Kamera Video und Audio auf und versieht diese gleich mit Geodaten. Anschließend kann noch ein kurzer einleitender Text verfasst werden, um in einem letzten Schritt den Bericht samt Video auf das eigene Weblog hochzuladen, und die ganz persönliche Nachrichtenberichterstattung ist komplett (Beispiele: *http://bit.ly/julias_loveparade_blog* und *http://bit.ly/loveparade2010doku*). Die Auswirkungen der Echtzeitkommunikation – vor allem über Twitter – hebeln die alte Berichterstattung zunehmend aus den Angeln. Und der nächste Trend, nämlich die Video-Liveübertragung, bahnt sich auch schon an. Dazu benötigen wir nur noch schnellere Datenleitungen, an denen die Techniker aber bereits arbeiten.

Es bleibt spannend.

Internetquellen und Buchtipps

Das Medium ist die Botschaft von Marshall McLuhan
Philo Verlagsgesellschaft, 2001, ISBN 3865724000

We the Media – Grassroots Journalism by the People, for the People von Dan Gilmore
O'Reilly, 2. Aufl. 2006, ISBN 0596102275

Here Comes Everybody: The Power of Organizing Without Organizations von Clay Shirky
Penguin Press HC, 2008, ISBN 9781594201530

Cognitive Surplus – Creativity and Generosity in a Connected Age von Clay Shirky
Penguin Press HC, 2010, ISBN 9781594202537

Was würde Google tun? von Jeff Jarvis
Heyne Verlag, 2009, ISBN 9783453155374

Deutschsprachige Blogs zum Medienwandel:

www.leanderwattig.de

www.medialdigital.de

www.neunetz.com

www.netzwertig.com

www.stefan-niggemeier.de

Teil 1: Blogs

KAPITEL 1

Bloggen mit WordPress

In diesem Kapitel:

- Warum WordPress?
- WordPress installieren
- Der erste Beitrag
- Ein Impressum anlegen
- Artikeleingabe und Texteditor
- Optionaler Auszug und benutzerdefinierte Felder
- Blog-Namen und Blog-Slogan ändern
- Ein WordPress-Design auswählen

Innerhalb weniger Minuten ist es heute für jeden Webbenutzer möglich, ein eigenes Blog einzurichten und direkt im Anschluss Gedanken, Artikel und Geschichten zu veröffentlichen. Entscheidet man sich für einen der kostenlosen Blog-Hosting-Anbieter – z.B. *www.wordpress.com* fallen noch nicht einmal Kosten für den Betrieb an. Trotzdem bieten diese Plattformen umfangreiche Dienste wie professionelle Layouts, Kommentare, Audio-Streaming, Trackbacks, Widgets, und, und, und.

Die Nachteile solcher Services liegen auf der Hand: Einerseits finanzieren sich Blog-Hoster in der Regel über eingeblendete Werbung auf den Blog-Seiten, und andererseits hängt der Benutzer vollkommen vom Service ab und schenkt ihm seine Inhalte für die mögliche Vermarktung. Unter Umständen könnte ein mühsam aufgebautes Blog innerhalb von Minuten aus dem Web verschwinden, weil dem Hoster finanziell die Puste ausgegangen ist oder sich die Geschäftsbedingungen ändern.

Außerdem ist das Nachrüsten des eigenen Blogs mit Zusatzfunktionen oft schwierig oder sogar unmöglich. Eigener Webspace bietet Ihnen hingegen die Chance, weitere Software zu installieren. Das könnte ein eigenes Fotoalbum, eine datenbankbasierte Umfrage, ein Podcast oder auch ein eigener Flash-Music-Player sein. Darüber hinaus können Sie externe Services wie Facebook, Soundcloud und Ähnliches über die Gestaltung eines eigenen Webdesigns einbinden oder Werbung einblenden, um mit Ihrem Blog Geld zu verdienen. Kostenlose Blog-Hosting-Anbieter bieten solche Möglichkeiten meist nicht oder nur gegen ein Upgrade auf ein kostenpflichtiges Premium-Blog. Ein weiterer Negativpunkt ist die Internetadresse: Meist muss man sich bei den Hostern mit einer Subdomain begnügen, die auf die Herkunft des Service verweist, z.B. *http://online-redakteur.wordpress.com*. Eine individuelle Internetadresse ist da deutlich schicker und einprägsamer.

Entscheiden Sie sich für eine eigene Website – wozu ich Ihnen rate –, müssen Sie zwar ein wenig Geld investieren, doch schon für weniger als fünf Euro im Monat erhalten Sie bei den großen Webhostern wie Host Europe, Domain Factory oder ALL-INKL genau den Funktionsumfang, der für den erfolgreichen Betrieb eines Blogs nötig ist. Achten Sie bei der Wahl eines Anbieters darauf, dass Sie eigene PHP-Skripten ausführen können und dass eine MySQL-Datenbank im Paket enthalten ist. Ihre Blog-Artikel werden in der Datenbank in einzelnen Datensätzen abgelegt und gespeichert. Gemeinsam mit der Datenbank erstellt das jeweilige Blog-System anschließend die nötigen Webseiten Ihres Blogs.

Mit einem eigenen Blog verhält es sich in etwa wie mit einem eigenen Haus: Man ist vergleichsweise unabhängig und bestimmt selbst die Auswahl der Möbel (Plug-ins), welchen Anstrich (Layout) das Eigenheim erhält und welche Gäste (Autoren) eingeladen werden. All das ist mit dem Open Source-Blog-System WordPress hervorragend umsetzbar.

Warum WordPress?

Wer sich für ein Blog-System auf eigenem Webspace entscheidet, dem bieten sich zahlreiche Systeme mit großartigen Möglichkeiten an, denn es gibt zahlreiche bewährte Blog-Systeme, die zum größten Teil sogar in Form von Open Source-Software frei zur Verfügung stehen. Zu den bekanntesten Blog-Systemen gehören neben WordPress z.B. Movable Type, Textpattern, Drupal, Expression-Engine und Serendipity.

Das perfekte Blog-System gibt es nicht, jedes System hat seine Vor- und Nachteile. Außerdem entscheiden bei der Wahl des richtigen Blog-Systems die eigenen Vorlieben. Während der eine Benutzer seine Artikel einfach nur in einem Webstandard-konformen Format veröffentlichen möchte, will ein Webdesigner seinem Blog gern einen eigenen Touch geben und benötigt dafür Gestaltungsspielraum bei der Programmierung. Daneben gibt es Blog-Enthusiasten, für die es nie genügend Erweiterungen geben kann. Wiederum andere lieben einen minimalistischen, übersichtlichen Webauftritt, der den Besucher nicht überfordert. Zu welchem Typ Sie gehören, wissen Sie selbst am besten. Das im Weiteren vorgestellte Blog-

System WordPress wird allen oben genannten Blog-Typen weitgehend gerecht. Denn WordPress überzeugt durch viele Pluspunkte, z. B.:

- eine schnelle und unkomplizierte Installation,
- ein gut strukturiertes Redaktionssystem samt hilfreicher Benutzeroberfläche für Autoren,
- eine große aktive (auch deutschsprachige) Community,
- zahlreiche freie Layouts und Erweiterungen,
- die einfache Verwaltung von Linklisten,
- und es ist frei und kostenlos erhältlich als Open Source-Software.

Hinweis Wie bei Open Source-Software üblich, finden Sie auch im Web Anleitungen zur Installation und Bedienung von WordPress. Da es auch eine deutschsprachige WordPress-Community gibt, finden Sie Antworten nicht nur im englischsprachigen Wiki unter *http://codex.wordpress.org/*, sondern auch auf der deutschen Website unter *http://faq.wordpress-deutschland.org/*. Die deutsche Website dokumentiert WordPress leider nicht so umfassend wie das englische Original.

Ein kostenloses Blog auf WordPress.com

Wenn Sie immer noch nicht ganz überzeugt sind, schauen Sie sich doch WordPress einfach mal an. Testen Sie WordPress über den kostenlosen Service unter *WordPress.com* und probieren Sie aus, ob Ihnen das Bloggen liegt. Es gibt noch weitere zahlreiche Blog-Hoster, von denen viele einen ähnlichen Funktionsumfang bieten. Ich stelle Ihnen aber *WordPress.com* vor, da es in Blogger-Kreisen einen guten Ruf genießt und sich mit so gut wie keiner Werbung auf den Blogs präsentiert. Schauen Sie sich jedoch ruhig auch einmal weitere Blog-Anbieter wie Blogger.com, Blogger.de, Blogg.de, 20six.de oder Blogigo.de an. Im Weiteren folgt eine Schritt-für-Schritt-Anleitung, um ein eigenes Blog auf WordPress.com zu starten.

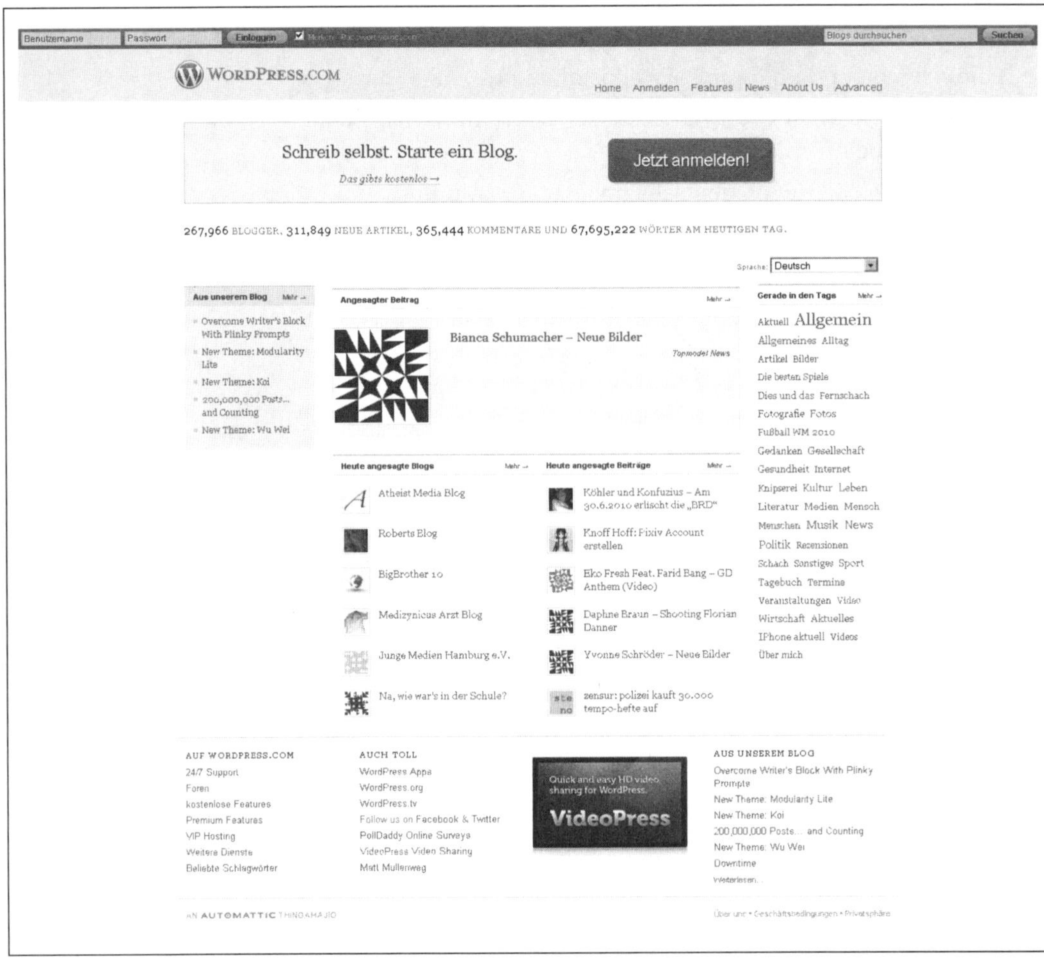

▲ **Abbildung 1-1:** Schritt 1: Ein eigenes Blog ist auf WordPress.com wirklich in Sekundenschnelle eingerichtet. Damit Sie ein Blog anlegen können, benötigen Sie zuerst einen eigenen, kostenlosen Account. Wenn Sie erstmalig bei *http://de.wordpress.com* sind, legen Sie für sich einen neuen Account an, indem Sie einfach auf *Jetzt anmelden!* klicken (Abbildung 1-1).

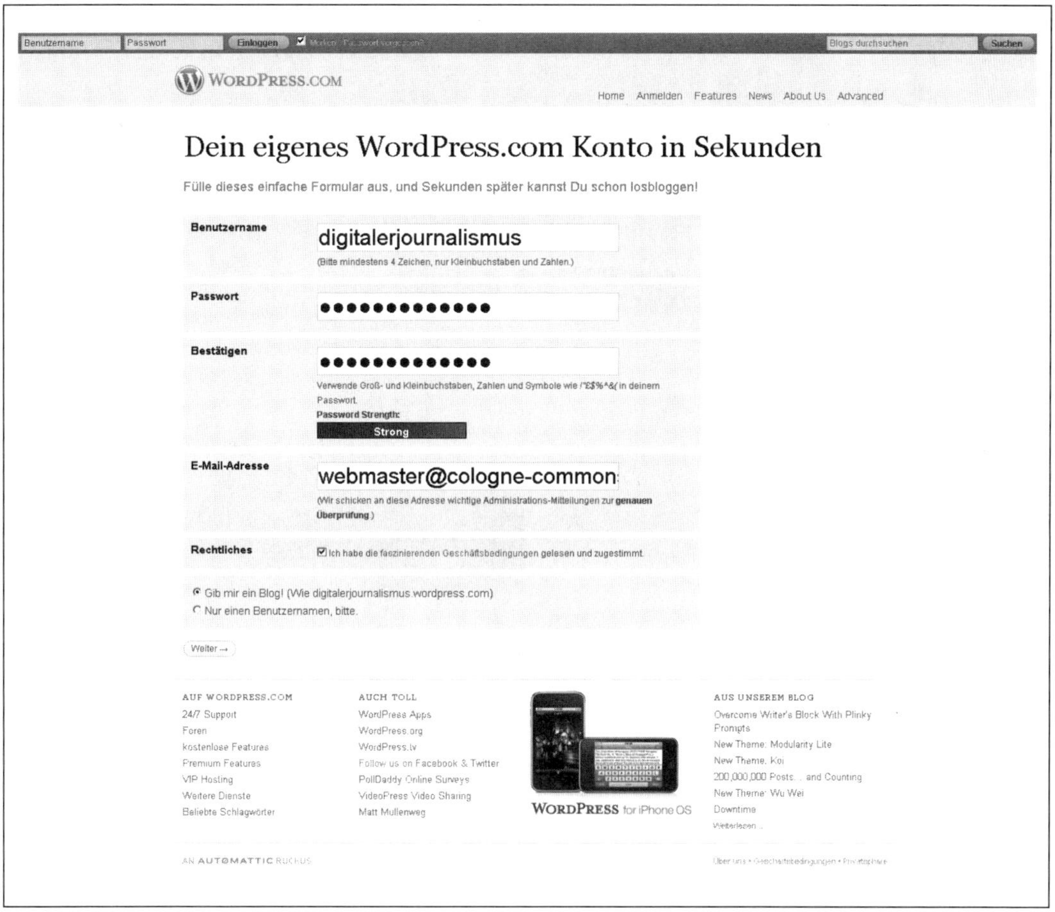

▲ **Abbildung 1-2:** Schritt 2: Als Erstes füllen Sie das Formular der Anmeldung aus und geben einen Benutzernamen, ein Passwort und Ihre E-Mail-Adresse an. Lesen Sie auf jeden Fall aufmerksam die Geschäftsbedingungen, bevor Sie sich mit einem Klick auf *Weiter* ein eigenes Konto anlegen.

▲ **Abbildung 1-3:** Schritt 3: Jetzt legen Sie einmalig und unabänderlich die Internetadresse Ihres Blogs fest. Die Subdomain gestaltet sich z.B. in der Form *benutzername.wordpress.com*. Leider dürfen Sie nur Kleinbuchstaben und Zahlen benutzen und keine Punkte oder Bindestriche. Jedoch können Sie den Namen Ihres Blogs und die Spracheinstellungen noch nachträglich ändern.

▲ **Abbildung 1-4:** Schritt 4: Nach einem Klick auf *Anmeldung* schickt Ihnen WordPress.com eine E-Mail. Füllen Sie aber am besten die drei Felder für Ihr Profil aus, bevor Sie die Registrierung bestätigen, so geben Sie der Bestätigungs-E-Mail ein wenig Zeit und vervollständigen Ihr Profil. Rufen Sie jetzt Ihr E-Mail-Programm auf und klicken Sie auf den Link in der Bestätigungs-E-Mail, um die Registrierung abzuschließen. Der Link wurde an die E-Mail-Adresse geschickt, die Sie im Formular angegeben haben, und befördert Sie zurück zu WordPress.com.

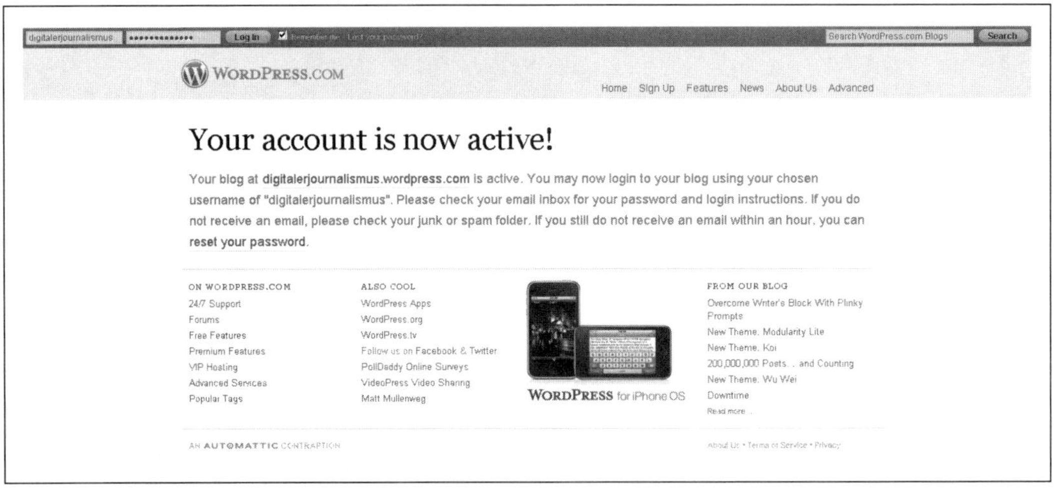

▲ **Abbildung 1-5:** Schritt 5: Hier loggen Sie sich jetzt das erste Mal mit Ihrem neuen Konto ein, indem Sie in der Kopfzeile den Benutzernamen und das Passwort eingeben und auf *Log In* klicken.

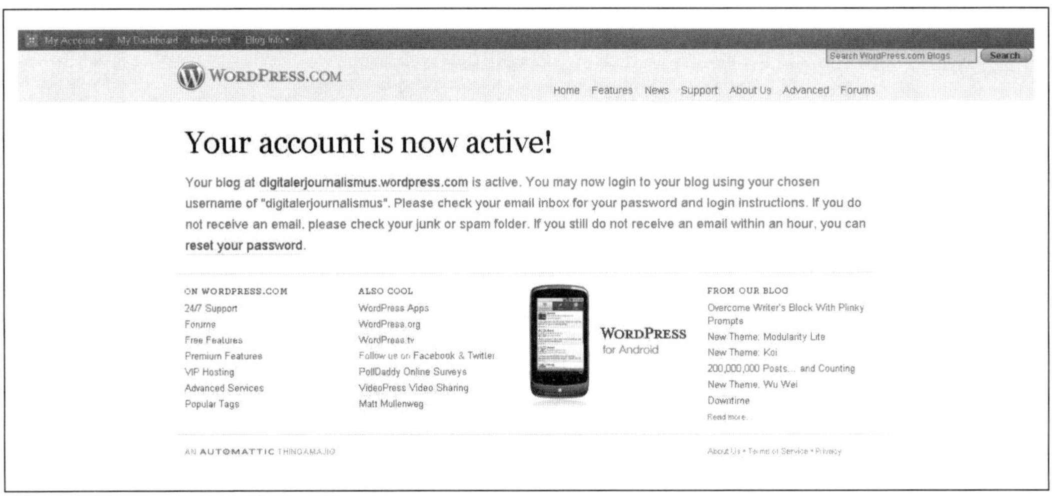

▲ **Abbildung 1-6:** Schritt 6: Nach erfolgreichem Log-in verwandelt sich die Kopfzeile in eine Menüleiste, die per Drop-down-Menü zahlreiche Möglichkeiten offeriert. Klicken Sie als Erstes auf *Account* bzw. *Mein Konto*. Dieser Link befördert Sie in das Redaktionssystem Ihres neuen Blogs.

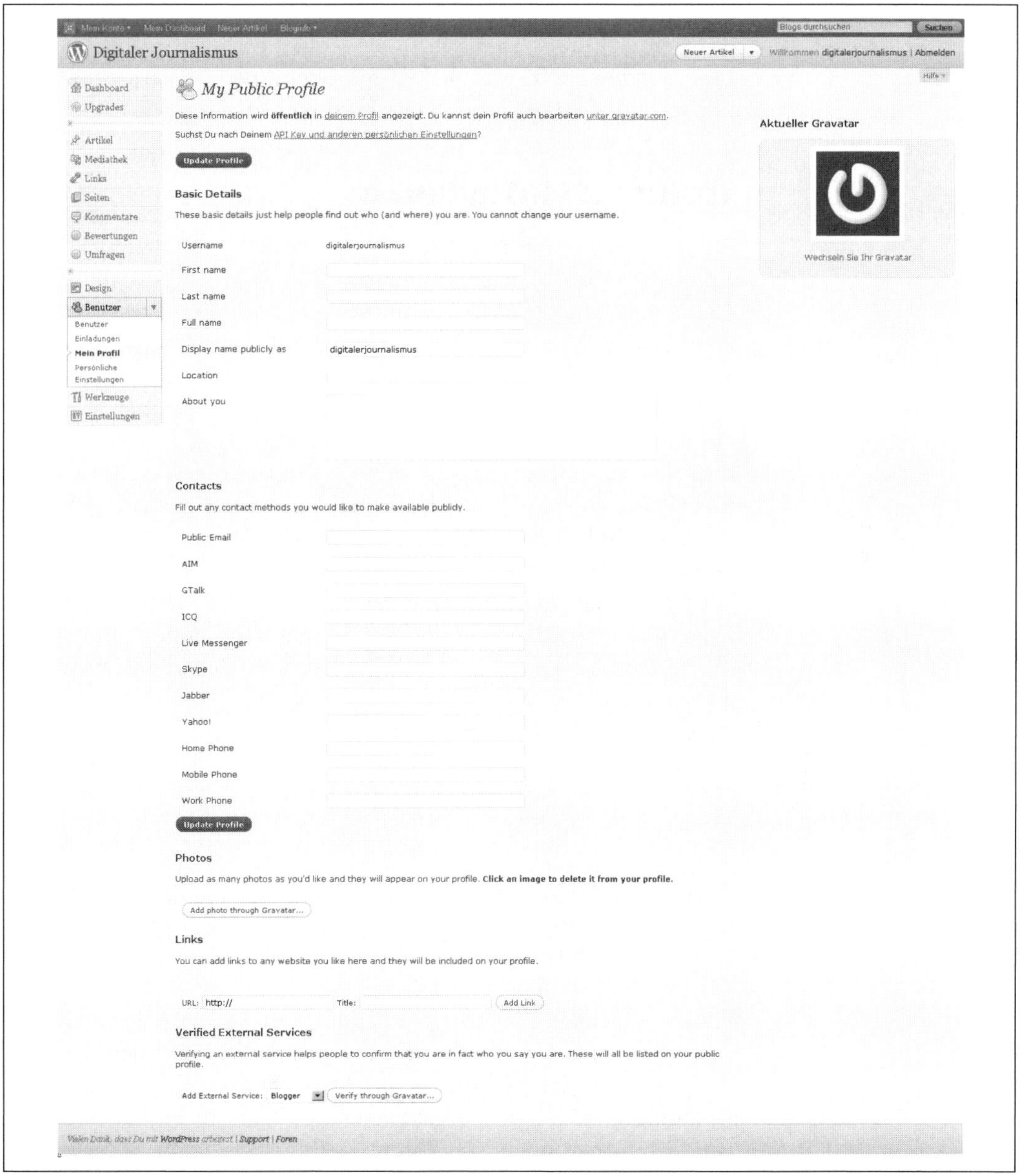

▲ **Abbildung 1-7:** Auf der linken Seite sehen Sie nun eine Leiste mit zahlreichen Optionen, die Ihnen auch bei der Installation eines Blogs auf eigenem Webspace zur Verfügung stehen und die im Folgenden beschrieben werden. Um einen ersten Artikel zu schreiben, wählen Sie *Artikel*. Am besten editieren Sie den ersten Artikel namens *Hello*

World!, den WordPress automatisch zu Beginn erstellt. Klicken Sie dazu einfach auf den Titel. Oder wollen Sie sich erst einmal Ihr Blog anschauen? Dann klicken Sie oben links neben dem WordPress-Logo auf den Blog-Namen.

WordPress installieren

Für die Installation von WordPress brauchen Sie dreierlei: einen eigenen Webspace-Account für das Blog, ein FTP-Programm für das Hochladen der Dateien und die neueste WordPress-Distribution. Damit WordPress einwandfrei funktioniert, muss Ihr Webspace folgende Komponenten unterstützen: PHP ab Version 4.3 und eine MySQL-Datenbank ab Version 4.1.2. Optional, aber sehr empfehlenswert ist die Möglichkeit, das Apache-Server-Modul *mod_rewrite* nutzen zu können. Es sorgt dafür, dass Ihre Links nicht aus Zahlenkolonnen bestehen, sondern als lesbare Adressen zu sehen sind. Daten und Angaben über diese drei Punkte erhalten Sie von Ihrem Webhoster. Normalerweise listen Webhoster sämtliche Funktionen der jeweiligen Webpakete auf. Sollten Sie dennoch nicht fündig werden, wenden Sie sich an den Support und stellen sicher, dass Ihnen auf jeden Fall PHP und die Datenbank zur Verfügung stehen.

Hinweis Um Ihnen den Alltag leichter zu machen, finden Sie unter *http://phlow.de/wordpress* immer die aktuellen Links zu diesem Buch und weitere Informationen rund um WordPress. Denn Programme wie WordPress, Trends im Internet und das Bloggen ändern sich generell schnell. Außerdem finden Sie unter *http://phlow.de/video/video-installation-wordpress* ein Video, das Ihnen die Installation von WordPress erklärt und im wahrsten Sinne vor Augen führt. Mehr Details bietet Ihnen dieses Kapitel.

Haben Sie einen Webhoster gefunden und ein geeignetes Hoster-Paket am Start, können Sie mit der Installation und dem Hochladen des WordPress-Systems loslegen. Für einen reibungslosen Ablauf der Installation organisieren Sie sich am besten noch folgende Informationen von Ihrem Webhoster, damit Sie sie nicht während der Installation zusammensuchen müssen.

- Name der Datenbank
- Benutzername der Datenbank
- Passwort der Datenbank
- Datenbank-Host (MySQL-Serveradresse)

Um die Distribution auf den Webspace zu laden, benötigen Sie ein FTP-Programm. Sollten Sie bisher keinen FTP-Client auf Ihrem Rechner installiert haben, empfehle ich Ihnen für Windows, Mac und Linux das Open Source-Programm FileZilla (siehe Abbildung 1-8). Die Software gibt es auch mit einer deutschen Benutzeroberfläche.

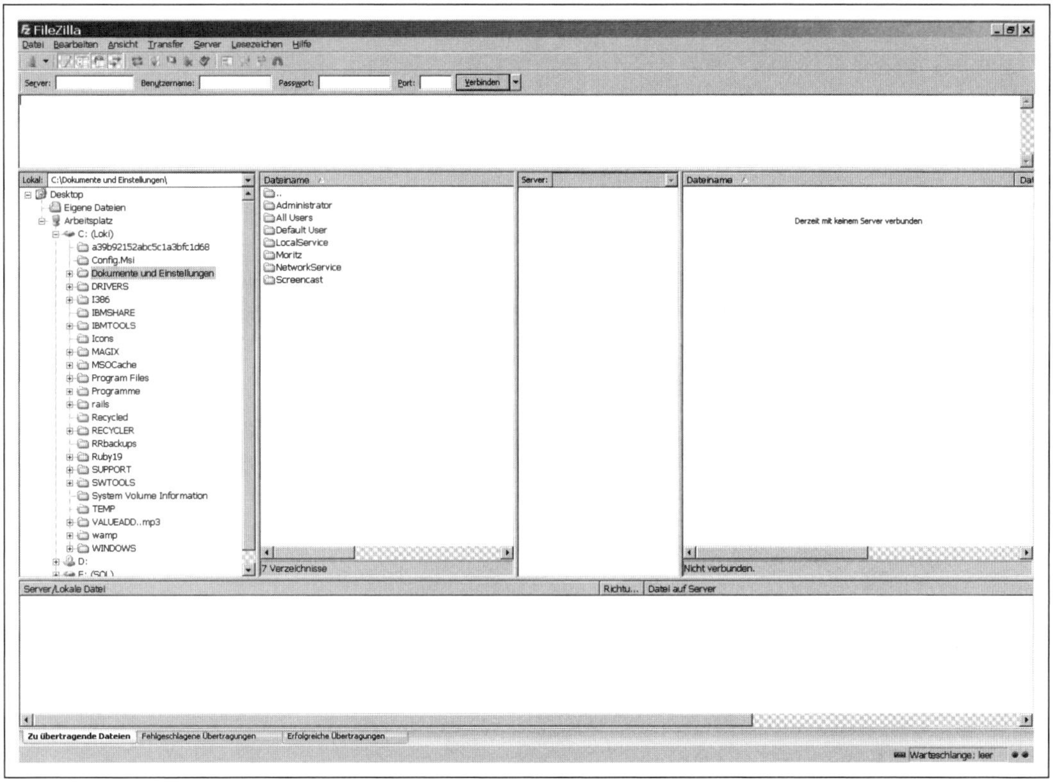

▲ **Abbildung 1-8**
Um im Internet Daten hochzuladen, umzubenennen oder zu löschen, benötigen Sie ein FTP-Programm. Ein gutes Werkzeug ist das Open Source-FTP-Programm FileZilla für Windows.

WordPress uploaden

Für die Installation von WordPress empfehle ich Ihnen die deutsche Distribution, da sie bereits die deutsche Sprachdatei beinhaltet. Die deutsche Distribution laden Sie sich unter *www.wordpress.de/download* herunter, die englische Version finden Sie unter *www.wordpress-deutschland.org/download/*.

FileZilla

Den FTP-Client FileZilla (*www.filezilla-project.org*) können Sie kostenlos aus dem Internet herunterladen. Bei der Installation unterstützt Sie ein Wizard, folgen Sie einfach seinen Anweisungen. Nach der Installation ist FileZilla sofort einsatzbereit. Über die Buttons der Navigationsleiste blenden Sie die verschiedenen Fenster schnell ein und aus. Um Platz zu sparen und eine bessere Übersicht zu erhalten, schalten Sie am besten das Nachrichten-Log mit den FTP-Kommandos und die Quickconnect-Leiste aus. Für noch mehr Übersicht verkleinern Sie die Transfer-Statusanzeige. Diese Ansichten sind nicht wirklich notwendig. Neben den Buttons gibt es auch die Möglichkeit, über das Menü ANSICHT die Fenster an- oder auszuschalten.

Damit FileZilla auf Ihren Webspace zugreifen kann, benötigt das Programm folgende Informationen, die Sie über das Menü DATEI → SERVERMANAGER → NEUER SERVER eingeben müssen.

- Host: Adresse Ihres Webspace
- Benutzer: Benutzername Ihres Webspace
- Passwort: Passwort Ihres Webspace

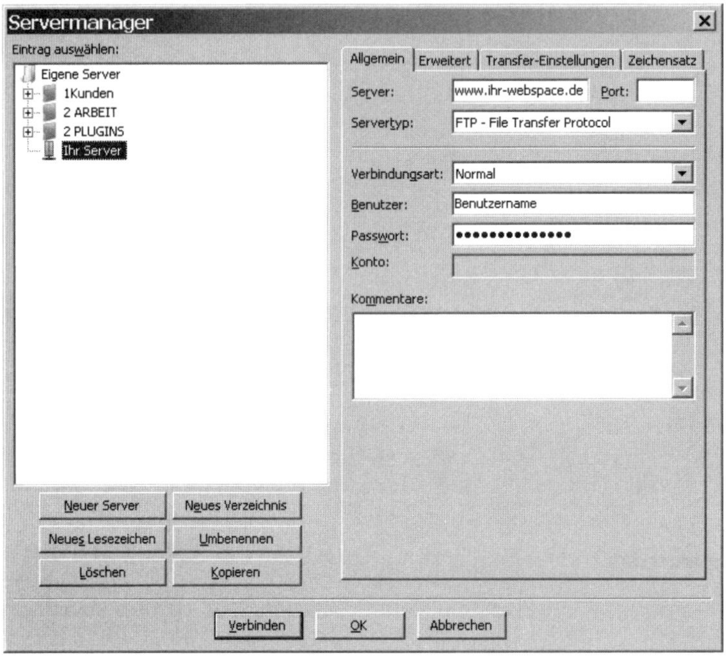

▲ Abbildung 1-9
Damit Sie mit einem FTP-Programm – hier FileZilla – Daten ins Web hochladen können, müssen Sie zuerst die nötigen Zugangsdaten eingeben.

Diese Informationen erhalten Sie von Ihrem Webhoster. Sollte FileZilla wider Erwarten keine Verbindung zustande bringen, rufen Sie erneut den Servermanager auf und klicken auf das Register TRANSFER-EINSTELLUNGEN. Wählen Sie anschließend den Transfermodus PASSIVER MODUS. Dieser wird von einigen FTP-Servern vorausgesetzt.

Damit FileZilla auch versteckte Dateien anzeigt (z.B. die *.htaccess*-Datei), müssen Sie die Einstellungen konfigurieren. Dazu wählen Sie im Menü SERVER → AUFLISTUNG VERSTECKTER DATEIEN ERZWINGEN. Ist die Funktion aktiv, erscheint ein Häkchen vor dem Menüpunkt. Diese Funktion benötigen wir später.

Hat sich FileZilla erfolgreich mit Ihrem FTP-Server verbunden, kopieren Sie Dateien und Ordner einfach, indem Sie sie markieren und in das Serverfenster ziehen. Das Gleiche funktioniert auch umgekehrt, wenn Sie Daten vom Server herunterladen wollen. Oder markieren Sie die Dateien und rufen Sie dann das Kontextmenü über die rechte Maustaste auf.

Achten Sie darauf, welche Zugriffsrechte Sie für die Dateien gesetzt haben. Man unterscheidet zwischen Lese-, Schreib- und Ausführungsrechten, die für jede Datei und jedes Verzeichnis festgelegt werden können. Wenn Sie anderen die Erlaubnis geben wollen, eine Datei oder ein Verzeichnis zu lesen, setzen Sie den Status auf *r* (für *read*). Sollen andere eine Datei selbst verändern können, setzen Sie ein *w* (für *write*), und falls der Server eine Datei bzw. ein Programmskript ausführen darf, müssen Sie ein *e* (für *execute*) setzen. Benutzen Sie die deutsche Version von FileZilla, lautet der jeweilige Status *Lesen* (*read*), *Schreiben* (*write*) oder *Ausführen* (*execute*). Mithilfe der Rechtevergabe lassen sich so Dateien und Verzeichnisse schützen und freigeben.

Diese Rechte können für drei Anwenderarten bestimmt werden: für einzelne Benutzer, für Benutzergruppen und für alle Benutzer. Zum Beispiel kann es wünschenswert sein, dass der Server ein Programm ausführen darf, jedoch nicht der normale Besucher der Website. Solche Rechte regeln Sie über die Berechtigungsstruktur der Dateiattribute. Um mit FileZilla die Zugriffsrechte einer Datei oder eines Ordners zu verändern, markieren Sie die Datei und rufen das Kontextmenü DATEIATTRIBUTE über die rechte Maustaste auf.

Nach dem erfolgreichen Download entpacken Sie das ZIP-Archiv der deutschen WordPress-Distribution auf Ihre Festplatte – am besten auf dem Desktop. Wenn Sie WordPress nicht im Wurzelverzeichnis Ihres Accounts installieren wollen, legen Sie ein WordPress-Verzeichnis mit einem Namen Ihrer Wahl an. Das Wurzelverzeichnis – auch »Root« genannt – bezeichnet das oberste Verzeichnis. Bei einer Festplatte C lautet das Wurzelverzeichnis auf Windows-Rechnern *c:/*. Laden Sie alle Dateien und Verzeichnisse des WordPress-Ordners mithilfe eines FTP-Clients in das Verzeichnis Ihrer Wahl.

Nachdem Sie sämtliche Dateien hochgeladen haben, starten Sie Ihren Browser. Rufen Sie dann die Website auf bzw. das Unterverzeichnis, in das Sie die PHP-Dateien von WordPress hochgeladen haben. Sobald sämtliche Dateien und Ordner z.B. in das Root-Verzeichnis Ihrer Domain *www.meine-domain.de* hochgeladen sind, rufen Sie im Browser einfach *www.meine-domain.de* auf. Haben Sie die Dateien und Ordner in ein Unterverzeichnis z.B. mit dem

Namen *blog* hochgeladen, rufen Sie im Browser die Adresse *www.meine-domain.de/blog* auf. Anschließend sollte Ihr Browser die folgende Website anzeigen (siehe Abbildung 1-10).

Abbildung 1-10 ▶
Nach dem erfolgreichen Upload rufen Sie WordPress auf und erhalten das Startsignal Konfigurationsdatei erstellen.

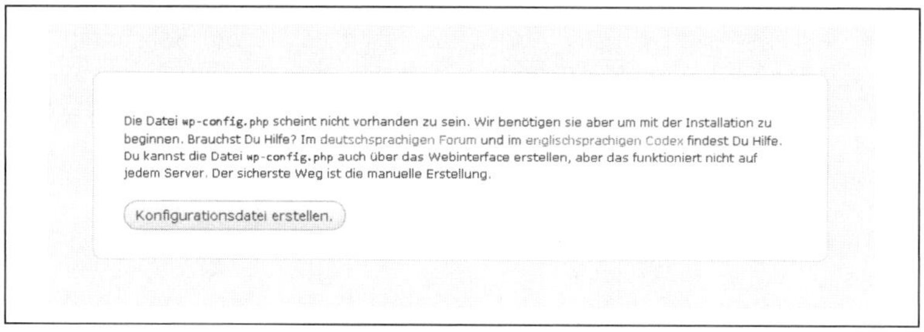

Klicken Sie jetzt auf *Konfigurationsdatei erstellen*. Nun erinnert Sie die Installation – wie in Abbildung 1-11 – noch einmal daran, sämtliche bereits oben genannten Daten zur Hand zu haben. Klicken Sie auf *... kann es jetzt losgehen!*. Sie sehen ein Formular wie das in Abbildung 1-2.

Abbildung 1-11 ▶
Okay, jetzt kann's wirklich losgehen!

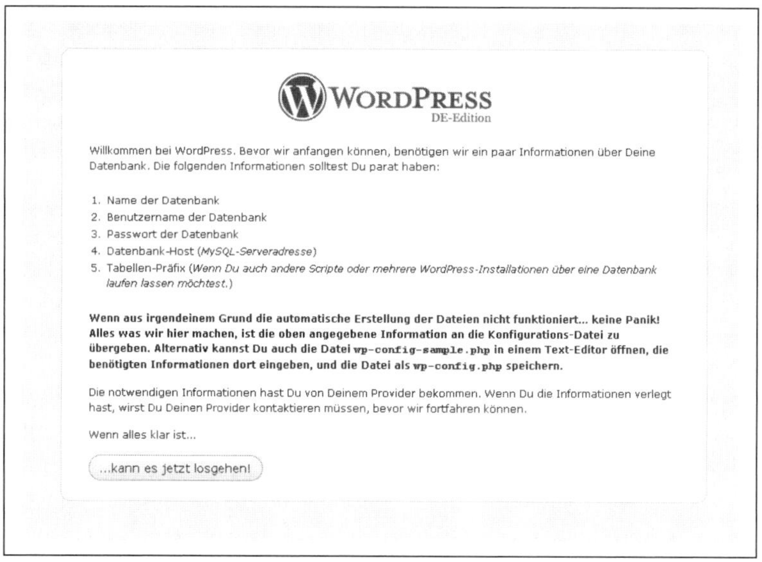

Füllen Sie die Felder korrekt aus. Den Unterpunkt *Datenbank-Host* können Sie in der Regel auf *localhost* stehen lassen. Auch das *Tabellen-Präfix wp_* können Sie grundsätzlich so belassen, es ist aber aus Sicherheitsgründen empfehlenswert, es zu erweitern. Denn das Präfix dient der Adressierung der Datenbanktabellen, und diese müssen vor Übergriffen geschützt werden. Benutzen Sie darum besser nicht das Standardpräfix, sondern ein individuelles Präfix – z. B. *wp_meinblog_*.

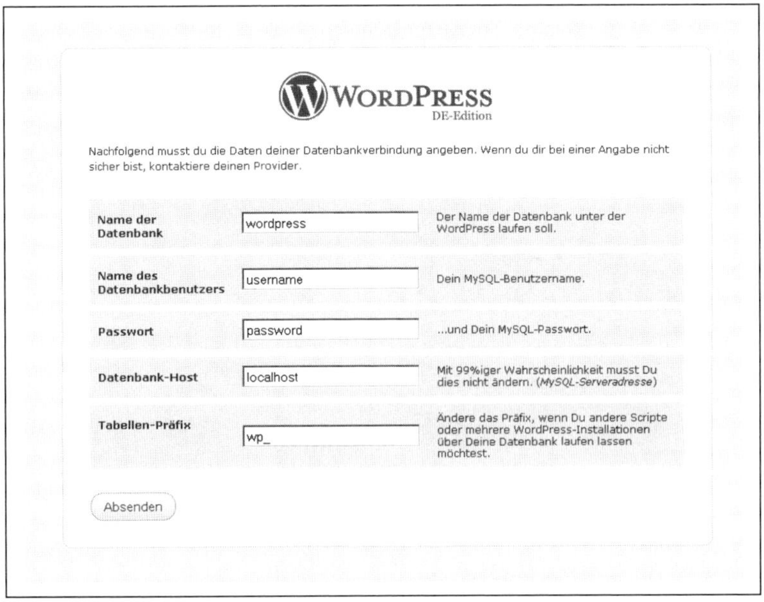

◀ **Abbildung 1-12**
Im zweiten wichtigen Installationsschritt verbinden Sie WordPress mit der Datenbank.

Fertig? Dann klicken Sie auf *Absenden*. Findet WordPress die Datenbank, sehen Sie einen Bildschirm wie den in Abbildung 1-13. Klicken Sie noch einmal auf *... starten wir die Installation!*.

◀ **Abbildung 1-13**
Findet WordPress die Datenbank, zeigt sich der folgende Bildschirm.

Haben Sie den obigen Schritt erfolgreich hinter sich gelassen, heißt Sie WordPress willkommen (siehe Abbildung 1-14). Geben Sie nun einen Titel für Ihr Blog ein, Ihren Benutzernamen, mit dem Sie sich anmelden möchten, sowie ein starkes Passwort. Geben Sie anschließend noch Ihre E-Mail-Adresse an, damit Ihnen WordPress Ihr Passwort zuschicken kann, falls es Ihnen einmal abhanden kommt. Ich empfehle Ihnen, den Haken beim letzten Punkt zu belassen, damit Ihr Blog in Suchmaschinen gefunden wird. Schließen Sie die Installation mit *WordPress installieren* ab.

Abbildung 1-14 ▶
WordPress ist installiert und wartet nur auf einen Titel, einen Benutzernamen, ein starkes Passwort und eine E-Mail-Adresse.

Herzlichen Glückwunsch! Sobald Sie einen Bildschirm wie den in Abbildung 1-16 sehen, können Sie sich bei Ihrem neuen Blog anmelden.

Wenn Sie die Installation erfolgreich abgeschlossen haben, können Sie Ihr neues Blog über *www.meine-domain.de* bzw. *www.meine-domain.de/ihr-wordpress-verzeichnis/* aufrufen. Um sich in das Redaktionssystem einzuloggen, besuchen Sie das Backend unter *www.meine-domain.de/wp-admin* oder *www.meine-domain.de/ihr-wordpress-verzeichnis/wp-admin*.

Backend und Frontend

Bei Redaktionssystemen unterscheidet man zwei wichtige Bereiche: das Backend und das Frontend. Über das Backend geben Sie als Redakteur und Autor Inhalte ein, die das Frontend ausgibt, wenn ein Besucher eine Ihrer Webseiten anfordert. Das Backend ist in den meisten Fällen über ein Log-in vor Fremdeingaben geschützt. Es gibt aber auch offene Backends wie z.B. das Redaktionssystem der Wikipedia, deren Inhalte von jedermann ohne vorheriges Log-in editiert werden können. Den strukturellen Aufbau von WordPress sehen Sie in Abbildung 1-15.

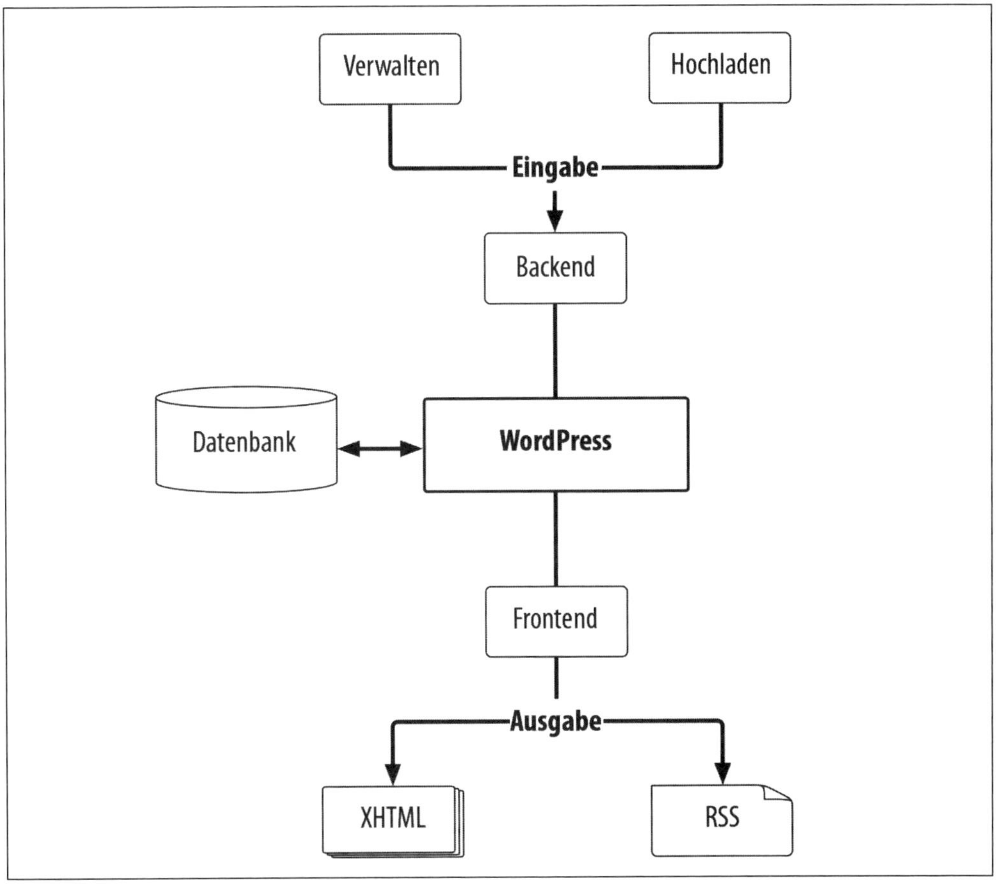

▲ **Abbildung 1-15**
Schematischer Aufbau und Struktur des WordPress-Redaktionssystems.

Abbildung 1-16 ▶
Klasse, alles installiert, Sie können sich anmelden.

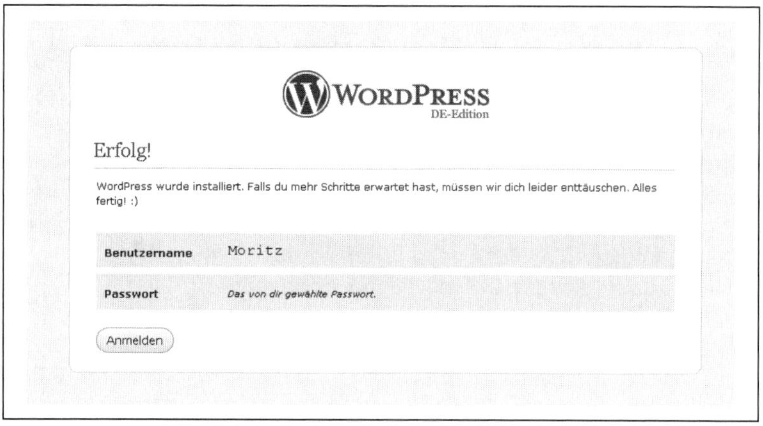

Abbildung 1-17 ▶
Jeder Schreiber besitzt ein eigenes Profil, das WordPress mit den jeweiligen Einträgen verzahnt.

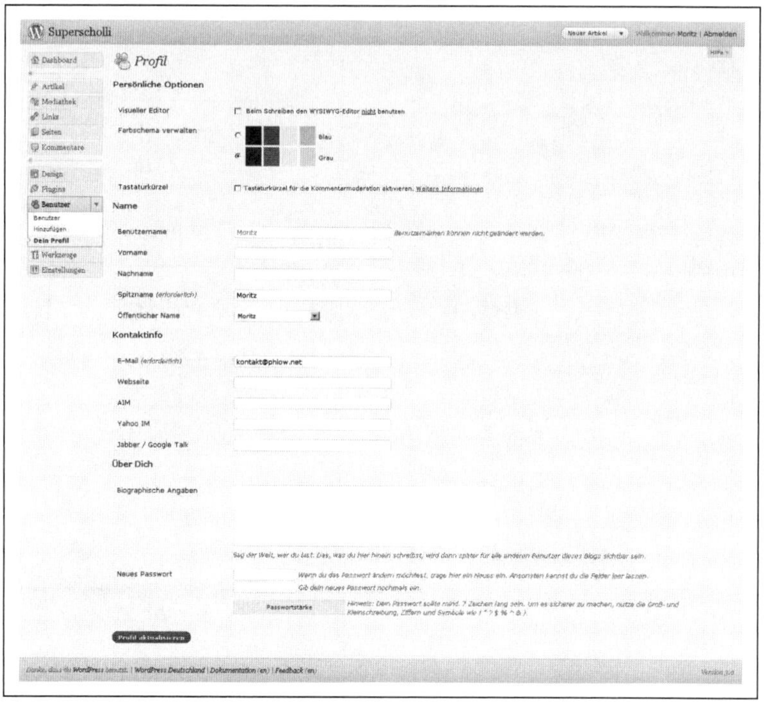

Bevor Sie mit dem Bloggen loslegen, empfehle ich Ihnen, Ihr Profil zu vervollständigen. Ihr Profil ändern Sie, indem Sie oben rechts auf Ihren *Benutzernamen* klicken (siehe Abbildung 1-17). Je nach gewähltem Layout verknüpft WordPress Ihre Artikel mit Ihrem Profil und dem damit verbundenen Profiltext. Über Ihren Profiltext erfahren Besucher mehr über Sie und machen sich ein Bild von Ihnen. Den Profiltext können Sie jederzeit ändern. Besonders nützlich sind Profile, wenn gleichzeitig mehrere Blogger ein Blog mit Artikeln versorgen. Leser erhalten so Informationen über das ganze Redaktionsteam.

Der erste Beitrag

Sicherlich haben Sie entdeckt, dass es bereits einen ersten WordPress-Artikel auf Ihrem Blog gibt. Diesen wollen wir im nächsten Schritt durch einen eigenen Artikel ersetzen. Sind Sie im Redaktionssystem eingeloggt und befinden sich im Backend, klicken Sie in der linken Navigationsleiste auf *Artikel*.

WordPress listet als Nächstes alle Artikel auf (siehe Abbildung 1-18). Wenn Sie mit der Maus über den einzigen Artikel namens *Hallo Welt!* fahren, blendet WordPress vier Links ein: *Bearbeiten*, *Quickedit*, *Papierkorb* und *Ansehen*. Um den Artikel zu bearbeiten, gibt es zwei Modi: *Bearbeiten* und *Quickedit*. Während *Quickedit* schnelle Korrekturen der Hauptmerkmale erlaubt, editieren Sie über *Bearbeiten* sämtliche Bestandteile eines Artikels. Anstelle von *Bearbeiten* können Sie auch auf den Artikelnamen klicken.

Befinden Sie sich im Frontend – also auf der Website –, finden Sie je nach Layout/Theme *Bearbeiten*-Links direkt am oder unter dem Artikel. Diese *Bearbeiten*-Links blendet WordPress aber nur ein, wenn Sie eingeloggt sind. Über diesen *Edit*-Link können Sie Artikel direkt überarbeiten.

Tipp Da Sie in Zukunft sicherlich oft das Redaktionssystem aufrufen, zahlt sich ein Verweis zum Backend in Ihren Favoriten aus. Besonders hilfreich ist ein Link in der persönlichen Linkleiste.

In technischer Hinsicht besteht ein WordPress-Artikel aus vier Hauptelementen: einem Titel, einem Beitragsfeld, Schlagwörtern und der Zuordnung zu einer Kategorie. Ändern Sie Titel und Beitrag einfach mal und texten Sie diese in Ihrem Sinne um. Dazu klicken Sie in die Felder und überschreiben den Text. WordPress bietet Ihnen für die Formatierung des Texts Funktionen wie bei einer Textverarbeitung an. Um Text zu formatieren, markieren Sie den jeweiligen Abschnitt oder die Wörter und klicken in der darüberliegenden Symbolleiste auf den entsprechenden Button.

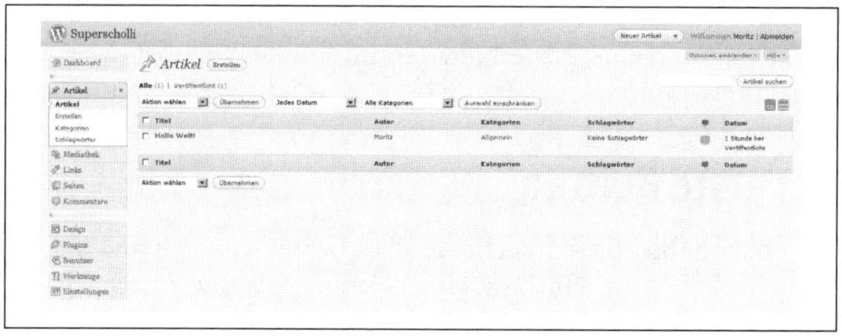

Abbildung 1-18 ▶
Bestehende Artikel listet WordPress über den Menüpunkt Artikel auf. Um den Artikel zu bearbeiten, klicken Sie auf den Titel.

Tipp Wenn Sie Tastaturkürzel lieben, bewegen Sie den Mauszeiger über das jeweilige Icon. Das Blog-System zeigt Ihnen dann die entsprechende Tastenkombination in einem kleinen Infofenster an.

Sind Sie mit der überarbeiteten Version Ihres Artikels zufrieden, klicken Sie auf den *Aktualisieren*-Button, und WordPress aktualisiert den Artikel in der Datenbank. Wenn Sie jetzt endlich sehen wollen, wie der Artikel für Ihre Besucher aussieht, klicken Sie entweder auf *Artikel ansehen* direkt über dem Artikeltitel oder in der rechten Seitenleiste auf den Button *Vorschau der Änderungen*.

Artikel nach Kategorien und Schlagwörtern sortieren

Bestimmt ist Ihnen aufgefallen, dass Ihr erster Artikel bereits einer Kategorie zugeordnet ist. Diese lautet in der deutschen WordPress-Version *Allgemein*. Im nächsten Schritt erfahren Sie, wie Sie die Kategorie umbenennen und neue Kategorien für Ihr Blog anlegen.

Kategorien umbenennen, anlegen und editieren

Sämtliche Kategorien verwalten Sie im Backend über das Menü *Artikel → Kategorien*. Um die bestehende Kategorie *Allgemein* umzubenennen, klicken Sie im rechten Menü einfach auf den Kategoriennamen. Nun sehen Sie vier Eingabefelder:

- *Name:* Name der Kategorie
- *Slug (in URLs):* Name der Kategorie, wie er in Links zum Artikel auftaucht
- *Übergeordnet*: hierarchische Ordnung innerhalb der Kategorien
- *Beschreibung*: Kurzbeschreibung der Kategorie

Als Beispiel benennen wir die Kategorie *Allgemein* in *Neues* um. Beachten Sie dabei, dass Sie im Feld *Slug* (Feld für den Linknamen) alles kleinschreiben, keine Sonderzeichen benutzen und anstelle von Leerzeichen Binde- oder Unterstriche benutzen. Damit verhindern Sie komplizierte Links mit Sonderzeichen und formatieren sie in einheitlicher Form. Im Feld *Beschreibung* tippen Sie einfach »Neuigkeiten und Kurzmeldungen« ein. Ein abschließender Klick auf *Aktualisieren* speichert sämtliche Änderungen in der Datenbank.

Da Ihr erster Artikel mit der *Allgemein*-Kategorie verknüpft ist, die die ID-Nummer 1 trägt, ist er nun automatisch der Kategorie *Neues* zugeordnet worden. Das Ergebnis sehen Sie auf Ihrer Blog-Seite. Auf der Startseite steht jetzt unter dem Artikel *Veröffentlicht unter Neues*. Wenn nicht, laden Sie die Webseite noch einmal neu. Klicken Sie auf *Neues*, landen Sie auf der Kategorienseite, auf der WordPress jetzt auch den Beschreibungstext anzeigt. Über das gleiche Menü *Artikel* → *Kategorien* können Sie weitere Kategorien einfügen und editieren.

Artikel über Schlagwörter verwalten

WordPress bietet zum Archivieren von Artikeln drei unterschiedliche Systeme. Eins haben Sie bereits kennengelernt: das Archivieren in Kategorien. Ein weiteres Archivierungssystem ist Zeit. Auf der Startseite sehen Sie in der rechten Seitenleiste unterhalb von *Archive* den Monat, in dem Ihr Artikel online ging.

Persönlich halte ich nicht wirklich viel von zeitbasierten Artikeln. Monatsbasierte Archivseiten zeigen zwar, wie lange der Blogger schon aktiv ist, aber die Zeitachse sagt wenig über die Inhalte aus. Ganz anders verhält es sich mit dem Archivieren über Schlagwörter. Denn neben der Zuordnung zu einer oder mehreren Kategorien, können Sie Artikel auch verschlagworten.

Hinweis Die Verschlagwortung gehört zu einer der essenziellen Funktionen im sogenannten Web 2.0, auch als Mitmachweb bezeichnet. Blogger sprechen generell von *Tags* und *Tagging*. Während der Begriff *Tag* für das deutsche Schlagwort steht, bezeichnet *Tagging* den Vorgang der Verschlagwortung. So *taggen* Sie zum Beispiel auch in der Fotocommunity *Flickr* oder beim Favoritenverwalter *Mister Wong* ihre Inhalte, um sie schneller wieder aufzufinden.

Ein Beispiel: Sie schreiben in Ihrem Blog kontinuierlich über Webdesign, Bildbearbeitung und Fotografie. In der *Webdesign*-Kategorie haben Sie schon öfter über Suchmaschinenoptimierung geschrieben. Sämtliche dieser Artikel haben Sie mit *Suchmaschinenoptimierung* verschlagwortet. Findet jetzt ein Suchender einen Ihrer Suchmaschinenartikel über eine Suchmaschine, liest er sicherlich gern auch noch weitere Artikel zum Thema. Die Kategorie *Webdesign* könnte ihn hier nicht direkt zum Ziel führen, die Archivseite des Schlagworts dagegen würde ihm jedoch direkt weitere Artikel zum Thema auflisten.

Um einen Artikel zu verschlagworten, müssen Sie ihn editieren. Rufen Sie den Texteditor für den Artikel auf. In der Standardkonfiguration finden Sie die Option für die Verschlagwortung direkt unterhalb der Kategorien in der rechten Seitenleiste (siehe Abbildung 1-20).

Hier tippen Sie einfach ein Schlagwort in das Eingabefeld und drücken Enter. Wenn Sie mehrere Schlagwörter vergeben wollen, tragen Sie die Begriffe durch Kommata getrennt ein und drücken dann Enter. Dank der Kommata erkennt WordPress die jeweiligen Schlagwörter. Löschen können Sie sie, indem Sie vor dem vergebenen Schlagwort auf das kleine *x* klicken. Vergessen Sie nicht den Klick auf *Aktualisieren*.

Wie Kategoriennamen lassen sich auch die Schlagwörter löschen, umbenennen und editieren. Das dazugehörige Menü finden Sie unter *Artikel* → *Schlagwörter*.

Wenn Sie Ihren Artikel verschlagwortet haben, rufen Sie die Startseite erneut auf. Unterhalb des Artikels zeigt WordPress jetzt auch die Schlagwörter an.

Seiten vs. Artikel

WordPress verwaltet insgesamt vier verschiedene Arten von Webseiten: Startseiten, Archivseiten, Artikelseiten und Seiten. Die ersten drei Varianten kennen Sie bereits. Unter *Seite* versteht WordPress eine Webseite, der keine Kategorien zugeordnet wurde. Das ist z.B. sinnvoll bei einer *Über mich*-Seite, bei Kontaktformularen oder der obligatorischen Impressumseite, d.h. bei allen Seiten, die unabhängig von den übrigen Seiten des Blogs ausgegeben werden sollen.

Genau für diese Zwecke bietet WordPress das Webseitenformat namens *Seite*. *Seiten* können demnach nicht sortiert werden. Diese Spezialseiten behandelt WordPress außerhalb der Kategorienhierarchie.

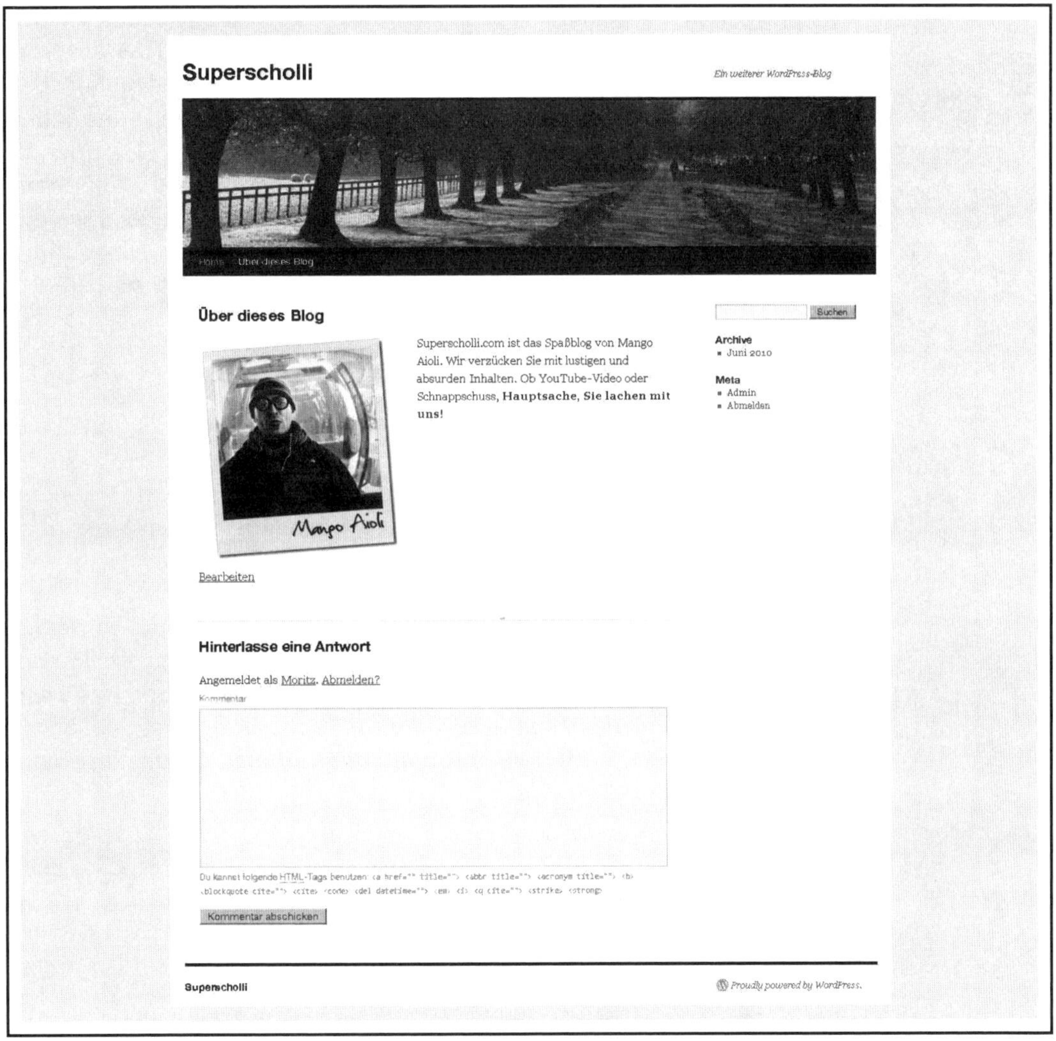

▲ **Abbildung 1-19**
WordPress bietet auch eine Verwaltung von Spezialseiten für Kontaktformulare, Biografie- oder individuelle Linkseiten – hier ist eine Biografieseite mit Bild zu sehen.

Während Sie über den Menüpunkt *Seiten → Seite schreiben* alle Seiten auflisten, legen Sie eine neue Seite mit *Erstellen* an. Bei der Installation wurde von WordPress auch hier bereits eine Dummyseite angelegt: *Eine Seite*. Diese ändern Sie im nächsten Schritt und legen eine klassische *Über mich*-Seite (engl. *about page*) an, auf der Sie sich oder das Ziel Ihres Blogs Ihren Besuchern kurz vorstellen. Solche Seiten – am besten mit Foto – geben Ihrem Blog ein persönliches Profil und heben es aus der Masse heraus.

Um die existierende Seite zu ändern, klicken Sie im Redaktionssystem in der linken Seitenleiste auf *Seiten* und anschließend auf die bestehende Seite *Eine Seite*. Den Inhalt bearbeiten Sie mit den gleichen Funktionen wie einen normalen Beitrag. Der Titel der Seite könnte z.B. »Über dieses Blog«, »About« oder »Über« lauten. Überschreiben Sie den Blindtext und klicken Sie zum Schluss auf *Aktualisieren*. Diese Seite finden Sie anschließend auf dem Blog über die horizontale Navigation direkt unter dem Bild. Auf der Blog-Seite sollte die Spezialseite jetzt mit ihrem neuen Titel angezeigt werden (siehe Abbildung 1-19). Wie bei den Artikeln ermöglicht Ihnen WordPress auch hier jederzeit das Bearbeiten einer Spezialseite.

Ein Impressum anlegen

Die Impressumseite eines Blogs ist extrem wichtig, denn in Deutschland sind Sie dazu verpflichtet, eine solche Seite anzubieten, wenn Sie auf Ihrer Website meinungsbildende Texte veröffentlichen. Damit auch Ihr Blog ein Impressum hat, legen Sie einfach eine neue Seite an, indem Sie im Menü *Seiten → Erstellen* auswählen. Betiteln Sie diese Seite entweder mit *Info* oder mit *Impressum*. Anschließend öffnen Sie ein neues Browserfenster und rufen den Impressumsgenerator unter *www.digi-info.de/de/netlaw/webimpressum/* auf. Eine Alternative ist der Impressumsgenerator von *www.e-recht24.de/impressum-generator.html*. Diese Generatoren helfen Ihnen dabei, die formalen Anforderungen unter anderem in juristischer Hinsicht zu erfüllen.

§

Die allgemeine Impressumspflicht, wonach Name und Anschrift des Anbieters anzugeben sind, trifft jeden, der eine Website betreibt. Die Vorschrift soll dem Nutzer dienen, damit dieser im Falle eines Falles ohne größere Schwierigkeiten einen Ansprechpartner findet – zur Kontaktaufnahme oder eben auch, um diesen zu verklagen. Wenig gedient ist daher mit einem Impressum, das sich auf einer Unter-Unterseite versteckt und auch dort nur zu finden ist, wenn man mit der Maus bis an das untere Seitenende scrollt. Gefordert ist daher stets ein Impressum, das im besten Fall als solches bezeichnet ist und von der Startseite aus mit nur einem Klick erreicht werden kann. Damit das Impressum leicht zu finden ist, sollte es auch als ein solches bezeichnet werden. Verwenden Sie also am besten wirklich das Wort Impressum oder etwas Vergleichbares wie Kontakt. Ein einfaches »Wir über uns« oder Ähnliches wird als nicht ausreichend angesehen. Ein Impressum sollte auch nicht durch ein Pop-up oder nur bei Aktivierung von Flash oder anderen Plug-ins abrufbar sein, da solche Elemente teilweise automatisch geblockt werden und ein Aufrufen so nicht möglich ist.

Für alle, die nicht nur irgendeine Seite, sondern ein Blog oder einen Podcast und damit ein redaktionell gestaltetes Angebot betreiben, geht die Impressumspflicht weiter, denn die Gefahr einer Rechtsverletzung (Beleidigung, Persönlichkeitsrechtsverletzung usw.) ist in diesem Fall deutlich höher. Hier muss zusätzlich ein Verantwortlicher benannt werden, der über 18 Jahre alt, strafrechtlich unbeschränkt verfolgbar und mit dauerhaftem Wohnsitz im Inland angesiedelt ist. Auch der Verantwortliche ist mit Namen und Anschrift zu nennen. Näheres hierzu finden Sie im Abschnitt »Impressumspflichten«.

Haben Sie ein korrektes Impressum mit dem jeweiligen Generator erstellt, kopieren Sie den Text einfach in das WordPress-Textfeld der *Info*- bzw. *Impressum*-Seite. Anschließend klicken Sie auf *Publizieren*, um die Seite online zu stellen. Im Standardlayout von WordPress erscheint der Link zu Ihrem neuen Impressum direkt unter dem Bild neben der *Über mich*-Seite.

Artikeleingabe und Texteditor

Der Texteditor von WordPress ist mit jeder Version besser, stabiler und umfangreicher geworden. Er ist die eigentliche Schaltzentrale für ihre Inhalte.

Je nach Artikel und Schreibstil handelt es sich bei Einträgen mal um längere und mal um kürzere Texte. Um bei längeren Artikeln die Übersicht zu behalten, können Sie innerhalb des Editors das Fenster jederzeit vergrößern oder verkleinern, ganz wie bei einer normalen Desktopanwendung. Dazu ziehen Sie lediglich die untere rechte geriffelte Ecke des Textfensters mithilfe des Mauszeigers nach unten oder oben. Aber nicht nur das Textfenster lässt sich während des Schreibens anpassen, sondern auch die Boxen unterhalb des Textfensters und der rechten Seitenleiste. Diese können Sie per Drag & Drop horizontal anordnen, wie Sie wollen.

Tipp Möchten Sie die Fenstergröße standardmäßig festlegen, wählen Sie in der rechten Menüleiste *Einstellungen* → *Schreiben* und geben in das Eingabefeld *Größe der Textbox* die gewünschte Zeilenanzahl an.

Generell bietet der Texteditor zwei Bearbeitungsmodi: den *visuellen Modus* und den *HTML-Modus*. Während der visuelle Editor durch Komfort glänzt, zeigt der HTML-Editor die HTML-Befehle in ihrer rohen Anmut. Mehr zum Thema XHTML erfahren Sie in Kapitel 11, *XHTML und CSS*. Missfällt Ihnen der Editor wider Erwarten, können Sie ihn schnell über Ihr Benutzerprofil abschalten. Klicken Sie dazu oben rechts im Backend auf Ihren Benutzernamen und setzen Sie anschließend auf der Profilseite ein Häkchen in das Kontrollkästchen *Beim Schreiben den WYSIWYG-Editor nicht benutzen*.

Übersicht: So sieht der Artikeleditor aus!

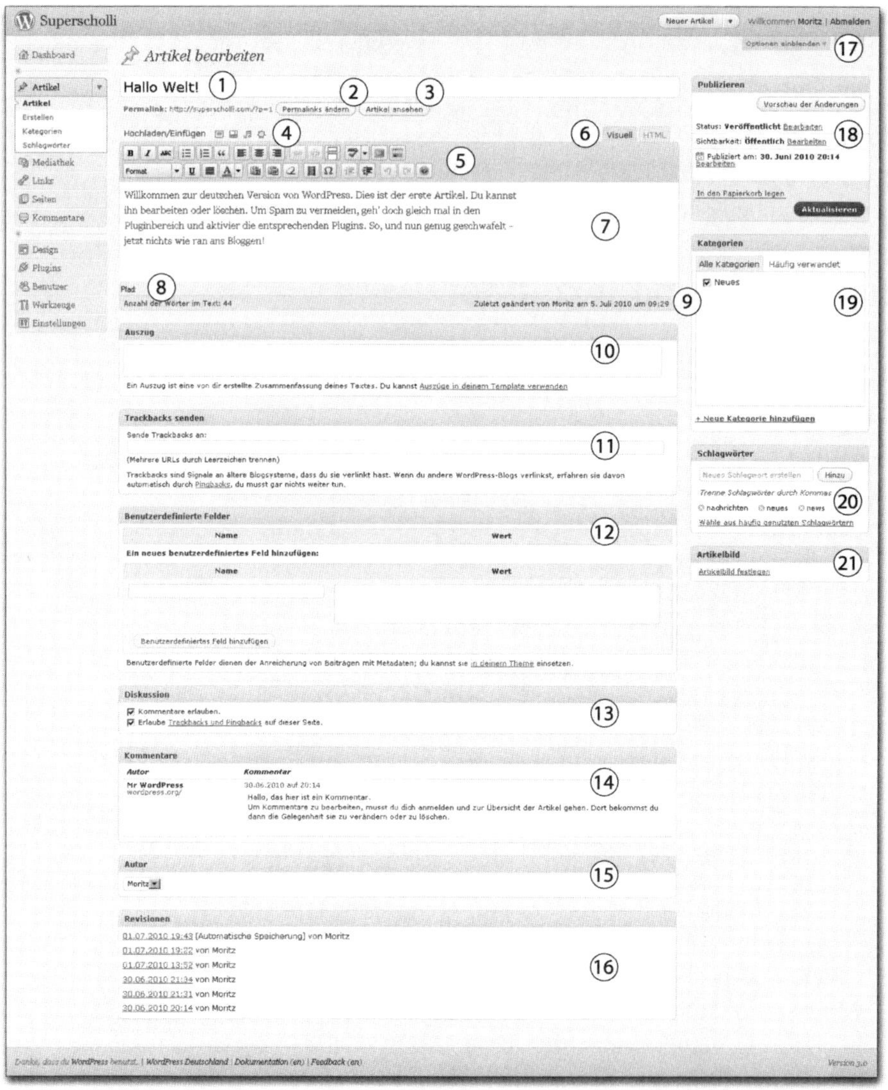

Abbildung 1-20 ▼ Bestehende Artikel listet WordPress über den Menüpunkt Artikel auf. Um den Artikel zu bearbeiten, klicken Sie auf den Titel.

1. Dies ist die Eingabebox für den Titel eines Artikels.
2. Nachdem ein Artikel mit *Aktualisiert* gespeichert wurde, ermöglicht WordPress je nach Einstellungen das Editieren der permanenten Internetadresse des Artikels.
3. Ein Klick auf *Artikel ansehen* öffnet die Webseite mit dem gerade editierten Artikel und zeigt die letzte aktualisierte Version.
4. Über die vier Icons des *Hochladen/Einfügen*-Menüs fügen Sie Bilder, Videos, Audio- und weitere Dateien dem Artikel hinzu. Auch bereits hochgeladene Bilder finden Sie über die Suche in der Mediathek wieder.
5. Der WYSIWYG-Texteditor von WordPress ist ein mächtiges Werkzeug, das die lästige Eingabe von HTML-Befehlen überflüssig macht. Ob Textformatierung, Verlinkung, Rechtschreibprüfung, Sonderzeichen oder Vollansicht: Der Editor ist die perfekte Schaltzentrale für den Online-Journalisten.
6. Der Texteditor verfügt über zwei Eingabemodi: den komfortablen *visuellen Editor* und den *HTML-Editor*, mit dem man HTML-Befehle überprüfen kann.
7. In das Texteingabefeld schreiben Sie Ihre Artikel und fügen Bilder oder Videos ein.
8. Damit man die Übersicht über die HTML-Befehle behält, zeigt der Pfad immer die genaue Verschachtelung der Befehle an.
9. Selbst wenn Sie den Artikel nicht speichern, WordPress speichert ihn automatisch für Sie. Das beugt Verlusten vor, selbst wenn der Browser abstürzt. An dieser Stelle sehen Sie immer den letzten Speicherungsvorgang.
10. Jedem Ihrer Artikel können Sie einen eigenen Auszug (Anreißer) geben, müssen Sie aber nicht. Diese Kurzbeschreibung zeigt WordPress je nach Layout auf Übersichtsseiten an, z.B. auf den Archivseiten.
11. Die *Trackback*-Funktion bringt Konversationen und Verlinkungen mit anderen Blogs in Gang. An dieser Stelle benachrichtigen Sie Blogs auf Wunsch auch manuell, indem Sie einen Link zum anderen Blog-Artikel einfügen. Mehr zum Thema »Trackback« erfahren Sie später ausführlich im Abschnitt »Trackback« in Kapitel 2, *Das Blog vernetzen und gestalten.*
12. Über *Benutzerdefinierte Felder* erweitern Sie Ihre Artikel. Verlinken Sie in einem Ihrer Artikel z.B. ein MP3, speichert WordPress die Datei automatisch in einem *Benutzerdefinierten Feld* ab. Das

MP3 wird Ihrem RSS-Feed als Attachment angehängt, und WordPress generiert damit automatisch einen Podcast.

13. Dürfen andere Kommentare hinterlassen oder Ihnen Trackback-Benachrichtigungen schicken? Mit diesen Häkchen entscheiden Sie über Ihre Diskussionsbereitschaft.
14. Kommentare bringen Artikel in Schwung und fördern die Diskussion. Natürlich können Sie unliebsame Kommentare editieren oder löschen.
15. Ein Blog muss nicht von einem Blogger allein geführt werden. WordPress erlaubt unendlich viele Koautoren. Über das Pulldown-Menü stellen Sie ein, welcher Autor einen Artikel veröffentlicht.
16. In den Standardeinstellungen speichert WordPress – ähnlich einem Wiki-Redaktionssystem – jeden neuen Speicherschritt in einer sogenannten *Revision* individuell ab. Löschen Sie aus Versehen Inhalte eines Artikels, stellen Sie die vorherige Versionen mithilfe der Revisionen wieder her.
17. Mit *Optionen einblenden* schneiden Sie die Benutzeroberfläche der Artikeleingabe genau auf Ihre Bedürfnisse zu und blenden mit einem Klick Boxen unterhalb oder seitlich des Artikels ein und aus.
18. Entscheiden Sie über den Menübereich *Publizieren*, wann ein Artikel erscheinen, ob er mit einem Passwort für Freunde geschützt oder ob er als Entwurf gespeichert werden soll.
19. Jeder Artikel wird einer oder mehreren Kategorien zugeordnet.
20. Mithilfe von Schlagwörtern archivieren Sie Artikel sinnvoll und verlinken sie untereinander.
21. Jedem Artikel können Sie ein Hauptbild zuordnen. Mit *Artikelbild festlegen* bestimmen Sie das Bild Ihrer Wahl.

Die Iconleiste des Texteditors

Standardmäßig zeigt WordPress nur die erste Iconleiste des visuellen Editors an. Es ist aber sehr praktisch, auf alle Funktionen Zugriff zu haben. Klicken Sie dazu das letzte Icon in der oberen Reihe an (siehe Abbildung 1-20), WordPress blendet dann sämtliche Funktionen ein.

Um Text mithilfe des Texteditors zu gestalten, arbeiten Sie wie in einer normalen Textverarbeitungen. Zuerst markieren Sie den Text, und anschließend klicken Sie auf das jeweilige Symbol. Um z. B. ein

Wort mit einer Webseite zu verlinken, markieren Sie es und klicken auf das Symbol mit der Kette rechts von den Icons für die Ausrichtung des Texts. Um einen Link zu entfernen, verfahren Sie analog, aber statt auf das Kettensymbol zu klicken, klicken Sie hierbei auf das Icon mit der getrennten Kette, und der Link wird entfernt. Gestalten Sie nun ein wenig Ihren Text und wechseln Sie dann in die *HTML*-Ansicht. Wie Sie sehen, baut der Editor sämtliche HTML-Befehle selbstständig ein.

Eigentlich erklären sich sämtliche Symbole der ersten Reihe von selbst. Wichtig sind die vorletzten drei. So greift Ihnen das *ABC*-Icon bei der Rechtschreibung unter die Arme. Um die deutsche Sprache einzustellen, klicken Sie auf den kleinen Pfeil nach unten und wählen dann *German* als Sprache. Klicken Sie rechts vom *ABC*-Icon auf den kleinen Monitor, öffnet WordPress die großformatige Texteingabe ein und blendet alles andere aus. Das gleiche Symbol schließt den Vollbildmodus wieder.

Anreißer mit Weiterlesen-Link erzeugen

Klicken Sie auf das Icon links des *ABC*-Icons, erscheint unterhalb des Cursors eine gepunktete hellgraue Linie. Mit dieser Funktion unterteilen Sie Artikel und erstellen einen *Anreißer*. Öffnen Sie einmal einen Artikel und teilen Sie den Text mithilfe des Icons in zwei Teile. Aktualisieren Sie den Artikel und rufen Sie dann anschließend die Startseite Ihres Blogs auf. WordPress listet den Artikel nicht mehr in seiner vollkommenen Länge auf der Startseite auf, sondern bricht den Artikel an der Stelle ab, an der Sie den Text unterteilt haben. Wie bei Newsseiten wie z. B. spiegel.de sehen Sie jetzt einen *Weiterlesen*-Link, der den Leser bei einem Klick auf die Artikelseite befördert.

HTML-Pfadanzeige

Um Ihnen beim Schreiben und Gestalten von Texten eine Orientierung innerhalb der (X)HTML-Syntax zu bieten, zeigt Ihnen der Editor unterhalb des Textfelds eine Hilfe an. Diese führt das an der Stelle des Cursors benutzte HTML-Tag auf und zeigt, wie es verschachtelt ist.

Zwischenüberschriften, Sonderzeichen und Blocksatz

Kommen wir zur zweiten Iconreihe des Editors. Einen guten journalistischen Beitrag strukturiert man mit Zwischenüberschriften. Das dient der Lesbarkeit, erlaubt ein schnelles Scannen des Texts und ist auch im Bereich Suchmaschinenoptimierung ein Thema – aber dazu mehr in Kapitel 7, *Suchmaschinenoptimierung*.

Zwischenüberschriften erstellen Sie einfach, indem Sie aus dem Drop-down-Menü die Überschriftengröße auswählen und Enter drücken. In der nächsten Zeile stellt WordPress den Texteditor wieder automatisch auf das Format *Absatz* zurück. Schneller geht es mit einer Tastenkombination. Die Überschriften *<h1>* bis *<h6>* liegen nämlich auf den Zahlen 1 bis 6. Um eine Zwischenüberschrift zweiter Ordnung zu erstellen, bewegen Sie den Cursor in die jeweilige Zeile und drücken entweder [STRG] + [2] auf einem Windows-PC oder [⌥] + [2] bei einem Mac.

Um im Editor Sonderzeichen einzugeben, klicken Sie auf das Omega-Zeichen. Es öffnet sich ein Pop-up-Fenster, aus dem Sie das Sonderzeichen Ihrer Wahl heraussuchen können.

Abhilfe gegen die Copy & Paste-Schwäche des Editors

Schwächen des Editors treten oftmals beim Einfügen von Texten per *Copy & Paste* auf. Da der Editor den Text aus der Zwischenablage in das Textfeld kopiert, übernimmt er nicht nur den Text, sondern auch seine Formatierung. Das kann unter Umständen zu unerwünschten Formatierungen und auch Fehlern führen. Solche Probleme treten z.B. auf, wenn Sie Textabschnitte einer Webseite in die Zwischenablage kopieren und anschließend einfügen. Um sicherzugehen, dass der Editor ausschließlich Text oder nur die rudimentären Formatierungen in das Feld kopiert, müssen Sie einen Zwischenschritt gehen. Genau für diesen Zweck stehen die beiden Icons mit *T* und *W* zur Verfügung.

Um sämtliche Formatierungen eines Texts zu löschen, klicken Sie erst auf das *T*-Icon, kopieren den Text in das Pop-up-Fenster und klicken anschließend auf *Einfügen*. Möchten Sie z.B. Zwischenüberschriften und Fettdruck erhalten, wählen Sie das *W*-Icon, kopieren den Text in das Pop-up-Fenster (siehe Abbildung 1-21) und klicken ebenfalls auf *Einfügen*. Der Editor löscht alle Sonderformatierungen, erhält aber wichtige semantische Einstellungen, wie z.B. Fettdruck und Zwischenüberschriften.

Nachträglich lassen sich Formatierungen aber auch noch mit dem Radiergummi rechts neben dem *W*-Icon löschen.

◀ **Abbildung 1-21**
Texte aus Word/Open Office oder Webseiten kopiert man besser über einen Zwischenschritt in das Textfenster. Dazu klickt man auf das W-Icon, und kopiert den Text aus der Zwischenablage in das Pop-up-Fenster und klickt dann auf Einfügen.

Tastaturkürzel für eine bequeme Textarbeit

Wer viel schreibt und gern die Hände auf der Tastatur lässt, dem bietet der Texteditor zahlreiche Tastaturkürzel. Nutzen Sie Windows und Linux, benutzen Sie `Strg` + `Buchstabe`. Arbeiten Sie an einem Mac, setzt sich das Tastaturkürzel aus `⌥` + `Buchstabe` zusammen.

Buchstabe	*Aktion*	*Buchstabe*	*Aktion*
c	Kopieren	v	Einfügen
a	Alle auswählen	x	Ausschneiden
z	Widerrufen	y	Wiederholen
b	Fett	i	Kursiv
u	Unterstreichen	1	Überschrift 1
2	Überschrift 2	3	Überschrift 3
4	Überschrift 4	5	Überschrift 5
6	Überschrift 6	9	Adresse

Die folgenden Tastaturkürzel setzen sich aus den Tasten [Alt] + [⇧] + [Buchstabe] zusammen.

Buchstabe	*Aktion*	*Buchstabe*	*Aktion*
n	Rechtschreibprüfung	l	Linksbündig
j	Blocksatz	c	Zentrieren
d	Durchgestrichen	r	Rechtsbündig
u	• Liste	a	Link einfügen
o	1. Liste	s	Link entfernen
q	Zitat	m	Bild einfügen
g	Vollbild	t	Weiterlesen-Tag einfügen
p	Tag für Seitenumbruch einfügen	h	Hilfe
e	In den HTML-Modus wechseln		

Artikel rechtzeitig sichern

Leider – oder vielleicht auch zum Glück – sind Computer nicht perfekt. Ob Ihr eigener Browser, die Verbindung zum Server oder die Datenbank, überall kann es im Computerbereich zu Abstürzen kommen. Deshalb empfehle ich Ihnen generell, Ihre Artikel zuerst in einer normalen Textverarbeitung zu schreiben. Das hat mehrere Vorteile: Zum einen liegt nicht nur im Web eine Kopie Ihres Artikels vor, sondern auch auf der heimischen Festplatte. Darüber hinaus bietet Ihnen eine Textverarbeitung unter anderem ein Synonymlexikon wie den Thesaurus, mit dem Sie die Qualität Ihrer Texte maßgeblich verbessern können.

Trotzdem kommt es vor, dass man im Urlaub keinen eigenen Rechner zur Hand hat oder schnell von einer Konferenz aus eine Neuigkeit eintippen will. Außerdem ist der Editor arg verlockend. In einem solchen Fall speichert WordPress zwar automatisch Artikel hin und wieder ab, trotzdem: Machen Sie während des Schreibens von der Funktion *Aktualisieren* Gebrauch. Bei jedem Klick speichert WordPress eine neue Revision ihres Artikels. Mithilfe der Revisionen, die ganz unten auf der Artikelseite angezeigt werden, können Sie alte Texte anschauen bzw. wiederbeleben. Das ist äußerst hilfreich, wenn man mal aus Versehen einen ganzen Absatz gelöscht und auf *Aktualisieren* geklickt hat, ohne den fehlenden Absatz zu bemerken. Über Revisionen Sie ihn wieder hervor.

Bilder hochladen, einfügen und verwalten

Was wären Texte und Webseiten ohne Bilder und Downloads? Genau für diese Ansprüche bietet WordPress eine *Hochladen/Einfügen*-Funktion. Den Zugang zur Mediathek finden Sie über der Iconleiste des Texteditors. Damit Sie aber Bilder in Artikel einfügen können, müssen Sie zuvor erst mal die *Einstellungen* aufrufen und hier zum Menüpunkt *Mediathek* gehen.

Über *Einstellungen → Mediathek* regeln Sie, wo und in welcher Pixelgröße WordPress die Bilder auf dem Server ablegt. Pro hochgeladenes Bild speichert WordPress gleich vier alternative Versionen ab: eine kleine, eine mittlere und eine maximale Version sowie das Originalbild. Das hat folgenden Hintergrund: Große, detailreiche Bilder sprengen oftmals das Layout eines Artikels, sodass man darauf verzichtet, sie in Originalgröße einzubinden. In solchen Fällen ist es sinnvoll, eine kleinere Ansicht im Artikel zu zeigen und diese mit einer größeren Version des Bilds zu verlinken. Dafür geht man wie folgt vor: Man lädt das große Bild hoch, sucht sich die kleine Version aus und verlinkt sie mit der Originalversion. Klickt ein Leser auf die kleine Version, zeigt der Browser das gesamte Bild auf einer neuen Webseite oder nur das Bild an. Noch eleganter geht es mit einer WordPress-Erweiterung wie z.B. *Lightbox 2* oder *Fancybox*, siehe Kapitel 3, *WordPress mit Plug-ins erweitern*.

§

Wer ein wenig sucht, kann in den Weiten des Internets eine Vielzahl von Bildern finden – vom Comic bis zur Familienaufnahme. Doch nicht jedes dieser Bilder darf ohne Weiteres in die eigene Webseite integriert werden. Es leuchtet sofort ein, dass an einer kunstvoll gezeichneten Figur ein Urheberrecht besteht – aber auch die unambitioniert geknipste, unterbelichtete Partyaufnahme ist nicht frei von Rechten. An ihr besteht ein Leistungsschutzrecht, das anders als das Urheberrecht nicht 70 Jahre nach dem Tod, sondern bereits 50 Jahre nach Entstehen erlischt, ansonsten aber wie ein Urheberrecht behandelt wird. Das bedeutet, dass letztlich an jedem mehr oder weniger aktuellen Bild ein Recht besteht, das die freie Nutzung sperrt. Zum Glück haben aber viele, die Bilder ins Internet einstellen, kein Interesse an dieser Sperrung und versehen ihre Bilder deshalb mit einer Lizenz zur freien Benutzung (siehe dazu auch den Abschnitt »Creative Commons-Lizenzen« in Kapitel 14, *Urheberrecht*). Bevor man also ein Bild aus dem Internet in eine eigene Webseite einbaut, sollte man stets überprüfen, ob das Bild mit einer Lizenz zur freien Benutzung versehen ist. Achtung: Einige der Lizenzen, wie sie etwa bei flickr.com verwendet werden, gestatten jegliche Benutzung, andere nur die private, nicht aber eine gewerbliche Nutzung der Bilder. Auch im Hinblick auf eine Bearbeitung von Bildern muss die jeweilige Lizenz beachtet werden.

Zu beachten ist ebenfalls, dass bei allen Bildern, auf denen Personen erscheinen, das Recht am eigenen Bild zu beachten ist. Danach gilt, wenn nicht eine gesetzlich geregelte Ausnahme vorliegt, grundsätzlich ein Verbot der Veröffentlichung ohne Einwilligung der auf dem Bild abgebildeten Person. Näheres hierzu finden Sie im Abschnitt »Das Recht am eigenen Bild« in Kapitel 16, *Persönlichkeitsrechte*.

Bilder strukturiert auf dem Server speichern

Der Übersichtlichkeit halber bietet das Blog-System die Organisation der Uploads in monats- und jahresbasierten Ordnern an. Ich persönlich finde diese Art der Organisation jedoch zu kompliziert, weil WordPress für einzelne Bilder eigene Verzeichnisse anlegt. Da Bilder bzw. Uploads mit Datum gespeichert werden, reicht in meinen Augen ein zentraler Ordner. Ein guter Dateiname hilft außerdem bei der Identifizierung. Die Art und Weise der Organisation bestimmen Sie über ein Häkchen bei *Organisiere meine Uploads in monats- und jahresbasierten Ordnern*.

Egal für welche Art der Sortierung Sie sich entscheiden, für die Uploads müssen die richtigen Zugriffsrechte gesetzt werden, ansonsten verweigert der Server das Hochladen von Dateien. Um z.B. sämtliche Uploads im Ordner *wp-content/uploads* zu speichern, müssen Sie die beiden Verzeichnisse *wp-content* und *uploads* auf *chmod* 777 oder besser noch restriktiver auf 755 setzen – das hängt unter Umständen von Ihren Servereinstellungen ab. Wie man Zugriffsrechte mithilfe des FTP-Programms FileZilla setzt, lesen Sie in diesem Kapitel weiter vorn im Abschnitt »FileZilla«.

Einen Artikel bebildern

Wurden die Zugriffsrechte korrekt gesetzt, können Sie im Texteditor über *Hochladen/Einfügen* Bilder und/oder Dateien auf Ihrer Festplatte suchen und mit einem Klick auf *Upload* hochladen. Klicken Sie dazu auf das erste Icon rechts von *Hochladen/Einfügen*. Im folgenden Pop-up klicken Sie auf *Dateien auswählen*. Im sich öffnenden Explorer bzw. Finder können Sie die Bilder auswählen. Wählen Sie ein JPG-, PNG- oder GIF-Bild aus und laden Sie es hoch. Der Uploader unterstützt auch den gleichzeitigen Upload mehrerer Dateien.

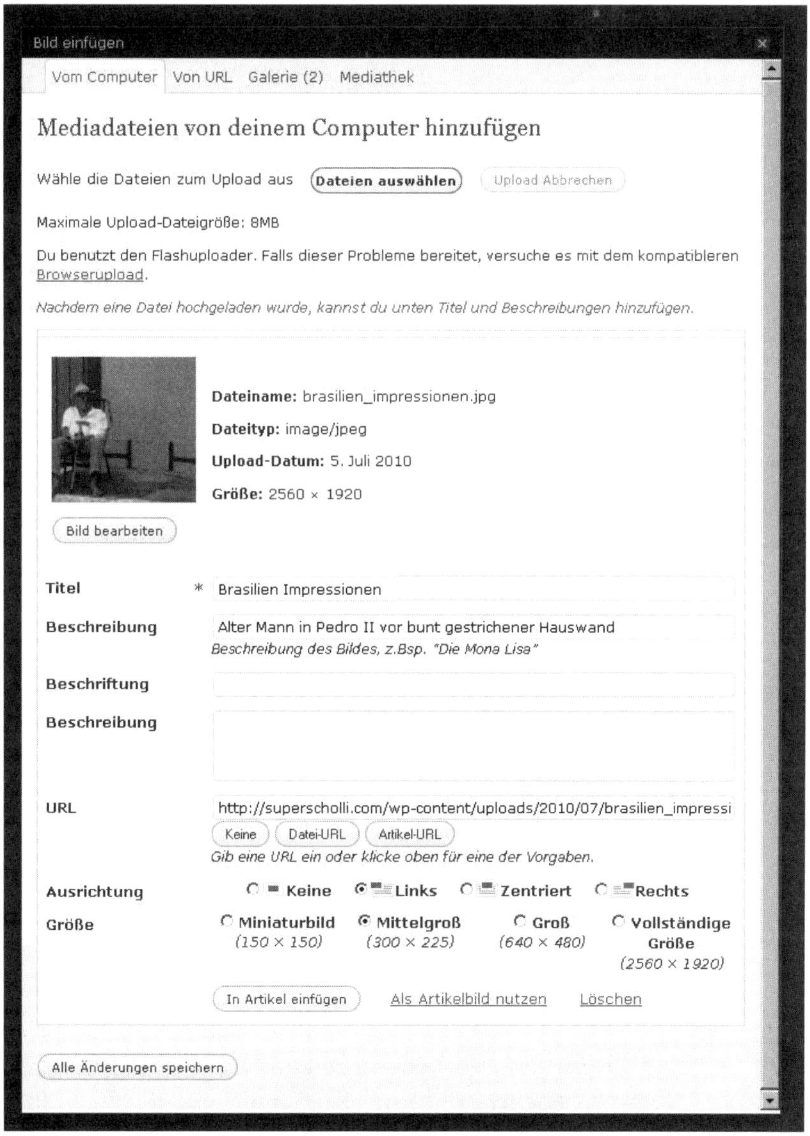

▲ Abbildung 1-22
Einfach strukturiert und hilfreich: Der Bilder-Upload hilft beim Einfügen und Formatieren von Bildern.

Wurde das Bild erfolgreich hochgeladen, sehen Sie es nun in der Vorschau (siehe Abbildung 1-22). Hier bestimmen Sie jetzt die Art und Weise, in der das Bild später im Texteditor per HTML-Befehl eingefügt wird. Wichtig sind die beiden Felder *Titel* und *Beschreibung*. Geben Sie in beiden Feldern die gleiche Beschreibung ein. Diese baut WordPress später als alternativen Text für das *<img />*

über die HTML-Attribute *alt* und *title* ein. Das ist aus zwei Gründen wichtig: Erstens zeigt der Browser den Text an, wenn das Bild nicht auf dem Server gefunden wird, und zweitens liest ein Browser für Sehbehinderte oder Blinde den Beschreibungstext vor. Außerdem dient der Text der Verschlagwortung des Bilds in der Mediathek. Die beiden anderen Felder *Beschriftung* und *Beschreibung* können Sie ignorieren.

Wichtig ist dagegen das nächste Feld: *URL*. Über die Buttons *Keine*, *Datei-URL* und *Artikel-URL* bestimmen Sie, worauf das Bild verweist. Bauen Sie z.B. eine kleinere Version des Bilds ein, verlinken Sie das Original am besten mit *Datei-URL* oder *Artikel-URL*. Während *Datei-URL* direkt auf die Datei verlinkt, verweist man mit *Artikel-URL* auf eine interne Webseite, die lediglich das Bild anzeigt. Benutzen Sie z.B. eine WordPress-Erweiterung wie *Lightbox* 2 oder *Fancybox*, müssen Sie das Bild direkt verlinken. Mehr zu diesen Erweiterungen lesen Sie in Kapitel 3, *WordPress mit Plug-ins erweitern*.

Zum Schluss bestimmten Sie mit *Ausrichtung* und *Größe* noch, wie der Text um das Bild herumfließen soll (oder auch nicht) und welche Bildgröße eingebaut werden soll. Je nachdem, wie groß das Original war, bietet WordPress bis zu vier verschiedene Bildgrößen an. Mit *Artikel einfügen* integrieren Sie das Bild endlich in Ihren Artikel. Das Bild können Sie anschließend auch noch per Drag & Drop an die richtige Stelle im Texteditor ziehen.

Mehrere Bilder als Galerie im Artikel einfügen

WordPress ermöglicht nicht nur den Einbau einzelner Bilder, sondern unterstützt Sie auch darin, mehrere Bilder einem Artikel in Form einer Galerie hinzuzufügen (siehe Abbildung 1-23).

Dazu gehen Sie folgendermaßen vor:

1. Laden Sie alle Bilder für die Galerie über den Texteditor wie weiter oben beschrieben hoch. Um den Upload unkompliziert zu halten, wählen Sie gleich mehrere Bilder auf Ihrer Festplatte aus. Halten Sie dazu je nach Betriebssystem während der Auswahl die Taste [STRG] bzw. [⌥] fest.
2. Klicken Sie auf das Register *Galerie*, hinter dem in Klammern die Anzahl der hochgeladenen Bilder für den Artikel angezeigt wird.

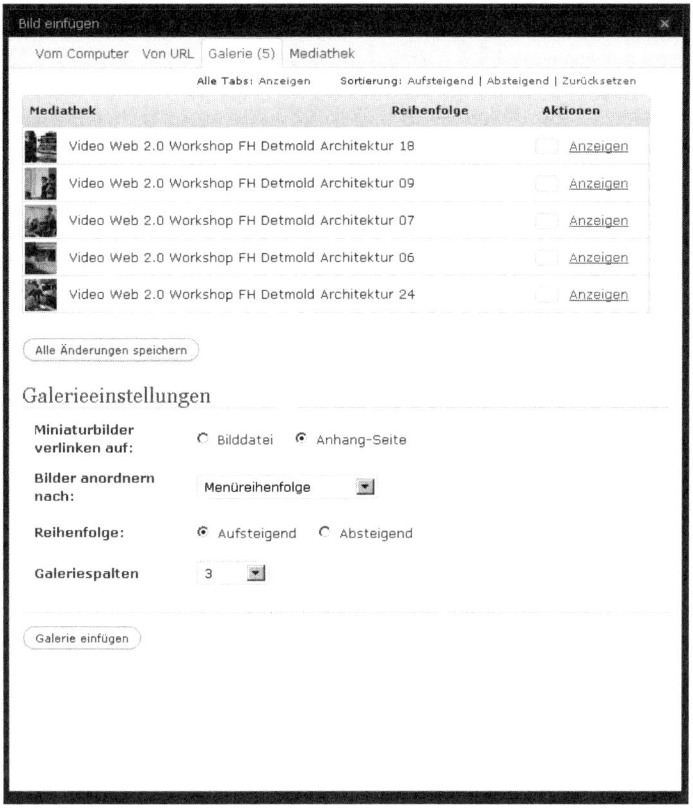

◀ **Abbildung 1-23**
Mehrere Bilder zeigt WordPress auf Wunsch auch als Galerie innerhalb eines Artikels an. Die Galerie erstellt man über ein einfaches Menü per Drag & Drop.

3. Sortieren Sie die Bilder per Drag & Drop oder geben Sie eine Zahl für die Reihenfolge in das leere Kästchen ein.
4. Wählen Sie anschließend mit *Miniaturbilder verlinken auf*, ob WordPress auf die Originaldatei oder eine extra Bildseite verlinken soll.
5. Entscheiden Sie im nächsten Schritt, in welcher Reihenfolge die Bilder angezeigt werden sollen und wie viele Spalten die Galerie haben soll.
6. Fügen Sie die Bilder mit *Galerie einfügen* in den Artikel ein.
7. Im visuellen Editor sehen Sie jetzt eine Platzhaltergrafik mit einer Kamera, während in der HTML-Ansicht ein Codeschnipsel – z.B. `[gallery link="file" columns="2"]` – eingefügt wurde.
8. Aktualisieren Sie Ihren Artikel ...
9. ... und schauen Sie sich das Resultat an. Es könnte z.B. aussehen wie Abbildung 1-24.

Tipp

WordPress bietet noch ein paar weitere Zusatzfunktionen, um den Galeriecode zu verfeinern. Möchten Sie z.B. ein Bild nicht in der Galerie anzeigen lassen, können Sie es mit dem Befehl `exclude` plus Bild-ID herausnehmen – `[gallery exclude="24"]`. Das ist z.B. dann sinnvoll, wenn Sie das Bild bereits als großes Titelbild eingefügt haben (siehe Abbildung 1-24). Alle Befehle zur Steuerung der Galerieansicht finden Sie unter *http://codex.wordpress.org/Gallery_Shortcode*.

Abbildung 1-24 ▼
Um Artikel zu bebildern, greift WordPress Autoren mit einer exzellenten Upload-Funktion unter die Arme. Diese hilft auch beim Erstellen von Bildergalerien.

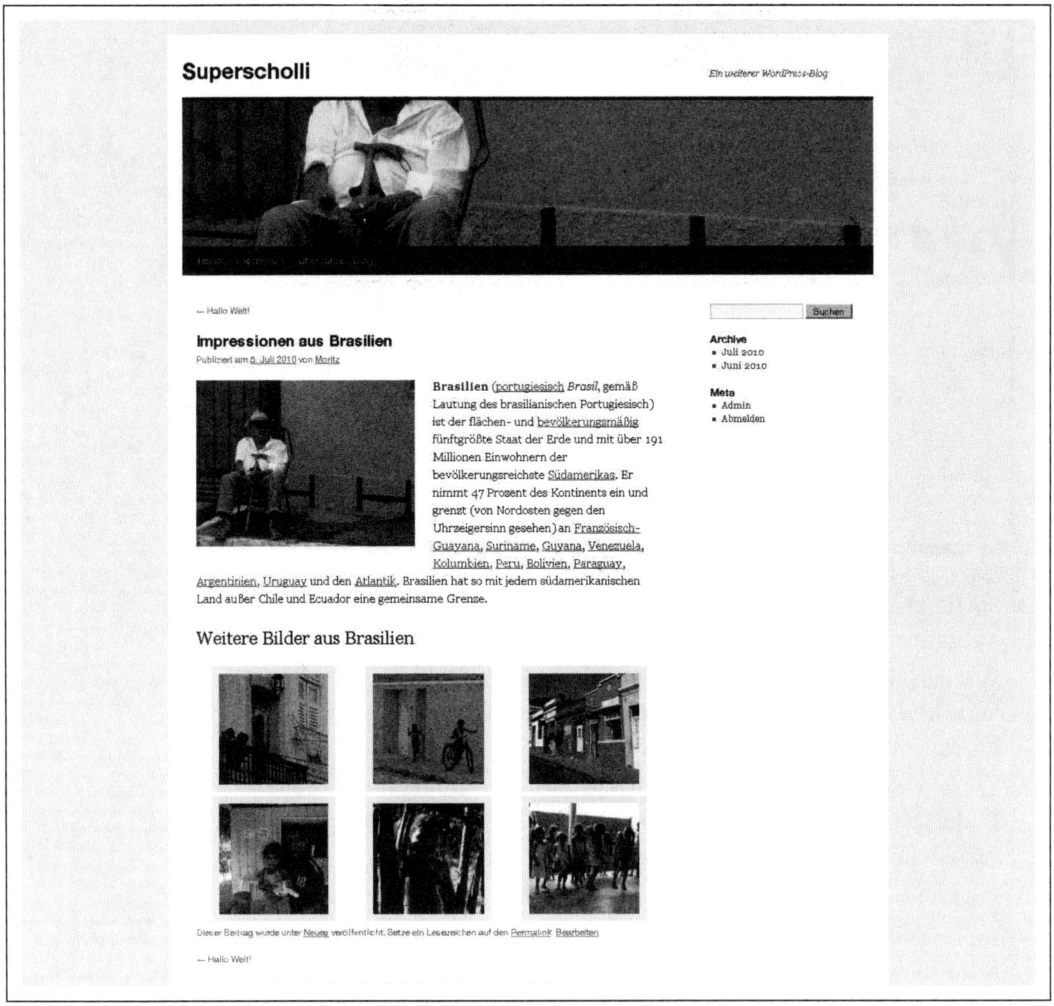

Bilder mit WordPress zurechtschneiden und spiegeln

WordPress zählt inzwischen auch eine rudimentäre Bildbearbeitung zu seinen Funktionen. Das kann z.B. praktisch sein, wenn Sie unterwegs sind und rasch eine kleinere Korrektur vornehmen wollen, bevor Sie ein Bild in Ihr Blog hochladen. Neben dem wichtigsten Werkzeug, dem Zuschneidewerkzeug, können Sie Bilder auch drehen, spiegeln und skalieren. Damit Sie ein Bild bearbeiten können, laden Sie es in einem ersten Schritt hoch. Wenn WordPress das Bild anzeigt, zu sehen in Abbildung 1-25, klicken Sie auf den Button *Bild bearbeiten* direkt unter der Bildvorschau. Damit blendet WordPress den Bildeditor ein (Abbildung 1-25).

◀ Abbildung 1-25
Etwas versteckt: Den Bildeditor von WordPress öffnen Sie nach dem Bild-Upload mit einem Klick auf Bild bearbeiten. Ist eine Bildbearbeitung nicht auf die Schnelle zur Hand, schneidet, dreht oder spiegelt man Bilder hier unkompliziert.

Um Bildbereiche wegzuschneiden, klicken Sie mit der Maus einfach in das Bild und ziehen ein Rechteck um den Teil, der übrig bleiben soll. Ein Klick auf das erste Icon schneidet das Bild dann zurecht. Vergessen Sie nicht, auf *Speichern* zu klicken! Zum Schluss fügen Sie das Bild wie gehabt in den Artikel ein. Alle Zusatzfunktionen sind selbsterklärend.

Videos und Inhalte Dritter automatisch per URL einbinden

Das WordPress-Team hat in den vergangenen Jahren viel Arbeit in die Usability des Blogsystems gesteckt. Mit jeder neuen Version der Software sind neue hilfreiche Funktionen hinzugekommen. Eine dieser wunderbaren Funktionen nennt sich *oEmbed* (engl. embed, einbetten).

oEmbed ermöglicht das unkomplizierte Einbetten von Inhalten, die von anderen Plattformen stammen. Während Sie früher ein Codeschnipsel in den Texteditor kopieren mussten, um z.B. ein YouTube-Video einzubinden, reicht heute einfach die URL auf das Video. Diese URL – z.B. *http://www.youtube.com/watch?v=n9mhRkNfs1g* – kopieren Sie einfach in das Artikelfeld. Den Rest übernimmt WordPress und die Schnittstelle des Anbieters.

Hinweis WordPress unterstützt das automatische Einbetten folgender Services: YouTube, Vimeo, DailyMotion, blip.tv, Flickr (Videos und Bilder), Viddler, Hulu, Qik, Revision3, Scribd, Photobucket, PollDaddy, Google Video, WordPress.tv (nur WordPress-Videos), SmugMug und FunnyOrDie.com. Genauere Informationen bietet *www.oembed.com*.

Die Funktion de- bzw. aktivieren Sie über *Einstellungen → Mediathek* im Unterpunkt *Anhänge*. Hier justieren Sie auch die maximale Größe der Autoanhänge.

Optionaler Auszug und benutzerdefinierte Felder

Je nachdem, welches Theme Sie nutzen, gibt WordPress – z.B. auf Kategorienseiten – nicht den kompletten Artikel aus, sondern nur einen Auszug. Den Auszug generiert WordPress automatisch und nimmt dafür die ersten 55 Wörter eines Artikels. Dies geschieht z.B. beim Standardtheme. Oft schneidet WordPress dadurch die Anreißer plötzlich ab, was unschön aussieht. Diesen Ausschnitt können Sie aber beeinflussen, und zwar separat über das Textfenster *Auszug*. Kopieren Sie den gewünschten Text aus Ihrem Artikelfeld in das Feld oder texten Sie einen neuen Auszug, der dann auf den Kategorienseiten angezeigt werden soll. In der Standarddesignvorlage Twenty Ten 1.0 zeigt WordPress den Auszug dann auf den Archivseiten (Kategorie, Tags) und in den Suchergebnissen an.

Die Funktion *Benutzerdefinierte Felder* ist eher etwas für Fortgeschrittene. Mit ihr bietet WordPress eine Möglichkeit, zusätzliche Informationen mit einem Artikel abzuspeichern. Geben Sie z.B. in Ihrem Blog regelmäßig MP3-Tipps, möchten Sie vielleicht den Link zum MP3 noch einmal getrennt vom Artikel abspeichern. Diese zusätzlichen Metadaten können anschließend aus der Datenbank separat abgerufen werden. Um den Inhalt der benutzerdefinierten Felder auszugeben, müssen Sie jedoch die Designvorlagen selbst umprogrammieren und Ihren eigenen Wünschen anpassen. Wie Sie benutzerdefinierte Felder in eine eigene Designvorlage einbinden, erfahren Sie in der englischsprachigen Dokumentation von WordPress unter *http://codex.wordpress.org/Using_Custom_Fields*.

Blog-Namen und Blog-Slogan ändern

Neben einem Namen verfügen die meisten Blogs auch über einen Slogan bzw. ein Thema. Der Slogan taucht in der Regel im Kopfzeilenbereich auf und lautet in der Standardversion ein wenig uninspiriert »Ein weiteres tolles WordPress Blog«. Um den Slogan zu ändern, klicken Sie im Backend einfach auf *Einstellungen → Allgemein*. Über diesen Menübereich verwalten Sie sämtliche Funktionen und das Verhalten Ihres Blogs. Den Namen sowie den Slogan ändern Sie unter *Einstellungen → Allgemein*. Ihr Slogan sollte griffig sein und Ihrem Blog-Namen erläuternd unter die Arme greifen. Er ist nützlich, damit Ihre Besucher schnell etwas über die thematische Ausrichtung Ihres Blogs erfahren. Für mein Blog *www.phlow.de/journalismus* nutze ich z.B. den Slogan »Erfolgreicher Online-Journalismus«.

Ein WordPress-Design auswählen

Wie überall im Leben präsentiert man sich selbst auch im Web gern individuell, d.h. mit einem Design, das sich von anderen Blogs abhebt. An dieser Stelle spielt WordPress eine seiner ganz großen Stärken aus: seine Flexibilität beim Design. Um das Design eines Blogs individuell zu gestalten, stellt WordPress sogenannte *Themes* zur Verfügung. Dabei handelt es sich um ein Paket von Dateien, das sämtliche Grafiken, Layouteinstellungen und Funktionen umfasst. Die einzelnen XHTML- und CSS-Dateien nennt man in diesem Zusammenhang *Templates*. Darunter sind Vorlagen zu verstehen, die über die Datenbank mit Inhalten gefüllt werden. In der Regel gibt es mindestens vier Standard-Templates. Mit diesen Vorlagen wird das Aussehen der Startseite, der Kategorienseiten, der einzelnen Artikelseite und möglicher Spezialseiten gesteuert. Ein Theme-Set kann obendrein mit weiteren Templates ausgebaut werden. Dazu gehören z.B. separate Templates für ein Kontaktformular oder eine besonders geordnete Linkliste.

Ein neues Theme aktivieren Sie mit einem Klick und stellen damit das gesamte Design Ihres Blogs in einer Sekunde um. Um sich die bereits vorhandenen Themes anzeigen zu lassen, müssen Sie die Theme-Verwaltung aufrufen. Diese finden Sie über die rechte Seitenleiste unter *Design → Themes*. Um ein neues Theme über das Backend zu aktivieren, müssen Sie es lediglich als eigenen Ordner per FTP-Programm auf den Server hochladen. Anschließend listet das Redaktionssystem das neue Theme unter *Design → Theme* auf, dort kann es auch über die Vorschaufunktion vorab betrachtet oder direkt aktiviert werden.

Ein neues Theme hochladen und aktivieren

Wie Sie gesehen haben, ist die Installation eines Themes kinderleicht. Sicherlich brennen Sie darauf, weitere Themes zu installieren und für Ihre Zwecke auszuprobieren. Neue Vorlagen finden Sie am leichtesten über den Theme-Browser *http://themes.wordpress.net* und sein deutsches Gegenstück *http://themes.wordpress-deutschland.org*. Allein die englische Variante bietet Ihnen mehr als 1.200 Themes. Da sich Themes den eigenen Ansprüchen anpassen lassen, suchen Sie sich am besten eine Vorlage heraus, die Ihnen zusagt, und bearbeiten sie später in Ihrem Sinne. Denn mithilfe von CSS und dem Austauschen von Grafiken verändern Sie schnell und einfach das Aussehen Ihres Blogs. Mehr über CSS erfahren Sie in Kapitel 11, *XHTML und CSS*.

Um Ihnen die einfache Installation eines weiteren Themes vorzuführen, installieren wir nun das außergewöhnlich gute GoodTheme Lead Pro 2.0-Theme. GoodTheme Lead wurde unter einer GPL-Lizenz veröffentlicht und darf bearbeitet, vervielfältigt und kommerziell genutzt werden. Das Theme besticht durch mehrere Funktionen:

- fünf verschiedene Farbschemata (Grau, Weiß, Blau, Rot, Lila)
- steuerbares, variables Layout
- mehrere Bannerwerbeplätze
- sechs variabel gestaltbare Widgetbereiche
- frei gestaltbare horizontale Navigation

Das Theme finden Sie unter *goodtheme.org*. Laden Sie es herunter, entpacken Sie das ZIP-Archiv auf den Desktop und öffnen Sie Ihr FTP-Programm. Laden Sie nun den gesamten entpackten Ordner *GoodThemeLeadPro* in das Verzeichnis */wp-content/themes/* hoch.

▲ Abbildung 1-26
Das Layout GoodTheme hebt sich von herkömmlichen Blog-Designs ab, weil es die Artikel variabel auf der Website platziert.

Darin befinden sich alle hochgeladenen Themes Ihrer WordPress-Installation.

Nach dem erfolgreichen Upload rufen Sie als Nächstes im Backend *Design* → *Themes* auf. Das neue Theme GoodTheme Lead Pro sollte jetzt neben den anderen bereits hochgeladenen Themes aufgelistet werden. Um eine Vorschau zu sehen, klicken Sie auf *Vorschau*. Um es direkt zu aktivieren, klicken Sie auf *Aktivieren* (siehe Abbildung 1-26). Fertig!

Da sich das Theme mit einer Unmenge an spannenden Funktionen präsentiert, können Sie es nach eigenen Wünschen konfigurieren. Dazu rufen Sie das Menü *Design* → *GoodTheme Options* aus. Weitere Informationen finden Sie auf der Website des Themes.

Eine Auswahl interessanter WordPress-Themes

Wenn Sie jetzt auf den Geschmack gekommen sind und herausfinden wollen, welches Theme Ihnen am meisten zusagt, schauen Sie sich doch einmal diese feine Auswahl an WordPress-Vorlagen an. Alle folgenden Themes dürfen für den privaten Gebrauch kostenlos genutzt werden. Beachten Sie bei der Auswahl eines Themes immer, unter welcher Lizenz es veröffentlicht wurde. So vermeiden Sie Ärger. Noch mehr Themes finden Sie über die oben genannten Theme-Browser.

- K2 – *www.getk2.com* – Nachfolger des Kubrik-Themes mit Kopfzeilennavigation.
- Vigilance – *www.bit.ly/vigilance* – elegant und mit zahlreichen Gestaltungsmöglichkeiten dank mehrerer Seitenleisten.
- Mimbo – *www.bit.ly/mimbo_theme* – ein erstklassiges Theme, um mit WordPress ein eigenes Magazin-Blog aufzuziehen. Unsere Cologne Commons-Website basiert z.B. auf Mimbo.
- PrimePress – *www.bit.ly/primepress* – aufgeräumtes Theme mit automatisch wechselndem Kopfzeilenbild.
- Cutline – *http://bit.ly/cutline_theme* – ein Klassiker. Ausgewogene Typografie, verschiedene Spaltenlayouts von zweispaltig bis dreispaltig.
- Gridlock – www.*bit.ly/gridlock_theme* – stylishes und minimalistisches Magazin-Theme, das auf einem Rasterdesign basiert.
- Thematic – *www.bit.ly/thematic_theme* – suchmaschinenoptimiertes Theme, das sehr reduziert daherkommt und sich an

Theme-Entwickler richtet. Es gibt auf der Website zahlreiche Links zu auf Thematic basierenden anderen Themes.

Tipp

Noch mehr Themes finden Sie in Webdesign-Magazinen, die sich oft die Mühe machen, die besten WordPress-Themes zusammenzutragen. Geben Sie einfach mal in Google »Best of WordPress Themes« ein. Sie werden von der Auswahl förmlich erschlagen.

KAPITEL 2

Das Blog vernetzen und gestalten

In diesem Kapitel:

- Widgets
- Blogroll
- Kommentare
- Trackback
- Ping
- Permalinks
- WordPress aktuell halten

Wenn man sich mit Blogs beschäftigt, tauchen unweigerlich immer wieder die Wörter *Widgets*, *Blogroll*, *Kommentarfunktion*, *Trackback*, *Ping* und *Permalinks* auf. Dabei beschreiben diese Begriffe verschiedene typische Aspekte eines Blogs, die vor allem einer besseren Vernetzung innerhalb der Blogosphäre bzw. des Internets dienen. Im Folgenden erkläre ich Ihnen die jeweiligen Funktionen und zeige Ihnen, wie Sie sie bestmöglich für die Vernetzung in der Szene einsetzen. Außerdem finden Sie am Ende dieses Kapitels noch ein paar hilfreiche Tricks, um Ihr WordPress-Blog umzubauen, einzustellen und technisch zu optimieren. Dort erkläre ich Ihnen dann auch kurz, wie Sie mit WordPress mehrere Blogs führen und das System zu einer Blog-Plattform ausbauen können.

Widgets

Als Widgets bezeichnet man kleine Hilfsprogramme, die in der Regel Informationen und Daten aus einer Quelle beziehen und darstellen. Ein Klassiker unter den Widgets ist der YouTube-Player. Als Widget auf der eigenen Website eingebaut, bezieht der Player die Videodaten direkt von YouTube selbst.

Auch WordPress-Themes verfügen über Widgets. Mithilfe dieser Widgets bauen Sie Inhalte unkompliziert und schnell in Ihre Website ein. Das Angebot und die Anzahl der vorhandenen Widgets variiert von Theme zu Theme. Auch die Positionierung eines Widgets hängt vom jeweiligen Theme ab. Um Widgets in ihre Blog-Seiten einzubauen, klicken Sie im Backend in der Seitenleiste auf *Design → Widgets*. Dann sehen Sie einen Bildschirm wie den in Abbildung 2-1.

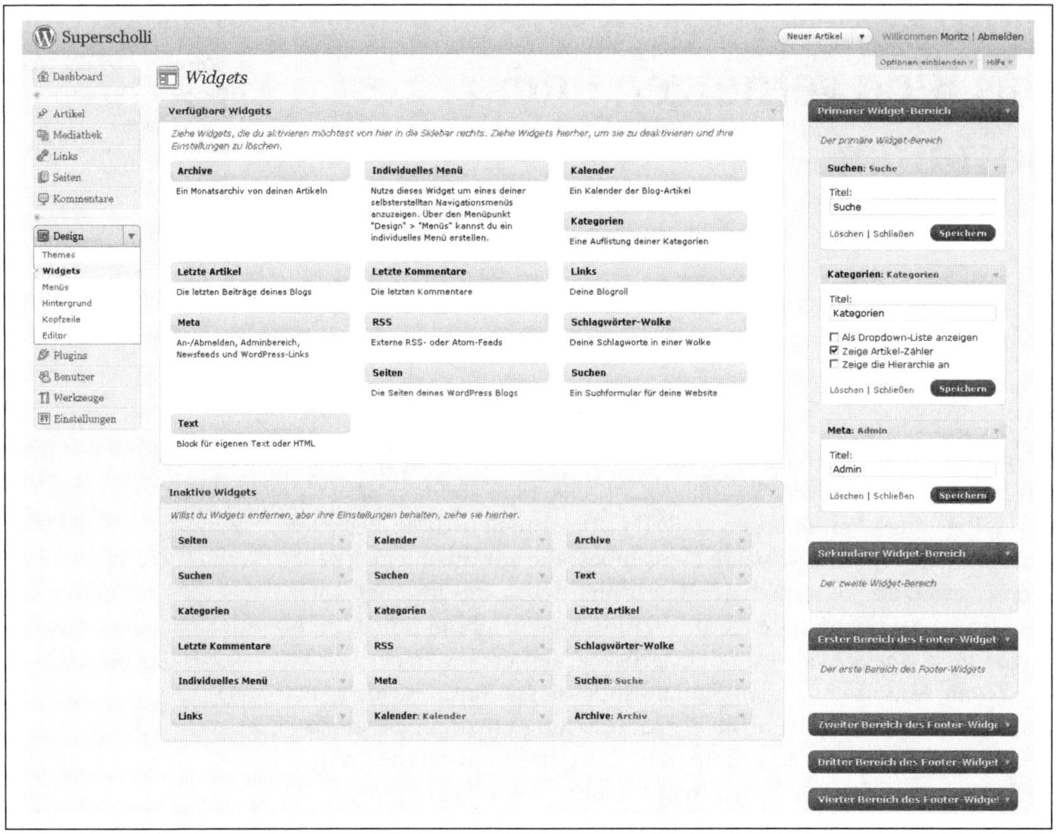

Abbildung 2-1 ▲
Schnell und unkompliziert fügt man seiner WordPress-Website Inhalte über Widgets hinzu – z. B. externe Nachrichten per RSS-Funktion.

Zunächst legen Sie die Position fest, an der Sie ein Widget in Ihrem Blog einbinden möchten. Das Standard-Theme bietet Ihnen gleich sechs verschiedene Bereiche an: zwei in der rechten Seitenleiste und vier in der Fußzeile des Blogs. Um ein Widget einzubauen, klappen Sie auf der rechten Seite einen der Bereiche auf, indem Sie z. B. auf *Primärer Widget-Bereich* klicken. Wählen Sie als Nächstes ein Widget aus der Liste *Verfügbare Widgets* aus und ziehen Sie es – wenn das Steuerkreuz angezeigt wird – mit gedrückter Maustaste in den ausgeklappten Bereich auf der rechten Seite. Abschließend gestalten Sie das Widget noch nach eigenen Wünschen. Klicken Sie abschließend auf *Speichern*, damit WordPress die Widget-Einstellungen sichert.

Unterhalb des Bereichs *Verfügbare Widgets* stellt WordPress auch einen Bereich für *Inaktive Widgets* zur Verfügung. Möchten Sie z. B. ein voreingestelltes Widget kurzfristig deaktivieren, jedoch nicht sämtliche Einstellungen löschen, lagern Sie das Widget in diesem

Bereich zwischen. Eigentlich sind alle Widgets selbsterklärend, lediglich ein paar sind etwas kniffliger, daher werden Sie diese in den folgenden Abschnitten etwas genauer kennenlernen.

Das RSS-Widget

Jedes moderne Blog verfügt über einen eigenen RSS-Feed, den WordPress sogar automatisch erzeugt. RSS ist ein auf XML beruhendes Dateiformat für die Verbreitung (neudeutsch »Syndizierung«) von Webinhalten. In Form der RSS-Feeds veröffentlichen Webmaster die Schlagzeilen ihrer Seiten in einheitlicher, maschinenlesbarer Form. Mit speziellen Programmen, den sogenannten Newsaggregatoren oder Feedreadern, können Surfer die RSS-Dateien aus dem Internet herunterladen und lesen (siehe dazu den Abschnitt »Recherche im Internet« in Kapitel 9, *Die Onlinerecherche*).

WordPress unterstützt Sie darin, externe Informationen mithilfe des RSS-Widgets in Ihr Blog zu integrieren. Ziehen Sie das mit *RSS* betitelte Widget in einen der Widget-Bereiche auf der rechten Seite. Öffnet sich das Widget-Fenster für die Konfiguration nicht automatisch, klicken Sie auf die Titelleiste. Tippen Sie jetzt folgende Adresse in das Feld unter *Gib die URL des RSS-Feeds hier ein:* `http://feed.phlow.net/phlow`. Geben Sie dem Widget einen Titel, z.B. *Neues von Phlow*. Klicken Sie abschließend auf *Speichern* und laden Sie die Startseite Ihres Blogs neu. Das WordPress-RSS-Widget zeigt jetzt die letzten zehn Einträge des Phlow-Blogs an.

Tipp

Die URL zu einem RSS-Feed eines Blogs finden Sie in der Regel über das orangefarbene RSS-Symbol auf der Website. Nutzen Sie Firefox, Safari oder Opera, zeigen die Browser den RSS-Link in der Browseradresszeile an. Wenn Sie auf diese Weise externe Inhalte einfügen, fragen Sie besser vorher die Blog- und Newsseiten-Besitzer. Einige sehen es nicht gern, wenn ihre Nachrichten auf anderen Websites auftauchen. Ich persönlich habe nichts dagegen, wenn Sie die Überschriften meiner Artikel anzeigen. Selbstverständlich möchte ich aber nicht, dass meine gesamten Artikel auf anderen Webseiten gespiegelt werden. Mehr zum Thema RSS erfahren Sie im Unterkapitel »Newsaggregatoren« des Kapitels 9, *Die Onlinerecherche*.

Blogroll

In der Blog-Welt (auch *Blogosphäre)* ist es Usus, dass man auf den Seiten seines Blogs eine sogenannte *Blogroll* veröffentlicht. Dieser Begriff steht für eine Liste mit Links zu den eigenen Lieblings-Blogs. Eine Blogroll ist sozusagen eine Liste mit Leseempfehlungen, die Ihr Blog mit Sites von Freunden und Bekannten verzahnt. WordPress bietet für solche Linklisten einen eigenen Bereich im Backend an, den Sie über das Menü *Links* aufrufen.

Nach der Installation verfügt Ihr Blog bereits über eine solche Blogroll, in der Sie Websites der WordPress-Community vorfinden. Die Verwaltung der Link-Listen funktioniert ähnlich wie die der Artikel. Links lassen sich neue Links anlegen, löschen, bearbeiten und einer eigenen Kategorie zuordnen. Die Kategorien selbst verwalten Sie über das Menü *Links → Kategorien*.

Um einen Link in der aktuellen Blogroll-Liste in Ihrem Sinne zu bearbeiten, klicken Sie einfach auf den jeweiligen Link bzw. *Bearbeiten*. Anschließend sehen Sie einen Bildschirm wie den in Abbildung 2-2.

Ein alter Link lässt sich schnell und unkompliziert überarbeiten. Dazu verlangt WordPress lediglich drei grundlegende Angaben: einen Namen für den Link, eine Webadresse und eine Kategorie. Darüber hinaus bietet WordPress noch zahlreiche weitere Einstellungsmöglichkeiten. Lohnenswert ist immer eine kurze Beschreibung für den Link. Bewegt ein Besucher den Mauspfeil über den Link, blendet WordPress die Beschreibung als kleinen Tooltipp ein und gibt zusätzliche Informationen zum Link. Wie WordPress Ihre Blogroll in der Seitenleiste anzeigt, beeinflussen Sie außerdem über das Links-Widget. Dieses zeigt auf Wunsch den Namen, die Beschreibung, eine Grafik und/oder eine Bewertung an. Wenn Sie mehrere Linkkategorien benutzen, lässt sich das Links-Widget auch mehrmals auf der Website einbauen, denn über das Dropdown-Menü des Widgets wählen Sie die gewünschte Kategorie, die angezeigt werden soll. Im Standard-Theme bieten sich die vier Widget-Bereiche in der Fußzeile an, um Links thematisch anzuordnen.

Interessant ist der Bereich *Target*. Darin stellen Sie ein, ob der Link z.B. in einem neuen Fenster geöffnet werden soll oder nicht. Der Bereich *Fortgeschritten* ermöglicht Ihnen dann die Verfeinerung des jeweiligen Links. Sie können jedem Link eine Bild-URL, RSS-URL, Notizen und eine Bewertung zwischen 0 und 9 zuweisen, wobei ein größerer Zahlenwert einer positiveren Bewertung entspricht. Eingegebene Links können Sie auch als privat markieren. Dazu setzen Sie ein Häkchen neben *Diesen Link als Privat markieren* im Bereich *Speichern* auf der rechten Seite.

▼ Abbildung 2-2
WordPress bietet eine eigene komfortable Verwaltung für Linklisten nach Kategorien.

XFN nutzen

Möchten Sie Angaben und Einordnung des Links weiter beeinflussen, ermöglicht WordPress die Verwaltung von Linkbeziehungen via XFN. XFN steht für *XHTML Friends Network* und ermöglicht es, weitere Informationen zu den verlinkten Websites zu geben. Wenn Sie mehr über dieses Thema erfahren möchten, sehen Sie sich einfach auf der englischsprachigen Website *http://gmpg.org/xfn/* um oder lesen sich die englische WordPress-Anleitung unter *http://codex.wordpress.org/Defining_Relationships_with_XFN* durch.

Wenn Sie mit den Angaben zufrieden sind, klicken Sie abschließend auf *Link aktualisieren* oder *Link hinzufügen*, je nachdem, ob Sie einen neuen Links speichern oder die Angaben aktualisieren möchten. Das Ergebnis der Linkeingabe betrachten Sie anschließend auf Ihrem Blog, wenn Sie ein Link-Widget hinzugefügt haben.

§

Wer einen Link so einrichtet, dass der verlinkte Inhalt nicht in einem neuen Fenster, sondern im eigenen Frame erscheint, verletzt damit unter Umständen Urheberrechte. Jeder Urheber (eines Texts, eines Musikstücks usw. hat das Recht darauf, mit Namen genannt zu werden, wenn er das möchte. Man sollte deshalb darauf achten, dass für den Besucher stets erkennbar ist, von wem ein verlinkter Inhalt stammt. In der Praxis ist es somit rechtlich sicherer, wenn Sie fremde Inhalte nicht in Ihre eigene Seite einbauen, sondern beim Klicken auf den Link die Originalseite in einem neuen Tab oder Fenster öffnen.

Beim Einrichten eines Links empfiehlt es sich, die verlinkte Seite kurz in Augenschein zu nehmen. Sollten sich dort etwa rechtsextreme Hetzkampagnen oder sonstige rechtswidrige Inhalte befinden, kann dies zu einer eigenen Haftung führen (siehe dazu Kapitel 17, *Haftungsfragen*). Bei den meisten Gerichten hat sich die Ansicht durchgesetzt, dass die verlinkten Seiten nicht regelmäßig daraufhin zu überprüfen sind, ob sie vielleicht inzwischen Rechtsverstöße enthalten. Einige Gerichte haben aber auch schon anders geurteilt, sodass es sich anbietet, vielleicht doch dann und wann die Links auf ihre Inhalte hin zu überprüfen.

Wie oben beschrieben, bietet WordPress eine Kategorienfunktion für Linklisten an. Nach der Installation lautet die Kategorie zunächst *Blogroll*. Diese wollen wir im nächsten Schritt in *Lieblingslinks* umbenennen. Dazu rufen Sie das entsprechende Menü über *Links → Kategorien* auf und klicken rechts auf die Linkkategorie, die Sie editieren wollen. Anschließend präsentiert sich Ihnen ein Bildschirm wie der in Abbildung 2-3. Die Einstellungen erklären sich von selbst.

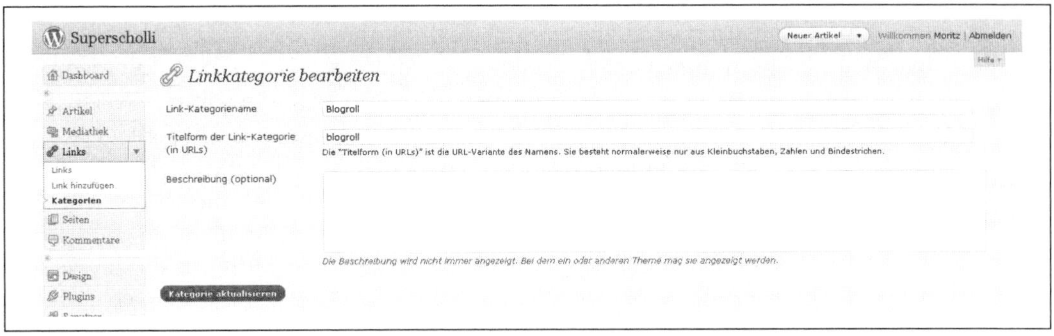

▲ **Abbildung 2-3**
Verwaltung der Linkkategorien in WordPress.

Kommentare

Einer der Dreh- und Angelpunkte eines Blogs ist die Kommentarfunktion. Diese erlaubt es den Besuchern eines Blogs, zu einem Artikel Stellung zu beziehen und so in einen Dialog mit dem Blog-Autor und anderen Kommentatoren zu treten. Obendrein erhalten Sie über Kommentare oft wertvolle Informationen über Ihre Besucher. Wer Kommentare richtig liest und auswertet, weiß, worauf die Stammleser Wert legen, welche Artikel besonders gelungen sind und ob es weiterführende Informationen zum Thema gibt. Zahlreiche Blogger nutzen einzelne Artikel, um Fragen an ihre Leser zu richten und so eine Diskussion zu entfachen. So lassen sich Blog-Beiträge auch für kleinere Meinungsumfragen nutzen.

Weiterhin spielt die Kommentarfunktion eine große Rolle bei der Vernetzung von Blogs untereinander, denn auch Sie können Kommentare auf anderen Blogs hinterlassen. Üblicherweise hinterlässt man beim Kommentieren nicht nur den jeweiligen Kommentar, sondern man tippt auch seinen Namen und die eigene URL in das Kommentarformular ein. Diese Zusatzinformationen zeigen Blogs in der Regel unter dem jeweiligen Kommentar an. Dabei wird im Allgemeinen aber vermieden, die E-Mail-Adresse des Kommentarschreibers zu veröffentlichen, um ihn vor unnötigem Spam zu schützen.

Und weil Blog-Leser und Blogger selbst neugierige Wesen sind, wollen sie in der Regel erfahren, woher der Kommentar kommt und wer ihn geschrieben hat. Da Sie selbst Ihre Blog-URL hinterlassen haben, entdecken die Blogger so auch Ihr Blog.

Leider gibt es auch eine Schattenseite der virtuellen Diskussionsrunden. Dazu gehören in erster Linie die Kommentar-Spammer. Diese missbrauchen die Kommentarfunktion von Blogs, um auf Surferfang zu gehen und Besucher auf die eigenen Websites zu lotsen. Eine weitere dunkle Seite sind Leser, die nicht diskutieren können oder wollen. Letztere – auch *Trolle* genannt – versuchen, unnötige Diskussionen anzuzetteln, indem sie den Blogger oder seine kommentierende Leserschaft beschimpfen. Oft vergreifen sich Kommentarschreiber auch im Ton – in einem solchen Fall muss man eingreifen, um einer Eskalation vorzubeugen. Außerdem sind Sie als Blogger für die Inhalte auf Ihrer Website verantwortlich. Was Trolle sind und wie Sie diesem Schlag Mensch am besten begegnen, erfahren Sie im populären Wikipedia-Artikel unter *http://de.wikipedia.org/wiki/Troll_(Internet)*.

Angesichts dieser beiden Problemfelder wurden mittlerweile zahlreiche Verbesserungen bei der Kommentarverwaltung von WordPress vorgenommen. Dazu gehören auch zusätzliche Plug-ins zur Vorbeugung von Spam. Zum Thema Kommentar-Spam und Plugins erfahren Sie mehr in Kapitel 3, *WordPress mit Plug-ins erweitern*

§

Die Haftung eines Weblog-Betreibers für fremde Kommentare beschränkt sich zunächst darauf, rechtswidrige Kommentare wie Beleidigungen, Aufrufe zu Straftaten usw. sofort zu entfernen, wenn man davon Kenntnis erlangt hat. Kenntnis hat man spätestens dann, wenn man auf eine solche Rechtsverletzung von außen hingewiesen wird, eventuell aber auch schon dann, wenn man per E-Mail automatisch über einen neuen Kommentar unterrichtet worden ist oder diesen selbst entdeckt hat. Wer dann nicht sofort handelt und die rechtswidrigen Inhalte löscht, kann möglicherweise auch strafrechtlich verfolgt werden. Eine Pflicht zur Überwachung – etwa im Sinne einer täglichen Überprüfung sämtlicher Kommentare – besteht aber ausdrücklich nicht. Näheres hierzu finden Sie im Abschnitt »Haftungsprivilegierungen für fremde Inhalte« in Kapitel 17, *Haftungsfragen*.

Die Kommentarverwaltung von WordPress finden Sie über den Menüpunkt *Kommentare*. Nach der frischen Installation sieht diese aus wie in Abbildung 2-4 gezeigt. Um diesen Standardkommentar zu bearbeiten, bewegen Sie Ihren Mauspfeil über den Eintrag. WordPress blendet dann unterhalb des Kommentars sechs verschiedene Links ein: *Zurückweisen*, *Antworten*, *Quickedit*, *Bearbeiten*, *Spam* und *Papierkorb*.

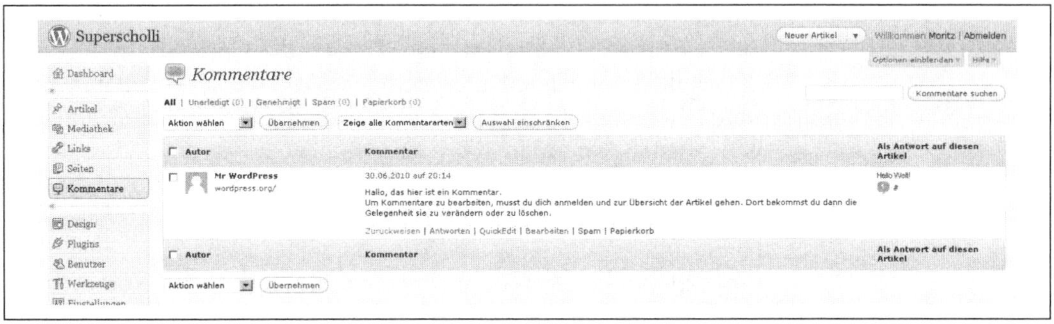

▲ **Abbildung 2-4**
Verwaltung der Kommentare.

Klicken Sie einmal auf *Zurückweisen*. Wie Sie sehen, ändert sich der Link und lautet jetzt *Genehmigen*. Außerdem erscheint links in der Seitenleiste bei *Kommentare* eine 1 in einem Kreis. Diese Zahl weist Sie darauf hin, dass es Kommentare gibt, die noch nicht freigeschaltet wurden. Der Kommentar wird in diesem Zustand nicht im Blog angezeigt. Klicken Sie erneut auf *Genehmigen*, verschwindet die 1, und der Kommentar ist wieder freigeschaltet.

Klicken Sie als Nächstes auf *Antworten*. Direkt unter dem Kommentarfeld erscheint ein neues Eingabefeld. In dieses geben Sie auf Wunsch direkt eine Antwort zum Kommentar ein und gestalten sie mithilfe des Editors. Klicken Sie dann auf *Antwort senden*, speichert WordPress die Antwort in der Datenbank. Wenn Sie jetzt den *Hallo Welt!*-Artikel über das kleine #-Symbol rechts unter dem Artikeltitel aufrufen, sehen Sie Ihren zweiten Kommentar. Da es sich um eine Antwort auf einen Kommentar handelt, rückt WordPress im Standard-Theme Ihren Kommentar ein, wie Sie es vielleicht aus Foren kennen.

Zurück ins Backend: Die *Quickedit*-Funktion kennen Sie ja bereits von der Artikelverwaltung. Sie blendet alle wichtigen Parameter für ein schnelles Editieren des Kommentars ein und macht damit die Funktion *Bearbeiten* fast überflüssig. Wichtig sind die beiden letzten Links *Spam* und *Papierkorb*. Ein Klick auf *Papierkorb* löscht den Link, ein Klick auf *Spam* markiert den Link als Spam-Kommentar. Mit diesem Link trainieren Sie Antispam-Erweiterungen für WordPress. Taucht ein ähnlicher Spam-Kommentar auf, wird dieser automatisch gelöscht, ohne dass Sie aktiv werden müssen.

Allgemeine Verwaltung der Kommentarfunktion

Ob Kommentare abgegeben werden dürfen und wie ein Kommentar nach der Eingabe auf der Website von WordPress behandelt wird, bestimmen Sie über den Menüpunkt *Einstellungen → Diskussion*. Die jeweiligen Funktionen, die Sie über die Checkboxen ein- und ausschalten können, erklären sich dabei von selbst. WordPress greift Ihnen hier unter die Arme: Das System bietet Ihnen über die Eingabe von Spam-Wörtern in die Texteingabebox unterhalb des Menüpunkts *Kommentarmoderation* eine zusätzliche Hilfe. Durch die Eingabe von typischen Spam-Begriffen beschleunigt WordPress das Herausfiltern von unnützen Kommentaren. Je länger Sie mit WordPress bloggen, desto besser werden Sie ungewollte Kommentare durch ein Verfeinern der Funktionen identifizieren können.

Tipp Nimmt die Popularität Ihres Blogs und damit auch die Anzahl der Kommentare zu, wollen Sie Letztere vielleicht schneller bearbeiten. Dafür bieten sich Tastaturkürzel an. Diese schalten Sie über Ihr Benutzerprofil unter *Benutzer → Dein Profil* frei. Eine Liste der zur Verfügung stehenden Kürzel finden Sie unter *http://doku.wordpress-deutschland.org/Tastaturkürzel*.

Auch wenn es zu Anfang etwas mühselig ist, die Kommentare zu verwalten, rate ich Ihnen vom vollkommenen Abschalten der Kommentarfunktion ab. Dadurch entgehen Ihnen viel Spaß und Unterhaltung durch interessante Kommentare seitens Ihrer Leser. Denn Kommentare stärken die Leserbindung, da sich die Leser aktiv beteiligen können. Ein weiterer Pluspunkt von Kommentaren sind aus ihnen entstehende Diskussionen über verschiedene Blogs. In der Blogosphäre ist es nicht unüblich, interessante und kontroverse Anmerkungen direkt zu verlinken. Das bringt Ihnen unter Umständen zusätzliche Besucher.

Trackback

Viele Blogger tauschen über einen automatischen Benachrichtigungsdienst, den *Trackback*, Informationen untereinander aus. Das sind in der Regel Reaktionen auf Beiträge sowie Kommentare. Trackback ermöglicht es Ihnen, festzustellen, ob auf einen Ihrer Beiträge in einem anderen Blog Bezug genommen wurde. Dazu werden zwischen den beteiligten Blogs nach einem festen Protokoll Daten ausgetauscht, die die Beziehung zwischen den betreffenden Einträgen herstellen (siehe Abbildung 2-5).

Hinweis Trackbacks werden oft auch als *Backlink* oder *Pingback* bezeichnet.

Innerhalb der Blog-Szene hat sich dabei eingebürgert, dass Trackbacks nur versendet werden, wenn im Bezug nehmenden Artikel auch ein Link auf den Ursprungsartikel enthalten ist. Man kann jedoch ebenfalls Trackbacks senden, wenn der eigene Artikel in einem inhaltlichen Zusammenhang mit einem anderen Beitrag steht. Das verstärkt die Verknüpfungen von Blogs und ist hilfreich für Leser, die sich vertiefend mit einem Thema beschäftigen wollen.

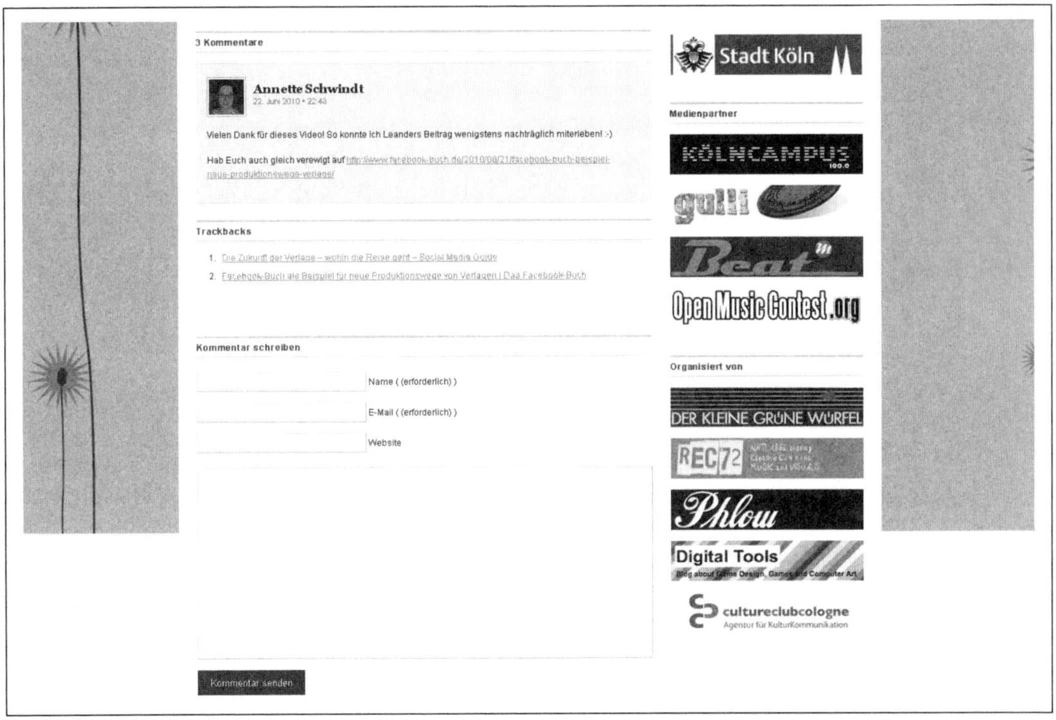

▲ **Abbildung 2-5**
Trackback-Eintrag auf der Blog-Website von Cologne-Commons.de.

Natürlich unterstützt auch WordPress Trackbacks. Um einen Trackback zu setzen, verlinken Sie in Ihrem Beitrag einfach den anderen Blog-Eintrag. Veröffentlichen Sie den Artikel, versucht WordPress, den verlinkten Blog-Artikel per Trackback zu benachrichtigen. Dazu sendet Ihr Redaktionssystem einen sogenannten Ping an das verlinkte Blog. Öffnet der benachrichtigte Blogger sein Backend, sieht er im Normalfall eine Benachrichtigung bei den Kommentaren, denn Trackbacks moderieren Sie über das Menü *Kommentare*.

Wurde ein Trackback-Link freigeschaltet, finden Sie ihn in der Regel unterhalb des jeweiligen Blog-Artikels. Setzt ein anderer Blogger einen Trackback auf Ihre Artikel, benachrichtigt Sie Ihr WordPress-

Blog je nach Einstellungen per E-Mail, bzw. Sie sehen eine Zahl direkt neben dem Kommentarmenü im Backend – siehe oben.

Trackbacks lassen sich auch manuell eingeben, wenn Sie den Artikel z. B. nicht verlinkt haben. Dazu benötigen Sie den korrekten Trackback-Link des jeweiligen Artikels. Oft finden Sie diesen unterhalb des Artikels. Um einen Trackback manuell zu senden, rufen Sie Ihren Artikel auf und geben die Trackback-URL im Kasten *Trackback senden* ein. Normalerweise ist das aber nicht notwendig.

Ping

Ping ist eine lautmalerische Bezeichnung für das Senden eines Echosignals im Web. Mithilfe eines Pings sendet man ähnlich wie bei der Echoortung ein Rufzeichen an eine beliebige Internetadresse und wartet auf eine Antwort.

Dieser Service kommt zum Einsatz, wenn Sie andere Blogger auf einen neuen Artikel aufmerksam machen wollen. Welche Services Ihr WordPress-Blog automatisch benachrichtigt, sehen und editieren Sie unter *Einstellungen → Schreiben* ganz unten auf der Seite. Voreingestellt ist die Plattform Ping-O-Matic. Über *http://rpc.pingomatic.com/* informiert Ping-O-Matic alle relevanten Services über einen Ihrer neuen Artikel, z. B. die Blog-Suchmaschine von Google – *http://blogsearch.google.com*.

Neben Ping-O-Matic gibt es auch noch andere Services, z. B. Technorati, die Sie gezielt anpingen können. Damit WordPress andere Services über das Erscheinen neuer Artikel informiert, müssen Sie im Menüpunkt *Einstellungen → Schreiben* die URL des gewünschten Service in einer neuen Zeile unter *http://rpc.pingomatic.com/* eingeben. Eigentlich reicht aber Ping-O-Matic. Mehr zum Thema und weitere Ping-Services finden Sie unter *http://codex.wordpress.org/Update_Services*.

Permalinks

Als *Permalink* bezeichnet man die dauerhaft bestehende Internetadresse eines Blog-Beitrags. Unter dieser URL findet man jederzeit – also permanent – den gesamten Beitrag inklusive aller Kommentare und Zusatzinformationen. Der Permalink des jeweiligen Blog-Artikels ist in der Regel die URL zum Beitrag auf der Startseite oder auf den Kategorienseiten.

In den Grundeinstellungen von WordPress werden URLs für Permalinks verwendet, die Fragezeichen und Zahlen beinhalten und wie folgt aussehen: *http://www.ihre-website.de/blog/?p=1*. Wie in Kapitel 17, *Suchmaschinenoptimierung* ausführlich erläutert wird, sollten URLs aussagekräftig sein und Schlüsselbegriffe enthalten. Damit man als Benutzer WordPress-URLs für seine eigenen Zwecke optimieren kann, benötigt WordPress das Modul *mod_rewrite* aufseiten des Servers. Wenn Ihre Website auf einem Apache-Server liegt, sollte dieses Modul bereits aktiv sein. Ob es Ihnen zur Verfügung steht und wie Sie es gegebenenfalls aktivieren, erfahren Sie von Ihrem Webhoster.

Wenn das *mod_rewrite*-Modul aktiviert ist, können Sie direkt über *Einstellungen* → *Permalinks* das Aussehen Ihrer URLs anpassen, und zwar über das Eingabefeld *Benutzerdefinierte Struktur*. Wenn nicht, lesen Sie bitte die Hinweise im Kasten und justieren Ihre . *htaccess*-Datei.

Die .htaccess-Datei anlegen

Damit *mod_rewrite* funktioniert, müssen Sie je nach Servereinstellungen erst eine leere Datei mit dem Namen *.htaccess* im Wurzelverzeichnis von WordPress ablegen. Um eine *.htaccess*-Datei zu erzeugen, öffnen Sie einen einfachen Texteditor (keine Textverarbeitung wie z.B. Word) und speichern eine leere Datei mit dem Namen *.htaccess* ab. Achten Sie darauf, dass die Datei keine Dateiendung wie z.B. *.txt* besitzt und dass sie mit einem Punkt beginnt. Starten Sie jetzt Ihr FTP-Programm und laden Sie die *.htaccess*-Datei in das Wurzelverzeichnis von WordPress hoch.

Im nächsten Schritt müssen Sie nur noch die Zugriffsrechte der *.htaccess*-Datei auf `CHMOD 666` setzen (siehe Abbildung 2-6). Um Schreibrechte von Dateien in FileZilla über den *chmod*-Befehl zu ändern, markieren Sie die Dateien und klicken dann mit rechts. Aus dem Kontextmenü wählen Sie den Menüpunkt *Dateiberechtigungen* und können diese dann anschließend im Pop-up-Fenster entsprechend ändern. Die Schreibrechte von Verzeichnissen und mehreren Dateien können Sie gleichzeitig verändern.

▲ Abbildung 2-6
Um mit FileZilla die Zugriffsrechte einer Datei zu verändern, markieren Sie die Datei mit der linken Maustaste und rufen über die rechte den Menüpunkt Dateiattribute auf.

Über *Benutzerdefinierte Struktur* konfigurieren Sie Ihr individuelles URL-Design mithilfe von Platzhaltervariablen, die Sie nach Belieben zu einer eigenständigen URL kombinieren können.

Um möglichst suchmaschinenfreundliche Links zu erzeugen, benutzen Sie am besten die Variable `%postname%`. Diese Variable beeinflussen Sie auf Wunsch direkt bei der Eingabe eines Artikels, indem Sie unterhalb des Artikeltitels auf den Button *Bearbeiten* klicken (siehe Abbildung 2-7). In das sich öffnende Eingabefeld tippen Sie jetzt die gewünschte URL-Adresse. Verzichten Sie dabei auf Leerzeichen und Sonderzeichen wie Umlaute. Anstelle eines Leerzeichens geben Sie ein Minuszeichen ein.

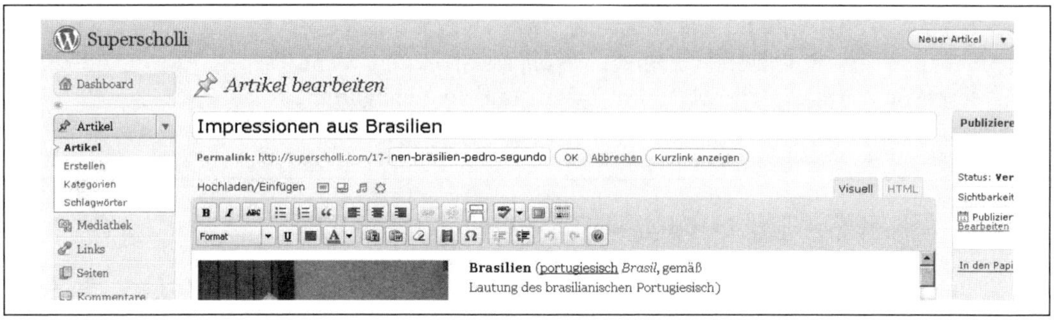

Abbildung 2-7 ▲
Ein Klick auf Bearbeiten unterhalb des Artikeltitelfelds ermöglicht die individuelle Gestaltung des Artikellinks und öffnet ein Eingabefenster.

Neben `%postname%` gibt auch `%category%` eine sinnvolle Auskunft über den Inhalt des jeweiligen Dokuments. Wenn Sie in Ihrem Blog z.B. einen Artikel zum Thema Webdesign schreiben und den Artikel in die entsprechende Rubrik *webdesign* einordnen, würde sich bei der Variablenkombination `/%category%-kategorie/%postname%.php` die folgende sinnvolle URL ergeben: *http://www.website.de/webdesign-kategorie/topstyle-css-editor.php*.

Wie Sie an diesem Beispiel sehen, lassen sich bei Bedarf neben Bindestrich und Schrägstrich auch ganze Wörter (hier `category`) sowie Dateiendungen (hier `.php`) unterbringen. Sie können jedoch auch weggelassen werden, um die URL so kurz wie möglich zu halten. Zur Verfügung stehen die folgenden Platzhaltervariablen, die Sie nach Belieben miteinander kombinieren können:

`%year%`
: Bezeichnet das Jahr der Erstellung des Artikels mit vier Ziffern (z.B. 2010).

`%monthnum%`
: Bezeichnet den Monat der Erstellung des Artikels (z.B. 06).

`%day%`
: Bezeichnet den Tag der Erstellung des Artikels (z.B. 10).

`%hour%`
: Bezeichnet die Stunde der Erstellung des Artikels (z.B. 07).

`%minute%`
: Bezeichnet die Minute der Erstellung des Artikels (z.B. 28).

`%second%`
: Bezeichnet die Sekunde der Erstellung des Artikels (z.B. 55).

`%post_id%`
: Bezeichnet die ID des Artikels (z.B. 186).

`%postname%`
: Bezeichnet die angepasste Version des Beitragstitels (z.B. »1-jahr-muenchen« statt »1 Jahr München«).

`%author%`
: Bezeichnet die angepasste Version des Autorennamens.

`%category%`
: Bezeichnet die angepasste Version der Kategorie;

Unterkategorien erscheinen automatisch als eigene Variable.

Damit eine korrekte Adressierung des Artikels garantiert ist, müssen Sie bei der Erstellung eigener Permalinks darauf achten, dass Sie die Variablen `%postname%` oder `%post_id%` verwenden, damit in jedem Fall eine individuelle URL für den Artikel erzeugt wird. So generieren Sie eine URL wie *http://www.website.de/news-1-hallo-welt* mit `/%category%-%post_id%-%postname%` und eine URL wie *http://www.website.de/2005/08/04/hallowelt/* mit `/%year%/%monthnum%/%day%/%postname%/`.

Damit WordPress die neuen, suchmaschinenfreundlichen URLs in die *.htaccess*-Datei schreibt, müssen Sie nach der Konfiguration auf den Button *Änderungen übernehmen* klicken. Anschließend sollten Sie auf Ihrer Blog-Seite überprüfen, ob die neue Linkstruktur funktioniert.

Im Feld *Kategorie-Basis* im Untermenü *Permalinks* können Sie die Links zu den Kategorienseiten des Blogs beeinflussen. Bleibt das Feld leer, ergänzt WordPress Links auf die Kategorienseiten automatisch mit *category*. Wünschen Sie z.B. eine deutsche Version, weil sich Ihr Blog ausschließlich an deutschsprachige Leser wendet, können Sie in das Feld z.B. `rubrik` eingeben. Ein Link auf die Rubrik *Biografie* würde dann so aussehen: *http://www.website.de/rubrik/biografie/*. Gleiches gilt für die Tag-basierten Archivseiten.

WordPress-Lesezeichen

Angenommen, Sie lesen gerade einen Beitrag auf einer fremden Website und möchten einen Kommentar zum Artikel schreiben sowie gleichzeitig ein Zitat des Artikels einfügen. Statt nun in einem neuen Browserfenster Ihr Redaktionssystem aufzurufen und die Informationen über Copy & Paste hinüberzukopieren, können Sie Ihr Blog auch einfach über ein WordPress-Lesezeichen im Browser mit Inhalten befüllen. Solche Lesezeichen funktionieren per JavaScript und rufen nach erfolgtem Klick den Texteditor von WordPress in einem Pop-up-Fenster auf. Wurde im Ausgangsfenster Text markiert, kopiert das Lesezeichen diesen samt Link direkt in das Pop-up-Fenster des Editors. Nach einem Klick auf ***Speichern*** oder ***Publizieren*** speichert WordPress den neuen Artikel ab.

Das WordPress-Lesezeichen finden Sie unter dem Menüpunkt ***Einstellungen → Schreiben***. Ziehen Sie den Link *Press This* bei gedrückter linker Maustaste einfach in die Linkleiste Ihres Browsers (siehe Abbildung 2-8).

▲ Abbildung 2-8
Um ein WordPress-Lesezeichen anzulegen, ziehen Sie den Link Press This mit gedrückter linker Maustaste einfach in die Browserleiste unterhalb des Adressfelds.

WordPress aktuell halten

WordPress mit seinen Erweiterungen und Themes wird kontinuierlich weiterentwickelt. Außerdem stopfen die Programmierer Sicherheitslöcher, sobald sie entdeckt werden. Deshalb sollten Sie Ihr WordPress-System auf dem aktuellen Stand halten, um es gegen Hacker und Spammer abzusichern, die Ihre liebevoll gepflegte Website für Suchmaschinenoptimierung oder Spamming missbrauchen wollen. Ist ein System einmal beschädigt und/oder die Datenbank zerschossen, können Sie fast von vorne beginnen.

Um diesen Super-GAU zu vermeiden, müssen Sie das System aktualisieren, wenn neue Versionen Ihrer Plug-ins oder eine neue WordPress-Version erscheinen. Glücklicherweise hilft Ihnen auch in dieser Situation das System. Erscheint eine neue WordPress-Version, informiert Sie das Backend darüber. WordPress informiert Sie auch, wenn es eine neue Version einer Erweiterung gibt. Ähnlich wie bei den Kommentaren erscheint dann in einem runden Kreis direkt neben dem Menüpunkt *Plug-ins* eine Zahl, die anzeigt, wie viele Plug-ins aktualisiert werden müssen.

Wenn eine Aktualisierung hakt

Während Sie eine neue Plug-in-Version sofort installieren können, verhält es sich bei einer neuen WordPress-Version ein wenig anders. Denn wenn die neue Version des Plug-ins nicht funktioniert, können Sie es einfach abschalten, und WordPress arbeitet weiterhin. Funktioniert hingegen wider Erwarten die neue WordPress-Version nicht, haben Sie ein Problem. Das kann zwei Gründe haben. Aktualisieren Sie WordPress auf die neue Version und das Redaktionssystem verhält sich merkwürdig – z.B. der Upload der Bilder arbeitet nicht –, kann das an einem der installierten Plug-ins liegen. Der andere Grund können neue Routinen von WordPress sein, die mit Ihren Servereinstellungen nicht klarkommen. Unter anderem kann das eine veraltete MySQL-Datenbank oder eine veraltete Version von PHP sein.

Erscheint eine neue WordPress-Version, warte ich in der Regel ein paar Tage ab, bevor ich die neue Version aufspiele. Das ist zwar aufgrund eventuell bestehender Sicherheitslücken ein wenig riskant, aber auf der anderen Seite von enormem Vorteil. Denn tritt ein Problem auf, kann ich in den WordPress-Foren unter *www.wordpress.org/support/* und *http://forum.wordpress-deutschland.org* nachforschen. Und je länger man wartet, desto eher findet man eine passende Lösung. Oft haben andere Nutzer nämlich genau die gleichen Probleme wie Sie und suchen in den Foren nach Antworten. Hilfreiche Nutzer geben dann häufig eine Antwort mit einer Anleitung, um das Problem zu beheben.

Die Lösung eines Problems finden Sie meist auch über Google. Geben Sie in der Suchmaske dazu die Fehlermeldung in Anführungsstrichen und das Suchwort »WordPress« ein. Dadurch finden Sie andere Blogs, die wahrscheinlich eine Lösung anbieten. Eine weitere Möglichkeit, eine Antwort zu finden, sind auch die Foren der Webhoster. Da WordPress ein weitverbreitetes System ist, können Sie bei einem größeren Webhoster davon ausgehen, dass weitere Kunden ähnliche Probleme haben.

Eine neue WordPress-Version installieren

Erscheint eine neue Version von WordPress und Sie haben entschieden, dass Sie sie installieren möchten, gehen Sie wie folgt vor:

1. Sichern Sie den gesamten Ordner Ihrer WordPress-Installation per FTP.
2. Machen Sie ein Backup Ihrer Datenbank (z.B. mit der Erweiterung *WP-DB-Backup* – siehe Kapitel 3, *WordPress mit Plug-ins erweitern*.)
3. Deaktivieren Sie sicherheitshalber alle Erweiterungen. Dies ist eine reine Vorsichtsmaßnahme.
4. Löschen Sie alle WordPress-Dateien außer *wp-config.php* und *.htaccess* und löschen Sie nicht den *wp-content*-Ordner.
5. Laden Sie die aktuelle WordPress-Version unter *www.wordpress-deutschland.org/download* herunter, entpacken Sie das Archiv und laden Sie die Dateien wie bei der Erstinstallation vollständig hoch.
6. Rufen Sie im Browser das Backend auf und folgen eventuell notwendigen Schritten.
7. Aktivieren Sie Ihre Erweiterungen nach und nach.
8. Mehr Informationen und weitere Möglichkeiten, wie man die Datenbank sichert, erfahren Sie unter den folgenden Links:
    - *http://doku.wordpress-deutschland.org/Upgrade*
    - *http://faq.wordpress-deutschland.org/backup-von-wordpress-erstellen/*
    - *http://doku.wordpress-deutschland.org/Backup_der_Datenbank*

Neben dem manuellen Upgrade bietet WordPress auch ein automatisches Upgrade. Über dieses aktualisieren Sie im besten Fall WordPress mit lediglich einem Klick, und das System aktualisiert sich von selbst. Bevor Sie die automatische Aktualisierung aber ausprobieren, sollten Sie unbedingt ein Backup machen. Je nach Webhoster funktioniert diese automatische Aktualisierung jedoch hervorragend. Wie überall, gilt auch hier: »Probieren geht über Studieren.« Denn solange Sie ein Backup haben, kann Ihnen nichts passieren.

Je mehr Sie sich in Zukunft mit Ihrem WordPress-Blog auseinandersetzen werden, desto mehr Fragen, wie das ein oder andere in WordPress zu realisieren ist, werden auftauchen – da bin ich mir sehr sicher! Je mehr Sie sich mit Ihrem Blog identifizieren, desto weiter werden Sie ihn entwickeln wollen – sei es, indem Sie einen Micropayment-Service wie *Flattr* ausprobieren oder Ihr WordPress-Blog mit Ihrem Facebook-Profil verzahnen wollen.

Die Blogosphäre bietet Ihnen dazu ein riesiges Universum an Anleitungen. Darum möchte ich Ihnen an dieser Stelle zum Abschluss noch ein paar Blogs zum Thema WordPress empfehlen:

http://phlow.de/webdesign
: Meine eigenes Blog zum Thema WordPress und Webdesign.

www.bueltge.de
: Spannende WordPress-Anleitungen für Webdesigner von Frank Bültge.

www.perun.net/kategorie/wordpress/
: Tipps und Tricks rund um WordPress von Vladimir Simovic aka Perun.

www.drweb.de/magazin/tag/wordpress/
: Das deutschsprachige Magazin zum Thema Webdesign.

KAPITEL 3

WordPress mit Plug-ins erweitern

In diesem Kapitel:

- Plug-ins zur Datensicherung, Abwehr von Kommentar-Spam, zum Einbinden von Podcasts, Beseitigen von kaputten Links u.v.a.m.

Für WordPress finden Sie allerlei Plug-ins zu jedem nur erdenklichen Thema. Plug-ins sind kleine Zusatzprogramme, die die Funktionalität des Redaktionssystems ausbauen. Ob Sie Lesestatistiken für Ihre Artikel brauchen, Twitter über WordPress nutzen oder ein individuelles Kontaktformular anbieten wollen – die WordPress-Programmierergemeinde bietet eine große Auswahl an Erweiterungen. Neue Plug-ins für Ihr Blog finden Sie auf der englischen WordPress-Website unter *http://wordpress.org/extend/plugins/*.

Welche Plug-ins bereits für Ihr installiertes WordPress zur Verfügung stehen, können Sie im Redaktionssystem über den Menüpunkt *Plug-ins* nachschauen. Dort aktivieren und deaktivieren Sie auch Ihre Plug-ins.

Standardinstallation eines WordPress-Plug-ins

Ein neues Plug-in installiert man in der Regel in sieben einfachen Schritten. Dazu benötigen Sie ein FTP-Programm wie das in Kapitel 1, *Bloggen mit WordPress* vorgestellte »FileZilla«.

1. Laden Sie sich das Plug-in herunter.
2. Entpacken Sie das Archiv (meist eine ZIP-Datei) auf Ihrem Desktop.
3. Starten Sie Ihr FTP-Programm und öffnen Sie das Verzeichnis Ihrer WordPress-Installation.
4. Laden Sie das entpackte Archiv, entweder nur das Plug-in oder das gesamte Plug-in-Verzeichnis, das auf Ihrem Desktop liegt, in den Order *wp-content/plugins/* hoch.

5. Loggen Sie sich mit Ihrem Browser in das WordPress-Backend ein und rufen Sie das Menü *Plugins* auf. Das hochgeladene Plug-in sollte hier erscheinen, wenn die Ansicht der Plug-in-Verwaltung auf *Alle* eingestellt ist – siehe Abbildung 3-1.
6. Aktivieren Sie das Plug-in.
7. Abschließend konfigurieren Sie das Plug-in und testen es. Fertig!

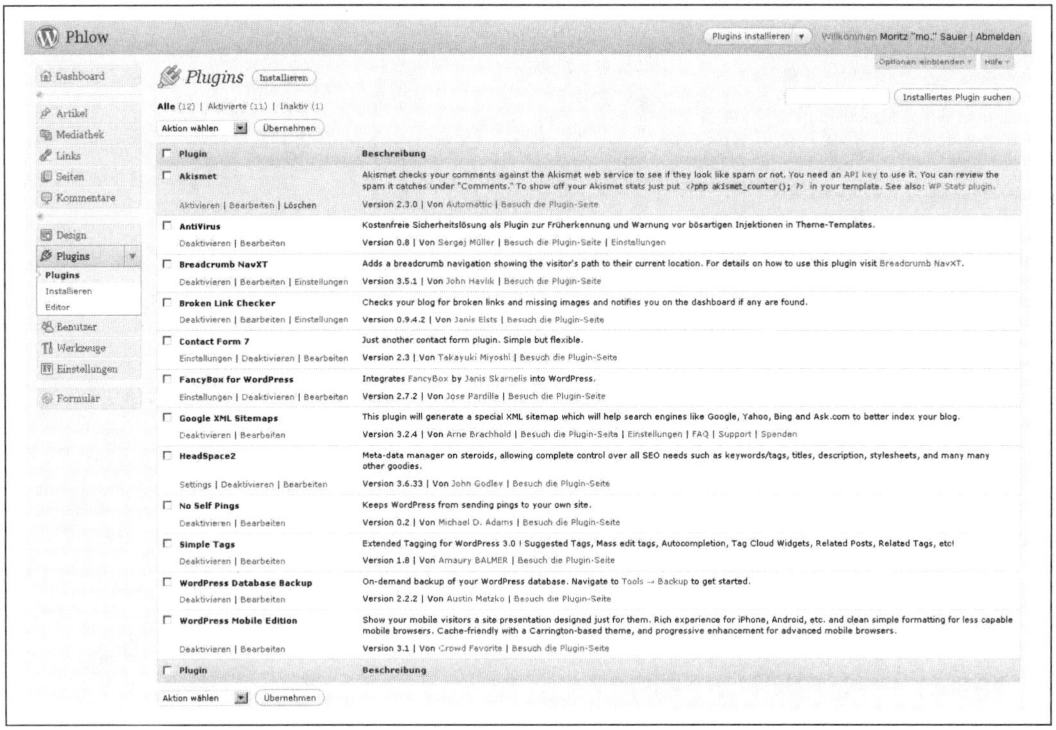

Abbildung 3-1 ▲
Über das Plug-in-Menü des WordPress-Redaktionssystems verwalten Sie die Erweiterungen. Der Menüpunkt *Alle* zeigt Ihnen sowohl aktivierte als auch deaktivierte Plug-ins an.

Bei der Installation eines neuen Plug-ins müssen Sie unbedingt zuvor einen Blick in die jeweiligen Installationsanweisungen des Plug-ins werfen. In der Regel finden Sie diese unter *http://wordpress.org/extend/plugins/* im Menüpunkt *Installation* oder auf der Plug-in-Webseite des Programmierers.

Hinweis

Jedes installierte und aktivierte Plug-in bedeutet eine weitere Belastung für den Server, z.B. durch erhöhte Datenbankabfragen. Das kann unter Umständen die Leistung Ihres WordPress-Systems mit steigendem Traffic zu Lasten der Geschwindigkeit beeinflussen. Testen Sie darum nach der Installation eines neuen Plug-ins, ob sich an der Geschwindigkeit Ihres WordPress-Blogs etwas verändert hat.

Im Folgenden stelle ich Ihnen eine Auswahl hilfreicher Plug-ins vor, mit denen Sie sich die Arbeit mit Ihrem Blog erleichtern und die Funktionen auf der Blog-Site erweitern können. Da Sie bei einigen Plug-ins Dateiberechtigungen ändern oder Verzeichnisse anlegen müssen, sollten Sie mit dem Umgang Ihres FTP-Programms vertraut sein. Eine kurze Beschreibung dazu finden Sie weiter oben im Text.

Korrekte Umlaute mit o42-clean-umlauts

Wenn Sie die Einträge Ihres Weblogs in deutscher Sprache schreiben, hilft Ihnen das *o42-clean-umlauts*-Plug-in bei der Konvertierung der deutschen Umlaute. Denn spätestens wenn Umlaute im Titel eines Artikels vorkommen, fängt WordPress an zu stolpern: Weil der Titel eines Beitrags als Grundlage für den Permalink des Artikels dient, wandelt WordPress Umlaute um, da ö, ä und ü in URLs nicht vorkommen. Leider konvertiert WordPress von Hause aus die Umlaute nicht korrekt. Aus einem Titel wie »Übertragung« generiert das Redaktionssystem einen Permalink, der »ubertragung« lautet. Verständlicher wäre ein Permalink, bei dem statt des »ü« ein »ue« zur Anwendung kommt: »uebertragung«.

Diesen Missstand beheben Sie entweder mit dem Klassiker *o42-clean-umlauts* oder mit *WP PermaLauts*. Beide Plug-ins machen dasselbe und konvertieren Umlaute in Artikeln, Kommentaren und Feeds korrekt. Der einzige Unterschied ist der, dass *o42-clean-umlauts* von seinem Programmierer nicht weiter betreut wird, aber immer noch hervorragend funktioniert.

Die Downloads finden Sie unter: *http://otaku42.de/2005/06/30/plugin-o42-clean-umlauts/*

und *http://wordpress.org/extend/plugins/wp-permalauts/*.

Kommentar-Spam mit Akismet oder Antispam Bee bekämpfen

Über kurz oder lang machen Sie die unliebsame Bekanntschaft mit Kommentar-Spammern, ob Sie wollen oder nicht. Kommentar-Spam ist wirklich nervig und raubt viel Zeit, wenn Sie nichts dagegen unternehmen. Um Spam in Kommentaren vorzubeugen, helfen Ihnen zwei Plug-ins: *Akismet* und *Antispam Bee*.

Tipp Ich selbst nutze *Akismet* seit Jahren und bin sehr zufrieden. So schützt das Plug-in *www.phlow-magazine.com* seit Beginn des Weblogs, fing im Zeitraum zwischen September 2007 und September 2009 ca. 20.611 Spam-Kommentare ab und sortierte mit einer Zuverlässigkeit von 99,809% die hässlichen Kommentare aus.

Akismet

Angesichts der hohen Spam-Quote ist es nicht verwunderlich, dass das *Akismet*-Plug-in bei einer Neuinstallation von WordPress von Haus aus mitgeliefert wird. *Akismet* wacht wirksam über die Kommentare, die per Kommentarfunktion oder Trackback an Ihr Weblog geschickt werden. Für den privaten Gebrauch ist *Akismet* kostenlos. Das Besondere an dem Antispam-Plug-in ist, dass der Service auf einem zentralen Server bereitgestellt wird. Wird in Ihrem Weblog ein neuer Kommentar eingegeben, wird er automatisch vom Service markiert, wenn es sich um Spam handelt. Kommt trotzdem ein Spam-Eintrag durch, kann dieser von Ihnen manuell gekennzeichnet und gelöscht werden, und Akismet »lernt« dadurch. *Akismet* funktioniert vor allem deswegen so einwandfrei, weil mehr als 100.000 Blogs den Service nutzen und kontinuierlich trainieren. Nach der Aktivierung ist der Service sofort einsatzbereit. Einziger Nachteil dieses Plug-ins ist die Tatsache, dass Sie einen externen Service nutzen, der auf einem anderen Server liegt. Ob und wie *Akismet* die von Ihnen übertragenen Daten speichert, bleibt unbekannt.

Nach der Aktivierung des Plug-ins fragt Sie WordPress nach einem individuellen API-Key. Dieser ist erforderlich, zum Glück aber kostenlos, solange Sie nicht mehr als 500 Dollar monatlich mit Ihrem Blog verdienen. Den API-Key erhalten Sie über *http://wordpress.com/api-keys/*, in der Regel mit der zweiten E-Mail.

Den Akismet-API-Key kopieren Sie nach der Aktivierung des Plugins einfach in die Eingabemaske unter *Plug-ins → Akismet Konfiguration* (siehe Abbildung 3-2). Verwenden Sie den Akismet-API-Schlüssel nur einmal. Er dient der Aktivierung und Authentifizierung Ihres *Akismet*-Plug-ins. Wenn Sie sich ein weiteres WordPress-Weblog zulegen, erstellen Sie sich einfach einen weiteren API-Schlüssel. Mehr Informationen zum Plug-in finden Sie unter *www.akismet.com*.

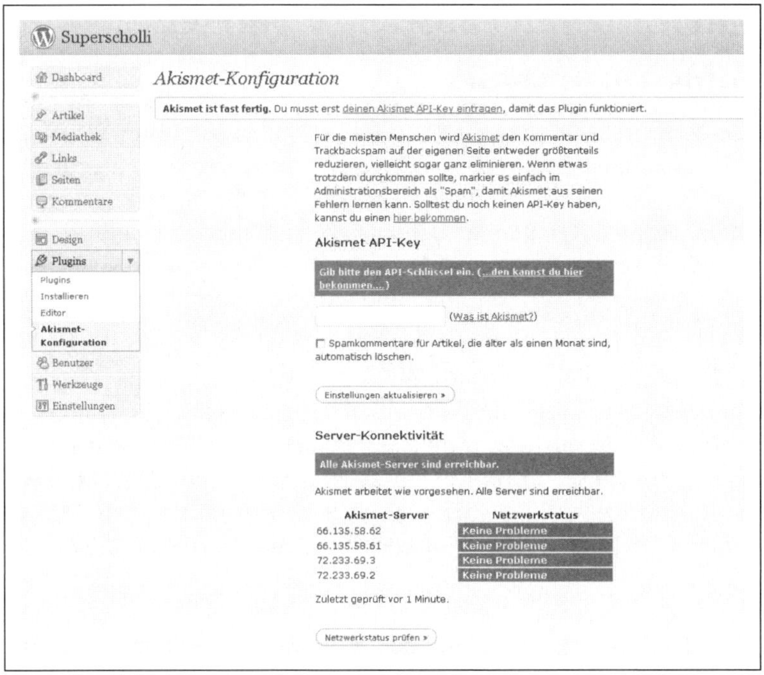

◀ **Abbildung 3-2**
Das Akismet-Plug-in hilft beim Filtern von Kommentar-Spam und benötigt dazu lediglich einen kostenlosen API-Schlüssel.

Antispam Bee – Float Like a Butterfly, Sting Like a Bee

Wenn Sie zu denjenigen gehören, die Datenschutz großschreiben und denen die Kommunikation Ihres Weblogs mit einem anderen Server unheimlich ist, benutzen Sie besser *www.antispambee.de*. Das Plug-in ist kostenlos, klein, muss nicht registriert werden und kommuniziert mit keinem Server. Obendrein belastet es nicht Ihre Datenbank. Außerdem arbeitet Antispam Bee auch mit Akismet einwandfrei zusammen. Über die Funktionsweise schweigen sich die Programmierer aus und erklären nur, dass sie das Originalkommentarfeld durch ihres ersetzen.

Neben der einfachen Installation über einen Klick unter *Plug-ins* gestaltet sich auch die Konfiguration simpel: Sie entscheiden mit einem Klick, ob Spam direkt gelöscht oder nur markiert werden soll, nach wie viel Tagen Spam automatisch gelöscht wird und ob die Biene auch über Trackbacks und Pingbacks wachen darf. Das Plug-in installieren Sie mit den üblichen Standardinstallationsschritten.

Datensicherung mit dem WordPress Database Backup

Von Zeit zu Zeit empfiehlt sich eine Sicherung Ihrer Weblog-Datenbank. Sicher ist sicher, denn auch ein Server kann abstürzen, oder ein fehlerhaft programmiertes Skript zerstört die eigenen Datenbestände. Greifen Sie dafür am besten auf das Plug-in *WordPress Database Backup* zurück. Denn *WordPress Database Backup* konfigurieren Sie nur einmal und erhalten anschließend – z.B. wöchentlich – ein von *WordPress Database Backup* automatisch gepacktes Archiv Ihrer Datenbank per E-Mail.

Um das Plug-in in Betrieb zu nehmen, arbeiten Sie einfach die Standardinstallation ab und aktivieren es über WordPress. Anschließend rufen Sie die Konfigurationsseite von *WordPress Database Backup* auf. Diese finden Sie über die Seitenleiste unter dem Menüpunkt *Werkzeuge → Backup*. Da Sie mit *WordPress Database Backup* auch manuelle Backups machen können, versucht das Plug-in eigenhändig, im WordPress-Unterordner ein Verzeichnis zu erstellen. Misslingt das Vorhaben, teilt Ihnen das Plug-in auf der Konfigurationsseite mit, welche Schritte noch notwendig sind. In der Regel müssen Sie selbst das Backup-Verzeichnis per FTP-Programm erstellen und mit den geforderten Dateizugriffsberechtigungen versehen. Aus Sicherheitsgründen können Sie auf diesen Schritt aber auch verzichten und ein Backup direkt per Browser herunterladen oder sich per E-Mail schicken lassen.

Damit *WordPress Database Backup* Ihnen in Zukunft automatisch eine Kopie der aktuellen Datenbank zuschickt, wählen Sie auf der Konfigurationsseite unter dem Menüpunkt *Geplante Sicherung* das Zeitintervall aus sowie die Datentabellen, die Sie noch zusätzlich mitsichern wollen. Um den Vorgang ins Rollen zu bringen, klicken Sie dann noch auf *Backup planen*.

Normalerweise brauchen Sie keine weiteren Datentabellen auszuwählen. Doch hin und wieder kommt es vor, dass zusätzliche Plug-ins auch zusätzliche Datenbanktabellen anlegen, weil sie sie benötigen. Diese sichern Sie am besten auch. Wie gesagt, sicher ist sicher.

Den Download finden Sie unter *http://wordpress.org/extend/plugins/wp-db-backup/*.

Dialoge anregen durch Kommentar-Abos

Als Blogger sind Sie daran interessiert, dass Ihre Leser zurückkommen, Kommentare schreiben und mitdiskutieren. Außerdem haben Ihre kommentierenden Blog-Leser in der Regel ein Interesse daran, immer über die aktuellen Kommentare eines Artikels informiert zu werden. Um Diskussionen auf Ihrem Weblog in Schwung zu halten, eignet sich das komfortable und vielseitige *Gurken Subscribe to Comments 2.0*-Plug-in. Hierbei handelt es sich um eine modifizierte Version des sehr bekannten *Subscribe to Comments* von Mark Jaquith. Bei der »Gurken-Version« muss der Autor des Kommentars zusätzlich seine E-Mail-Adresse für eine Benachrichtigung bestätigen. Dieses Verfahren – genannt Double Opt-In – ist im deutschen Sprachraum wie bei vielen Newslettern üblich und schützt Sie vor möglichen Abmahnungen.

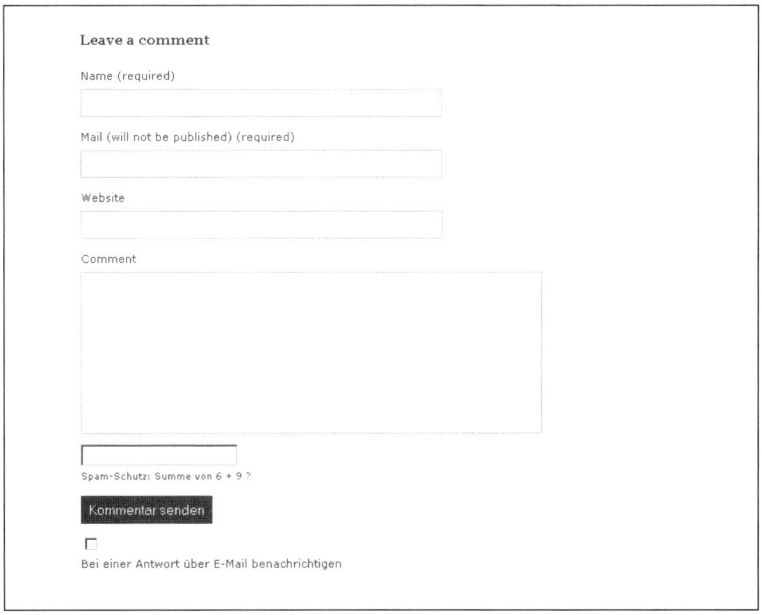

◀ **Abbildung 3-3**
Mit dem Plug-in Gurken Subscribe to Comments 2.0 abonnieren Ihre Besucher auf Wunsch Kommentare bestimmter Artikel und bleiben dadurch auf dem neuesten Stand der Diskussion.

Das Plug-in informiert Kommentarschreiber darüber, dass weitere Kommentare von anderen Autoren zu einem diskutierten Artikel geschrieben wurden (siehe Abbildung 3-3). Das hat zweierlei Effekte: Einerseits lenken Sie die Kommentierenden zurück auf Ihre Website, und andererseits erhalten diese die Möglichkeit, auf andere Kommentare zu reagieren, um den Faden bei der Diskussion nicht zu verlieren. Für die Verwaltung der Abonnements bietet *Gurken Subscribe to Comments 2.0* obendrein einen eigenen Kommentarmanager. Auf

Wunsch kann das Plug-in auch so konfiguriert werden, dass selbst Leser, die keinen Kommentar geschrieben haben, eine Diskussion per E-Mail mitverfolgen können.

Das *Gurken Subscribe to Comments 2.0*-Plug-in installieren Sie über die Standardinstallationsschritte. Wenn Ihr WordPress-Theme nach der Aktivierung des Plug-ins kein Häkchen unter dem Kommentarfeld anzeigt oder wenn Sie manuell die Checkbox im Theme platzieren wollen, positionieren Sie die Checkbox in den Templates mit folgendem Befehl: `<?php if (function_exists('show_subscription_checkbox')) { show_subscription_checkbox(); } ?>`. Wenn Sie möchten, dass auch Besucher Kommentarbenachrichtigungen erhalten können, die selbst nicht kommentiert haben, platzieren Sie in dem jeweiligen Template den Befehl `<?php if (function_exists('show_subscription_checkbox')) { show_manual_subscription_form(); } ?>`. Hierbei muss der Befehl außerhalb des Kommentarformulars gesetzt werden, am besten direkt hinter dem End-Tag des Formulars, das mit `</form>` endet.

Der Download erfolgt über *http://wordpress.org/extend/plugins/gurken-subscribe-to-comments/*.

Kontaktformulare mit Contact Form 7

Die eigene E-Mail-Adresse veröffentlicht man auf einer Website möglichst nicht. Zahlreiche Spammer schicken ihre Sammelroboter durch das Netz, die sich E-Mails von Websites zusammenfischen. Was danach passiert, können Sie sich vorstellen.

Damit Ihre Besucher trotzdem eine Möglichkeit haben, Fragen zu stellen und Rückmeldungen zu geben oder generell Kontakt mit Ihnen aufzunehmen, bietet sich die Verwendung eines Kontaktformulars an. Als Postannahmeschalter setzten sich in den letzten Jahren vor allen anderen die Plug-ins *cformsII* und *Contact Form 7* durch. Während *cformsII* im Vergleich zu *Contact Form 7* eher einem Transportflugzeug mit AJAX-Funktionen und Einstellungsmöglichkeiten bis zum Abwinken gleicht, steuert sich Contact Form 7 leicht und wendig wie ein Privatjet. *Beide* Plug-ins ermöglichen es, innerhalb eines Artikels ein Kontaktformular einzubauen, das Sie zuvor nach eigenem Geschmack über die Konfigurationsseiten des Plug-ins gestaltet haben. Bei *Contact Form 7* ist dazu lediglich ein Textschnipsel notwendig, das wie folgt aussehen könnte und im Artikelfeld vorkommen muss:

```
[contact-form 1 "Contact form 1"]
```

Wie bei den anderen Plug-ins, gestaltet sich die Installation denkbar einfach: Hochladen, aktivieren und in der Admin-Seitenleiste den Menüpunkt *Formular* aufrufen.

Über die Admin-Oberfläche von *Contact Form 7* können Sie Ihr Kontaktformular gestalten. Um neue Felder einzubauen, klicken Sie rechts auf *Generiere Tag* und das jeweilige Formularfeld, das Sie einbauen möchten. Im sich öffnenden Fenster klicken Sie sich anschließend das gewünschte Feld zusammen und kopieren den Code im grauen Kasten auf die linke Seite in das eigentliche Formular. Bauen Sie am besten auch über den Menüpunkt *Generiere Tag* → *Quiz* eine Abfrage mit einer leichten Rechenaufgabe ein. Das schützt Sie vor Kommentar-Spam. Ein fertiges Formular könnte dann so aussehen:

```
<p><strong>Ihr Name(notwendig)</strong><br />
    [text* your-name] </p>
<p><strong>Ihre Email (notwendig)</strong><br />
    [email* your-email] </p>
<p><strong>Betreff /// Subject</strong><br />
    [text* your-subject] </p>
<p><strong>Ihre Nachricht</strong><br />
    [textarea* your-message 55x \"Ihre Nachricht /// Your Message\"]
</p>
<p>Bitte lösen Sie die folgende Aufgabe, um das Formular abzuschicken!
[quiz quiz-787 2/2 \"1 + 3 =? |4\" \"2 + 3 =? |5\" \"4 + 3 =? |7\"
\"3 + 3 =? |6\"]
<p><strong>[submit \"Abschicken! / Send Form!\"]</strong></p>
```

Damit das Formular erscheint, kopieren Sie abschließend nur noch den Codeschnipsel in einen beliebigen Artikel, eine Seite oder in ein Text-Widget unter *Design* → *Widgets*. Das Formular fügen Sie, wann immer Sie wollen, auf Ihrer Seite ein. Auch verschiedene Formulare für verschiedene Zwecke sind möglich. Ein Klick auf *Neues Formular* genügt, und Sie stellen sich ein neues Formular zusammen. Die beschriebenen Plug-ins können Sie unter den folgenden URLs herunterladen:

http://wordpress.org/extend/plugins/contact-form-7/ und

http://www.deliciousdays.com/cforms-plugin.

Cache-Plug-ins: schnellere Webseiten, weniger Serverbelastung

Unter Umständen nimmt der Traffic auf einer Website enorm zu. Das passiert z.B., wenn ein bekanntes Weblog auf einen Ihrer Artikel verweist oder Ihr Blog sich langsam etabliert und mehr Leser anzieht. Da WordPress bei jedem Aufruf eine Seite dynamisch erzeugt, bedeutet jede angeforderte Webseite eine gewisse Serverlast. Denn im Gegensatz zu einer statischen Webseite setzt das Redaktionssystem sämtliche Webseiten jedes Mal erneut zusammen und fordert die Informationen für jedes Webdokument von der Datenbank.

Nehmen die Abrufe Ihrer Weblog-Webseiten stetig zu oder befinden sich die Seiten auf einem langsamen Server, greift man seiner WordPress-Website und dem Server mit einem Cache-Plug-in unter die Arme. Exzellente Arbeit leisten sowohl *W3 Total Cache* als auch der Klassiker *WP Super Cache*. An dieser Stelle schlage ich Ihnen die Verwendung von *W3 Total Cache* vor, denn auch bekannte Websites wie *www.mashable.com*, *www.yoast.com* und *www.tutsplus.com* nutzen es.

W3 Total Cache speichert nicht nur aufgerufene Seiten für weitere Besucher, sondern reduziert den Download von Webseiten, indem es Webseiten, CSS-Dateien und JavaScripts komprimiert und in ihrer Größe häufig um ca. 10% reduziert. Über den Tag, die Woche und den Monat verteilt, reduziert das nicht nur die Serverbelastung, sondern liefert Ihre Websites oft deutlich schneller an die Leser aus.

W3 Total Cache installieren

Damit *W3 Total Cache* funktioniert, entfernen Sie im ersten Schritt bereits existierende Caching-Plug-ins. Anschließend setzen Sie die Dateiberechtigungen des *wp-content*-Verzeichnisses temporär auf 777. Entpacken Sie nun das unter *http://wordpress.org/extend/plugins/w3-total-cache/* heruntergeladene Plug-in und laden Sie es in das Plug-in-Verzeichnis unter *wp-content/plugins/* hoch. Damit *W3 Total Cache* seine Arbeit aufnehmen kann, müssen Sie in der Konfigurationsdatei *wp-config.php* im Hauptverzeichnis Ihrer WordPress-Installation nachschauen, ob die folgende Anweisung existiert:

```
define('WP_CACHE', true);
```

Wenn nicht, fügen Sie diese Codezeile am besten nach den MySQL-Einstellungen ein. Ist dieser Schritt erledigt, aktivieren Sie das Plug-in über die Plug-in-Seite und rufen danach über *Einstellungen* das Konfigurationsmenü von *W3 Total Cache* auf. Setzen Sie jetzt die Dateiberechtigungen von *wp-content* wieder zurück auf 755, um das Verzeichnis zu schützen.

Taucht bei Ihnen, wie bei meinen WordPress-Websites, die Fehlermeldung *Database caching is not available. Memcached server localhost:11211 is not running or is non-responsive.* auf, bedeutet das nichts Schlimmes. Das Plug-in weist Sie lediglich darauf hin, dass die Memcached-Funktion nicht installiert ist. Dieses Problem tritt in der Regel bei normalen Hosting-Paketen auf.

Bereits im »Rohzustand« ist *W3 Total Cache* hervorragend eingestellt und lässt schon die Muskeln spielen. Um zu testen, ob und wie *W3 Total Cache* operiert, öffnen Sie am besten einen anderen Browser oder loggen sich aus. Das ist notwendig, weil *W3 Total Cache* in den Normaleinstellungen eingeloggten Admins und Redakteuren unkomprimierte Webseiten ausliefert.

Leider kann ich auf die vielfältigen Möglichkeiten des Plug-ins an dieser Stelle nicht weiter eingehen, da das den Rahmen sprengen würde. Mehr Informationen und Einstellungsmöglichkeiten erklärt das FAQ unter *http://wordpress.org/extend/plugins/w3-total-cache/faq/*.

Die Downloads finden Sie bei: *http://wordpress.org/extend/plugins/wp-super-cache/*

und *http://wordpress.org/extend/plugins/w3-total-cache/*.

Tagging: Beiträge verschlagworten mit Simple Tags

Die Verschlagwortung von Artikeln organisiert und strukturiert die Inhalte eines Weblogs genauer, als es mit Kategorien möglich ist. Wie Kategorien auch, bekommt jedes Schlagwort in WordPress eine eigene Archivseite. Schreiben Sie zum Beispiel häufiger Kritiken für Science-Fiction-Filme und legen diese in der Kategorie *Filmkritik* ab, so gibt es sicherlich SciFi-Fans, die auf einen Blick alle Science-Fiction-Kritiken aufgelistet sehen wollen. Das Tagging hilft Ihnen dabei.

Um das Maximum aus diesen Möglichkeiten herauszuholen, greift einem das Plug-in *Simple Tags* bei der Verschlagwortung tatkräftig unter die Arme. Wie die meisten anderen Plug-ins ist auch *Simple Tags* in fünf Schritten startklar: herunterladen, entpacken, hochladen, aktivieren, Konfigurationsseite unter *Einstellungen → Simple Tags* aufrufen und justieren!

Welche Funktionen bietet *Simple Tags*? Einerseits hilft das Plug-in nach der Fertigstellung eines Artikels, die geeigneten Schlagwörter über *Suggested Tags from* (siehe Abbildung 3-4) herauszufiltern, und andererseits verschlagwortet *Simple Tags* mit der Funktion *Auto Tags Liste* Beiträge automatisch. Für diese Suche müssen Sie lediglich zuvor die gewünschten Schlagwörter über den Menüpunkt *Artikel* → *Auto Tags* eingegeben haben.

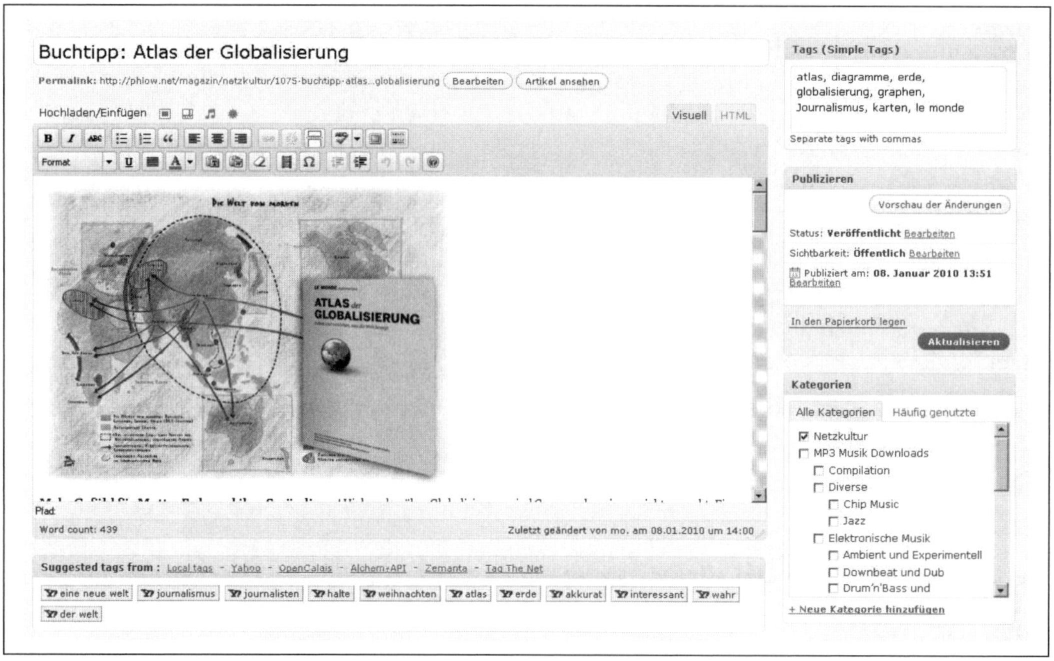

Abbildung 3-4 ▲
Simple Tags hilft Ihnen bei der Verschlagwortung von Artikeln und befragt dazu auch externe Services wie Yahoo!, Local Tags oder Tag The Net.

Daneben hilft Ihnen das Tagging-Plug-in dabei, die Übersicht über Ihre Tags zu behalten. Mithilfe des Menüpunkts *Tags verwalten* ordnen Sie unkompliziert alle Tags, benennen sie auf Wunsch um oder fügen neue hinzu. Auch für die Massenbearbeitung steht ein eigener Menüpunkt zur Verfügung.

Ein besonderes »Schmankerl« für Suchmaschinenoptimierer ist die Möglichkeit, für Leser und Suchmaschinen den Inhalt Ihrer Artikel durch bessere Kontextbezüge aufzuwerten. *Simple Tags* verlinkt auf Wunsch Schlagwörter automatisch innerhalb des Artikels mit der Tag-Archivseite. Verschlagworten Sie einen Artikel z.B. mit Facebook, durchsucht *Simple Tags* den Artikel nach dem Wort und verlinkt es mit der Tag-Archivseite. Diese Funktion schalten Sie über *Einstellungen* → *Simple Tags* → *Auto Link* frei, indem Sie bei *Aktiviere auto link tags im Beitragsinhalt* ein Häkchen setzen. Alle weiteren Einstellungen sind selbsterklärend.

Den Download finden Sie unter *http://wordpress.org/extend/plugins/simple-tags/*.

PHP-Befehle in Beiträgen platzieren mit PHP Exec

Nicht nur für Webmaster und Frickler ist das Plug-in *PHP Exec* interessant. Die aktuelle Version finden Sie unter *http://wordpress.org/extend/plugins/exec-php/* und eine ausführliche deutsche Anleitung unter *www.soeren-weber.net/post/2005/08/18/50/*. Um das Plug-in zu installieren, müssen Sie es lediglich in den Plug-in-Ordner hochladen.

PHP Exec erlaubt das Eingeben von PHP-Befehlen innerhalb der Textbox eines Artikels, auf Seiten und in Text-Widgets. Dadurch lassen sich mithilfe von *PHP Exec* nicht nur eigene Skripten ausführen, sondern z.B. per WordPress-Code auch unkompliziert die über den Linkmanager verwalteten Linklisten im Artikel selbst nutzen:

```
<?php wp_list_bookmarks('title_li=&categorize=0&category_
name=seo');  ?>
```

Oder überprüfen Sie doch einmal die PHP-Einstellungen Ihres Servers. Das geschieht mit dem folgenden Befehl:

```
<?php phpinfo(); ?>
```

Sollten Sie sich für das *PHP Exec*-Plug-in entscheiden, schalten Sie am besten den WYSIWYG-Editor über das Menü *Benutzer* aus, denn er erschwert die Eingabe von PHP-Befehlen und verändert sie beim Hin- und Herschalten zwischen Visual- und HTML-Editor.

Den Download finden Sie unter: *http://wordpress.org/extend/plugins/exec-php/*.

Podcasts mit PowerPress integrieren

Wer mit WordPress einen eigenen Podcast betreiben möchte, kommt am PowerPress-Plug-in von Blubrry nicht vorbei. Denn PowerPress unterstützt Podcaster mit einer Reihe praktischer Funktionen. Dazu gehören nicht nur verschiedene farblich gestaltbare Flash-Player für das MP3-Streaming, sondern auch ein RSS-Tuning. Insbesondere die Erweiterung des RSS-Standards zum iTunes-tauglichen Podcast-Format ist wichtig. Dieses garantiert, dass Sie Ihren Podcast auch bei iTunes selbst anmelden können. Ferner bietet Ihnen das Plug-in Download-Statistiken, sollten Sie sich entscheiden, Blubrry-Kunde zu werden. PowerPress finden Sie zum Download unter *http://wordpress.org/extend/plugins/powerpress/*, die englischsprachige Anleitung unter *http://help.blubrry.com/blubrry-powerpress/*.

PowerPress konfigurieren

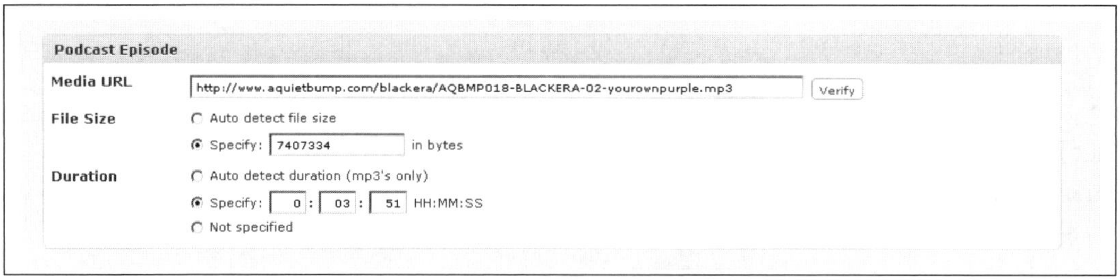

Abbildung 3-5 ▲ Das Podcast-Plug-in PowerPress fügt dem Artikeleditor ein weiteres Feld hinzu, über das Sie MP3-Dateien einem Beitrag hinzufügen können.

Nach der Standardinstallation und Aktivierung von PowerPress erreichen Sie die Einstellungen des Plug-ins über die Seitenleiste und den Unterpunkt *PowerPress*. Zwei Modi werden Ihnen hier angeboten: ein *Simple Mode* und ein *Advanced Mode*. Letzterer erlaubt Ihnen Zugriff auf sämtliche Optionen. Im Folgenden stelle ich Ihnen den *Simple Mode* vor – siehe Abbildung 3-6.

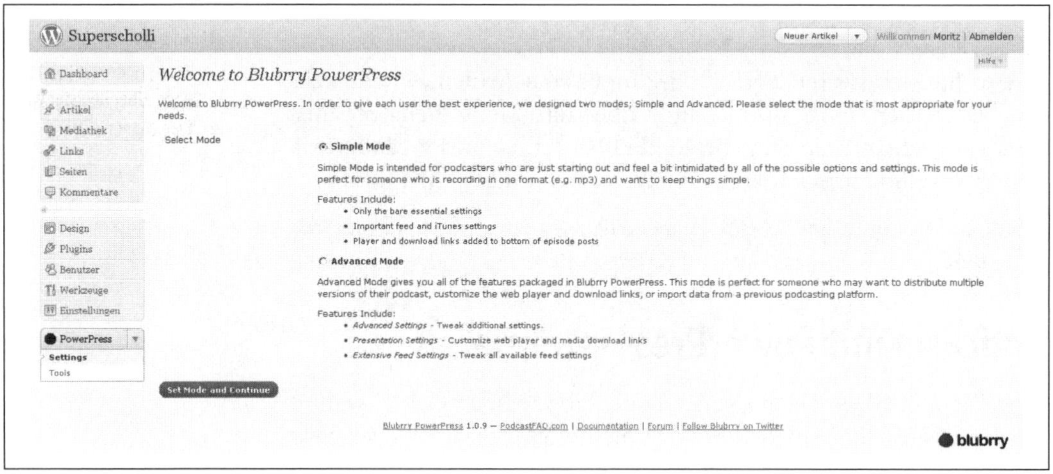

Abbildung 3-6 ▲ Das Podcast-Plug-in PowerPress bietet zwei Modi: Für einen Schnellstart reicht der Simple Mode.

Nachdem Sie den *Simple Mode* ausgewählt haben, sehen Sie unter *PowerPress* → *Einstellungen* fünf Register. Unten stehen Ihnen außerdem Kontrollkästchen zur Auswahl, um weitere Funktionen sowie den *Advanced Mode* freizuschalten – siehe Abbildung 3-7.

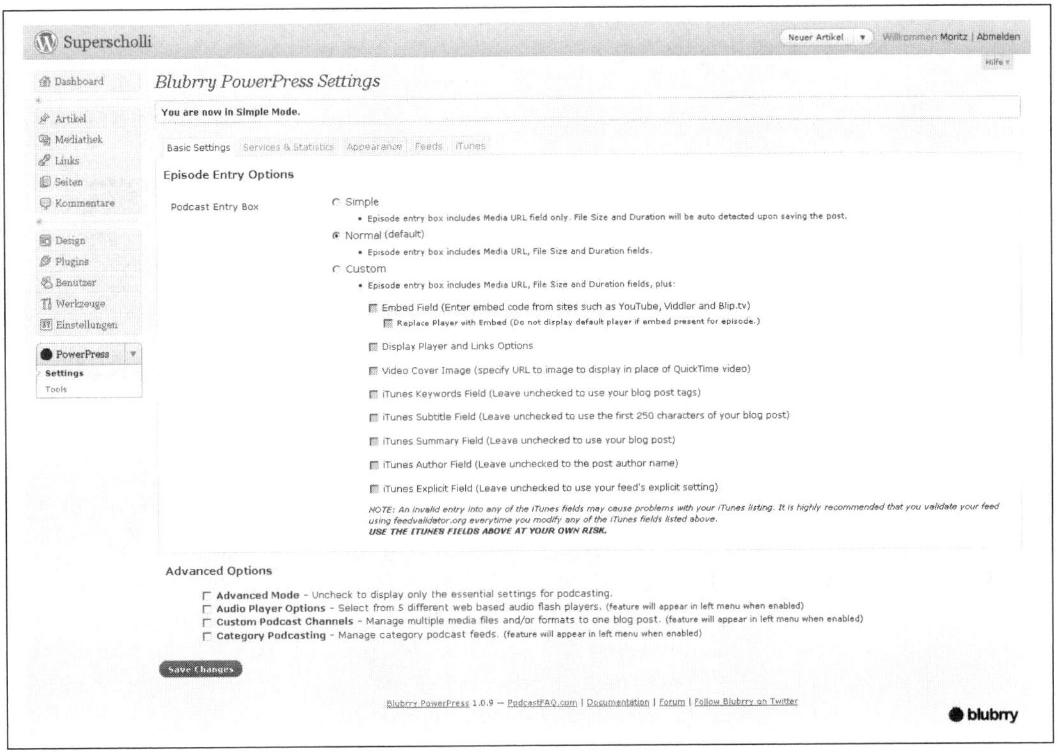

▲ **Abbildung 3-7**
PowerPress bietet eine übersichtliche Verwaltungsseite mit zahlreichen Optionen. Über Register wählt man den Bereich, den man konfigurieren will.

In *Basic Settings* konfigurieren Sie, welche Funktionalität PowerPress anzeigt, wenn Sie einen Artikel bearbeiten. Ich empfehle Ihnen die Einstellung *Normal*, die Ihnen pro Artikel ein zusätzliches Eingabefeld einblendet, zu sehen in Abbildung 3-5. Denn pro Podcast sind drei Angaben wichtig: die URL zum MP3, die Dateigröße in Byte und die Länge des Podcasts im Format *HH:MM:SS*.

Wie Sie in der Abbildung 3-5 sehen, kann man die Daten für die Dateigröße und Dateilänge sowohl manuell als auch über eine Auto-Detection-Option einlesen zu lassen, nachdem man die URL zum MP3 angegeben hat. Je nach Konfiguration des Servers reicht also ein Klick auf *Verify*, um die beiden anderen Felder auszufüllen. Es kann aber auch vorkommen, dass Ihre Installation das MP3 nicht automatisch auslesen kann. Dann müssen Sie selbst die Länge und die Dateigröße in Byte eingeben.

Den Unterpunkt *Services & Statistics* in den Einstellungen überspringen Sie – da dieser Menüpunkt nur für Blubrry-Kunden vorgesehen ist – und widmen sich als Nächstes dem Menüpunkt *Appearance*. Über *Default Player Width* bestimmen Sie die Breite des MP3-Players, der im Artikel auf Ihrer Website angezeigt wird. Gleiches gilt für den integrierten Video-Player.

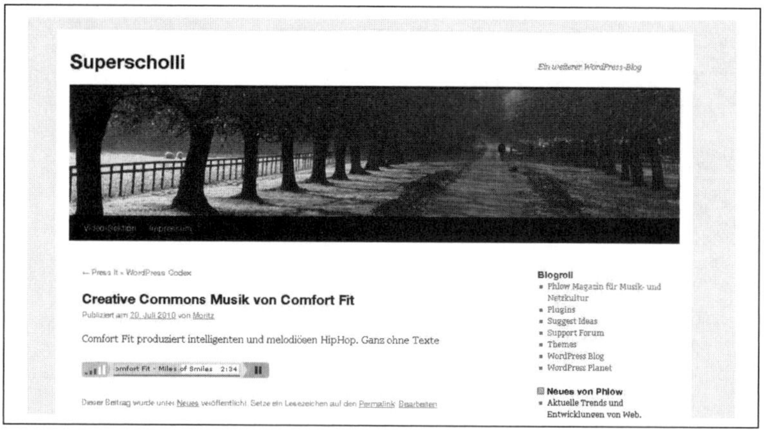

Abbildung 3-8 ▶ Das PowerPress-Plug-in baut automatisch einen Flash-MP3-Player in einen Beitrag ein, wenn ein Podcast vorliegt.

Die beiden wichtigsten Menüpunkte sind jedoch *Feeds* und *iTunes*. Bei *Feeds* geben Sie unter *Show the most recent* die Anzahl der Podcast-Episoden ein, die im Feed angezeigt werden sollen. Das Feld *RSS2 Image* ist für eine URL zu Ihrem Podcast-Logo vorgesehen. Das Logo laden Sie direkt hier über *Upload new image* hoch oder über die WordPress-Mediathek.

Ich empfehle dafür die Mediathek. Dadurch bleibt alles ordentlich archiviert, und Sie finden das Logo später auch wieder, wenn Sie es z.B. in einen Ihrer Artikel einbinden wollen. Laden Sie Ihr Logo also mit den maximalen Maßen von 144 x 144 Pixeln z.B. über den Menüpunkt Mediathek → *Datei hinzufügen* in der Seitenleiste hoch. Schnappen Sie sich anschließend den Link zum Bild und kopieren Sie diesen in das Feld *RSS2 Image*. Und wenn Sie schon einmal dabei sind, können Sie auch gleich ein 600 x 600 Pixel großes Logo für den iTunes-RSS-Feed hochladen. Um die Einstellungen dauerhaft zu speichern, klicken Sie abschließend auf *Änderungen übernehmen*.

Jetzt kommen wir zum spannendsten und interessantesten Punkt: den *iTunes-Settings* (siehe Abbildung 3-9). Apple hat nämlich während des Podcast-Hypes 2005 das RSS-Format einfach eingeheimst und nach eigenem Gutdünken für seinen iTunes-Shop umgebogen bzw. um einige Details erweitert. PowerPress bietet Ihnen darum an dieser Stelle an, den regulären Podcast-Feed zu erweitern.

Den ersten Menüpunkt, die *iTunes Subscription URL*, bespreche ich ausführlich weiter unten im Abschnitt »Abonnement-Links für iTunes« weil das Verfahren, eine iTunes-URL zu beantragen, etwas aufwendiger ist. Wichtig sind jetzt erst mal die nächsten Punkte.

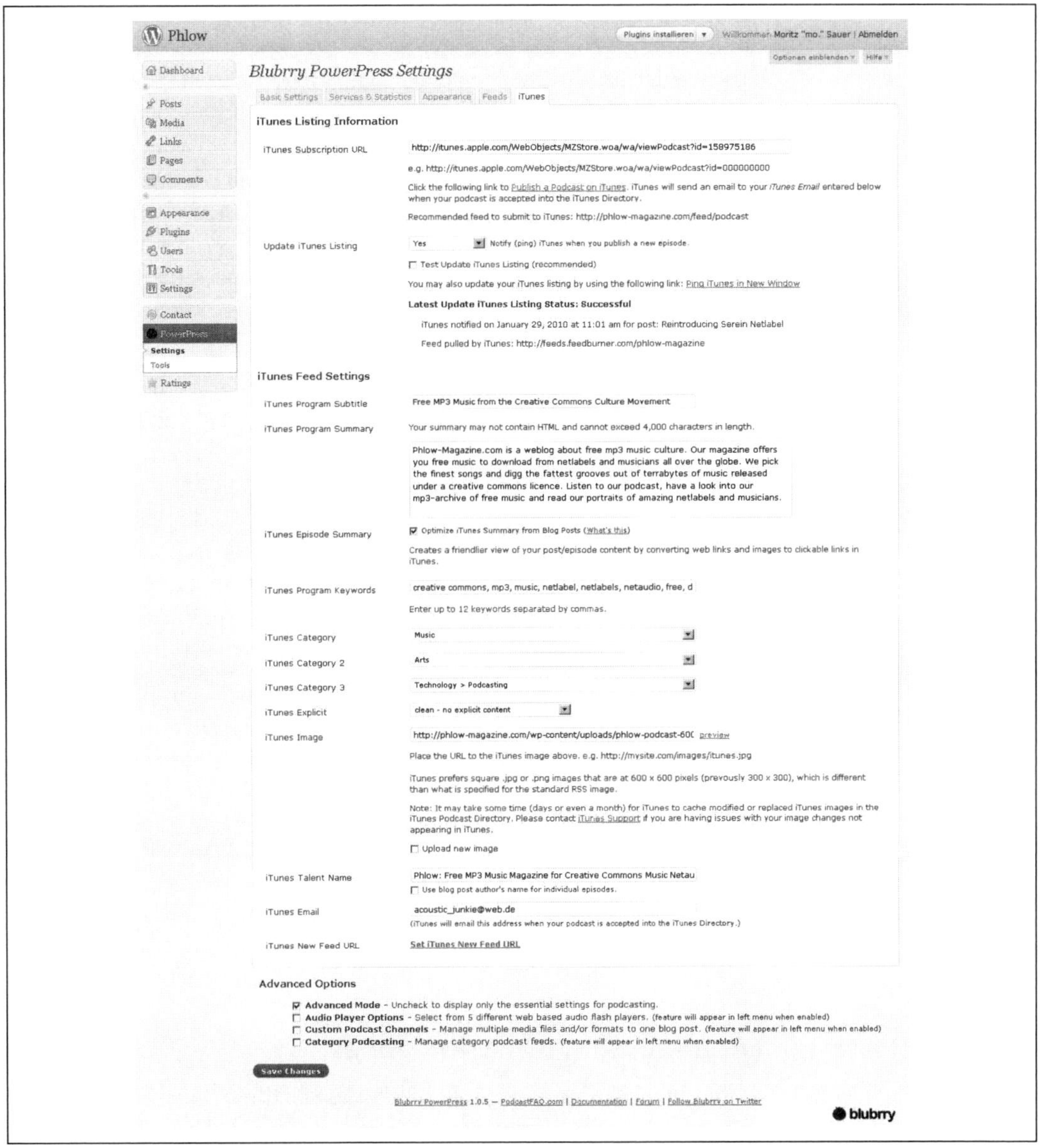

▲ Abbildung 3-9
Das PowerPress-Plug-in bietet sämtliche wünschenswerten Funktionen für Podcaster: einen Flash-Player für das Weblog, ein iTunes-RSS-Tuning und eine Eingabeunterstützung für den Texteditor.

Mit den *iTunes Program Keywords* definieren Sie zwölf wichtige Schlagbegriffe, mit denen Sie Auskunft über den Inhalt Ihres Podcasts geben. Hilfreich ist das Kapitel, *Suchmaschinenoptimierung* weiter unten im Buch, das Ihnen erklärt, wie Sie intelligente und wirksame Begriffe finden. Ordnen Sie die Schlagwörter nach Relevanz.

Mit *iTunes Category* sortieren Sie Ihren Podcast in das iTunes-Universum ein. Wählen Sie auch diese Kategorie weise. *iTunes Explicit* ist wiederum eine Art Sticker, wie man ihn von CDs mit nicht jugendfreien, pornografischen oder expliziten Inhalten kennt. Sollten Sie in Ihrem Podcast fluchen oder eine Sprache verwenden, die nicht für jedermanns Ohr geeignet ist, wählen Sie *yes*, in den meisten Fällen aber sicherlich *no*. Dieser Punkt ist nicht zu verachten, da sich iTunes-Nutzer auch über Podcast-Inhalte beschweren können. Inhalte, die gegebenenfalls Ärgernis erregen, aber unter dem Banner der »Norm« veröffentlicht werden, können aus iTunes auch wieder rausfliegen.

Äußerst wichtig für einen Podcast ist das Logo, in diesem Fall das *iTunes Image*. Wenn Sie einen Podcast besitzen, kennen Sie sicherlich die Coverflow-Funktion: das optische Blättern durch Ihre Musikalben mit dem Finger. Damit Ihr Podcast einerseits im iTunes Store und auch anschließend auf dem iPod oder MP3-Player Ihrer Hörer nicht eines dieser nichtssagenden leeren Cover anzeigt, gestalten Sie am besten ein auffälliges Cover oder Logo, das heraussticht. Denn das Cover prägt den ersten Eindruck, noch bevor die Kurzbeschreibung zu Ihrem Podcast gelesen wurde.

Zum Schluss geben Sie noch eine E-Mail-Adresse im *iTunes Email*-Feld für Rückfragen und Fanpost an. Ein Klick auf *Änderungen übernehmen* schließt den Prozess ab. Ihr Podcast ist jetzt iTunes-tauglich. Wenn Sie bereits die ersten Folgen veröffentlicht haben, können Sie Ihren Podcast im nächsten Schritt bei iTunes selbst anmelden.

Hinweis Noch mehr Funktionen bietet Ihnen das Plug-in über den *Advanced Mode*. Mehr Informationen zu diesem Modus und dem Plug-in finden Sie in der guten englischsprachigen Dokumentation unter *http://help.blubrry.com/blubrry-powerpress/*.

Abonnement-Links für iTunes

Um einen Abonnementlink zu iTunes auf Ihrer Website zu setzen, benötigen Sie eine individuelle *iTunes-Feed-URL*. Die Feed-URL bzw. -ID erhalten Sie von iTunes, wenn Ihr Podcast vom Service akzeptiert wurde. Bevor Sie Ihren Podcast anmelden, sollten Sie mindestens eine Folge veröffentlicht haben. Um den neuen Podcast anzumelden, gehen Sie wie folgt vor:

1. Starten Sie iTunes.
2. In der linken Navigationsleiste finden Sie unter der Mediathek den Menüpunkt *Podcasts*; klicken Sie darauf.

3. Jetzt klicken Sie ganz unten rechts auf den Link zum Podcast-Verzeichnis.
4. Rechts oben im Menü *Podcasts* erscheint jetzt der Link *Einen Podcast einreichen*. Wenn Sie diesen anklicken, erscheint eine Eingabemaske wie die in Abbildung 3-10.
5. Geben Sie hier Ihre WordPress-Podcast-URL ein. Die URL zeigt Ihnen PowerPress über *PowerPress → Einstellungen → Feeds* an. Die iTunes-Software führt Sie nun durch den Anmeldeprozess.

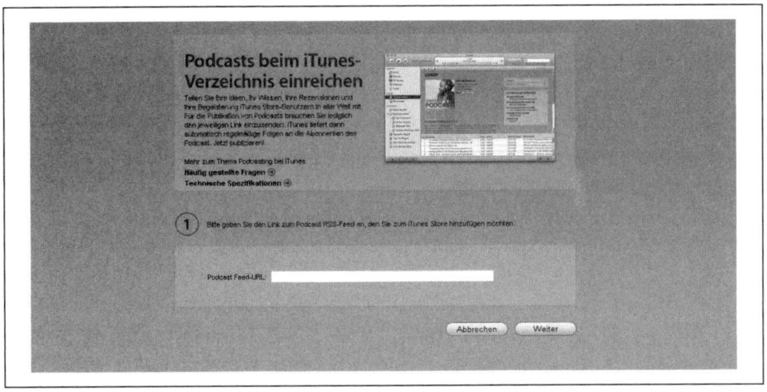

◀ Abbildung 3-10
Die Anmeldung des eigenen Podcasts bei iTunes ist kostenlos und dauert in der Regel bis zur Freischaltung nur ein paar Tage. Dann jedoch findet Sie die ganze Welt über den iTunes Store.

Haben Sie Ihren Podcast bereits über iTunes veröffentlicht und suchen die Podcast-URL, gibt Ihnen iTunes Hilfestellung. Öffnen Sie dazu das iTunes-Programm, geben Sie den Namen Ihres Podcasts in das Suchfeld rechts oben ein und wählen Sie anschließend Ihren Podcast aus. Klicken Sie jetzt unter Windows mit der rechten Maustaste auf Ihr Podcast-Logo und kopieren Sie den Link zur URL in den Zwischenspeicher. Benutzen Sie iTunes auf einem Mac, klicken Sie auf das Logo, während Sie die Control-Taste gedrückt halten. Kopieren Sie dann die URL in das von PowerPress vorgegebene Feld. Die URL sollte der folgenden ähneln:

```
http://phobos.apple.com/WebObjects/MZStore.woa/wa/
viewPodcast?id=158975186
```

Die Feed-ID-Nummer des Links lautet in diesem Fall `158975186`. Um einen Abo-Link Ihres Podcasts für iTunes auf Ihre Website zu setzen, benötigen Sie nur noch folgenden Code:

```
<?php PowerPress_iTunesLink(); ?>
```

Diesen platzieren Sie in einem der Templates Ihres aktuellen Theme. In den meisten Fällen eignet sich dazu das *sidebar.php*-Template.

PowerPress bietet noch ein paar weitere großartige Funktionen, wie zum Beispiel die visuelle Gestaltung des Flash-MP3-Players. Diese Funktionen schalten Sie frei, wenn Sie den *Advanced Modus* aktivieren. Dieser Modus ist gar nicht so kompliziert, wie es scheint, und weitere Hilfe gibt Ihnen die Dokumentation, die man übrigens als Link auch in der Fußzeile des PowerPress-Menüs findet.

Laden Sie sich das Plug-in unter *http://wordpress.org/extend/plugins/powerpress/* herunter.

Spermüllbeseitigung: kaputte Links per Plug-in checken

Wächst eine Website, wächst mit ihr auch die Wahrscheinlichkeit, dass sich ins Nirvana führende Links ausbreiten. Das WordPress-Plug-in namens *Broken Link Checker* hilft beim Säubern. Nach der Aktivierung überprüft der *Broken Link Checker* automatisch alle Links in Ihren Blog-Beiträgen.

Die Anzahl zerbrochener Links zeigt das Plug-in im Dashboard oder auch direkt auf der Webseite an – sofern man als Benutzer eingeloggt ist. Defekte Links korrigieren oder entfernen Sie anschließend über eine übersichtliche Unterseite. Wie die meisten Plug-ins finden Sie den *Broken Link Checker* zum Download auf WordPress unter *http://wordpress.org/extend/plugins/broken-link-checker/*.

MP3s abspielen mit WordPress Audio Player

Wenn Sie das PowerPress-Plug-in nicht nutzen, aber einen Flash-MP3-Player für das MP3-Streaming auf der Website benötigen, ist das *WordPress Audio Player*-Plug-in die richtige Wahl. Das Plug-in ist ein Klassiker, das man wie andere Plug-ins auch installiert. Nach der Aktivierung integriert das Plug-in schnörkellos eine Flash-Audio-Komponente, mit der man MP3s direkt auf der eigenen Website anhören kann. An welcher Stelle das MP3 in Ihrem Artikel abgespielt werden soll, bestimmen Sie. Dazu setzen Sie einfach ein Codeschnipsel in Ihren Artikeltext ein – z.B. zwischen zwei Absätze. Wird der Artikel geladen, erkennt der *WordPress Audio Player* den Befehl, ersetzt ihn durch den Flash-Player und spielt das MP3 ab.

Den Befehl öffnen Sie mit einer eckigen Klammer, gefolgt von `Audio:` und dem direkten Link auf das MP3. Geschlossen wird der Befehl wiederum mit einer eckigen Klammer. Vielleicht kennen Sie das Verfahren aus Foren, in denen Ihnen ähnliche Codes zur Verfügung stehen. Ein Beispiel:

```
[audio:http://mp3.phlow.de/best-of-cc-music-2009/b-ju_-_philly_run.mp3]
```

Sie können aber auch mithilfe des Plug-ins Links auf MP3s automatisch verwandeln lassen. Besonders einfach und hervorragend gelöst ist die eigenhändige Gestaltung des MP3-Players – siehe Abbildung 3-11. Mit Color-Picker bewaffnet, gestaltet man den Flash-Player nach seinem Geschmack und passt ihn farblich an die eigene Website an. Außerdem ermöglicht der Player die Encodierung der MP3-URLs, damit Fremde nicht so einfach die MP3s aus dem Quellcode fischen können, um sie herunterzuladen oder auf einer fremden Website zu streamen. Nett für diejenigen, die ihre MP3s ein wenig aus der Schusslinie halten wollen, aber garantiert kein 100-prozentiger Schutz ...

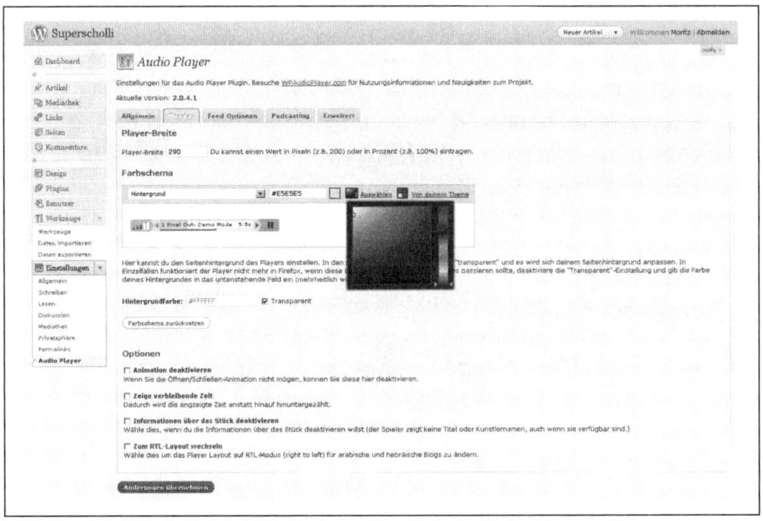

◀ Abbildung 3-11
Über eine intuitive Oberfläche passen Sie den Flash-MP3-Player farblich an das eigene Weblog-Design an.

Außerdem bietet das Plug-in noch ein paar weitere Funktionen, wie die Optionen für den RSS-Feed sowie die Positionierung des Players innerhalb eines Artikels. Ein zusätzlicher Pluspunkt für dieses ausgewachsene und bewährte Plug-in ist die ausgezeichnete Anleitung. Sowohl das Plug-in als auch die Anleitung findet man unter *www.wpaudioplayer.com*.

Tipp

MP3-Streaming funktioniert auch ohne Plug-in mit dem Yahoo! Media Player. Diesen schmucken MP3-Player baut man über JavaScript in seinen Webseiten ein. Das Skript findet automatisch MP3-Links und baut einen zusätzlichen Playbutton ein.

Mehrere MP3-Links spielt der Player auch nacheinander ab. Bauen Sie das dafür vorgesehene Code-Snippet am besten im Template footer.php ein. Den Player finden Sie unter *http://mediaplayer.yahoo.com*.

Der Download des Plug-ins erfolgt über *www.wpaudioplayer.com*.

Komfortabler arbeiten mit Templates für Artikel

WordPress greift Autoren mit zwei Editoren unter die Arme: dem visuellen Editor und dem HTML-Editor. Wie der visuelle Editor auch, verfügt der HTML-Editor über einen abgespeckten Editor, den Quicktag-Editor. Egal ob der visuelle Editor über Ihre Einstellungen im Benutzerprofil ein- oder ausgestellt ist, der Quicktag-Editor der HTML-Ansicht eines Artikels ist immer aktiviert.

Mit dem Plug-in *AddQuicktag* von Frank Bueltge erweitern Sie diesen Editor um eigene Textbausteine (Abbildung 3-12). Textbausteine verwalten Sie mit *AddQuicktag* über ein einfaches Menü, das Sie unter *Einstellungen → AddQuicktag* finden. Das Plug-in installieren Sie nach dem gewohnten Muster.

Jeder Baustein bekommt einen eigenen Button in der Ansicht des HTML-Editors, sobald Sie den Baustein über *Einstellungen aktualisieren* gespeichert haben. Wie der neue Button lautet, legen Sie mit *Button Name* fest, welchen Text der Button einfügt, mit *Start Tag(s)*. Die Bausteine fügen Sie sodann nur noch per Klick auf einen der Buttons in die Quicktag-Leiste ein.

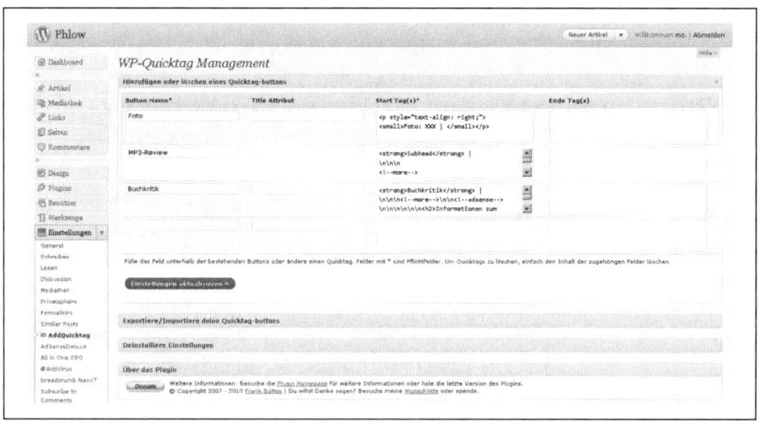

Abbildung 3-12 ▶ Wer in Beiträgen wiederkehrende Textbausteine oder HTML-Befehle nutzt, hilft sich mit AddQuicktag. Das Plug-in fügt individuelle Textbausteine mit einem Klick ein.

Persönlich nutze ich das Plug-in unter anderem für meine MP3-Musikkritiken. Jede Kritik ist einheitlich aufgebaut und hat einen Anreißer, MP3s zum Hineinhören, einen Hauptteil und einen Downloadbereich. Mit einem Klick auf den selbst benannten AddQuicktag-Button *MP3-Kritik* füge ich das gesamte Gerüst des Artikels ein. Dadurch vergesse ich keine Elemente und spare Zeit.

Tipp Um einen Zeilenumbruch innerhalb des Textbausteins zu erzielen, tippen Sie *\n* ein.

Den Download finden Sie unter *http://wordpress.org/extend/plugins/addquicktag/*.

Statistiken: Auf den Pfaden der Leser

Wenn es etwas gibt, worauf fortgeschrittene Blogger heiß sind, dann sind das Statistiken. Schließlich zeigen Statistiken im besten Fall die eigenen Fortschritte, die steigenden Besucherzahlen und die beliebtesten Artikel an. Hilfreich sind Statistiken auch, um herauszufiltern, über welche Suchwörter neue Leser den Weg über Suchmaschinen auf die eigene Website gefunden haben.

Um also mehr herauszufinden, gibt es drei Möglichkeiten: Sie schauen im Statistikwerkzeug Ihres Servers nach, Sie überlassen *Google Analytics* das Datensammeln, oder Sie installieren sich eines der zahlreichen Plug-ins. Für letzteren Punkt empfehle ich Ihnen *http://wordpress.org/extend/plugins/stats/*, das auch auf Wordpress.com zum Einsatz kommt.

Ganz nebenbei: In der Regel entpuppen sich Serverstatistiken als äußerst ungenau und unbefriedigend. Häufig bieten Webhoster den Zugang zu den Statistiken über ein Werkzeug namens *Webalizer*. Der *Webalizer* speichert alle Vorgänge auf dem Server, hilft aber nicht bei der Sortierung der Daten. Dahingegen ist *Google Analytics* das Statistikwerkzeug der Wahl. Wenn die Datenkrake eines kann, ist es das Sammeln und Auswerten von Daten. *Google Analytics* ist ein unfassbar leistungsfähiges und obendrein kostenloses Werkzeug. Für den Einsatz benötigen Sie wie immer einen Google-Account. Anschließend bauen Sie nur noch ein JavaScript – bevorzugt im Footer-Template – ein, und das Sammeln beginnt. Natürlich machen Sie sich dabei gegenüber Google vollkommen »nakisch«. Denn Google weiß jetzt ganz genau, wer Ihre Website besucht, wie viele Leute vorbeischauen, von wo sie Ihre Website aufrufen, welche Suchwörter die Besucher eingegeben haben, und, und, und … Gläserner geht es nicht. Aber auch nicht besser.

Zurück zum Plug-in *WordPress.com Stats*: Nach der Standardinstallation benötigen Sie für die Aktivierung noch einen API-Schlüssel von Wordpress.com. Haben Sie bereits das Akismet-Plug-in gegen Kommentar-Spam aktiviert, können Sie den gleichen API-Schlüssel nutzen. Sie finden ihn unter *Plug-ins → Akismet Konfiguration*. Besitzen Sie noch keinen Wordpress.com-Account, legen Sie sich einen zu – mehr dazu oben in den Erläuterungen zum Akismet-Plug-in.

Aktivieren Sie jetzt das Plug-in und folgen Sie der roten Warnung, um unter *Plug-ins → Wordpress.com Stats* den API-Schlüssel einzugeben. Anschließend müssen Sie noch auf den darunterliegenden Button *Add to my WordPress.com-Account* klicken. Nach gelungenem Abschluss finden Sie jetzt die Statistiken immer im Dashboard.

Den Download finden Sie unter *http://wordpress.org/extend/plugins/stats/*.

Twitter Tools: WordPress-Artikel automatisch twittern

Mit der Erweiterung *Twitter Tools* von Alex King verbinden Sie WordPress mit Ihrem Twitter-Account. Veröffentlichen Sie einen neuen Artikel, verschickt das Plug-in automatisch über Twitter eine Nachricht mit einem Kurzlink. Dieser befördert Ihre Twitter-Abonnenten dann wiederum zurück zum neuen Artikel. Was genauer Twitter ist und wie Sie an einen Account kommen, erfahren Sie in Kapitel 8, *Twitter*.

Das Plug-in finden Sie unter *http://wordpress.org/extend/plugins/twitter-tools/*. Nach der Standardinstallation aktivieren Sie es wie gehabt. Anschließend weist Sie eine rote Warnmeldung darauf hin, dass Sie *Twitter Tools* konfigurieren müssen. Entweder Sie klicken auf den dazugehörigen Link oder gehen über das Menü in der Seitenleiste mit *Einstellungen → Twitter Tools* zur abschließenden Konfigurationsseite.

Füllen Sie die beiden Felder *Twitter Username/Password* aus und testen Sie anschließend die Verbindung mithilfe des *Test Login Info*-Buttons. Gibt Ihnen das Plug-in ein Okay, wählen Sie im Drop-down-Menü *Enable option to create a tweet when you post in your blog?* ein *Yes*. Das darunterliegende Feld *Tweet prefix for new blog posts* muss auch gefüllt werden. Hier geben Sie an, welchen Satz oder welche Begriffe *Twitter Tools* jedem verschickten Tweet vorneweg beifügt.

Tipp Als Präfix eignen sich auch Twitter-Kategorien, die Sie mithilfe von Hash-Tags (#) vergeben. So füge ich jeder automatischen Twitter-Meldung auf Phlow-Magazine.com z.B. ein *#creative-commons #music* bei. Denn in der Regel bespricht jeder Artikel ein neues Creative Commons-Musikalbum. Das ist natürlich nur dann sinnvoll, wenn sich Ihr Blog um ein spezielles Thema dreht. Da das Präfix standardmäßig jedem getwitterten Artikel beigefügt wird, sollte es zum Inhalt aller Artikel passen.

Den Menüpunkt *Create a blog post from each of your tweets?* halte ich nicht für besonders sinnvoll. Ein Blog konzentriert sich auf kurze bis längere Artikel. Twitter ist auf Kurznachrichten ausgelegt, und eine Twitter-Nachricht, die die eigenen Artikel ankündigt, ergibt als Artikel wenig Sinn. Bauen Sie dann lieber Twitter als Widget in Ihrer Seitenleiste ein. Benutzen Sie ein WordPress-Theme, das Widgets unterstützt, finden Sie unter *Design → Widgets* das *Twitter Tools*-Widget, das die letzten X Twitter-Nachrichten anzeigt. Die Konfiguration des Widgets nehmen Sie über *Einstellungen → Twitter Tools* vor.

Nachdem Sie *Twitter Tools* Ihrem Geschmack entsprechend eingestellt haben, empfehle ich Ihnen auch noch die Aktivierung des Zusatz-Plug-ins *Twitter Tools-Bit.ly URLs*. Dieses Zusatz-Plug-in verkürzt die Links auf Ihre Artikel und reduziert dadurch die verwendete Zeichenanzahl. Schließlich bietet Ihnen Twitter maximal 140 Zeichen, und jedes gesparte Zeichen zählt. Mehr zu Bit.ly lesen Sie in Kapitel 8, *Twitter*.

Damit die URLs von Bit.ly verkürzt werden, benötigen Sie ein eigenes, kostenloses Bit.ly-Konto. Gemeinsam mit dem Konto stellt Ihnen der Onlineservice eine API-Nummer zur Verfügung, die Sie – wenn Sie eingeloggt sind – unter *Account* finden. Kopieren Sie den API-Key in den Zwischenspeicher und rufen Sie im WordPress-Backend wieder *Einstellungen → Twitter Tools* auf. Haben Sie das Zusatz-Plug-in aktiviert, finden Sie weiter unten die Eingabemaske für den API-Key und das Feld für Ihren Benutzernamen, in das Sie beides einfügen. Beim nächsten Artikel verschickt *Twitter Tools* eine Nachricht mit Präfix, Titel des Artikels und einem Bit-ly-Kurzlink.

Der Download erfolgt unter *http://wordpress.org/extend/plugins/twitter-tools/*.

WP-Optimize: Die Datenbank pflegen und optimieren

Je länger man mit einer WordPress-Installation arbeitet, desto größer wird die Datenbank. Dafür sorgen nicht nur Sie, sondern auch Spammer, Kommentarautoren und Plug-ins. Unter anderem verschwendet die Revisionen-Funktion Ihres WordPress viel Datenbankspeicher, da sie – wenn nicht ausgeschaltet – sämtliche Editierschritte abspeichert.

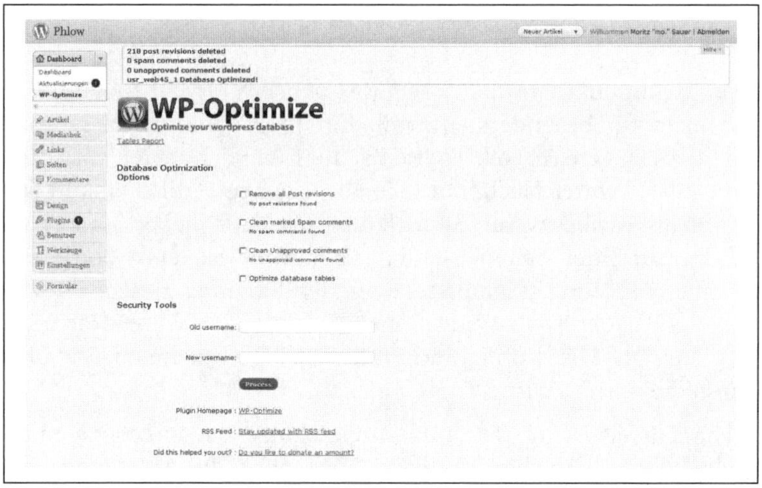

Abbildung 3-13 ▶
Mit der Zeit wächst die Datenbank. Das Plug-in WP-Optimize prüft auf Klick die Datenbank, löscht unnötige Revisionen und Kommentare und optimiert die Tabellenstruktur.

Das Plug-in *WP-Optimize* hilft Ihnen dabei, die Datenbank fit, schlank und in Form zu halten. Unkompliziert löschen Sie unnötige Revisionen, optimieren die Datenbank und entfernen Spam – siehe Abbildung 3-13. Nach der Standardinstallation ordnet sich *WP-Optimize* nicht unter dem Menüpunkt *Einstellungen* ein, sondern Sie finden es auch über den Menüpunkt *Dashboard*.

Downloaden Sie das Plug-in unter *http://wordpress.org/extend/plugins/wp-optimize/*.

Lightbox: Bilder per Effekt hervorheben

Sie kennen sicherlich den Effekt: Sie klicken auf ein kleines Foto auf einer Webseite, und sanft öffnet sich ein Fenster in der Mitte, während die restliche Webseite abgedunkelt wird, damit das vergrößerte Bild in der Mitte des Bildschirms die volle Aufmerksamkeit bekommt. Dieser Effekt ist unter dem Namen Lightbox bekannt.

Und dafür gibt es eine ganze Armada an Plug-ins. Alle funktionieren nach der Installation nach dem gleichen einfachen Prinzip: Das Plug-in schaut in Einträgen nach, ob Bilder verlinkt sind. Findet es verlinkte Bilder, baut es mithilfe von JavaScript den Lightbox-Effekt ein.

Fancybox

Anstelle des Klassikers *Lightbox 2* möchte ich Ihnen *Fancybox* ans Herz legen. Denn dieses Plug-in lässt sich mithilfe eines eigenen Menüs gestalten.

Nach der Standardinstallation finden Sie unter *Einstellungen → Fancybox for WP* ein Menü, über das Sie das Design und die Effekte nach eigenem Geschmack justieren können.

Wenn Sie jetzt Fotos mit dem Lightbox-Effekt auf Ihrer Website anzeigen möchten, gehen Sie anschließend wie folgt vor:

1. Laden Sie über die Upload-Funktion von WordPress ein neues Bild hoch.
2. Nach dem Upload klicken Sie bei *URL* auf *Datei-URL*.
3. Wählen Sie *Miniaturbild* aus und klicken Sie abschließend auf *In Artikel einfügen*.

Diese Schritte sind notwendig, damit WordPress nicht nur ein Bild einbaut, sondern gleich das Miniaturbild mit dem Original verlinkt. Den Rest übernimmt dann *Fancybox*.

Die Downloads finden Sie unter h*ttp://wordpress.org/extend/plugins/fancybox-for-wordpress/* und

http://wordpress.org/extend/plugins/lightbox-2/.

Noch mehr Plug-ins

Derzeit listet WordPress.org 10.851 Erweiterungen für das Blog-System auf. Sucht man nach einem Plug-in für einen bestimmten Zweck, stolpert man oft über mehrere Plug-ins, die womöglich alle das Gleiche machen. Um herauszufinden, welches davon dem gesuchten Zweck am besten dient, überprüfen Sie bei den Plug-ins als Erstes das Datum. Das Datum ist ein guter Indikator dafür, ob der Programmierer noch aktiv weiterentwickelt. Hilfreich ist auch die *Compatibility*-Box in der rechten Seitenleiste auf den jeweiligen Plug-in-Seiten. Dort sehen Sie, was andere Nutzer von dem Plug-in halten. Ein weiterer Faktor ist die Anzahl der Downloads. Plug-ins, die viel heruntergeladen werden, sind beliebt. Und beliebte Plug-ins funktionieren in der Regel sehr gut.

Noch mehr (neue) Plug-ins und hier besprochene Links finden Sie aber auch auf meiner Website unter *www.phlow.de/webdesign/wordpress-plugins*.

Teil 2: Videos & Screencasts

KAPITEL 4

Video

In diesem Kapitel:

- Videos selbst produzieren und kostenlos verteilen
- Grundlegendes zur Aufnahme
- Der Videoschnitt
- Audioschnitt und Tonmaterial
- Eine Produktionsvorlage erstellen
- Video-Export und -Distribution im Web

Die Kombination aus Video, Internet und mobilen Endgeräten gehört zu einem der Trendthemen der nächsten Jahren. Je mehr das Internet in die Hosentasche wandert und je schneller die Übertragungen werden, desto häufiger schauen die Nutzer in Zukunft Videos unterwegs. Um auf YouTube & Co. ein Millionenpublikum zu erreichen, brauchen Sie dafür keine High-End-Produktionen. Oft sind es sogar die schnell, billig und spontan produzierten Videos, die weltweit die Menschen amüsieren, unterhalten und inspirieren.

Videos selbst produzieren und kostenlos verteilen

Seit ein paar Jahren veröffentlicht plötzlich jeder, der möchte, eigene Videoproduktionen auf YouTube und ähnlichen Plattformen. Aufgenommen mit einer billigen Webcam oder einem kleinen handlichen Mobiltelefon. Aber auch der Trend, mit digitalen Kameras High-Definition-Videos aufzuzeichnen – nicht zu verwechseln mit HD-Camcordern –, nimmt zu. Kostenlos streamt heute jeder, der möchte, Videos in HD-Qualität. Für den eigenen Fernsehkanal brauchen Sie eigentlich nur ein Videoportal wie YouTube oder Vimeo. Selbst Live-Streams mittels Plattformen wie *www.livestream.com, www.ustream.com* oder *www.justin.tv* sind möglich. Alles andere, was Sie für die Produktion von Web-Videos benötigen – da bin ich mir sicher –, besitzen Sie bereits.

Dieses Kapitel richtet sich an all diejenigen, die ausprobieren möchten, wie man erfolgreich Videos für das Web produziert, schneidet, exportiert und hochlädt. Die Latte liegt dabei ganz weit unten, denn um loszulegen, brauchen Sie nur wenig Hardware. Viel wichtiger sind Ideen und Kreativität. Um sämtliche Schritte mitzumachen, benötigen Sie entweder ein Mobiltelefon mit Kamera oder eine Digitalkamera mit Videofunktion. Das ist alles. Besitzen Sie mehr, noch besser.

Wenn Sie bereits Videos aufwendig produzieren und schneiden, springen Sie am besten in das letzte Drittel dieses Kapitels zum Thema »Video-Export und -Distribution im Web«. Dort erkläre ich, wie Sie Ihre Produktionen exportieren, einen eigenen Kanal einrichten und anschließend alles hochladen.

Aufnahme: die wichtigsten DIY-Regeln

Viele erfolgreiche Webvideos sind nicht länger als zwei bis fünf Minuten. Konkurrierende Videos sind nur einen Klick entfernt. Darum gilt hier einmal mehr der alte Satz: »In der Kürze liegt die Würze.« Schnell finden Sie auch heraus – wenn Sie das erste Mal mit Videos arbeiten –, wie viel Material Sie aufnehmen, sichten und schneiden müssen, um ein gutes Video zu produzieren.

§

Nehmen Sie mit Ihrer Kamera Personen auf und verwenden Sie diese Aufnahmen dann in Ihrem Video, ist auch immer das Recht am eigenen Bild zu beachten. Danach darf grundsätzlich kein Bild von einer Person verwendet werden, wenn diese Person nicht ausdrücklich der Verwendung zugestimmt hat. Ausnahmen bestehen hier jedoch bei großen Menschengruppen, in der der Einzelne nicht zu erkennen ist, oder wenn die Personen nur Beiwerk vor dem eigentlichen Motiv sind, bspw. eine Aufnahme vom Kölner Dom, vor dem Menschen stehen. Näheres zum Recht am eigenen Bild finden Sie unter »Das Recht am eigenen Bild« in Kapitel 16, *Persönlichkeitsrechte*.

Sie können aber auch den anderen Weg gehen und Ihre Webvideos in einem Rutsch, sprich *Take*, aufnehmen, so wie es die vielen Video-Blogger machen, die direkt in die (Web-)Cam sprechen. Meist geschieht dies in Ermangelung einer zweiten Person, die die Kameraarbeit übernimmt. Entscheiden Sie sich für eine Webshow, die Sie in einem Take aufnehmen, muss Ihr Skript samt seinen Pointen sitzen und die Geschichte der Webisode schnell auf den Punkt kommen.

Warum manche Videos erfolgreich sind und andere nicht, kann man oft gar nicht erklären. Manchmal erreicht ein Video per Zufall ein Millionenpublikum. Manchmal sind es Meinungsmacher, die einem

Video bei der Verbreitung auf die Beine helfen. In der Regel basiert Erfolg aber auf den drei Ks: *Kwalität, Kontinuität, Kwantität.*

Warum wurde z.B. gerade *lonelygirl15* in der YouTube-Welt so bekannt? Sicherlich hatte es mit der Enttarnung als Schwindel zu tun. Von außen betrachtet, basiert der Erfolg der Webcam-Geschichten eines Teenagers aber auf den oben genannten drei Ks. Kontinuierlich produzierten die Macher gemeinsam mit der Schauspielerin Jessica Rose eine Folge nach der anderen. Den Unterhaltungswert der Episoden schnitten die Produzenten direkt auf ein junges Publikum zu. *Lonelygirl15* mixte intelligent eine mysteriöse Geschichte mit Seifenoperneffekten und erspielte sich kontinuierlich ein wachsendes Publikum bis zum Outing.

Die Geschichte zählt

Wenn Sie eigene Webvideos veröffentlichen, ist das vergleichbar mit der Eröffnung eines Cafés. Anfangs haben Sie noch keine Kunden. Diese gewinnen Sie über gute Produkte und/oder Serviceleistung. Kombiniert mit Werbung und Kundenbetreuung, bauen Sie langsam eine Reputation auf, und immer mehr Kunden besuchen Ihren Laden. Im besten Fall schicken begeisterte Stammkunden ihre Freunde und Bekannte in Ihr Lokal.

In unserem Fall ist Ihr Produkt in erster Linie die Geschichte, nicht das Video selbst. Mit Geschichte meine ich an dieser Stelle jeglichen Inhalt von Lernvideos und Screencasts über Kurzgeschichten bis hin zu Dokumentationen, Animationen, und, und, und ...

Ich möchte es noch einmal betonen: Zahlreiche bei YouTube hochgeladene Welterfolge überzeugen nicht durch ihre Videoqualität, sondern durch ihre Geschichte. Sei es der niesende kleine Panda unter *www.youtube.com/watch?v=FzRH3iTQPrk* oder der von seinen Eltern bloßgestellte und nach einem Zahnarztbesuch zugedröhnte kleine David– *www.youtube.com/watch?v=txqiwrbYGrs*: Die (oft absurden) Geschichten und der Unterhaltungswert zählen. So wurde *David After Dentist* mit einer preiswerten und wackeligen Flipkamera gedreht.

Guter Ton ist wichtiger als gutes Bild ohne Ton

Wichtiger als ein stabiles Bild ist ein guter Ton. Was wäre das Video von David wert, wenn wir nicht seine verwunderten Äußerungen deutlich verstehen würden. Und der kleine niesende Panda würde uns lange nicht so erschrecken und verzücken, wenn wir es nicht deutlich hören würden. Darum achten Sie darauf, dass Ihre Videos akustisch gut verständlich sind.

Ohne Licht geht es nicht

Damit sich Menschen in einem Café wohlfühlen, muss das Licht stimmen. Wer sitzt schon gern unter Neonröhren? Setzen Sie sich also in Szene und nutzen Sie das Licht, um möglichst vorteilhaft rüberzukommen. Mehr Tipps zur Beleuchtung lesen Sie weiter unten unter »Lichttechnik«.

Bitte nicht mehr als zwei bis drei Minuten

Natürlich bestätigen Ausnahmen die Regel, und ein Screencast in drei Minuten muss schon ultrakompakt sein oder nur eine kleine Funktion erläutern. Drehen Sie aber Webisodes, haben diese in Kurzform sicherlich mehr Erfolg als in Überlänge. Internetnutzer sind nämlich gern aktiv und klicken, kommentieren und verbreiten Inhalte über ihr soziales Netzwerk weiter.

Tipp Wie knackig und fantasievoll zum Beispiel eine Kurzdoku zum witzigen Internet-Videochat-Portal »Chatroulette« sein kann, beweist Casey Neistat mit seinem Video unter *www.vimeo.com/9669721*. Außergewöhnliche Kurzdokumentationen sehen Sie hingegen unter *www.mediastorm.com/publication/driftless-stories-from-iowa*. Eindrucksvoll zeigt die Serie »Driftless« wie dicht, atmosphärisch und auf den Punkt Geschichten erzählt werden können.

Das Beispielvideo samt Beispieldateien

Abbildung 4-1 ▶ Mit eigenen vorhandenen Bordmitteln produziert: das Beispielvideo »Die Installation von WordPress«.

Als Beispiel für dieses Kapitel habe ich ein Video samt Screencast produziert, in dem ich Bilder einer Videokamera mit Aufnahmen meines Computerbildschirms kombiniert habe. Das Video kennen Sie bereits aus dem Kapitel, *WordPress mit Plug-ins erweitern*. Es heißt »Die Installation von WordPress«, und finden können Sie es unter *www.phlow.de/video/video-installation-wordpress* auf meiner Website. Für die Produktion kam lediglich die folgende Hard- und Software zum Einsatz:

1. HD-Digitalkamera Lumix DMC-TZ7 (280 €)
2. Mikrofon: RØDE Podcaster (200 €)
3. Schnitt und Screencast-Software: MAGIX Video deluxe 17 (100 €)
4. Stativ: Gorillapod (19 €)

Insgesamt hat mich das Video eigentlich nichts außer Zeit gekostet, da mir die Hardware bereits zur Verfügung stand. Nimmt man es trotzdem genau, habe ich für die Produktion insgesamt 600 Euro ausgegeben.

Hinweis Alle Links und aktuelle Informationen dieses Kapitels zum Thema Video finden Sie unter *www.phlow.de/video*.

Grundlegendes zur Aufnahme

Die Antwort auf die Frage »Was braucht man für eine gute Videoproduktion?« sollte immer lauten: eine gute Idee. Falsch wären Antworten wie: ein sauberes Bild, ein astreiner Ton und/oder wahnsinnige Effekte. Das Bild, Ton und Effekte nicht die ausschlaggebenden Punkte sind, beweisen immer wieder billige Heimproduktionen, die auf YouTube & Co. ein Millionenpublikum begeistern.

Für erfolgreiche Internetvideos brauchen Sie hauptsächlich Zeit und Kreativität sowie eine Möglichkeit, die Ideen aufzunehmen, um sie anschließend mit einem Schnittprogramm zu schneiden, zu vertonen und zu exportieren. Für die Präsentation brauchen Sie dann noch eigenen Webspace oder ein kostenloses Konto auf einem der zahlreichen Videoportale.

Dennoch: So einfach es jetzt auch klingt: Videoproduktionen bedeuten weitaus mehr Arbeit als ein Artikel oder ein Radiobeitrag. Video ist die Königsklasse im Journalismus. Verstehen Sie die Aufnahme eines Interviews noch so gerade, schadet das in keiner

Weise Ihrem Textbeitrag. Produzieren Sie den Beitrag für einen Podcast oder das Radio, stehen Sie bereits vor einem massiven Problem. Bei Videoaufnahmen muss obendrein noch die Lichtsituation für ein gutes Bild vorhanden sein.

Insgesamt bedeutet das, dass Sie sich für die Videoproduktionen mit drei Dingen auseinandersetzen müssen: der Geschichte, dem Ton und dem Bild.

Aufnahmetechnik: Kamera, Zubehör und Software

Will man professionelle Videos aufnehmen, schnellen die Preise für die Technik »wie nix« in die Höhe, und urplötzlich landen Sie bei einem Budget, das Ihnen den Atem verschlägt. Besonders, wenn man noch gar nicht genau weiß, ob Video das passende journalistische Informations- und Ausdrucksmedium ist.

Videoproduktionskosten: ein kurzes Rechenexempel

Die Tabelle 4-1 zeigt ein Rechenbeispiel, anhand dessen Sie die Produktionskosten eines Videos überschlagen können. Sämtliche Preise stellen grobe Anhaltspunkte dar. Besonders im Profibereich gibt es – wie auch in allen anderen Bereichen – kein Limit für die Ausstattung.

Hinweis Die *Lowbudget*-Spalte basiert auf der Annahme, dass Sie ein modernes Mobiltelefon und einen nicht älter als vier Jahre alten Computer mit integriertem Mikrofon oder ein Headset besitzen.

Tabelle 4-1 zeigt ein Rechenexempel, anhand dessen Sie die Produktionskosten eines Videos überschlagen können. Sämtliche Preise sind grobe Anhaltspunkte. Besonders im Profibereich gibt es kein oberes Limit für die Ausstellung.

Tabelle 4-1
Kostenübersicht für verschiedene Produktionsweisen

Technik	Lowbudget	Anfänger	Amateur	Profi
	Digikamera/ Handy	Lumix	HDV-Camcorder	Profi HD-Kamera
Kamera mit Akku und Tasche	0,00 €	280,00 €	800,00 €	6.000,00 €
	Hosentasche	Hosentasche	einfaches Stativ	mit Fluidkopf
Stativ mit Tasche	0,00 €	19,00 €	50,00 €	1.000,00 €
	Lampen vor Ort	Lampen vor Ort	Dauerlichtset	Profiset
Beleuchtung	0,00 €	0,00 €	250,00 €	1.800,00 €
	Computer/ Headset	Mikrofon	Mikrofon	Mikrofonset

Technik	Lowbudget	Anfänger	Amateur	Profi
Mikrofon	0,00 €	200,00 €	200,00 €	1.000,00 €
	Videoplattform	eigener Webspace	eigener Webspace	brightcove.com
Monatliche Kosten für Webspace	0,00 €	5,00 €	5,00 €	160,00 €
	iMovie oder Windows Movie Maker	MAGIX Video deluxe 17	Adobe Premiere/ Final Cut	Avid Media Composer 4
Schnittsoftware	0,00 €	100,00 €	1.000,00 €	2.300,00 €
Gesamt	0,00 €	604,00 €	2.305,00 €	12.260,00 €

Tabelle 4-1
Kostenübersicht für verschiedene Produktionsweisen (Fortsetzung)

Und welche Kamera taugt etwas?

Wie oben schon erwähnt: Sie können bereits mit Bordmitteln Videos produzieren, die sich sehen lassen können. Sollten Sie sich trotzdem für eine »richtige« Kamera entscheiden, ist in meinen Augen ein Punkt besonders wichtig: der Ton. Den besten Ton nehmen Sie aber leider nicht mit dem integrierten Mikrofon einer Kamera auf, sondern mit einem externen – sofern es keine Profikamera mit aufgestecktem Mikro ist.

Tipp

Wie markant der Unterschied im Tonmaterial sein kann, hören Sie im Beispielvideo »Die Installation von WordPress«. Während die realen Szenen wie aus der Dose klingen, weil ich sie mit dem qualitativ eher minderwertigen Mikrofon der Lumix aufgenommen habe, klingt der eigentliche Screencast rauschfrei und rund. Das liegt daran, dass ich für die Tonaufnahme das RØDE Podcaster-Mikrofon genutzt habe.

Ein Beispiel: Stellen Sie sich vor, Sie möchten für Ihr Video-Blog Musikinstrumente auf der Musikmesse Frankfurt vorstellen. An einem Stand für die neuesten Mikrocontroller interviewen Sie dazu den Techniker, der Ihnen das Gerät vorstellt. In einer solchen Situation kommen Sie um ein externes Richtmikrofon nicht herum. Ansonsten zerstören die Umgebungsgeräusche die gesamte Aufnahme. Damit Sie aber ein externes Mikrofon nutzen können, benötigt die Kamera einen eigenen Mikrofoneingang.

Und das ist der Knackpunkt in der HDV-Camcorder-Amateurklasse. Entscheiden Sie sich für einen eigenen Mikrofoneingang, springen Sie gleich in eine neue Gewichtsklasse. Während gute

Was bedeutet HDV?

Die Abkürzung *HDV* steht für »High Definition Video«. Diese hochauflösenden Videoformate gibt es in zwei Standards: *HDV1/HDV 720p* und *HDV2/HDV 1080i*. Die beiden Formate unterscheiden sich durch ihre Auflösungen und Framerates und werden mithilfe von MPEG-2 komprimiert.

1. HDV1/HDV 720p
   - Größe des Frames: 1.280 x 720 Pixel
   - Framerates: 24p, 25p, 30p, 50p, 60p
   - Scanning type: progressive
2. HDV2/HDV 1080i
   - Größe des Frames: 1.440 x 1.080 Pixel
   - Framerates: 25i, 30i, 24p, 25p, 30p
   - Scanning type: progressive (p) und interlaced (i)

Modelle zuvor noch 300 Euro gekostet haben, müssen Sie für einen HDV-Camcorder mit separatem Mikrofoneingang ungefähr 800 Euro hinlegen. Weiterhin gestalten sich die Eingänge in Form einer Miniklinke oftmals als äußerst instabil und fummelig. Da rutscht das Kabel gern mal schnell heraus.

Es gibt aber auch noch eine Alternative: Sie kaufen sich eine gute und preiswerte HD-Kamera für ca. 300 Euro und einen mobilen Digitalrekorder von Zoom, Tascam oder Olympus mit hochwertigem Mikrofon um die 300 Euro. Das Mikrofon drücken Sie entweder Ihrem Interviewpartner in die Hand oder stellen es auf den Tisch. Im Schnitt machen Sie es dann wie in älteren Folgen von *www.elektrischer-reporter.de*: Sie blenden Ihre Fragen einfach ein, wenn diese zuvor nicht laut genug aufgenommen wurden.

Tipp Man muss sich nicht immer gleich Profimaterial kaufen. Leihen Sie sich Material wie Kamera, Licht, Stative und Mikrofone für Ihren Dreh aus. Glück haben diejenigen, die in großen Städten wie Köln, Hamburg, Berlin oder München leben. Dort finden Sie sicherlich einen preiswerten Verleih wie z.B. *www.indycine.de*. Die Kölner Firma verleiht Profimaterial wie z.B. die Sony HDR-FX1 für ca. 22 Euro pro Tag.

Ansonsten zählt beim Kauf einer Kamera stets das Argument: Ziehen Sie ein Mehr an Kontrolle einem Mehr an Bildqualität vor. Das bedeutet konkret:

- Unterstützt die Kamera den Dreh mit einer benutzerfreundlichen Bedienung sowie hochwertigen und leicht erreichbaren Schaltern?
- Gestaltet sich die Bedienung der Kamera über Menüs intuitiv?
- Kann man die Aufnahmelautstärke manuell einstellen?

- Verfügt die Kamera über einen stabilen Mikrofoneingang (XLR-Eingang)?
- Ist die Kamera ein Exot oder ein oft gekauftes Modell?

Tontechnik

Die Tonspur einer Videoproduktion ist das wichtigste Element. Töne, Geräusche und vor allem Musik lösen Emotionen aus und verstärken sie. Außerdem vermittelt Ton Informationen, steigert die Spannung und überbrückt Szenen. So unterstützt die Tonspur einen Film als Gestaltungselement – selbst von Profis wird das oft unterschätzt. Was nützt das beste Krimiskript, wenn die Filmmusik es nicht schafft, Spannung zu vermitteln?

Schmeißen wir mal wieder unser Kopfkino an: Sie befinden sich während einer Pause im Vorraum einer Konferenz. Alle trinken Kaffee, diskutieren engagiert, und mittendrin interviewen Sie einen der Sprecher. Das Licht fällt optimal auf den Sprecher, Sie fangen die Stimmung exzellent ein, und Bild und Kulisse vermitteln ohne Worte die Lebhaftigkeit der Konferenz und deren Thema. Zu Hause entdecken Sie dann, dass die Umgebungsgeräusche das gesamte Gespräch verschlucken. Die ganze Arbeit ist umsonst gewesen, und seien Sie sicher: Der Zuschauer schaltet nach zehn Sekunden aus oder klickt das Video weg. Dabei hatte der Sprecher unglaublich interessante Äußerungen von sich gegeben.

Lässt sich eine Störquelle nicht eliminieren und ist sie auf der Aufnahme zu hören, ändern Sie die Kameraposition, und bringen Sie damit die Lärmquelle ins Bild. Auch wenn es den Ton nicht verbessert, so versteht der Zuschauer zumindest den Zusammenhang. Um Störquellen zu beseitigen, lohnt es sich, im Vorfeld die Umgebung zu »checken«.

Tipp Drehen Sie auf Konferenzen, Messen oder Veranstaltungen, fragen Sie bei den Verantwortlichen nach, ob es einen Presseraum gibt. Selbst wenn das Interview in einem hässlichen, sterilen Raum stattfindet, können Sie im Schnitt das Video mit Filmmaterial der Veranstaltung plus Nahaufnahmen der Person aufpeppen.

Ein geeigneter Raum für die eigene Webshow

Möchten Sie ähnlich wie Ehrensenf.de eine eigene Webshow zu Hause produzieren, drehen Sie am besten in einem Raum wie dem Schlaf- oder Wohnzimmer. Denn hier befinden sich weiche Oberflächen wie schallschluckende Polstermöbel, Decken, Teppiche und Bücherregale. Je weniger Hall und Nebengeräusche der Raum hat, desto besser. Potenzielle Störquellen wie Kühlschränke und Lüfter sollten Sie meiden. Räume mit harten Oberflächen wie Fliesen oder Steinfußböden eignen sich weniger, da sie durch Reflexionen die Raumakustik stark beeinflussen.

Sie können aber auch aktiv die Akustik beeinflussen, indem Sie Garderobenständer oder aufgehängte Wolldecken um den Aufnahmeplatz herum platzieren. Wer es besonders professionell mag, besorgt sich Akustik-Schaumstoffmatten. Diese Waffelplatten vertreibt z.B. die Firma illbruck acoustic unter *www.illbruck-acoustic.de*. Da es sich dabei um professionelles Material handelt, ist die Anschaffung nicht ganz billig.

Eine Anekdote am Rande: Als ich einmal für die Cologne Commons-Veranstaltung bei Ehrensenf interviewt wurde, war ich selbst erstaunt, mit wie wenig Mitteln die Webshow täglich produziert wird. Während des Interviews unterbrach uns plötzlich der Regisseur und schickte die Praktikantin einen Stock tiefer. Sie sollte die Mieter im tieferen Geschoss bitten, ihren neuen Kronleuchter auszuschalten. Dieser verursachte nämlich ein unangenehmes Netzbrummen, das über das Netzteil der Kamera auf der Aufnahme landete.

Ein eigenes, separates Mikrofon

Um ein wohlklingendes Video zu produzieren, ist von der Verwendung eines Headsetsund billigen Mikrofonen abzuraten. Diese eingebauten Mikrofone rauschen stark und nehmen nur ein beschränktes Klangspektrum auf – wie Sie im ersten Teil des Beispielvideos hören. Vergleichen Sie in Hinblick darauf einmal die Einleitung von »Die Installation von WordPress« mit dem Hauptteil des Videos, in dem ich das USB-Mikrofon für die Tonaufnahmen genutzt habe.

Sind Sie sich sicher, dass Sie fortan richtige Videos produzieren wollen, empfiehlt sich für die Aufnahme von Sprache und Geräuschen die Anschaffung eines leistungsfähigen Mikrofons. Für den Mikrofoneinsatz kommen vor allem zwei Mikrofontypen wegen ihrer nierenförmigen Richtcharakteristik infrage: dynamische Mikrofone und Kondensatormikrofone. Diese Mikrofone sind für den Schall von vorn empfindlicher als für den von hinten.

Dynamische Mikrofone: Dynamische Mikrofone finden hauptsächlich im Live-Bereich Anwendung. Dieser robuste Mikrofontyp eignet sich für den Außeneinsatz, weil er eine rauere Behandlung verkraftet. Außerdem sind dynamische Mikrofone nicht so schallempfindlich wie Kondensatormikrofone und lassen sich daher besser in einer lauten Umgebung, wie z.B. auf Konzertbühnen oder für die Moderation einer Podiumsdiskussion, einsetzen. Dynamische Mikrofone erhalten Sie im Fachhandel bereits ab 60 Euro.

Kondensatormikrofone: Im Gegensatz zu dynamischen Mikrofonen greifen Toningenieure im Studio meist auf die empfindlicheren Kondensatormikrofone zurück. Kondensatormikrofone folgen feinen Änderungen des Schalldrucks und liefern neben einem lauteren Output einen breiteren und differenzierteren Klang. Angesichts der Empfindlichkeit solcher Mikrofone gehen sie auch schneller kaputt, wenn man sie fallen lässt. Darum kaufen Sie zusätzlich zu einem Kondensatormikrofon am besten direkt einen Ständer.

Damit Kondensatormikrofone funktionieren, benötigen sie eine eigene Phantomspeisung. Diese wird entweder über ein Mischpult oder einen Mikrofonvorverstärker geliefert oder ist schon im Mikrofon eingebaut (das dann zum Betrieb eine Batterie benötigt). Da das Signal von Mikrofonen generell recht schwach ist, werden Sie einen externen Vorverstärker oder ein Mischpult benötigen. Ordentliche Kondensatormikrofone erhalten Sie bereits ab 25 Euro. Möchten Sie lieber auf namhafte Hersteller zurückgreifen, probieren Sie doch das AKG C1000S. Zahlreiche Journalisten schwören darauf.

Tipp Neben normalen Mikrofonen gibt es auch USB-Mikrofone, die man direkt an den eigenen PC anschließen kann. Für den Screencast habe ich das ca. 200 Euro teure RØDE Podcaster-Mikrofon genutzt. Dank integrierter Soundkarte und Kopfhörereingang ist es ein idealer Partner für Innenaufnahmen.

Die Aufnahme mit Kopfhörern abhören

Während der Aufnahme hören Sie diese am besten über Kopfhörer mit. Dadurch bekommen Sie direkt das Gesamtergebnis mit und entdecken schneller Störgeräusche. Für Aufnahmen eignen sich besonders sogenannte geschlossene Kopfhörer. Geschlossene Kopfhörer isolieren Außengeräusche und helfen Ihnen bei der Konzentration auf den Sound. Schauen Sie sich für geschlossene Kopfhörer in Musikfachgeschäften in der DJ-Abteilung um. Preiswerte geschlossene Kopfhörer gibt es schon ab 20 Euro. Achten Sie bei der Wahl eines Kopfhörers neben einem guten Klang auch auf einen angenehmen Tragekomfort. Schließlich tragen Sie den Kopfhörer während der gesamten Aufnahme.

Tipp Als DJ habe ich mich vor Jahren für den heute ca. 150 Euro teuren Sennheiser-Kopfhörer HD 25 entschieden (siehe Abbildung 4-2). Neben einer robusten Konstruktion und einer geschlossenen Bauweise, die sehr gut die Außengeräusche abdämmt, versorgt mich der Kopfhörer seit Jahren mit satten Bässen und einem exzellenten Frequenzumfang. Der einzige Nachteil des Klassikers unter den Kopfhörern ist gleichzeitig sein Vorteil: Der HD 25 drückt die Hörer ordentlich auf die Ohren, um den Schall zu isolieren. Dadurch vermindert sich der Tragekomfort. Praktisch sind dafür jedoch die seitlich wegklappbaren Bügel.

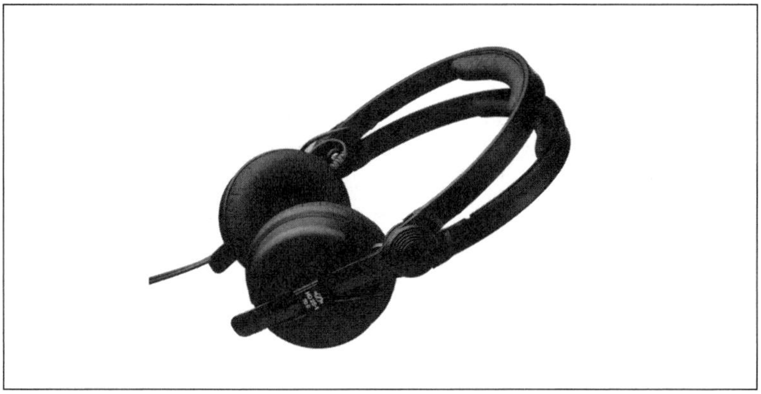

Abbildung 4-2 ▶ Exzellenter Klang, wenig Umgebungsgeräusche: Der geschlossene Sennheiser-Kopfhörer HD 25 eignet sich nicht nur für DJs, sondern auch für die Aufnahme eines Podcasts.

Lichttechnik

Licht ist ein wunderbares Gestaltungselement, aber auch eine große Herausforderung. Kein Wunder also, dass es beim professionellen Fernsehen dafür einen eigenen Beruf gibt: den Beleuchter.

Generell filmt man dort, wo es hell genug ist, und vermeidet große Hell-dunkel-Kontraste. Auch den Klassiker »Direkt-ins-Gegenlicht-Filmen« sollten Sie vermeiden. Bei Außendrehs ist Mittagslicht ungünstig, weil es direkt von oben kommt. Schöne Bilder fängt man draußen auch in der *Blue Hour*, der blauen Stunde, ein. Besonders in der Fotografie nutzt man die Zeit der Dämmerung zwischen Sonnenuntergang und nächtlicher Dunkelheit sowie die Zeit kurz vor Sonnenaufgang. Das Licht ist weich, angenehm und auch ein wenig poetisch. Online finden Sie unter *www.bit.ly/blaue_stunde* oder *www.golden-hour.com* zwei Rechner, um die blaue Stunde herauszufinden.

Weißabgleich – die Kamera sensibilisieren oder austricksen

Um eine möglichst natürliche Beleuchtung im Video zu gewährleisten, müssen Sie der Kamera mithilfe eines Weißabgleichs mitteilen, welchen Bildbereich sie als Weiß behandeln soll. Alle anderen Farben werden an diesen Messwert automatisch angepasst. Am besten überlassen Sie den Weißabgleich der Belichtungsautomatik.

Mit dem Weißabgleich – auch *white balance* genannt – »sensibilisieren« Sie Ihre Kamera auf die Farbtemperatur des Lichts vor Ort. Um einen Weißabgleich vorzunehmen, benötigen Sie ein weißes Blatt oder eine Fläche, die Sie als Weiß definieren. Platzieren Sie das weiße Blatt dort, wo Sie filmen, und fotografieren oder filmen Sie es, je nachdem, wie Ihre Kamera den Weißabgleich vornimmt.

Tipp Wie Sie genau den Weißabgleich für Ihre Kamera vornehmen können, lesen Sie bitte in der Bedienungsanleitung zu Ihrer Kamera nach.

Mit dem Weißabgleich lässt sich auch wunderbar tricksen. Wollen Sie eine Szene mit einer kühlen Atmosphäre aufnehmen, verwenden Sie anstelle eines weißen Blatts ein rotes. Soll die Szene dagegen in eine wärmere Atmosphäre eingetaucht werden, nehmen Sie ein blaues Blatt für den Weißabgleich. Je nach Intensität der Farbe rechnet die Kamera anschließend die jeweilige Farbe heraus.

Warnung Probleme mit dem automatischen Weißabgleich bekommen Sie dann, wenn die hellste Lichtquelle eine bestimmte Farbe hat. So zerstören Sie schnell einen romantischen Sonnenuntergang, wenn Sie den Weißabgleich nicht selbst vorgenommen haben.

Wenn Sie Personen filmen, achten Sie darauf, dass Gesichter »Augenlicht« haben. Mit Augenlicht meint der Fotograf die Reflexionen in den Augen einer Person, wie sie z.B. durch Lichtstrahler entstehen. Sie kennen das sicherlich aus der Modefotografie, da scheinen Models manchmal sogar Sternchen in den Augen zu haben. Diese Reflexionen beleben das Gesicht und lassen es wacher wirken.

Dreipunktbeleuchtung: Personen und Objekte ausleuchten

Die einfachste und eine leicht zu realisierende Art der Objektbeleuchtung ist die *Dreipunktbeleuchtung*. Diese verwenden Sie am besten, wenn Sie eine eigene Webshow wie z.B. Ehrensenf.de realisieren möchten. Für die Dreipunktbeleuchtung benötigen Sie drei Lichtquellen bzw. Scheinwerfer, die um das zu beleuchtende Objekt (Darsteller, Gegenstand) aufgestellt werden:

- Führungslicht (Keylight)
- Aufheller
- Spitzlicht

Der erste Scheinwerfer liefert das *Führungslicht*, auch *Keylight* genannt. Das Führungslicht ist das Hauptlicht, das die Person von vorne beleuchtet. Es kommt meist aus der Nähe der Kamera. Platzieren Sie das Führungslicht nicht direkt vor dem Objekt oder der Person, sondern seitlich versetzt.

Damit die andere Seite, z.B. die Gesichtshälfte nicht vollkommen im Schatten verschwindet, hellen Sie diese Seite mit dem *Aufheller* auf. Die Aufhellung darf aber nicht so stark ausfallen, dass der »natürliche« Schatten vollständig verschwindet. Schließlich brauchen wir Profil für unser Bild. Der Aufheller ist ein eher diffuses, weiches Licht, dessen Ursprung man als Zuschauer nicht richtig ausmachen kann.

Zum Schluss positionieren Sie noch das *Spitzlicht* (auch *Kantenlicht* genannt). Dieses setzt das Objekt mittels einer hellen Kante vom Hintergrund ab und wird in der Regel direkt gegenüber dem Führungslicht aufgestellt. Mittels des Spitzlichts entstehen bei Personen helle Lichtreflexionen auf den Schultern und Haaren.

Wenn Sie Ihr Wissen vertiefen möchten, schauen Sie sich die lehrreichen Videos von Lutz Dieckmann zum Thema Licht und Dreipunktbeleuchtung an: *www.vimeo.com/1307969* und *www.vimeo.com/1308271*.

Kameraeinstellungen: Bildtechnik und Bildausschnitte

Jeder Bildausschnitt wirkt sich anders auf den Betrachter aus. Deshalb ist es für Sie als Regisseur wichtig, die Wirkung der jeweiligen Bilder bzw. Einstellungsgrößen zu beachten. Außerdem unterstützt Sie dieses Wissen der Grundregeln bereits in der Vorproduktion, während Sie das Skript planen bzw. das Drehbuch schreiben.

Beachten Sie bei allen Bezeichnungen der Einstellungsgrößen, dass diese immer relativ zum Objekt sind. Wenn Sie also in einer Einstellung eine Hand auf der Maus sehen, ist das einerseits eine Detailaufnahme, andererseits aber auch eine Totale der Hand. Die Angaben zu den Einstellungsgrößen ergeben immer nur Sinn, wenn Sie in Bezug auf das Objekt gesehen werden.

Die wichtigsten Bildausschnitte lauten:

- Supertotale (Totale)
- Totale (Halbtotale)
- Halbnahe
- Amerikaner
- Nahe (Close)
- Großaufnahme
- Detailaufnahme (Superclose)

Totale – distanzierter Überblick

Mithilfe der Totalen erfasst der Zuschauer das Geschehen und ordnet es ein. In Abbildung 4-3 sehen Sie mich in meinem Büro, in dem ich das Video »Die Installation von WordPress« gedreht habe. Die Supertotale zeigt Ihnen den Protagonisten und seine Arbeitsumgebung auf einen Blick.

◀ **Abbildung 4-3**
Die Totale, auch Supertotale genannt, informiert den Zuschauer und bietet einen distanzierten Blick über das Geschehen.

Benutzen Sie Totalen bei Webvideos spärlich. Denn auf kleinen Bildschirmen von Mobiltelefonen oder kleinen Videofenstern auf Webseiten sieht man die Details kaum noch. Erfolgreiche YouTube-Videos spielen sich in der Regel im Nahbereich statt.

Halbtotale – das Geschehen im Überblick

Die Halbtotale nähert sich dem Objekt bzw. Geschehen. In der Halbtotalen werden am Bildschirmrand unwichtige Teile der Szene bereits abgeschnitten, der Überblick bleibt aber erhalten – siehe Abbildung 4-4. Denken wir uns einen Tatort, dann sehen wir in der Halbtotalen z.B., wie der Kommissar sich in einer schmutzigen Seitenstraße über die Leiche beugt. Außerdem sehen wir, dass ein danebenstehender Zeuge das Geschehen kommentiert und die weggeworfene Waffe im Vordergrund neben einer Mülltonne liegt. Die umliegenden Häuser sehen wir jedoch nicht (mehr).

Abbildung 4-4 ▶
Die Halbtotale führt den Zuschauer näher an das Geschehen heran. Für die Szene unwichtige Tatsachen schneidet die Halbtotale bereits ab, bewahrt aber einen Gesamtüberblick.

Halbnahe – Knie bis Haarspitzen

Im Vergleich zur Halbtotalen intensiviert die Halbnahe das Geschehen und zeigt Menschen von den Knien bis zu den Haarspitzen – siehe Abbildung 4-5. Im Gegensatz zur Nahaufnahme wirkt die Halbnahe nicht ganz so intim. Besonders populär ist die Halbnahe in den letzten Jahren durch Webvideos geworden, in denen Menschen vor ihrer Webcam sitzen. Übertragen auf unser Tatort-Beispiel, zeigt die Halbtotale im nächsten Schnitt den Kommissar und Zeugen im Gespräch. Die Aufmerksamkeit rückt dadurch weg von der Leiche auf die Recherche.

◀ **Abbildung 4-5**
Die Halbnahe zeigt Menschen vom Brustbereich bis zu den Haarspitzen und grenzt sich gegen die Nahaufnahme dadurch ab, dass die Intimsphäre der Menschen durch Abstand gewahrt bleibt.

Der Amerikaner – die Cowboy-Einstellung

Der »Amerikaner« ist die Cowboy-Einstellung unter den Bildausschnitten, die der Gefilmte einnimmt. Wie bei einem Schießduell in einem Western, zeigt der Amerikaner das Gesicht bis zum Revolver,

◀ **Abbildung 4-6**
In alten John-Wayne-Filmen ist auch die Hüfte samt Colt zu sehen (wenn vorhanden).

der auf der Hüfte hängt: Zu sehen ist also ungefähr der halbe Mensch, wie ich in Abbildung 4-6. In dieser Einstellungsgröße präsentieren sich oft Reporter oder die Sprecher von Tagesschau und heute, wenn sie vor dem Geschehen stehen.

Nahe (Close) – der Mensch von Kopf bis zu den Schultern

Abbildung 4-7 ▶
Die Nahaufnahme ist die perfekte Einstellung für kleine Videofenster und zeigt großformatig Gesichter und Gegenstände.

Die Nahe löst das Objekt fast völlig aus seiner Umwelt heraus. In der Regel zeigt die Nahe Menschen vom Kopf bis zu den Schultern. Für Onlinevideos ist die Nahe die optimale Einstellung und macht sich prima in kleinen Videofenstern. Auch wenn sich der Trend zu brillanten HD-Bildern im Web dank YouTube & Co. abzeichnet, so nimmt gleichzeitig die Anzahl mobiler Geräte mit Internetzugang zu. Einerseits sind die mobilen Bildschirme klein, und andererseits ist die Anbindung für Videostreams noch lange nicht so schnell wie ein herkömmlicher DSL-Zugang. Eine Nahaufnahme (m)eines Gesichts sehen Sie in Abbildung 4-7.

Großaufnahme – von Kopf bis Hals

Die Großaufnahme zeigt den Menschen von Kopf bis Hals, zu sehen in Abbildung 4-8. Diese Perspektive entspricht unseren Sehgewohnheiten bei einem persönlichen Gespräch genau dann, wenn wir einem Gesprächspartner direkt und nah gegenüberstehen. Sie kennen sicherlich die großartigen und ruhigen Einstellungen in den

Western von Sergio Leone. Niemand hat Großaufnahmen so kultiviert wie der italienische Regisseur. Im Finale von »The good, the bad and the ugly« (Zwei glorreiche Halunken) schaut man direkt in die Gesichter der Protagonisten und sieht jede Furche, Schweißperle und Hautpore. Näher kommt man an einen Menschen nicht heran.

◀ **Abbildung 4-8**
Die Großaufnahme zeigt den Menschen vom Kopf bis zu seinem Hals, wie bei einem persönlichen Gespräch.

Detailaufnahme (Superclose) – Extremaufnahmen

Detailaufnahmen sind extreme Einstellungen. Sie zeigen ein Objekt oder einen Teil eines Objekts bildschirmfüllend in allen Einzelheiten an. Das kann ein menschliches Körperteil wie in Abbildung 4-9 sein oder eine Blume. Das kann aber auch eine Pinzette sein, die ein Haar hält – sehr beliebt bei der Inspektion der Tatorte bei CSI. Mit der Detailaufnahme erzeugen Sie spannungsgeladene oder verblüffende Momente. Je nach Schnittreihenfolge weiß der Zuschauer vielleicht noch nicht, welches Detail er gerade betrachtet. Außerdem offenbart eine Detailaufnahme Zusammenhänge und erklärt Objekte – z.B. in Dokumentationen.

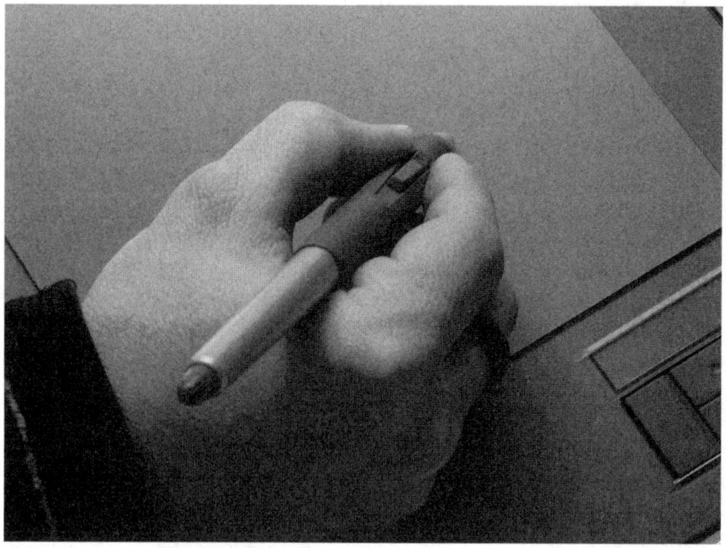

Abbildung 4-9 ▶ Die Detailaufnahme ist eine Extremaufnahme, die Spannung erzeugt, aber nicht ganz einfach aufzunehmen ist. Am besten klappt die Detailaufnahme, wenn das Licht perfekt ist und sich das Objekt nicht bewegt.

Die vier Kameraperspektiven

Es gibt vier Kameraperspektiven: die Froschperspektive, die Vogelperspektive, das Filmen auf Augenhöhe und die Subjektive. In der Froschperspektive schaut die Kamera zum Protagonisten auf. Der oder die Gefilmten wirken autoritär, cool, und man darf sie von unten bewundern, während man Ihnen in die Nasenlöcher schaut.

In der Vogelperspektive sieht man durch die Kamera alles von oben. Man hat alles im Überblick und scheinbar unter Kontrolle. Filmt man Menschen von oben, hat das genau die entgegengesetzte Wirkung wie die Froschperspektive: Man schaut auf die Personen herab. Das kann degradierend und respektlos erscheinen.

Deswegen benutzen Sie am besten die Perspektive »Filmen auf Augenhöhe«. Wenn Sie auf Augenhöhe drehen, befindet sich die Kamera in Augenhöhe. Während Profis ihre Kamera auf der Schulter schon allein wegen des Gewichts tragen, ist das Drehen auf Augenhöhe mit kleineren Kameras nicht unbedingt leicht, schnell hat man Bilder verwackelt. Hilfreich unterstützen hierbei Einbeinstative die Arbeit. Drehen Sie z.B. auf einem Musikfestival Kurzinterviews, entpuppt sich ein Einbeinstativ als äußerst flexibel, leicht und schnell zusammenschiebbar.

Klasse sind auch Schulterstative – siehe Abbildung 4-10 –, mit denen man wunderbare Schwenks realisieren kann. Bauen Sie sich doch eines selbst! Wie ein Schulterstativ aus Holz aussehen kann, zeigt Jonathan Clifford Bergqvist in seiner kleinen Doku unter *www.vimeo.com/11435910*. Eine witzige Einbeinstativalternative bietet auch dieses Video: *www.vimeo.com/11437487*.

◀ **Abbildung 4-10**
In seiner Kurzdoku zeigt Jonathan Clifford die Entstehung seines Schulterstativs aus Holz.

Die Subjektive zeigt das Geschehen aus der Perspektive des Handelnden, Erzählers oder Darstellers. Gefilmt wird die Subjektive meist in Augenhöhe, sie kann aber auch aus der Vogel- oder Froschperspektive gedreht werden. Liegt der Protagonist in einem Mafiafilm in einem Grab und wird lebendig beerdigt, sehen wir, wie Erde auf ihn bzw. die Linse geschaufelt wird. Aus der Vogelperspektive schauen wir mit dem Fallschirmspringer in die Tiefe.

Der Videoschnitt

Nach der Aufnahme wandern die Ergebnisse in den Schnitt und wollen sortiert, geschnitten, arrangiert, vertont und exportiert werden. Für dieses Vorhaben brauchen Sie ein geeignetes Schnittprogramm. Leider gibt es in diesem Bereich kaum Open Source-Software, und wenn, sind die Programme nicht wirklich geeignet. Darum stelle ich Ihnen an dieser Stelle zwei Programme für Mac und Windows vor: iMovie '09 und MAGIX Video deluxe 17. Da ich im Folgenden öfter für den Schnitt typische Fachbegriffe benutze, verweise ich Sie auf den Kasten »Begriffe aus der Videoproduktion«. Das Glossar erklärt Ihnen die wichtigsten Begriffe aus dem Videoschnitt.

Begriffe aus der Videoproduktion

In der Welt der Videoproduktion stoßen Sie auf zahlreiche Begriffe, die alle ihre spezifische Bedeutung haben. Um Ihnen einen Überblick zu geben, habe ich an dieser Stelle alle wichtigen Begriffe gesammelt und kurz definiert:

Ein **Frame** ist ein Einzelbild einer Filmsequenz, auch Vollbild genannt.

Als **Bild** bezeichnen Cutter die Abfolge von Einzelbildern (Frames) von einem Schnitt zum nächsten.

Ein **Clip** ist eine Videoaufnahme, bei der exakt einmal die Record-Funktion ein- und ausgeschaltet wurde.

Mehrere aufeinander folgende geschnittene Clips ergeben eine Filmsequenz, auch **Sequenz** genannt.

Transition ist ein Übergang, der in der Regel bei einer Blende auftritt.

Mit einer **Blende** schafft man einen weichen Übergang/Schnitt zwischen zwei Bildern und/oder Tonsignalen und »fadet« von einem Teil in den anderen. Dabei verringert sich die Deckkraft von Quelle A, während Quelle B zunimmt.

Ein **Wipe**, auch **Wischblende** genannt, ist ein Übergang von einem Bild zum nächsten, oft in Form eines vorgefertigten Musters.

Als **Jump Cut** bezeichnet man Filmschnitte, deren Bildübergänge als »Sprung« wahrgenommen werden. Im Vergleich zum Zeitraffer schneidet man beim *Jump Cut* mehr Bilder weg, darum gehört der Jump Cut in die Effektekiste.

Ein **Crossfade** ist eine Überblendung oder Kreuzblende.

Als **interlaced** bezeichnet man das sogenannte Zeilensprungverfahren. Bei einem interlaced Video ergeben jeweils zwei Halbbilder ein Vollbild. Zuerst baut sich das erste Halbbild auf (Zeile 1, Zeile 3, Zeile 5 usw.) und anschließend das zweite Halbbild (Zeile 2, Zeile 4, Zeile 6 usw.) Das Verfahren wurde entwickelt, um Signale mit einer möglichst geringen Übertragungsbandbreite möglichst flimmerfrei anzuzeigen.

Ein **Jingle**, auch *Sound-* oder *Audio-Logo* genannt, ist eine kurze, einprägsame Tonfolge oder Melodie, die als akustisches Erkennungsmerkmal dient.

Ein **Trailer** ist ein aus Filmszenen zusammengeschnittener Programmhinweis. Der häufig ca. 30 Sekunden lange Film soll Zuschauer informieren und neugierig machen und bietet eine Vorschau mit Kernaussagen zur beworbenen Sendung oder einem Film.

Als **Off-Text** bezeichnet man den gesprochenen Text, dessen Quelle man nicht sieht – z.B. einen Erzähler oder eine Person außerhalb des Bilds. Das Gegenteil ist der *On-Text*, der den O-Ton-Geber zeigt.

Eine **Bauchbinde** ist eine zusätzliche Information, die am unteren Bildrand eingeblendet wird – z.B. »Moderation: Esteban Faustamente«.

Ein **Keyframe**, zu Deutsch auch Schlüsselbild genannt, ist ein Begriff aus der Animationstechnik. Keyframes sind Schlüsselpunkte mit Einstellungen, die nacheinander abgearbeitet werden. Um beispielsweise einen Bildschirmausschnitt zu vergrößern, definiert der erste Keyframe die Gesamtgröße des Bildschirms. Der zweite Keyframe definiert den zu vergrößernden Bereich. Die Videoschnittsoftware berechnet anschließend für den Zeitraum von Keyframe 1 zu Keyframe 2 die Zwischenschritte, sodass eine Animation entsteht.

iMovie '09: einfach, elegant und kostenlos

Mac-Nutzer können sich glücklich schätzen. Für ihr Apple-Betriebssystem liegt mit iMovie ein äußerst funktionales Schnittprogramm vor. Ein wenig unverständlich ist, dass iMovie im Gegensatz zu anderen etablierten Videoschnittprogrammen auf den Einsatz einer *Timeline* (Zeitleiste) verzichtet. Video- und Tonspur bearbeitet man nicht horizontal auf einer Zeitleiste, sondern in einer wurmartigen Spur, in der man die Videosequenzen und Übergänge aneinanderreiht, um Tonspuren und zusätzliche Videospuren wiederum zu stapeln. Das macht die Projekte leider manchmal ein wenig unübersichtlich.

Hat man sich an die Funktionen und den Aufbau jedoch gewöhnt, erreicht man schnell erstklassige Ergebnisse. Denn das Programm glänzt mit – für Apple typischen – wunderbaren Übergängen, Bauchbinden und guten Effekten sowie einem funktionalen Filmexport, auch direkt nach YouTube.

Tipp

Äußerst lobenswert sind übrigens die Videotutorials, die Sie mit iMovie vertraut machen. Diese Videos sollten Sie sich auf jeden Fall anschauen. Oft genutzte Effekte, Schnitttechniken und Funktionen von iMovie beschreiben die Screencasts wirklich hervorragend. Sie finden die Videos online über iMovie, wenn Sie im Menü *Hilfe* den Unterpunkt *Video-Einführungen* auswählen. iMovie bringt Sie dann automatisch zur richtigen Website.

Wichtig bei einem Videoschnittprogramm sind nicht nur die Funktionen für die Bildbearbeitung, sondern auch die Funktionen zur Bearbeitung des Tonsignals. Zwar ermöglicht iMovie auch die Bearbeitung des Tonsignals bzw. die Anpassung der Lautstärke, das aber eher rudimentär. Möchten Sie trotzdem das Tonsignal ausgiebig bearbeiten und vielleicht mit Effekten (Kompressor, Hall, Echo, Equalizer) oder Musik versehen, bietet sich ein weiteres Apple-Programm an: GarageBand. Der Audioeditor stellt zahlreiche Funktionen zur Verfügung, um das Videotonsignal zu bearbeiten, das Video mit weiteren Tonspuren zu verfeinern und mit Musik bzw. Klängen zu untermalen (siehe Abbildung 4-11). Zum Glück hat sich Apple an dieser Stelle für eine Zeitleistenansicht entschieden.

Tipp

Um Ihre Videos nachzuvertonen oder zu bearbeiten, öffnen Sie einfach GarageBand und blenden anschließend über das Menü *Spur* die *Filmspur* ein. In der Medienübersicht rechts erscheinen jetzt Ihre iMovie-Projekte.

Abbildung 4-11 ▲
Der Audioeditor GarageBand liegt jedem Apple-Computer kostenlos bei und hilft bei der professionellen Bearbeitung der Tonspur einer Videoaufnahme.

Arbeiten mit iMovie '09

Generell gibt es bei iMovie vier Arbeitsbereiche – siehe Abbildung 4-12. In der *Ereignis-Mediathek* verwalten Sie Ihre Importe nach Ereignissen in eigenen Ordnern und sortieren Ihr Material vorab. Rechts oben befindet sich der Vorschaumonitor, in dem das Videomaterial angezeigt wird. Der Hauptbereich für den Schnitt ist die Projekt-Mediathek. Über den Button *Projekt-Mediathek* mit dem Pfeil nach links öffnen Sie alle Ihre Projekte, um eins davon für die Bearbeitung auszusuchen. Rechts unten befindet sich die Bibliothek für Sounds, Fotos, Textvorlagen, Übergänge sowie Karten und Hintergründe. Zwischen dem oberen und unteren Bereich befindet sich die Arbeitsleiste mit Icons für verschiedene Bearbeitungsschritte. Leider gibt es in dieser Leiste eine Funktion, die für Verwirrung sorgt: das zweite Symbol von links mit den zwei Pfeilen. Wenn Sie dieses anklicken, tauscht iMovie die beiden Bereiche *Ereignis-Mediathek* und *Projekt-Mediathek*. Das sieht schmuck aus, ist aber nicht wirklich sinnvoll und stiftet eher Verwirrung. Für die kommenden Beispiele befindet sich die Projekt-Mediathek immer unten.

Wenn Sie ein neues Projekt über das Menü *Ablage → Neues Projekt* starten, ist der Arbeitsbereich der Projekt-Mediathek leer. Eine Filmsequenz heißt in iMovie *Clip*. Um einen Clip in den Schnittplatz

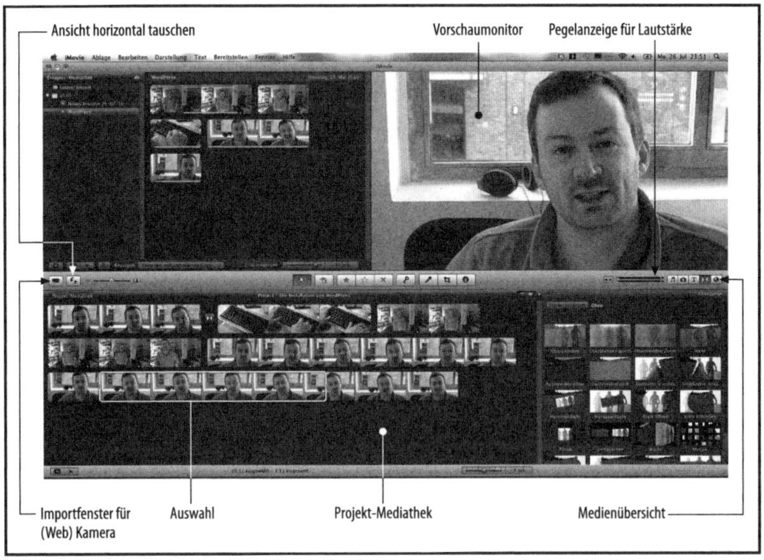

◀ Abbildung 4-12
Wer einen Apple-Computer kauft, hat es gut: Die Videoschnittsoftware iMovie liegt kostenlos dem Betriebssystem bei.

einzufügen, markieren Sie einen ganzen Clip oder einen Teil eines Clips in der Ereignis-Mediathek. Danach ziehen Sie den Clip in den Arbeitsbereich der Projekt-Mediathek. Einfacher geht es mit der Taste [E], die den Ausschnitt oder Clip einfügt. Sie können Clip-Ausschnitte jederzeit nachbearbeiten und verkleinern, vergrößern und verschieben. Dazu markieren Sie einfach den Clip und ziehen ihn über die linke oder rechte Griffleiste kleiner oder größer. Um einen Clip-Ausschnitt auszuschneiden, wählen Sie über das Kontextmenü *Auf Auswahl trimmen* oder drücken [⌥] + [B].

Wenn Sie den Umgang mit iMovie schnell erlernen möchten, empfehle ich Ihnen die kurzweiligen und sehr guten Videoanleitungen von Apple. Diese finden Sie über das Menü *Hilfe → Willkommen bei iMovie*. Um die Video-Anleitungen anzuschauen, brauchen Sie eine Internetverbindung.

MAGIX Video deluxe 17: hochwertiges Schnittprogramm für Windows

Arbeiten Sie auf einem Windows-Rechner, können Sie zwar auch mit dem Windows Movie Maker Videos produzieren, ich empfehle Ihnen aber die Schnittsoftware *MAGIX Video deluxe 17*. Sie können das Programm kostenlos 30 Tage auf Herz und Nieren testen, um anschließend zu entscheiden, ob Sie die 99 Euro preiswerte Software kaufen möchten. Die Software kann ich Ihnen sehr empfehlen, weil Sie sie beim Videoschnitt mit zahlreichen Funktionen unterstützt und die erfolgreiche Produktion von Videos erleichtert.

Wie bei professionellen Werkzeugen wie *Adobe Premiere* oder *Final Cut* bearbeiten Sie Filme übersichtlich in der schon oben erwähnten Zeitleistenansicht. In der Timeline arrangieren Sie Filmsequenzen und Tonspuren auf mehreren Spuren (siehe Abbildung 4-13).

Außerdem können Sie den Ton mithilfe der integrierten Audiosoftware ordentlich aufpolieren. Denn für diese Arbeit stellt Ihnen die MAGIX-Software einen eigenen Soundeditor zur Verfügung. In diesem bearbeiten Sie auf Wunsch noch einmal genauer die Tonspur und veredeln den Sound mit Effekten, z. B. einem Kompressor.

Ein dicker Pluspunkt ist auch die Exportfunktion. Das Programm unterstützt Sie beim Export Ihres fertigen Videos in zahlreiche Formate – siehe weiter unten »MAGIX Video deluxe 17: hochwertiges Schnittprogramm für Windows« – und bietet dafür ein Füllhorn voreingestellter Formate. Neben einem guten Export gibt es auch zahlreiche Effekte für Übergänge und Bildmanipulationen. Reichen Ihnen die zur Verfügung stehenden Effekte nicht aus, bietet MAGIX Video deluxe 17 zwei Möglichkeiten. Zum einen können Sie eigene Effekte als Vorlage abspeichern, zum anderen kann das Programm dank integrierter Plug-in-Schnittstelle um neue Effekte von Drittherstellern erweitert werden. In diesem Bereich tummeln sich zahlreiche kostenlose Open Source-Plug-ins, aus denen Sie für Ihre Videoproduktionen auswählen können.

Die Arbeitsoberfläche von MAGIX Video deluxe 17

Starten Sie MAGIX Video deluxe 17 für eine neue Videosession, offeriert die Software Ihnen vier Einführungsvideos. Diese Videos machen Sie schnell mit dem Umgang der Software vertraut. Im Weiteren stellen ich Ihnen aber kurz den schematischen Aufbau der Schnittsoftware vor.

Um nach dem Start in den Schnittmodus zu wechseln, klicken Sie oben rechts im Bildschirm auf *Bearbeiten*. Sie sehen jetzt eine Ansicht wie die in Abbildung 4-13. Bei Ihnen sind die Spuren jedoch erst mal leer.

Über die Menüleiste erreichen Sie die meisten Funktionen von MAGIX Video deluxe 17. Links unterhalb der Menüleiste sehen Sie den Programmmonitor. Dieser zeigt Ihnen die Video- und Bildobjekte an und bietet eine Vorschau auf Dateien aus dem *Media Pool*. Rechts vom Monitor finden Sie die Vorlagen. Über diese erreichen

Sie die Importfunktion sowie Verzeichnisse für Blenden, Titel, Effekte und Bewegung. Klicken Sie auf eine Vorlage, um eine Vorschau zu erhalten. Über *Import* laden Sie Ihre Filme und andere Medien in das Projekt oder ziehen direkt Dateien in den *Arranger*. Im *Arranger* produzieren Sie dann Ihre Videos. Alle Dateien lassen sich aus dem *Media Pool* per Drag & Drop auf die Spuren ziehen, dort positionieren und bearbeiten.

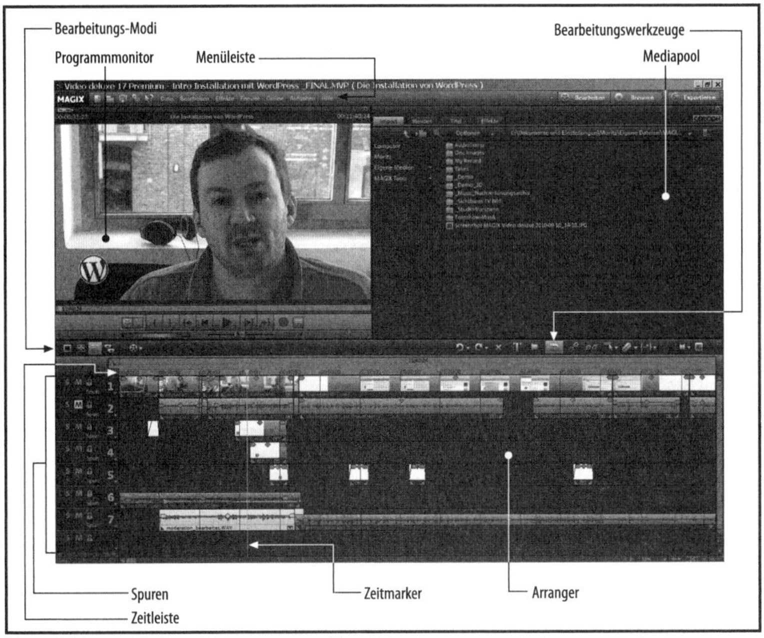

◀ Abbildung 4-13
Filme schneiden mit MAGIX Video deluxe 17 bereitet großes Vergnügen. Die Videoschnittsoftware unterstützt Cutter mit zahlreichen Funktionen und Exportmöglichkeiten

Direkt rechts unter der Bedienung des Programmmonitor finden Sie vier Symbole, über die Sie die vier verschiedenen Bearbeitungsmodi von MAGIX Video deluxe 17 auswählen: Der *Storyboard-Modus* stellt alle Szenen des aktuellen Videos anhand kleiner Vorschaubilder auf einer Leiste dar und dient dem schnellen Arrangieren der Szenen. Der *Übersichtsmodus* stellt alle Objekte der ersten Spur dar und ermöglicht schnelles Umsortieren der Szenen. Der *Timeline-Modus* ist für aufwendigere Arrangierarbeiten und Effektbelegung. Die letzte Schaltfläche aktiviert den *Multicam-Modus*. Alle im Folgenden beschriebenen Schritte finden im *Timeline-Modus* statt.

Rechts in der gleichen Leiste finden Sie die Werkzeugleiste: Hier wählen Sie im Timeline-Modus u. a. die Mausmodi für unterschiedliche Bearbeitungen aus. Direkt unter dieser Leiste sehen Sie das Zeitlineal mit Bereichsmarker: Über dieses legen Sie den Abspielbereich fest. Das Lineal ist mit einer Zeitskala ausgestattet. Wenn Sie in die Zeitskala klicken, z.B. bei Minute 00:01:00, markiert der rote, vertikale Abspielmarker genau den Punkt, an dem Sie sich im Video befinden. Außerdem markiert er den Punkt, ab dem das Material abgespielt werden soll. Es gibt je einen Abspielmarker unterhalb jedes Vorschaumonitors und zusätzlich einen oberhalb der Zeitleiste am Arranger. Unterhalb der Monitore und in der Zeitleiste ist der Abspielmarker ein rotes Dreieck. Im Arranger wird die Abspielposition zusätzlich durch eine senkrechte Linie angezeigt.

Um den Abspielmarker zu verschieben, klicken Sie einfach auf die gewünschte Stelle oder verschieben ihn mit gedrückter Maustaste. Auf dem Monitor sehen Sie das aktuelle Bild, an dem sich der Marker gerade befindet.

Arbeiten mit der Videoschnittsoftware

Generell ist die Bedienung von Schnittprogrammen sehr einfach. Wenn Sie z.B. schon einmal mit einem Audioeditor gearbeitet haben, wird Ihnen die Arbeit bekannt vorkommen. Denn auch im Videoschnitt hat man es hauptsächlich mit (Film-)Sequenzen zu tun, die man arrangiert und mit harten Schnitten oder Schnitteffekten kombiniert.

Da es den Umfang des Buchs sprengen würde, kann ich nicht ausführlich auf die hier vorgestellten Schnittprogramme oder andere eingehen. Im weiteren Verlauf gebe ich Ihnen aber wichtige Tipps dazu, wie Sie mit iMovie oder MAGIX Video deluxe 17 erfolgreich Videos schneiden. Außerdem sind die folgenden Erklärungen und Anleitungen universell einsetzbar, egal für welches Programm Sie sich entscheiden. Scheuen Sie sich trotzdem nicht, die Bedienungsanleitung Ihrer Software in die Hand zu nehmen. Dort entdecken Sie oft neue Funktionen und Möglichkeiten, um produktiver im Schnitt zu arbeiten.

Erster Arbeitsschritt: Videos importieren

Nach der Aufnahme importieren Sie im ersten Arbeitsschritt Ihre Videos in die Schnittsoftware. Je nachdem, welches Aufnahmegerät Sie genutzt haben, ist der Import unterschiedlich. Sowohl iMovie als auch MAGIX Video deluxe 17 bieten eine einfache und verständliche Importschnittstelle für DV-Kameras. Um Videos über diese Schnittstelle zu importieren, lesen Sie bitte die Anleitung. Einfacher geht es, wenn Sie die Videodateien bereits auf Ihrem Rechner liegen haben. Benutzen Sie z.B. wie ich eine kleine Digitalkamera, brauchen Sie diese nur per USB mit Ihrem Rechner zu verbinden und kopieren über den Explorer/Finder die Videodaten auf Ihre Festplatte. Ähnliches gilt für moderne Mobiltelefone, die sich in der Regel auch per Kabel mit dem Computer verbinden lassen.

Für die weiteren Schritte gehe ich davon aus, dass Ihr Import funktioniert hat und dass Sie die Videodaten auf Ihrem Desktop in einem Ordner namens *Erstes Video* liegen haben.

Tipp

Bereits beim Import lohnt sich die Mühe, dass Material (die Dateien) korrekt zu benennen. Suchen Sie schnell ein Video, helfen Ihnen Dateinamen wie *P1000462.MOV* überhaupt nicht. Schauen Sie sich darum die einzelnen Dateien mit einem Videoabspielprogramm wie z.B. VLC kurz an und benennen Sie die Dateien sinnvoll um.

Videos in iMovie importieren

Bevor Sie Filme schneiden können, müssen Sie sie erst in die Ereignis-Mediathek importieren. Filmdateien importieren Sie unkompliziert über das Menü *Ablage* → *Importieren* → *Filme*. Über den Finder wählen Sie jetzt die Dateien aus und klicken auf *Importieren*. Innerhalb der Ereignis-Mediathek sortieren Sie Filmmaterial nach Ereignissen. Einen neuen Ereignisordner erstellen Sie über das Menü *Ablage* → *Neues Ereignis*.

Videos in MAGIX Video deluxe 17 importieren

Starten Sie ein neues Projekt über das Menü *Datei* → *Neues Projekt*. Um ein Video in MAGIX Video deluxe 17 zu importieren, klicken Sie oben rechts im *MediaPool* auf das Register *Import*. Öffnen Sie das Verzeichnis, in dem die Videodatei auf den Import wartet, und ziehen Sie die Datei per Drag & Drop einfach unten in den Arranger in die erste Spur. Liegt die Datei nicht im Projektordner, fragt die Software, ob sie in den Ordner kopiert werden soll. Das ist generell eine gute Idee, da Sie dadurch mit dem ganzen Ordner auch immer Ihr gesamtes Projekt mit allen Dateien verschieben. So gehen keine Verknüpfungen verloren, wenn Sie das Projekt z.B. ein halbes Jahr später noch einmal editieren wollen. Denn manchmal verschiebt man Dateien auf dem Rechner oder speichert sie auf einer externen Festplatte ab. Öffnet man das Projekt dann neu, muss man mühselig sämtliche Pfade neu zusammensuchen. Beachten Sie aber, dass je Größe der Videodateien Festplattenspeicher schnell verbraucht ist.

Zweiter Arbeitsschritt: Videos schneiden

Egal wie viel Sie an Ihren Videos »herumschnipseln«: Die Schnittsoftware bearbeitet Ihre Videodateien nicht direkt, sprich nicht destruktiv. Ob Sie also Anfänge und Enden wegschneiden, verloren gehen sie nie. Denn die Schnittsoftware speichert pro Objekt nur die genauen Schnittdaten in einer Textdatei ab, also die Zeitmarker, Schnittpunkte und anzuwendenden Effekte. Spielen Sie Ihr Video dann mit der Leertaste ab dem Zeitmarker ab, berechnet das Programm das Video neu. Je nachdem, wie schnell Ihr Rechner und die Festplatte sind, kann das auch mal zu Rucklern beim Abspielen kommen, weil der Computer nicht schnell genug hinterherkommt. Diese Ruckler verschwinden aber, wenn Sie das Video exportieren.

Bevor Sie ein Video bearbeiten, sortieren Sie nach dem Import die Aufnahmen und bringen diese anhand Ihres Skripts in die richtige Reihenfolge. Dazu schauen Sie sich Ihre Aufnahmen an, entscheiden sich für den richtigen Take und schneiden unnötiges Material vorne und hinten ab. Das erleichtert Ihnen die Arbeit und spart später Zeit, wenn Sie sich auf das Wesentliche konzentrieren: die Feinarbeit.

Videos in iMovie sortieren und schneiden

Um Filmmaterial zu sichten und im Vorhinein grob zu sortieren, bietet iMovie die Funktionen *Favorit* und *Abgelehnt*. Mit diesen Funktionen markieren Sie das Videomaterial, das Ihnen gefällt. Um Videomaterial zu markieren, wählen Sie einen Teil der Filmsequenz aus. Markieren Sie dazu mit der Maus in der Ereignis-Mediathek die Filmsequenz und ziehen Sie die Maus bei gedrückter Maustaste über die Sequenz. Es erscheint eine gelbe Umrandung mit zwei Griffleisten links und rechts. Lassen Sie die Maustaste los. Den Bereich können Sie jetzt noch genauer über die Griffleisten justieren. Exakter arbeiten Sie, wenn Sie in die Filmsequenzen hineinzoomen. Dazu befindet sich unterhalb der Mediathek ein Button mit einer Leiste.

Haben Sie den richtigen Bereich markiert, drücken Sie die Taste [F], um das Material als Favorit zu markieren. Am oberen Rand des ausgewählten Bereichs wird daraufhin eine grüne Linie angezeigt.

Um Bildmaterial abzulehnen, markieren Sie es und drücken dann die Taste [R]. iMovie entfernt den markierten Bildbereich aus der Darstellung. Mit der Taste [U] heben Sie Markierungen wieder auf. Über das Menü *Darstellung* wählen Sie dann aus, welches Material iMovie in der Ereignis-Mediathek anzeigen soll: *Nur Favoriten*, *Favoriten und unmarkierte Clips*, *Alle Clips* oder *Nur abgelehnte Clips*.

Videos in MAGIX Video deluxe 17 schneiden

Um ein Videoobjekt in MAGIX Video deluxe 17 zu zerschneiden, suchen Sie den Schnittpunkt mithilfe des Zeitmarkers. Mit der [←] und [→] Pfeiltaste der Tastatur bewegen Sie den Zeitmaker jeweils einen Frame vor oder zurück. Halten Sie die [STRG]-Taste gedrückt, springt der Marker fünf Frames vor oder zurück. Um das Video schnell vor- oder zurückzuspulen, halten Sie die [⇧] und die [←] oder [→] Pfeiltaste fest. Mit den Tasten [STRG] + [Zahl] (1 bis 5) zoomen Sie schnell in das Objekt hinein oder aus ihm heraus.

Haben Sie den exakten Schnittpunkt gefunden, klicken Sie entweder auf das Icon mit der Rasierklinge bei den Bearbeitungswerkzeugen, oder Sie drücken die Taste [T]. Das Objekt wird in zwei Teile geteilt. Möchten Sie gleichzeitig den Anfang oder das Ende wegschneiden, klicken Sie auf den kleinen Pfeil unten rechts neben der Rasierklinge. Wählen Sie den entsprechenden Menüpunkt aus, um entweder den Szenenanfang oder das Szenenende zu löschen. Noch schneller geht es mit den Tasten [D] (Szenenanfang löschen) und [U] (Szenenende löschen).

Schnitttechniken

Am Schnittplatz entscheiden Sie, wie der eigentliche Film wird. Egal ist erst einmal, welches Filmmaterial Sie eingefangen haben, denn der Mix aus Ton, Bild und Art der Inszenierung entscheidet über das Resultat. Selbst eine gefilmte Bestattung verwandelt sich im Schnitt zu einer Satire, wenn Sie gekonnt das Auge leiten, Mickey-Mouse-Musik abspielen und die ernsthafte Zeremonie in ihre Einzelteile zerlegen. Der Schnitt ist der Ort, an dem Sie sich ausleben, an dem Sie aber auch alles ruinieren können.

Bevor es losgeht, stellen Sie sich erst mal die Frage, für welche Zielgruppe Sie eigentlich schneiden? Haben Sie ein junges Zielpublikum, können Sie die Schnittfrequenz erhöhen. Persönlich favorisiere ich weniger Schnitte und gebe ausdrucksstarken Bildern den Vorrang gegenüber effektreichen und rasend schnellen Schnitten. Schauen Sie sich dazu einmal die oben schon erwähnten Videos auf *www.mediastorm.com* an.

Was gehört zur Geschichte Ihres Videos? Je nach Kombination der Bilder verändert sich deren Aussage und Wirkung. Zeigt schon die Kamera lediglich einen Ausschnitt der Realität, so beschneidet der Schnitt diesen Ausschnitt noch weiter. Ähnlich wie bei einem Artikel, für den Sie ein 30-minütiges Interview geführt haben, finden im Schnitt nur wenige Aussagen den Weg in das fertige Video. Und weil Sie die ganze Wahrheit nie zeigen können, ist es umso wichtiger, dass Sie die Tatsachen nicht verbiegen, Menschen respektvoll in Szene setzen und nicht vorführen.

Es gibt zahlreiche Möglichkeiten, Bilder aneinanderzureihen. Ein häufiger Fehler von Anfängern besteht darin, sämtliche Möglichkeiten und Effekte eines Schnittprogramms voll auszuschöpfen. Das hat leider nichts mit Kreativität zu tun, eher mit Konzeptlosigkeit. Natürlich reizen einen die Möglichkeiten, die die neue Software bietet, aber niemand braucht für jeden neuen Schnitt einen neuen Effekt. Das ermüdet schnell das Auge des Betrachters, und man bekommt schnell das Gefühl, es handele sich bei dem Video eher um Augenwischerei als um Inhalte. Deshalb greifen die meisten Videos auf lediglich drei Schnittarten zurück: den harten, den weichen und den unsichtbaren Schnitt.

Harter Schnitt

Die häufigste Form des Schnitts ist der harte Schnitt. Beim harten Schnitt geht eine gefilmte Szene übergangslos in eine andere über und hängt das Filmmaterial aneinander.

Beispiel Beispiel: Im Video »Die Installation von WordPress« sehen Sie harte Schnitte bei 00:20, 00:25, 00:43 und 00:45.

Harter Schnitt mit iMovie: Für einen harten Schnitt in iMovie wählen Sie im ersten Schritt eine Filmsequenz aus der Ereignis-Mediathek aus und ziehen sie in das Fenster der Projekt-Mediathek. Dazu markieren Sie den Bereich des Films, den Sie dem Projekt hinzufügen wollen. Justieren Sie die Filmsequenz über die gelben Griffleisten links und rechts der Auswahl. Bewegen Sie die Maus in die Mitte der Vorschau, und wenn die Hand erscheint, ziehen Sie die Sequenz in das Projektfenster. Anschließend wählen Sie eine weitere Filmsequenz auf gleiche Weise aus und ziehen diese vor oder hinter das erste Objekt. Fertig ist der harte Schnitt. Sie können ihn auch noch nachträglich über die Griffleisten justieren.

◀ **Abbildung 4-14**
Für einen harten Schnitt wählt man zuerst eine Filmsequenz aus und zieht sie ins Projektfenster. Danach wiederholt man den Vorgang mit einer weiteren Sequenz.

Harter Schnitt mit MAGIX Video deluxe 17: Für einen harten Schnitt in MAGIX Video deluxe 17 brauchen Sie zwei Filmobjekte. Diese schneiden Sie zurecht und schieben sie einfach hintereinander. Achten Sie darauf, dass Sie die Objekte nicht ineinanderschieben. Ob das passiert ist, erkennen Sie daran, dass sich kreuzende Linien im Arranger auftauchen. Diese deuten darauf hin, dass hier ein *Crossfade* (eine Kreuzüberblendung) zwischen den beiden Filmsequenzen stattfindet – siehe »Weicher Schnitt mit MAGIX Video deluxe 17«.

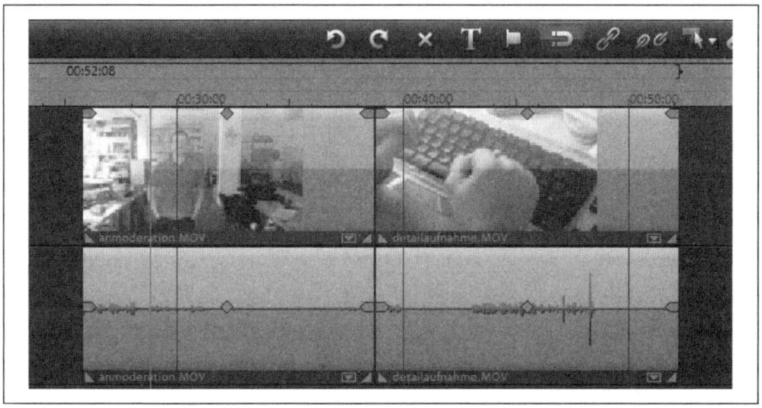

◀ **Abbildung 4-15**
Für einen harten Schnitt setzt man in MAGIX Video deluxe 17 die Filmsequenzen (Objekte) einfach hintereinander.

Weicher Schnitte per Blende

Nach dem harten Schnitt benutzen Cutter an zweiter Stelle die Blende. Mit einer Blende schafft man einen weichen Übergang/Schnitt zwischen zwei Bildern und/oder Tonsignalen und »fadet« von einem Teil in den anderen. Dabei verringert sich die Deckkraft von Quelle A, während die von Quelle B zunimmt. Neben Bewegtbildern und Fotos können das auch Farbflächen sein, z. B. Schwarz. Die *Transition* (der Übergang) kann beliebig kurz oder lang ausfallen und ist in ihrer Übergangsform entweder linear oder kurvig.

Beispiel

Beispiel: Im Video »Die Installation von WordPress« sehen Sie weiche Schnitte bzw. Blenden im Abspann ab 11:29, wenn von einer Schrift zur nächsten überblendet wird.

Weicher Schnitt mit iMovie: Für einen weichen Schnitt in iMovie gehen Sie zuerst vor, als wollten Sie einen harten Schnitt erzeugen . Befinden sich die beiden Filmsequenzen im Projektfenster, wählen Sie in der mittleren Arbeitsleiste ganz rechts den Button für die Übergänge oder öffnen die Übergänge über *Fenster → Übergänge* oder, noch schneller, mit der Tastenkombination [⌥] + [4]. iMovie bietet Ihnen drei verschiedene Blenden: *Überblenden*, *Überblenden Weich* und *Überblenden Zoom*. Um eine Vorschau des Überblendeffekts zu sehen, bewegen Sie den Mauszeiger über eine der Blenden. Im nächsten Schritt ziehen Sie per Drag & Drop die Blende Ihrer Wahl einfach zwischen die beiden Filmsequenzen. Es erscheint eine grüne Linie. Wenn Sie die Maustaste loslassen, fügt iMovie die Blende ein, und zwischen den Filmsequenzen erscheint ein Symbol für die Blende – siehe Abbildung 4-16. Standardmäßig dauert eine Blende 0,5 Sekunden. Um die Dauer der Blende neu festzulegen, doppelklicken Sie auf das Symbol zwischen den Filmsequenzen. In der Eingabemaske legen Sie im Feld *Dauer* die Dauer für den Übergang fest.

Tipp Über den Präzisionseditor von iMovie bearbeiten Sie Übergänge noch genauer. Diesen öffnen Sie, indem Sie auf das Zahnradsymbol und dann den entsprechenden Menüpunkt klicken. Das Symbol blendet iMovie ein, wenn Sie mit der Maus über das Übergangssymbol fahren. Noch schneller öffnen Sie den Präzisionseditor über [⇧] + [CMD] + [/].

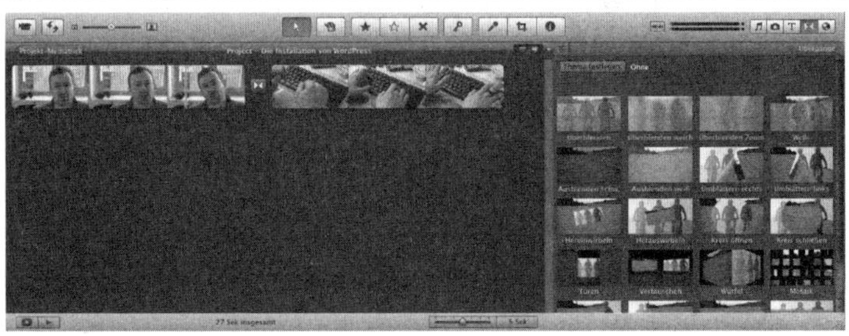

Abbildung 4-16 ▶ Um mit iMovie eine Blende zu erzeugen, öffnen Sie die Übergänge. Dann Sie ziehen eine der drei Blenden einfach zwischen die Filmsequenzen.

Weicher Schnitt mit MAGIX Video deluxe 17: Blenden erzeugen Sie im Arranger, indem Sie das zweite Objekt über das erste ziehen. Dabei wird automatisch ein Crossfade erzeugt. Bei dieser Standardüberblendung werden lediglich die Helligkeitswerte der beiden Objekte addiert, der erste Clip wird ausgeblendet, der zweite gleichzeitig eingeblendet. Die Dauer des Crossfades stellt der Arranger durch sich kreuzende weiße Linien dar. Ein Ziehen am oberen Objektanfasser des zweiten Objekts regelt gleichzeitig die Einblenddauer des zweiten und die Ausblenddauer des ersten Objekts, also die Crossfade-Länge.

◀ **Abbildung 4-17**
Um Filmsequenzen ineinanderzublenden, schiebt man die Filmsequenzen (Objekte) ineinander. Positioniert man den Abspielmarker auf der Zeitleiste innerhalb der Blende, zeigt der Programmmonitor, wie die Blende aussieht.

Unsichtbare Schnitte

Die große Kunst des Schnitts ist der unsichtbare Schnitt, denn dieser bleibt vom Zuschauer unbemerkt. Genau genommen ist der unsichtbare Schnitt ein harter Schnitt, doch bei ihm hat der Betrachter das Gefühl, eine Szene aus verschiedenen Perspektiven zu sehen. Hier spricht man vom Anschlussschnitt. Dieser wird nicht als Schnitt bemerkt, denn der Betrachter geht davon aus, dass die Szene mit mehreren Kameras gedreht wurde. Man kann einen Anschlussschnitt aber auch mit nur einer Kamera produzieren. Wichtig für die Produktion eines erfolgreichen Anschlussschnitts mit nur einer Kamera ist die exakte Wiederholung der Aktion. Dazu merkt man sich die Haltung und Position einer Person und lässt sie ein zweites Mal die gleichen Schritte wiederholen.

Beispiel Beispiel: Da ich nur eine Kamera besitze – die weiter oben erwähnte Lumix –, habe ich für den Anschlussschnitt bei 00:20 die gleiche Szene einfach noch einmal gedreht und die Kamera anders positioniert. Dabei ist mir aber ein kleiner Fehler unterlaufen, den ich später im Schnitt entdeckt habe. Wenn Sie genau hinschauen, sehen Sie, dass ich nach dem Schnitt die Hände nicht wie zuvor in den Taschen habe. Durch die schnelle Schnittfolge bemerken das sicherlich die wenigsten. Ein weiterer Anschlussschnitt im Beispielvideo ist der Schnitt von der Nahen in 00:43 auf die Detailaufnahme meiner Hände.

Unsichtbarer Schnitt mit iMovie und MAGIX Video deluxe 17: Unsichtbare Schnitte sind harte Schnitte und werden genau so produziert, wie weiter oben unter »Harter Schnitt« beschrieben.

Effekte im Schnitt: sichtbare Schnitte

Sichtbare Schnitte erzeugt man meist mit Effekten. Ein beliebter Effekt ist z.B. der Zeitraffer, mit dem längere Filmsequenzen eingedampft werden können. Dieser Effekt kann humorvoll – z.B. in einer Slapstick-Einlage – eingesetzt werden oder auch naturwissenschaftlich wie zu sehen bei *www.vimeo.com/2639782,* wo Sie sehen, wie sich die Natur im Laufe eines Jahres verändert. In der YouTube- und Vimeo-Welt erfreut sich der Zeitraffereffekt kontinuierlich wachsender Beliebtheit. So dampft Johannes Henseler in seinem Video »My home is my castle« den Einzug in seine neue Wohnung von drei Wochen auf drei Minuten und 30 Sekunden ein – zu sehen unter *www.vimeo.com/2199239*. Noah Kalina komprimiert gleich sechs Jahre seines Lebens auf 5:46 Länge und erzielt diesen YouTube-Hit: *www.youtube.com/watch?v=6B26asyGKDo*.

Sowohl iMovie '09 als auch MAGIX Video deluxe 17 bieten Ihnen einen Zeitraffereffekt. Um in iMovie die Geschwindigkeit von Filmsequenzen zu beeinflussen, doppelklicken Sie auf die jeweilige Sequenz. Anschließend öffnet sich ein Pop-up-Fenster wie in Abbildung 4-18. Bewegen Sie jetzt den Abspielmarker auf der Tempoachse oder geben Sie eine Prozentzahl ein. Bei MAGIX Video deluxe 17 finden Sie den Zeitraffer unter *Effekte → Viedeoobjekteffekte → Videoeffekte → Geschwindigkeit*.

Ähnlich dem Zeitraffer ist der Jumpcut-Schnitt. Der Jumpcut beschleunigt das Video, indem er z.B. einen Zoom auf wenige geschnittene Bilder reduziert. Läuft jemand auf einer langen Strecke der Kamera entgegen, kann das eine Minute dauern. Der Jumpcut verkürzt das Geschehen auf wenige Sekunden und Bilder.

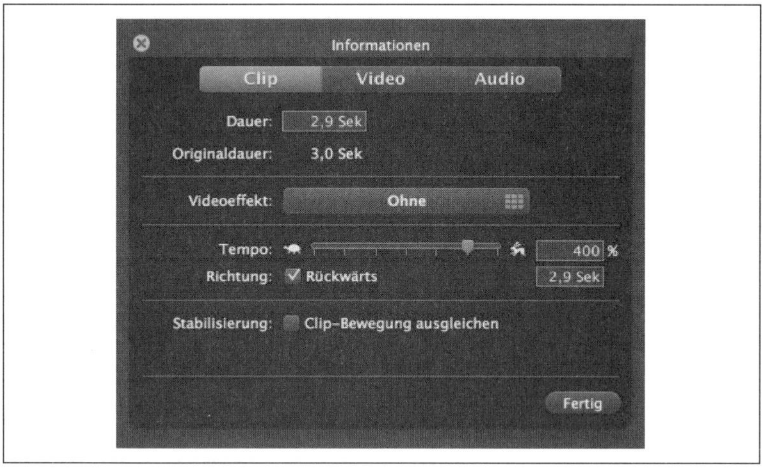

◀ Abbildung 4-18
Auch iMovie '09 bietet den gern genutzten Zeitraffereffekt. Einfach auf eine Filmsequenz doppelklicken und den Marker auf der Tempoachse bewegen.

Schnitteffekte mit iMovie: Schnitteffekte erzeugen Sie in iMovie genau so wie einen weichen Schnitt. Der einzige Unterschied liegt in der Auswahl eines anderen Übergangseffekts.

Schnitteffekte mit MAGIX Video deluxe 17: Um Schnitteffekte in MAGIX Video deluxe 17 zu erzeugen, müssen Sie zuerst zwei Filmsequenzen wie beim weichen Schnitt ineinanderschieben. Anschließend wählen Sie die Filmsequenz aus, der Sie einen effektvollen Übergang zuweisen wollen. Zu Beginn und am Ende der Sequenz erscheint jetzt ein *A/B*-Icon. Wenn Sie auf das Symbol klicken, öffnet MAGIX Video deluxe 17 ein Kontextmenü, aus dem Sie einen Übergang Ihrer Wahl auswählen können – siehe Abbildung 4-19. Die Dauer der Blende beeinflussen Sie, indem die Filmsequenzen mehr oder weniger ineinander verschieben.

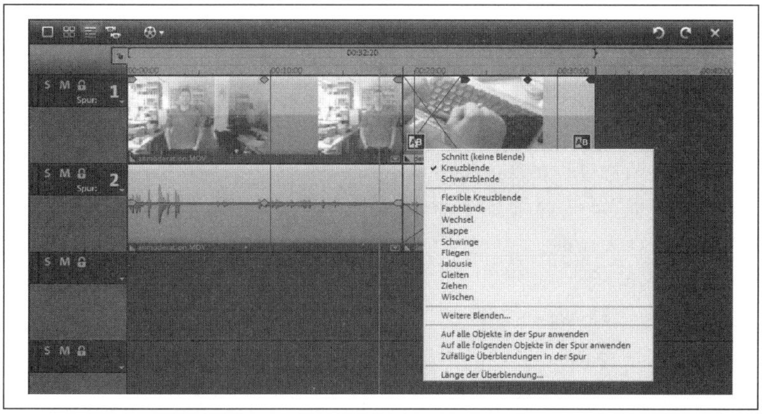

◀ Abbildung 4-19
Bei MAGIX Video deluxe 17 blendet man das Menü für Übergänge über das A/B-Icon ein.

Störquellen per Bild-Atmo-Schere zeigen

Je ruhiger die Umgebung, desto besser. Doch nicht immer hat man Glück. Nehmen Sie z.B. ein Interview auf einer Messe auf und plötzlich hämmert die Musik am Nebenstand dank eines DJs los, zeigt man die Störquelle am besten, damit sich der Zuschauer besser orientieren kann. Denn Bild und Ton müssen zusammenpassen. Die Aufnahme des DJs können Sie auch noch nach dem Interview aufnehmen und später im Schnitt einfügen.

Sparen Sie Zeit bei der Videobearbeitung mit Tastaturkürzeln!

Auch wenn Sie gern mit Maus und Menüs arbeiten, sollten Sie sich die Tastaturkürzel der einzelnen Schnittprogramme einmal ansehen. Ich verspreche Ihnen, wenn Sie sich die Mühe machen, Tastaturkürzel auswendig zu lernen, werden Sie auf lange Sicht belohnt. Wenn professionelle Cutter mit einer eigenen (angepassten) Tastatur im Schnitt arbeiten, dann können Sie das auch.

Haben Sie sich z.B. einmal gemerkt, wie man mit einer Tastenkombination eine Spur in zwei Teile teilt und automatisch Ende und Anfang mitlöscht, wollen Sie diese Möglichkeit nicht mehr missen. Die Arbeit beschleunigt sich wesentlich mithilfe der Tastatur. Darum finden Sie unten zwei Tabellen mit den wichtigsten Tastaturkürzeln für iMovie '09 und MAGIX Video deluxe 17.

Tastaturkürzel für iMovie'09: Auch wenn nicht alle Tastaturkürzel bei iMovie '09 logisch und intelligent angeordnet sind, kann man sich die Tastenkombinationen bei der täglichen Arbeit dennoch schnell merken. Gut zu behalten sind die Tastenkombinationen für die Arbeitsbereiche *Musik und Toneffekte*, *Fotos*, *Titel*, *Übergänge* und *Karten und Hintergründe*. Diese erreichen Sie über die Befehlstaste plus Zahl – hier 1, 2, 3, 4, 5. Die Größe des Arbeitsbereichs des Viewers stellen Sie ebenfalls schnell mit der Befehlstaste plus Zahl ein – hier 8, 9, 0. Weitere hilfreiche Tastaturkürzel finden Sie in der Tabelle.

Tabelle 4-2
Die wichtigsten Tastaturkürzel für iMovie

Aktion → Wiedergabe und Anzeige	Tastaturkürzel
Wiedergabe des Videos von der Einfügemarke	[Leertaste]
Wiedergabe der Auswahl	⇧ + 7
Wiedergabe ab Anfang	⇧ + Alt + 7
Wiedergabe im Vollbildmodus	⌘ + G
Aktion → Bearbeiten	**Tastaturkürzel**
Auswählen des gesamten Clips	⌘ + A

Aktion → Wiedergabe und Anzeige	**Tastaturkürzel**
Aufheben der Auswahl aller Clips	⇧ + ⌘ + A
Hinzufügen ausgewählter Bilder zum Projekt	E
Trimmen der Auswahl	⌘ + B
Clip teilen	⌘ + ⇧ + S
Präzisionseditor einblenden	⌘ + ⇧ + 7
Öffnen des Fensters Clip anpassen	I
Öffnen des Fensters Video anpassen	V
Öffnen des Fensters Audio anpassen	A
Öffnen des Fensters Beschneiden, Ken Burns & Drehen	C
Aufheben der Auswahl von Bildern	U
Anzeigen des Fensters Schrift	⌘ + T
Aktion → Material sichten	**Tastaturkürzel**
Markieren von gutem Videomaterial	F
Markieren von schlechtem Videomaterial	R
Markierungen von Videomaterial aufheben	U
Aktion → Arbeitsbereiche öffnen	**Tastaturkürzel**
Öffnen des Bereichs Musik und Toneffekte	⌘ + 1
Öffnen des Bereichs Fotos	⌘ + 2
Öffnen des Bereichs Titel	⌘ + 3
Öffnen des Bereichs Übergänge	⌘ + 4
Öffnen des Bereichs Karten und Hintergründe	⌘ + 5
Aktion → Verkleinern und Vergrößern	**Tastaturkürzel**
Viewer → Größe Klein	⌘ + 8
Viewer → Größe Mittel	⌘ + 9
Viewer → Größe Groß	⌘ + 0

Tabelle 4-2
Die wichtigsten Tastaturkürzel für iMovie (Fortsetzung)

Tastaturkürzel für MAGIX Video deluxe 17: Bei der Schnittarbeit mit MAGIX Video deluxe 17 benutzt man vor allem die Tastenkombinationen STRG plus Zahl von 1 bis 8. Mit diesen Tastenkombinationen zoomen Sie schnell in die Filmsequenzen hinein und hinaus, um den perfekten Schnittpunkt zu finden. Ist der Schnittpunkt gefunden, helfen Ihnen die Tasten T, D und U. Mit T zerteilen Sie eine Filmsequenz, mit D löschen Sie den Anfang bis zum Marker und mit U das Ende ab dem Marker.

Im Gegensatz zu iMovie bietet MAGIX Video deluxe 17 verschiedene Mausmodi. Zwischen diesen wechseln Sie schnell mit Alt plus einer Zahl. Wenn das Programm – z.B. beim Import einer MP3 – nicht die Wellenform anzeigt, erzeugen Sie diese mit Alt + ⇧ +

W. Im Schnitt helfen Wellenformen ungemein bei der Orientierung. Die wichtigsten Tastenkombinationen listet die Tabelle auf, doch die Schnittsoftware bietet Ihnen für so gut wie jede Aktion ein hilfreiches Kürzel.

Tipp MAGIX Video deluxe 17 bietet unter *Datei* → *Einstellungen* → *Tastaturkürzel* einen Dialog, in dem Sie die Tastaturkürzelbelegung auf Ihre Bedürfnisse abstimmen können.

Tabelle 4-3 ► Die wichtigsten Tastaturkürzel für MAGIX Video deluxe 17

Aktion → Wiedergabe und Anzeige	**Tastaturkürzel**
Wiedergabe des Videos von der Einfügemarke	Leertaste
Zurückspulen	J
Stoppen und Marker setzen	K
Vorspulen	L
1 Frame zurück	←
1 Frame vor	→
Aktion → Bearbeiten	**Tastaturkürzel**
Filmsequenz teilen	T
Anfang der Filmsequenz bis zum Marker löschen	D
Ende der Filmsequenz ab dem Marker löschen	U
Szene entfernen	Strg + Entf
Gruppe bilden	Strg + L
Gruppe auflösen	Strg + M
Wellenformdarstellung erzeugen	Alt + ⇧ + W
Aktion → Mausmodi	**Tastaturkürzel**
Mausmodus für einzelne Objekte	Alt + 1
Intelligenter Mausmodus	Alt + 2
Kurvenmodus	Alt + 3
Aktion → Verkleinern und Vergrößern	**Tastaturkürzel**
Ansicht Zoom 1 Frame	Strg + 1
Ansicht Zoom 5 Frames	Strg + 2
Ansicht Zoom 1s	Strg + 3
Ansicht Zoom 5s	Strg + 4
Ansicht Zoom 1min	Strg + 5
Ansicht Zoom 10min	Strg + 6
Ansicht Zoom zwischen roten Bereichsmarker	Strg + 7
Ansicht ganzer Film	Strg + 8
Ausschnitt vergrößern	Strg + ↑
Ausschnitt verkleinern	Strg + ↓

Audioschnitt und Tonmaterial

Ton, Musik und Soundeffekte sind oft maßgeblich für den Erfolg eines Videos. Denn mithilfe von Musik, Effekten und Schnitttricks machen Sie Ihre Videos spannender. Ich kann Sie aber nur davor warnen, Copyright-geschützte Musik zu nutzen, die bei einer Verwertungsgesellschaft wie z.B. der GEMA gemeldet ist. Bevor Sie GEMA-Musik nutzen, klären Sie vorher sämtliche Lizenzen und Rechte ab. Viele Menschen haben sich schon unwissentlich unglücklich gemacht und wurden abgemahnt. Mehr dazu lesen Sie in Kapitel 14, *Urheberrecht*.

Tipp

Trotzdem rate ich Ihnen: Gefällt Ihnen die Musik, fragen Sie zur Sicherheit auch noch einmal beim Künstler nach – einerseits aus Respekt, andererseits, um sicherzugehen. Die meisten Musiker erreichen Sie über ihr MySpace-Profil, auf Facebook oder über ihre Website.

Tonblenden

Tonblenden funktionieren technisch gesehen wie Videoblenden. Um eine Tonblende zu erzielen, können Sie die Spuren einfach aneinanderreihen, ineinandermischen (wie ein DJ) oder erst die eine Spur ausblenden und dann die andere einblenden.

Trotzdem besteht zwischen Video- und Tonblende ein wichtiger Unterschied! Während Sie Filmsequenzen hart aneinanderschneiden können, darf das beim Ton nicht passieren. Denn harte Schnitte im Ton entsprechen nicht unseren Hörgewohnheiten. Müssen Sie Tonspuren von verschiedenen Filmsequenzen zusammenfügen, blenden Sie diese ineinander oder erst die eine Tonspur aus und dann die nächste ein.

Tonblenden mit iMovie

Um eine Tonblende zu erzeugen, brauchen Sie zuerst eine Filmsequenz. Ziehen Sie diese in die Projekt-Mediathek. Als Nächstes öffnen Sie *Musik und Toneffekte*, indem Sie entweder auf das Notensymbol in der mittleren Leiste rechts klicken, das Menü *Fenster → Musik und Toneffekte* wählen oder [⌥] + [1] drücken. Wählen Sie in der Musikbibliothek über iTunes ein Musikstück aus und ziehen Sie es bei gedrückter Maustaste in das Projektfenster genau über die Filmsequenz. Erscheint der rote Abspielmarker, positionieren Sie das Musikstück an der Stelle, an der Sie es abspielen wollen, und lassen die Maustaste los. Unterhalb des Videos erscheint jetzt eine neue grüne Spur. Diese können Sie wie den Videoclip verkleinern, vergrößern und verschieben. Wählen Sie jetzt ein zweites Musikstück aus und wiederholen den Vorgang.

Abbildung 4-20 ▶ Um Musikspuren unter ein Video zu legen, zieht man das Musikstück aus der Musikbibliothek über die Filmsequenz.

Um die beiden Musikstücke ineinandererzublenden, klicken Sie jetzt auf das Zahnradsymbol der ersten Tonspur und wählen *Audioanpassungen*. Über das Pop-up-Fenster stellen Sie dann die Lautstärke ein und bestimmen auf Wunsch manuell, wie lange iMovie das Musikstück ein- und ausblenden soll. Verfahren Sie analog im zweiten Musikstück.

Tipp Um exakter arbeiten zu können, öffnen Sie am besten den Präzisionseditor von iMovie. Öffnen Sie ihn entweder über *Fenster → Präzisions-Editor* oder drücken Sie die Tastenkombination [⇧] + [⌥] + [7].

Tonblenden mit MAGIX Video deluxe 17

Schiebt man zwei Filmsequenzen ineinander, blendet MAGIX Video deluxe 17 nicht nur die Videospur ineinander, sondern auch die Tonspur – siehe Abbildung 4-16. Das liegt daran, dass die Schnittsoftware beim Import Ton- und Videospur gruppiert. Verschieben Sie das Video, verschieben Sie auch die Tonspur. Um nur die Tonspur einer Videoaufzeichnung zu verschieben, müssen Sie erst die Tonspur von der Videoaufnahme loslösen. Markieren Sie dazu beide Objekte und klicken Sie in der Werkzeugleiste auf das Symbol mit der getrennten Kette oder drücken Sie die Tastenkombination [STRG] + [M]. Um Objekte zu gruppieren, verfahren Sie genau umgekehrt.

Jetzt stehen Ihnen zwei Möglichkeiten zur Verfügung: Entweder Sie verschieben die gesamte Tonspur, oder Sie vergrößern oder verkleinern die Blende. Wenn Sie die komplette Tonspur verschieben, kann es sein, dass später die Menschen im Video nicht mehr synchron sprechen. Hört man auf der Tonspur jedoch nur Naturgeräusche und sieht im Bild einen Wald, fällt die Verschiebung nicht weiter auf. Besser ist es jedoch, Sie vergrößern einfach die Blende. Dazu ziehen Sie die Marker, die sich vorne und hinten am Objekt in Höhe der Wellenform befinden, nach rechts oder links. So vergrößern oder verkleinern Sie die Blende.

Natürlich können Sie auch neue Tonspuren hinzufügen – z.B. mit Hintergrundmusik. Die Sounds ziehen Sie einfach auf eine leere Spur und können sie genau so beschneiden und ineinanderblenden wie Videospuren auch.

◀ Abbildung 4-21
Ein Video unterlegt man mit Musik, indem man das Musikstück importiert und auf eine eigene Spur zieht.

Audiovorlappung

Ein wunderbarer Trick, um Videos spannender zu machen, ist der Einsatz von *Audiovorlappungen*. Bei einer Audiovorlappung zieht man die Tonspur der anschließenden zweiten Filmsequenz weiter nach vorne. Dadurch hört der Zuschauer bereits die nächste Szene, sieht sie aber noch nicht. Das schafft Neugier und Spannung.

Ein Beispiel: Sie stellen in Ihrem Video ein neues, modernes Gebäude vor und haben dazu ein Interview mit dem Architekten arrangiert. Während die erste Filmsequenz einen wunderbaren Schwenk über die Fassade zeigt, hört man nach fünf Sekunden bereits den Interviewpartner, der die Architektur erklärt, während man noch das Gebäude betrachtet. Erst ein paar Augenblicke später erfolgt dann der harte Bildschnitt, und der plaudernde Architekt taucht im Bild auf. Ahhh, der spricht also!

Audiovorlappung mit iMovie

Wählen Sie zwei Filmsequenzen aus und fügen Sie diese in die Projekt-Mediathek ein. Klicken Sie jeweils auf die erste und zweite Sequenz und öffnen Sie das Kontextmenü, in dem Sie den Punkt *Audio trennen* auswählen. Dieser Befehl trennt die Tonspur von der Videospur und blendet diese als lilafarbene Spur unterhalb der Filmsequenz ein. Ziehen Sie die Tonspur der zweiten Filmsequenz jetzt mithilfe der Griffleiste weiter nach vorne, sodass sie, wie in Abbildung 4-22 gezeigt, bereits unter der ersten Filmsequenz beginnt. Öffnen Sie jetzt das Kontextmenü *Audioanpassungen* über das Zahnradsymbol und stellen Sie die Länge der Tonblenden ein.

Abbildung 4-22 ▶ Um Audiovorlappungen zu erzeugen, trennt man in iMovie die Tonspur von der Videospur, um beide anschließend getrennt zu bearbeiten.

Audiovorlappung mit MAGIX Video deluxe 17

Um in MAGIX Video deluxe 17 eine Audiovorlappung zu produzieren, lösen Sie im ersten Schritt die Gruppierung beider Videoelemente, also der Video- und der Tonspur, auf. Als Nächstes verschieben Sie entweder den Videoschnittpunkt oder den Schnittpunkt der Tonspuren. Bewegen Sie den Mauszeiger dazu zwischen die beiden Sequenzen und verschieben Sie den den Schnittpunkt – siehe Abbildung 4-23.

Abbildung 4-23 ▶ Um Audiovorlappungen zu erzeugen, trennt man in MAGIX Video deluxe 17 die Tonspur von der Videospur, um anschließend die Übergänge zu verschieben.

Soundeffekte und GEMA-freie Musik

Wenn Sie kein Geld für Musik haben und trotzdem Ihr Video im Internet veröffentlichen wollen, gibt es eine wunderbare Alternative zur GEMA-Musik. Im Internet gibt es nämlich eine freie Musikszene, die Musik unter einer Creative Commons-Lizenz veröffentlicht. Diese Lizenzen erlauben häufig die Verwendung von Musik zu nicht kommerziellen Zwecken – »Creative Commons-Musik«.

§

An Musikstücken hat in der Regel der Komponist die Urheberrechte und der Interpret Leistungsschutzrechte. Ohne ihre Einwilligung darf das Stück daher nicht im Internet verbreitet werden. Insbesondere Musikstücke, deren Verwertung die GEMA wahrnimmt, dürfen nicht ohne Weiteres verwendet werden. Näheres dazu erfahren Sie in Kapitel 14, *Urheberrecht*

Herkömmliche Musik unterliegt hingegen Copyright-Bestimmungen, und geistiges Eigentum ist per Gesetz geschützt. Darum beachten Sie immer, dass Sie keinerlei Rechte verletzen. Das könnte als finanzieller Boomerang nach Schadensersatzklage gegen Sie unschön enden. Glücklicherweise gibt es aber Ausnahmen: Musik, die für den eigenen Podcast ohne finanziellen Aufwand und Rechteklärung genutzt werden darf, nennt man *Podsafe Music*. Der Kunstbegriff *Podsafe* bezeichnet dabei sämtliche Werke von Texten bis hin zu Audiodateien, die für den eigenen Podcast kostenlos benutzt werden dürfen.

Creative Commons-Musik

Um Künstlern eine eigene Rechteverwaltung für ihre Werke an die Hand zu geben, wurde 2002 die Initiative *Creative Commons* unter der Schirmherrschaft des Copyright-Experten Lawrence Lessig gegründet. Dabei handelt es sich um einfach handhabbare Lizenzen, die Künstler selbst zusammenstellen und so den rechtlichen Rahmen für die Nutzung ihrer Kunstwerke schaffen. Während Künstler auf der einen Seite unkompliziert ihre Werke mit einer Lizenz ihrer Wahl ausstatten können, profitieren auf der anderen Seite Zuhörer und Leser, weil auch sie schnell und einfach herausfinden können, was sie mit dem jeweiligen Werk machen und wie sie es weiternutzen dürfen.

Die Creative Commons-Lizenz (CC) gibt es mittlerweile in zahlreichen maßgeschneiderten Länderversionen, eine deutsche Version gibt es natürlich auch. Die Lizenzen orientieren sich an einem Dreischichtenmodell, das sich aus einer allgemein verständlichen Darstellung der Lizenz, einer für Anwälte gedachten, langen Erläuterung sowie einer maschinenlesbaren Version zusammensetzt. Durch diesen Ansatz soll es möglich sein, den Austausch von Rechten an Inhalten in verschiedenen Projekten ohne Anwälte automatisch abzuwickeln.

Creative Commons-Musik

Creative Commons-Lizenzen bieten nicht nur Musikern, sondern auch Autoren, Fotografen und Filmemachern die Möglichkeit, sich für ihre Werke eigene Nutzungslizenzen zusammenzustellen. Die zusammenklickbaren Lizenzen werden mittlerweile von vielen Netlabels und ihren Künstlern genutzt. So lassen sich Lizenzen zusammenstellen, die z.B. das Sampling und das Kopieren der Musik erlauben, aber die kommerzielle Nutzung ohne Einwilligung des Künstlers untersagen.

Entscheidet sich ein Künstler, sein Werk unter einer Creative Commons-Lizenz zu veröffentlichen, versieht er das Werk selbst mit einer Kennung bzw. einem Link zur jeweiligen Lizenz, die Interessierten weiterführende Informationen bietet. Innerhalb der ID-Tags kann gleich eine Lizenz für die Verwendung der Musik mittransportiert werden. Da jede Lizenz eine eigene URL besitzt, reicht ein Hinweis plus Link, um den Zuhörer mit den jeweiligen Copyright-Informationen zu versorgen. Auf diese Weise kann man z.B. MP3s mithilfe der ID-Tags mit einem Link auf die jeweilige Lizenz versehen. So sehen Sie z.B. in die Lizenz mit der URL *http://creativecommons.org/licenses/by/2.0/de.* Die Lizenzen und weiterführende Informationen finden Sie unter *www.creativecommons.org.*

▲ Abbildung 4-24
Der Creative Commons-Lizenzgenerator hilft Ihnen bei der Erstellung einer geeigneten Lizenz für Ihre Videos.

Selbstverständlich können Sie auch Ihre eigenen Videos unter einer CC-Lizenz veröffentlichen. Um eine geeignete Lizenz auszusuchen, benutzen Sie am besten den CC-Lizenzgenerator unter *www.creativecommons.org/license/* und klicken sich Ihre Wunsch-CC-Lizenz zusammen (siehe Abbildung 4-24). Mehr über die rechtliche Seite der Creative Commons-Lizenzen erfahren Sie im Abschnitt »Verwertungsrechte« in Kapitel 14, *Urheberrecht*.

Effekte, Klänge und Geräusche

Die Non-Profit-Organisation *One Laptop per Child* hat es sich zur Aufgabe gemacht, dass auch Kinder in unterentwickelten Ländern Zugang zur elektronischen Welt bekommen. Neben einem kostengünstigen Laptop stellt die Plattform auch jede Menge Sounds für Experimente zur Verfügung. Mit mehr als 10 GByte an Klängen von Instrumenten bis hin zu Effekten bietet das Archiv eine großartige Auswahl an Sounds. Diese sind frei zugänglich unter einer Creative Commons-Lizenz und liegen in unkomprimierten, hochwertigen Formaten vor. Die Soundbibliothek finden Sie unter *http://wiki.laptop.org/go/Sound_samples*.

Auch *www.soundbible.com* bietet Ihnen Tausende freier Sounds. Die Geräusche, Klänge und Effekte dürfen Sie in Ihren Videos benutzen. Neben privaten Projekten kann man bestimmte Sounds auch in kommerziellen Produktionen nutzen. Lesen Sie dazu die Nutzungsbedingungen und finden Sie dann die richtigen Schussgeräusche, fahrende Autos oder die richtige Kettensäge für Ihre nächsten Horrorvideos.

Freie Sounds von www.freesound.org

Das Freesound-Projekt zielt darauf ab, eine riesige Datenbank für Audioschnipsel jedweder Couleur zu werden. Sämtliche Samples, die Sie auf *www.freesound.org* entdecken, veröffentlichen die Produzenten unter einer Creative Commons-Lizenz. Einige wenige freie und kostenlose Sounds fanden sogar bereits Anwendung in Blockbustern aus Hollywood – so z. B. ein herzzerreißender Schrei.

Neben Tausenden verschlagworteter Audiodateien lassen sich auch sogenannte Samples Packs herunterladen. Diese Packs widmen sich einem Thema – z. B. Lasersounds – oder wurden von einem bestimmten Nutzer hochgeladen.

Die Remix-Musik-Community ccMixter.org

ccMixter.org ist ein Nebenprojekt der Creative Commons-Website und eine Musik-Community für Produzenten. Die Community nutzen Produzenten, um ihre Musik remixen zu lassen. Dazu veröffentlichen Musiker, Sänger und Produzenten Samples, Sounds und ganze Tonspuren unter einer Creative Commons-Lizenz und rufen zum Remix auf. Sämtliche Remixe erscheinen dann ebenfalls auf ccMixter.

Auf *www.ccmixter.org* finden Sie zahlreiche Musikstile und Musikstücke, die Sie in Ihren eigenen Videos – in der Regel für nicht kommerzielle Zwecke – einbauen können. Gefällt Ihnen ein Musikstück, lesen Sie sich die dazugehörige CC-Lizenz durch, damit Sie keine Rechte verletzen.

Creative Commons-Musik auf Phlow

Sicherlich ist Ihnen meine Liebe zur Musik bereits längst aufgefallen. Mein erster richtiger Job als Journalist war auch der eines Musikjournalisten. Meine Liebe zur Musik pflege ich seit mehr als einem Jahrzehnt auf meinen Phlow-Plattformen. In den letzten Jahren spezialisierte ich mich insbesondere auf Musik aus der Creative Commons-Szene. Wenn Sie richtig gute Musik für private Videos suchen, finden Sie auf *www.Phlow.net* oder noch besser – wenn Sie englisch sprechen – auf *www.Phlow-Magazine.com* jede Menge freier Musik.

Neben normalen Musikkritiken finden Sie die sogenannten Compilations, denen Sie sich mal widmen sollten. Die Compilations präsentieren verschiedene Musikstile von Chill-Out-Musik über Ambient bis hin zu poppiger Elektronik. Sämtliche Musik downloaden Sie direkt über die Website und können sie in privaten Videos benutzen. Sind Sie sich einmal nicht sicher, ob Ihr Video den erforderlichen Bedingungen entspricht, kontaktieren Sie die Musiker am besten direkt oder über das jeweilige Netlabel.

Eine Produktionsvorlage erstellen

Mein Informatiklehrer behauptete immer von Computern: »Das Beste, was Computer können, ist kopieren!« Übersetzt für dieses Kapitel, bedeutet das: Machen Sie sich so wenig unnötige Arbeit wie möglich und legen Sie sich eine Produktionsvorlage an! Wie die Vorlage für ein Textdokument sparen auch Vorlagen für eine Videoproduktion Zeit. Während z.B. eine Rechnungsvorlage eine eigene Schrift, ein Layout und sich wiederholende Standardinformationen (Datum, Adresse, Kontoverbindung usw.) bietet, kann die Vorlage einer Videoproduktion entsprechend auch die wichtigsten wiederkehrenden Elemente beinhalten. Dazu gehören Intro, Outro und wiederkehrende Elemente wie Texteinblendungen und/oder Effekte. Das hat mehrere Vorteile, denn eine Vorlage

- spart Zeit,
- erinnert Sie – ähnlich einer Checkliste – an die Eingabe aller relevanten Informationen und
- erhöht den Wiedererkennungsfaktor sowie die visuelle Identität Ihrer Produktion.

Im Weiteren erläutere ich Ihnen den Grundaufbau eines Videos. Sie bauen sich im Programm Ihrer Wahl die dazugehörige Vorlage, die Sie als Ausgangspunkt für die nächste Produktion nutzen wollen. Verfeinern Sie Ihr Konzept/Ihre Produktion, verfeinern Sie anschließend auchh sofort die Vorlage. Es lohnt sich, versprochen!

Grundsätzlicher Aufbau eines Videos

Wie ein Schulaufsatz wiederholt sich der chronologische Aufbau einer jeden Videoproduktion und hat eine Einleitung (Intro), einen Hauptteil und einen Schluss, hier Abspann (Outro).

Intro: Kurzer Videovorspann in fünf bis zehn Sekunden

Wie Spielfilme, Reportagen, Talkshows und so weiter braucht auch Ihre Produktion ein eigenes markantes Intro. Aber weil das Internet ein schnelles Medium ist, in dem Zuschauer gern alles wegklicken, was langweilt, darf der Vorspann nicht länger als fünf bis zehn Sekunden dauern, alles andere wird die Nutzer nerven! Besonders wenn sie fünf oder mehr Episoden an einem Stück sehen.

Orientieren Sie sich an der guten alten Mutter Tagesschau. Kurz vor Beginn wird noch einmal die Uhr zum Abgleich angezeigt. Klick! 20.00 Uhr! Und schon startet das markante Soundlogo samt visuellem Vorspann, und nach einem »Guten Abend, meine Damen und Herren!« befinden wir uns auch schon in der wichtigsten Nachricht des Tages. Zehn Sekunden hat's gedauert, nicht mehr.

Je nachdem, welche Art von Videos Sie im Internet veröffentlichen, variiert der Vorspann natürlich. Mögliche Inhalte für ein Intro könnten z. B. die folgenden sein:

- *Logo ihres Blogs*
- *Jingle/Soundlogo.Thema oder Titel der Folge*

- *Zusammengeschnittenes Bildmaterial passend zum Thema*
- *Zusammenschnitt des Inhaltes*
- *Wiederkehrende Begrüssungsformel*

Oder Sie schauen sich erst einmal an, wie es andere erfolgreiche Formate im Internet machen:

- *www.ehrensenf.de*
- *www.elektrischer-reporter.de*
- *www.undertube.de*
- *www.samstag2015.de*
- *www.mangoaioli.com*

Die Sendung: Drehbuch und Script

Jede neue Video-Folge braucht ein eigenes Drehbuch samt Script. Das Drehbuch dient der Strukturierung und bildet den thematischen roten Faden der Sendung. Hilfreich für den Zuschauer sind wiederkehrende Elemente und Inhalte in einer Sendung. Dadurch weiss der Zuschauer, was wann zu sehen ist, weil ihr Videocast einen eigenen Rhythmus besitzt. Das ist so wie bei der Tagesschau. Sie beginnt immer mit einer Begrüßung und schließt immer mit einem Wetterbericht ab.

Das Script hingegen konkretisiert die Abläufe bereits im Vorfeld und legt fest, wie die Sendung später geschnitten werden soll. Oft bestehen Skripte nicht nur aus Text, sondern auch aus Zeichnungen, die die Kameraeinstellungen bebildern.

Bevor Sie jetzt aber ihre neuen Sendungen zu sehr durchplanen, empfehle ich Ihnen sich zu Anfang nicht zu viele Gedanken zu machen und erst einmal zu experimentieren. Je mehr Praxis Sie sammeln, je mehr Sie experimentieren, mischen, blenden und mit den Inhalten jonglieren, desto eher finden Sie ihren eigenen Stil und das passende Format für ihr Blog, Magazin oder ihr Produkt. Natürlich hilft eine Struktur, wie eine Leitplanke Sie auf der Autobahn hält, andererseits entdeckt man oft durch Zufälle, aus Versehen und durch Experimente neue Formen, Stile und Bilder. Und je persönlicher ihre Sendungen werden, desto mehr heben Sie sich von der Masse ab.

Wissen Sie bereits, welche Art von Format Sie produzieren wollen und läuft bereits das Kopfkino, dann springen Sie sofort in den Schnitt, vorher runden Sie aber noch ihre Videoproduktionsvorlage mit einem Outro ab.

Outro-Trailer: Ein Abspann mit Informationen

Vielen Videos auf YouTube & Co. fehlt ein Abspann, auch Outro genannt. Dabei bietet das Outro noch einmal eine gute Gelegenheit, den Zuschauer zu einer Aktion aufzurufen.

Stellen Sie sich folgende Situation vor: Ein Zuschauer sieht auf YouTube einen Clip zu Ende. Anschließend zeigt YouTube – ganz Mutter Google verpflichtet – ähnliche Videos im allseits beliebten Coverflow-Schaufenster an. Diese Aufforderung zum Weiterschauen bindet den Zuschauer stärker an YouTube und er widmet sich einem weiteren Video anstelle womöglich die Website zu verlassen. Da YouTube-Videos oft auf anderen Websites eingebaut werden, hangeln sich die Zuschauer so einfach zum nächsten Video. Oftmals landen Sie später auch auf der YouTube-Plattform selbst.

Darum benötigen Sie unbedingt ein eigenes Outro bevor weitere Videos angezeigt werden, um den Zuschauer zu einer Aktion zu bewegen. Je charmanter und unterschwelliger diese Botschaft ist, desto eher funktioniert das Outro. Wie überall gilt auch hier: Das Outro muss kurz und knackig sein, damit es bis zum Ende angeschaut wird.

Rufen Sie im Trailer ihre Zuschauer zu etwas auf. Teilen Sie z.B. die URL ihres Weblogs mit oder »vermarkten« Sie ihre Twitter-, Facebook- oder Channel-Website auf Vimeo, YouTube & Co. Auch eine Copyright- oder Creative Commons-Notiz zum Video-Clip ist wichtig. Zeigen Sie, wer beim Video mitgewirkt hat und welche Musik Sie gespielt haben. Dadurch wirkt Ihre Videoproduktion professioneller.

Wie auch beim Intro können Sie für das Outro eine Vorlage (Sequenz) produzieren. Diese Vorlage beinhaltet z.B. eine Abschlussmelodie, vorgefertigte Textboxen, einen Textabspann oder aneinandergereihte Videosequenzen. Die Vorlage erinnert Sie, die nötigen Informationen anzugeben, um am Schluss ihrer Sendung noch einmal alle relevanten Informationen abzuspielen.

Die Reihenfolge eines Abspanns könnte z.B. so aussehen:

- *»Folge mir auf Twitter unter www.twitter.com/phlow«*
- *Moderation: Mango Aioli, Regie & Schnitt: Toni Gorilla*
- *Gespielte Musiktitel*
- *Eine Produktion von www.phlow.de*
- *Copyright-Notiz mit Datum*

§

Jeder Betreiber eines Mediendiensts ist dazu verpflichtet, Impressumsangaben zu machen. Grundsätzlich kann dies auf der jeweiligen Webseite gemacht werden. Wird jedoch nur das reine Video hochgeladen, muss sich das Impressum innerhalb des Videos befinden. Hierzu kann das Outro genutzt werden, eine andere Möglichkeit ist auch, das Impressum einzusprechen. Mehr zum Inhalt des Impressums finden Sie im Abschnitt »Impressumspflichten« in Kapitel 13, *Medienrecht*.

Video-Export und -Distribution im Web

Ist die eigene Videoproduktion fertig, will man sie der Welt zeigen. Dafür bieten sich zwei Möglichkeiten an. Sie nutzen eines oder mehrere der Videoportale oder Sie laden das fertige Video auf den eigenen Webspace hoch. Beide Methoden haben Vor- und Nachteile.

Laden Sie ihr Video auf den eigenen Webspace hoch, dann besitzen Sie die vollkommene Kontrolle über das Video, die eingebette Webseite und das ganze Universum, das Sie um Ihre Videos bauen. Der Nachteil der Methode: Sie bezahlen den Traffic und ihnen fehlt womöglich eine hilfreiche Community. Zwar wird Traffic immer billiger, aber je nachdem auf welchem Webhoster Sie liegen, ist der Traffic doch begrenzt. Außerdem fehlt den meisten Standardflashplayer in der Regel die wichtige *Embed-Funktion*, die Zuschauern den Einbau ihres Videos auf anderen Webseiten erlaubt. Anschließen liefert YouTube nach Start die Videodaten zum Video. Ohne diese Funktion verlieren viele Videos an Marketing-Potential und schränken das Potential einer viralen Verbreitung ein.

Es gibt aber auch preiswerte und hochwertige Flash-Video-Player für eine handvoll Dollar, die eine solche Funktion besitzen. Suchen Sie z.B. mal einen Video-Flash-Player auf der Website *www.activeden.net/category/video-players/*. Selbst die hochwertigen Flashplayer kosten nicht mehr als 20$. Sollten Sie sich professionell orientieren, um mit Ihren Videos Geld zu verdienen ist dieser Weg der einfachste und beste. Eine weitere Möglichkeit wäre, dass Sie einen Profiservice wie z.B. *www.brightcove.com* nutzen. Brightcove.com bietet gegen Geld zahlreiche Funktionen von der Monetarisierung bis hin zu den Statistiken bis hin zu eigenen gestalteten Playern.

Entscheiden Sie sich für YouTube, Vimeo & Co. brauchen Sie sich bei den Freemium – sprich den kostenlosen Konten – keine Gedanken zu machen. Die Plattformen importieren die Videos einwandfrei, liefern Ihnen den geeigneten Player samt Bandbreite und obendrein eine riesige Community. Schwierig wird die Monetarisierung, das Schalten von Anzeigen und ähnlichem. Selbst wenn Sie sich für ein Partnerprogramm bei YouTube entscheiden, will die Plattform mitverdienen.

Videos exportieren

Wenn es um Videoformate geht, dann wird das Thema Video & Web schnell anstregend. Es gibt gefühlt zigtausend Dateiformate, in die Sie Videos exportieren können. Außerdem erspare ich mir und ihnen die technischen Details. Denn glücklicherweise greifen uns iMovie und MAGIX Video deluxe 17 mit hilfreichen Exportfunktionen unter die Arme. Für den Export empfehle ich ihnen das MPEG-4-Format. Das gehört zu einem der besten und qualitativ hochwertigsten und wird von zahlreichen Programmen und Plattformen unterstützt.

Tipp

Manchmal muss man Videos aus einem Format in ein anderes konvertieren. Um Videos auf Windows-Plattformen umrechnen zu lassen, bietet sich die kostenlose Software Super unter *www.erightsoft.com/*SUPER.html an. Apple Nutzer sollten den Miro Video Converter unter *www.mirovideoconverter.com* ausprobieren.

Vorbildlich gestaltet sich der Export von Filmen sowohl bei MAGIX Video deluxe 17 als auch bei iMovie. Beide Programme ermöglichen den direkten Upload eines Videos auf die YouTube-Plattform. MAGIX Video deluxe 17 unterstützt außerdem noch Vimeo – aber mehr dazu im nächsten Kapitel. Neben dem direkten Upload unterstützen beide Programme den Export von Videos in zahlreiche verschiedene Größen, damit ihre Videos nicht nur im Web, sondern z.B. auch auf mobilen Geräten perfekt angezeigt werden können. Auch in diesem Fall hat MAGIX Video deluxe 17 eindeutig die Nase vorne. Während iMovie – ganz typisch für Apple – hauptsächlich die eigenen Geräte unterstützt, bietet MAGIX Video deluxe 17 eine fast unendliche Auswahl an verschiedenen Exportformaten. Damit bedient die PC-Software nicht nur iTouch/iPhone-Benutzer, sondern bietet eine Videoexportschnittstelle genauso für verschiedene Modelle von Samsung, Nokia, Apple oder Sony Erikson an. Obendrein exportieren Sie mit der Stapelkonvertierung ihr Video in einem Rutsch in alle wichtigen

Formate. Mithilfe dieser Funktion bedienen Sie wirklich jeden Kanal mit nur einem Klick.

Tipp Übrigens: YouTube bereitet nicht nur die Videos für die Verbreitung auf der eigenen Plattform auf, sondern produziert für mobile Endgeräte eine Extraversion. Nutzer von Vimeo benötigen dazu ein Premium-Konto.

Ein Video mit MAGIX Video deluxe 17 exportieren

Um ein fertiges Video mit MAGIX Video deluxe 17 zu exportieren, wählen Sie den Menüpunkt *Datei → Film exportieren → Video als MPEG-4* aus (siehe Abbildung 4-25). Um das bestmögliche Ergebnis zu erzielen, nehmen wir noch ein paar Verbesserungen vor. Klicken Sie dazu im MPEG-4-Exportmenü auf *Erweitert*. Setzen Sie wie in Abbildung 4-26 ein Häkchen bei *2-Pass (2-pass Encoding)*. Diese Option verlangsamt zwar maßgeblich den Export, dafür erhalten Sie aber das beste Ergebnis. Denn der *2-Pass-Export* benötigt zwei

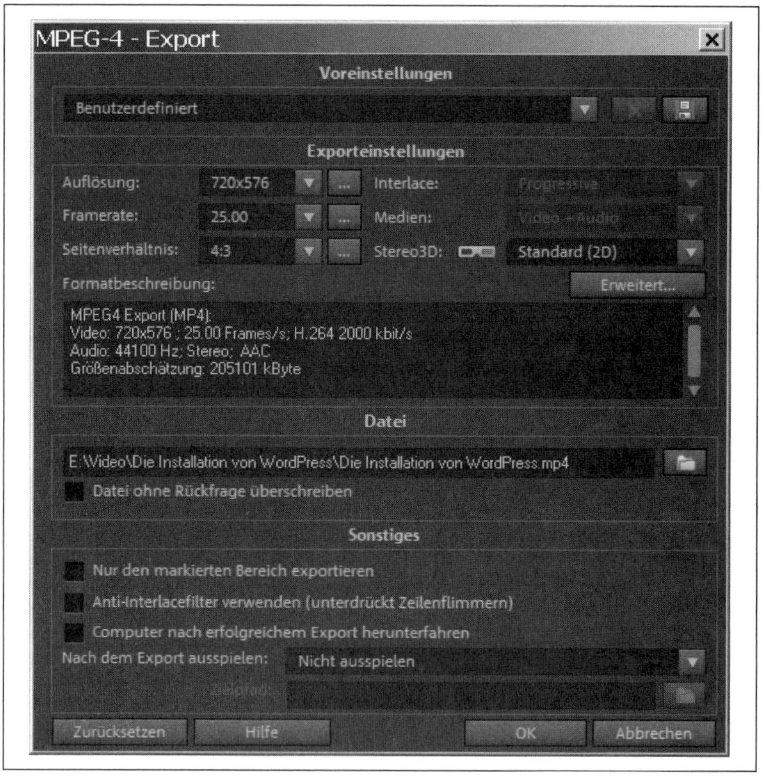

Abbildung 4-25 ▶
Die Exportmöglichkeiten von MAGIX Video deluxe 17 sind vorbildlich und zahlreich.

Durchgänge, um das perfekte Video zu exportieren. Dazu berechnet der Encoder im ersten Durchlauf für jeden Zeitabschnitt die optimale Datenrate und speichert diese Daten temporär zwischen. Im zweiten Durchlauf greift der Encoder auf die zwischengespeicherten Daten des ersten Durchlaufs zu und komprimiert anhand der zuvor ermittelten optimalen Datenraten das Quellmaterial. Möchten Sie, dass MAGIX Video deluxe 17 für Sie nach dem Export auch noch eine Website mit Flash-Video-Player baut, setzen Sie ein Häkchen bei *Als Webseite exportieren*.

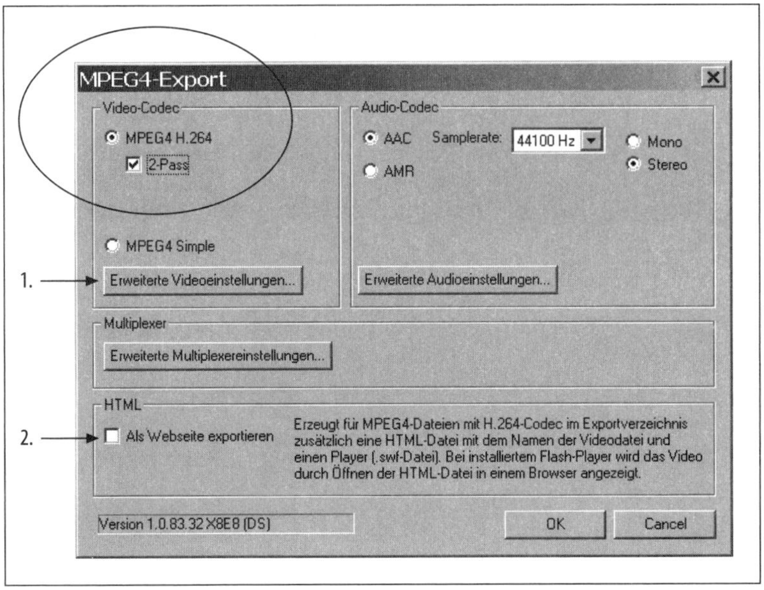

◀ **Abbildung 4-26**
Mit der Funktion 2-Pass (Punkt 1) erhalten Sie optimale Videos, und mit einem Häkchen bei Als Webseite erstellen (Punkt 2) generiert MAGIX Video deluxe 17 auch noch eine Website samt Flash-Video-Player.

Um für noch bessere Qualität zu sorgen, klicken Sie im nächsten Schritt auf *Erweiterte Videoeinstellungen* und wählen im Menü *Performance* die Einstellung *15 (best quality)*. Vergleichen Sie sämtliche Ihrer Einstellungen mit Abbildung 4-27. Klicken Sie danach zweimal auf *OK*, und Sie sind wieder im allerersten Menü. Um diese Einstellungen für weitere Exporte zu sichern, klicken Sie auf das Diskettensymbol, anschließend auf *Als allgemeine Vorlage speichern...* und geben den Einstellungen einen Namen. Jetzt suchen Sie nur noch unter *Datei* den richtigen Ort für das Video und starten dann den Export mit einem Klick auf *OK*. Den Fortschritt zeigt das Programm über die Statusleiste an.

Abbildung 4-27 ▶
Die Vielzahl der Optionen in MAGIX Video deluxe 17 erschlägt den Benutzer geradezu. Glücklicherweise wurden die Voreinstellungen bereits weise gewählt.

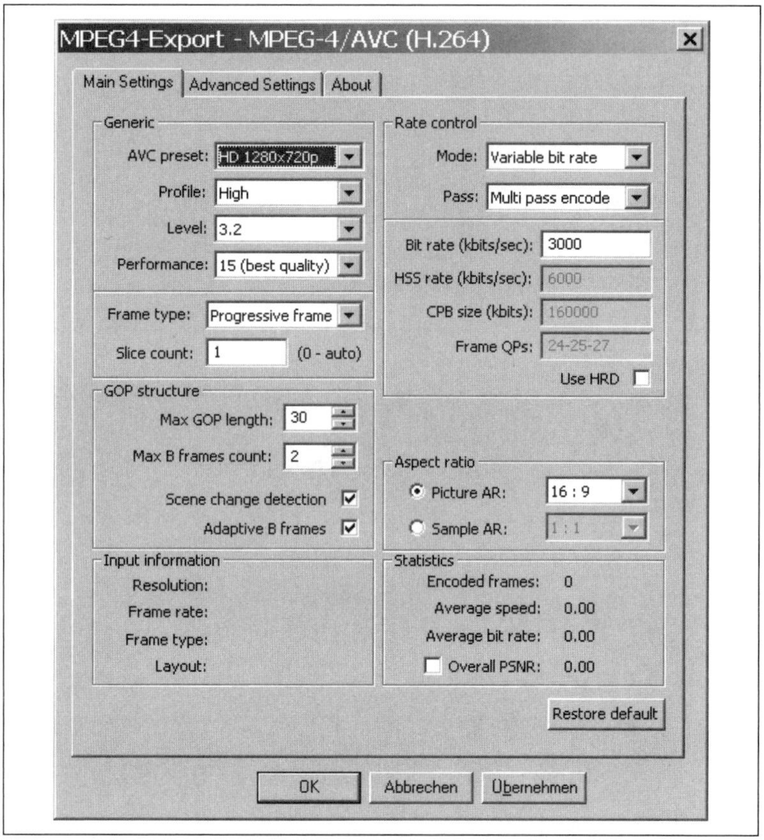

Ein Video mit iMovie exportieren

Etwas unkomplizierter gestaltet sich der Export bei iMovie. Dafür stehen Ihnen aber auch nicht so viele Optionen zur Verfügung. Um Videos zu exportieren, drücken Sie entweder ⌥ + E oder wählen das Menü *Bereitstellen → Film exportieren*. Jetzt entscheiden Sie sich nur noch für eine Größe und starten den Export mit einem Klick auf den Button *Exportieren*. Das Video exportiert iMovie automatisch im MPEG-4-Format und speichert es im Ordner *Filme* ab, wenn Sie nicht einen anderen Ordner in den Programmeinstellungen bestimmt haben.

Die Anzahl verschiedener Bildschirmgrößen und Geräte ist schier unendlich. Tabelle 4-4 zeigt eine Übersicht über die gängigsten Formate und Auflösungen.

Format/Gerät	Auflösung
HDV1	1.280 x 720 Pixel
HDV2	1.920 x 1.080 Pixel
iPod Touch/iPhone 3G S	480 x 320 Pixel
Nokia N93, N95	320 x 240 Pixel
Sony Playstation Portable (PSP)	368 x 208 Pixel

◀ **Tabelle 4-4**
Videoformate: Tabellarische Übersicht über Formate und Auflösungen

Die Videoportale: YouTube, Vimeo & Co.

Die Vielzahl an Videoportalen im Web ist vollkommen unübersichtlich. Einige der bekanntesten und meistbesuchten Portale finden Sie im Kasten »Videoportale im Web«. Im Folgenden konzentriere ich mich auf die Plattformen *YouTube* und *Vimeo*, die als Platzhirsche anzusehen sind. Die Funktionalität beider Portale ist ähnlich, doch es gibt ein paar entscheidende, aber bedenkenswerte Unterschiede.

Videoportale im Web

Die Zahl an Videoportalen ist schier unendlich. Neben Vimeo und YouTube gehören die folgenden Portale zu den größeren im Web.

Plattform	Besonderheiten
www.youtube.com	YouTube ist unangefochten die größte Videoplattform im Netz mit den meisten Benutzern und Zuschauern.
www.vimeo.com	Hinter Vimeo stecken Filmemacher und Videoproduzenten. Die Plattform besticht durch ambitionierte, künstlerische und hochwertige Videos. Auf Vimeo findet man anders als bei YouTube keine TV-Mitschnitte und keine anderen Copyright-geschützten Inhalte.
www.dailymotion.com	Dailymotion ist eine Videoplattform aus Frankreich, die unter *www.dailymotion.com/de* eine deutsche Version anbietet. Das Portal gehört zu den größten im Web.
www.blip.tv	Blip.tv richtet sich an Produzenten von Webshows und bietet für jede Show eine eigene Subdomain. Wenn man sich für Werbung in seinen Clips entscheidet, zahlt Blip.tv dem Produzenten über PayPal einen Obulus. Einnahmen teilt Blip.tv 50 zu 50 mit dem Produzenten. Es gibt drei Werbevarianten: vor der Show, nach der Show und während der Show als Overlay.
www.revver.com	Revver.com funktioniert ähnlich wie Blip.tv. Auch über diese Plattform können Sie mit Werbung Geld verdienen. Die Einnahmen werden 50 zu 50 geteilt. Die Werbeformen basieren auf CPM (Cost-per-Thousand-Impressions) und CPC (Cost Per Click).
www.metacafe.com	Eine Videoplattform wie YouTube.
http://video.yahoo.com	Yahoos Antwort auf YouTube.
www.brightcove.com	Professionelle Videoplattform mit variablen Preisen. Brightcove bietet Kunden verschiedene gestaltbare Videoplayer, Multi-Bitrate-Streaming, Statistiken und HTML5-Support.
www.myvideo.de	Die größte deutsche Videoplattform (Quellen: Alexa.com/Compete.com).
www.sevenload.com	Zweitgrößte deutsche Videoplattform (Quellen: Alexa.com/Compete.com).

Unterschiede zwischen YouTube und Vimeo

Zu YouTube braucht man eigentlich nichts zu sagen. YouTube ist die Mutter aller Videoportale und gehört zum Google-Universum. Auch wenn Vimeo.com einer der Vorreiter beim HD-Streaming war, so hat YouTube auch hier die Lücke geschlossen. Drei wichtige Aspekte sprechen für YouTube: Erstens ist eine garantierte Übertragung des Videos unglaublich wichtig. YouTube bzw. Google besitzt für weltweites Video-Streaming ausreichend Kapazitäten bzw. Serverparks. Ein weiterer wichtiger Aspekt ist die Tatsache, dass wirklich jeder YouTube kennt. Die Popularität der Plattform ist immens, was aber auch bedeutet, dass der Konkurrenzkampf größer ist. Und drittens bereitet YouTube die Videos hervorragend für mobile Endgeräte auf. So verfügen iPod touch und iPhone standardmäßig über eine YouTube-App, um Videos aus dem Web zu streamen.

Vimeo geht im Vergleich einen alternativen Weg. Die Betreiber der Videoplattform achten sehr genau darauf, dass es keine Copyright-Verstöße bezüglich der hochgeladenen Videos gibt. Auf Vimeo finden Sie so gut wie keine Mitschnitte aus dem Fernsehen, keine unautorisierten Aufnahmen von Konzerten und Auftritten oder Ähnliches. Das bescherte Vimeo in den letzten Jahren ein positives Image. Besonders kreative Indie-Videoproduzenten (»Indie« steht hier für Independent) lieben Vimeo, was wiederum eine oft hohe Qualität der Videos bedeutet. Daraus resultiert, dass Sie auf Vimeo ein »gehobeneres« Publikum finden, dass nicht nur alberne Filmchen sehen möchte. Vimeo ist somit eine gute Plattform für Indie-Produzenten.

Drei weitere Unterschiede zeigen sich bei den Videos. Auf Vimeo können Sie ein altes Video gegen eine aktuelle Version austauschen. Auf YouTube müssen Sie das alte Video löschen und die neue Version anschließend hochladen. Dadurch ändert sich der zum Video gehörige Link, sodass YouTube-Videos, die verlinkt und/oder auf anderen Websites eingebaut wurden, nicht durch die aktuelle Version des Videos ersetzt werden, sondern schlicht von der Bildfläche verschwinden. Außerdem ist die Länge eines Videos auf YouTube auf maximal elf Minuten begrenzt. Je nach Dateigröße ermöglicht Vimeo längere Videos.

Ein letzter wichtiger Unterschied zeigt sich nach Beendigung des Videos. Sowohl Vimeo als auch YouTube zeigen dann weitere Videos über eine Coverflow-Funktion an. YouTube greift hierbei auf den Google-Mechanismus zurück und bietet Videos an, die möglicherweise zum bereits Gesehenen passen. Das bedeutet, dass die Zuschauer womöglich in einen anderen Kanal wechseln. Vimeo hingegen zeigt ausschließlich weitere Produktionen ihres Kanals an.

Noch mehr Möglichkeiten mit Vimeo Plus

Neben der kostenlosen Freemium-Version bietet Vimeo unter *www.vimeo.com/plus* eine Premium-Version an. Diese bietet nicht nur mehr Speicherplatz, bessere Videoqualität und fortgeschrittene Statistiken, sondern gibt Ihnen auch die Möglichkeit, HD-Videos auf der eigenen Website einzubauen. Obendrein können Sie den Player minutiöser gestalten und entscheiden, auf welchen Domains Ihre Videos eingebaut werden dürfen und wo nicht.

Der eigene Videokanal

Sowohl YouTube als auch Vimeo bieten eigene Videokanäle an. Das ermöglicht Ihnen sozusagen, einen eigenen Sender mit einer individuellen URL zu starten. Der Betrieb eines eigenen Videokanals lohnt sich in mehrfacher Hinsicht. Einerseits gibt er Ihren Produktionen ein eigenes Dach – wenn Sie Ihre Videos nicht auf Ihren eigenen Webspace hochladen wollen –, und andererseits können Zuschauer Ihren Kanal abonnieren, kommentieren und Ihre derzeitige Aktivitäten mitverfolgen. Mit einem guten und gepflegten Kanal erreichen Sie somit mehr »Kundenbindung«.

Live-Streaming: der eigene Video-Live-Kanal

Ein kommender Trend im Bereich Video und Web ist das *Live-Streaming*. Aus Platzgründen kann ich leider auf die spannenden Möglichkeiten von Live-Übertragungen über das Internet nicht eingehen, möchte Sie aber auf Videoplattformen für das Live-Streaming hinweisen. Wie im Fernsehen öffnen Sie hier einen eigenen Kanal und können rund um die Uhr senden. Die professionellsten Plattformen sind:

- *www.ustream.tv*
- *www.justin.tv*
- *www.livevideo.com*
- *www.livestream.com*

Wie so ein Kanal sowohl auf Vimeo als auch auf YouTube aussehen kann, sehen Sie in Abbildung 4-28 und Abbildung 4-29.

Anders als bei YouTube kann man bei Vimeo die URL selbst gestalten, und Vimeo bietet mehr Layoutvarianten. Dagegen erlaubt YouTube mehr bei der farblichen Gestaltung sowie den Upload eines Hintergrundbilds. Entscheiden Sie sich für das kostenpflichtige YouTube-Partnerprogramm (mehr dazu unter *www.youtube.com/partners*), bietet YouTube weitere spannende Möglichkeiten:

- mehr Gestaltungsmöglichkeiten: Channel Branding
- E-Mail-Support
- eine Auflistung auf den Partnerpages
- längere Videos
- Werbeeinnahmen

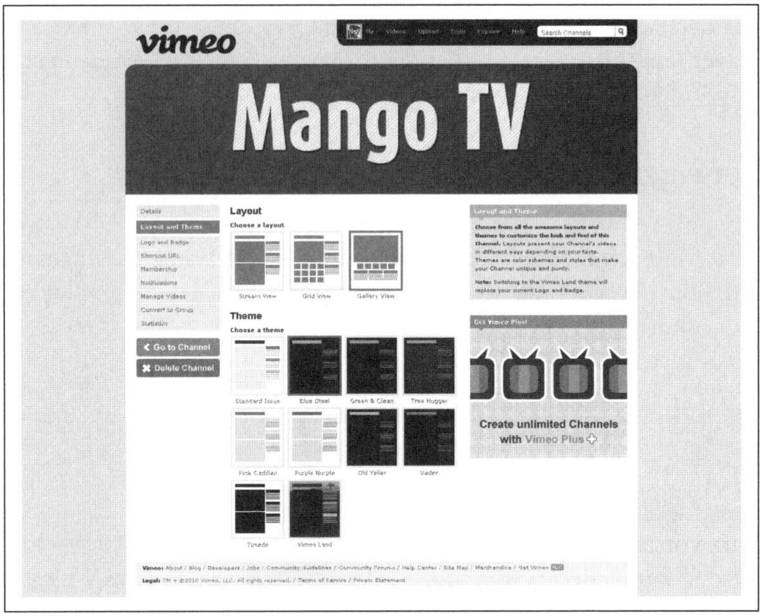

Abbildung 4-28 ▶ Für den Betrieb eines eigenen Videosenders bietet Vimeo eine Vielzahl an Gestaltungsmöglichkeiten. Neben einer individuellen URL stellt die Plattform verschiedene Layouts zur Verfügung.

Abbildung 4-29 ▶ Auch YouTube bietet die Möglichkeit, einen eigenen Kanal ins Leben zu rufen. Neben individuellen Farben von Text, Links und Hintergründen darf man auch ein eigenes Hintergrundbild hochladen.

Upload auf Videoplattformen

Selbst wenn das Video perfekt und fertig produziert vorliegt und bereits auf eine Plattform hochgeladen wurde, fehlt noch ein entscheidender und äußerst wichtiger Schritt. Sie brauchen eine passende Beschreibung und gute Schlagwörter für Ihr Video. Denn auch wenn YouTube mittlerweile anfängt, die Tonspur von Videos zu analysieren, indiziert die Suchmaschine einer Videoplattform in erster Linie die Texte und Schagwörter rund um das Video. Für die Optimierung der Beschreibung gelten darum sämtliche Regeln, die Sie in Kapitel 7, *Suchmaschinenoptimierung* finden.

Titel, Keywords und Kurzbeschreibung für das Video

Bevor Sie eine kurze Beschreibung für Ihre Videos texten, recherchieren Sie am besten zuerst passende Schlagwörter – ungefähr neun. Diese helfen Ihnen beim Formulieren der Kurzbeschreibung und sollten dort auch auftauchen. Für das Beispielvideo wären das die folgenden Schlagwörter:

```
WordPress, Installation, Video, Anleitung, Konfiguration, Tutorial,
installieren, Weblog, Blog
```

Im nächsten Schritt verfassen Sie eine Kurzbeschreibung, die maximal 160 Zeichen lang ist und die wichtigsten Schlagwörter enthält. Denken Sie beim Schreiben an Ihre potenziellen Zuschauer. Die Beschreibung muss die Zuschauer neugierig machen und ihnen kurz vorstellen, was Sie sehen werden. Lassen Sie sich Zeit für die Beschreibung, denn es ist nicht leicht, auf 160 Zeichen das Wesentliche samt der Schlagwörter zu verfassen. Doch die Mühe lohnt sich. Für das Beispielvideo habe ich mich für folgende Version entschieden.

```
Die Videoanleitung »Die Installation von WordPress« erklärt, welche
ersten Schritte für die Installation und Konfiguration der Weblog-
Software notwendig sind.
```

Zum Schluss – je nachdem, worum es in Ihrem Video geht – hilft ein ausführlicher Text zum Video. Dieser kann Auskunft über die Mitwirkenden, die Musik, den Inhalt, vorgestellte Links usw. beinhalten. Diese Servicedienstleistung werden Ihre Zuschauer zu schätzen wissen.

§ Auch bei Videos muss beachtet werden, dass nicht jedes beliebige Schlagwort als Keyword genutzt werden kann. Wählt man als Beschreibung für das Video einen eingetragenen Markennamen, kann das zu Abmahnungen führen, wenn man nicht selbst Inhaber der Marke ist. Näheres hierzu finden Sie im Abschnitt »Missbräuchliche Verwendung von Keywords/Metatags« im Kapitel 15, *Wettbewerbsrecht*.

Ein eigenes Startbild auswählen

Nachdem man ein Video auf eine Videoplattform hochgeladen hat, entscheidet die Plattform anhand von Algorithmen oder per Zufall, welches Standbild angezeigt wird. Weil die automatisch generierten Standbilder nicht immer repräsentativ für das Video sind, können Sie bei YouTube aus einer Vorauswahl von Startbildern das passendste bestimmen. Dazu loggen Sie sich ein, klicken oben rechts auf Ihren Benutzernamen und wählen *Meine Videos*.

Anschließend zeigt YouTube sämtliche Ihrer Videos, und Sie wählen das hochgeladene Video aus, indem Sie auf den dazugehörigen Button *Bearbeiten* klicken. Vorsicht: Die Auswahl an Startbildern wird erst dann angezeigt, wenn das Video vollständig analysiert und encodiert wurde. Über den *Bearbeiten*-Button können Sie auch nachträglich sämtliche Informationen und Einstellungen Ihrer Videos verändern.

Die gleiche Funktionalität bietet Vimeo mit dem entscheidenden Unterschied, dass Sie außerdem noch ein eigenes Startbild hochladen können. Diese Funktion verleiht Ihren Videos einen professionellen Anstrich. Die Pixelmaße des Startbilds entsprechen hierbei der Auflösung Ihres Videos. Damit vermeiden Sie eine unnötige Verzerrung.

Endlich: den Upload starten!

Wenn Sie Ihre Videos mit iMovie oder MAGIX Video deluxe 17 produzieren, haben Sie keine Probleme. Denn dann können Sie Ihre Videos auch direkt über die Programme hochladen. Oder Sie exportieren Ihre Videos und laden sie anschließend separat hoch. Das Format der Wahl ist MP4. In der folgenden Tabelle finden Sie eine Übersicht über die von YouTube und Vimeo unterstützten Formate.

Tipp Um den Upload von Videos auf Vimeo zu sichern und zu optimieren, bietet Vimeo einen separaten Video-Uploader. Dieses kleine Desktopprogramm können Sie kostenlos unter *www.vimeo.com/desktopuploader* herunterladen.

Mehr Informationen zu den Formaten und Größen gibt es hier:

- YouTube: *http://en.wikipedia.org/wiki/YouTube#Quality_and_codecs*
- YouTube: *www.google.com/support/youtube/*
- Vimeo: *www.vimeo.com/help/compression*

Unterstützte Videoformate von YouTube und Vimeo

	YouTube	Vimeo
Formate	Windows Media Video (.avi) 3GP (Handy) AVI (Windows) MOV (Mac) MP4 (iPod/PSP) MPEG FLV (Adobe Flash) MKV (H.264)	H.264/MP4 (empfohlen) 3g2, 3gp, 3gp2, 3gpp, asf, asx, avi, divx, mts, m2t, m2ts, m2v, m4v, mkv, mov, mp4, mpe, mpeg, mpg, ogg, wmv
Maximale Dateigröße	2 GByte	500 MByte (kostenloses Konto) 2 GBbyte (Premium)
Länge des Videos	11 Minuten	abhängig von der Dateigröße
Framerate und Keyframes	YouTube versucht, die Original-Framerate beizubehalten	30 fps (empfohlen) 25 fps
Auflösungen	640 x 480 480 x 360 854 x 480 1.280 x 720 1.920 x 1.080 176 x 144	640 x 480 (Standard) 854x480 1.280 x 720 1.920 x 1.080
Audio	AAC 44.100 kHz	AAC (empfohlen) 320 kbps/44.100 kHz

Videos auf Webseiten einbetten

Wurden nach dem Upload die Videos auf YouTube oder Vimeo analysiert und encodiert, können sie auf anderen Webseiten eingebaut werden. Am einfachsten integrieren Sie ein Video in Ihre Website, indem Sie das Video unter seiner individuellen URL aufrufen. Dort erhalten Sie das für Flash-Videos erforderliche Codeschnipsel. Dieses kopieren Sie in die Zwischenablage und dann in Ihren Artikel.

Tipp

Der Einbau von Vimeo- und YouTube-Videos geht mit WordPress sogar noch schneller. Sie kopieren einfach die Video-URL in das Artikelfenster – z.B. *http://www.youtube.com/watch?v=Z5jo_M_Clww* oder *http://vimeo.com/11950688*. Dadurch verlieren Sie aber die Möglichkeit, die Anzeigeparameter zu benutzen.

Vorsicht: Um den Code einzufügen, müssen Sie im WordPress-Editor in den HTML-Modus wechseln. Wenn Sie nämlich im Visual-Modus den Code einfügen, konvertiert der Editor den HTML-Code in normale Zeichen – z. B. *>* anstelle von >.

Vimeo-Videos auf anderen Webseiten einbauen

Um das Codeschnipsel von Vimeo zu erhalten, fahren Sie mit der Maus über den Videoplayer. Klicken Sie auf das eingeblendete Icon, das mit *Embed* betitelt ist – siehe Abbildung 4-30.

Abbildung 4-30 ▲
Um Videos auf anderen Webseiten einzubauen, benötigt man ein Codeschnipsel. Dieses bekommt man von Vimeo über den Videoplayer.

Anschließend öffnet sich mittig ein Pop-up (siehe Abbildung 4-31), über das Sie den Vimeo-Player gestalten können. Um alle Funktionen zu beeinflussen, klicken Sie auf *Customize size, color, and other options*. Vimeo eröffnet Ihnen damit sämtliche Gestaltungsmöglichkeiten für den Player. Sind Sie mit den Einstellungen zufrieden, kopieren Sie im letzten Schritt nur noch das Codeschnipsel beispielsweise in Ihren Blog-Artikel, in dem Sie Ihr Video ankündigen.

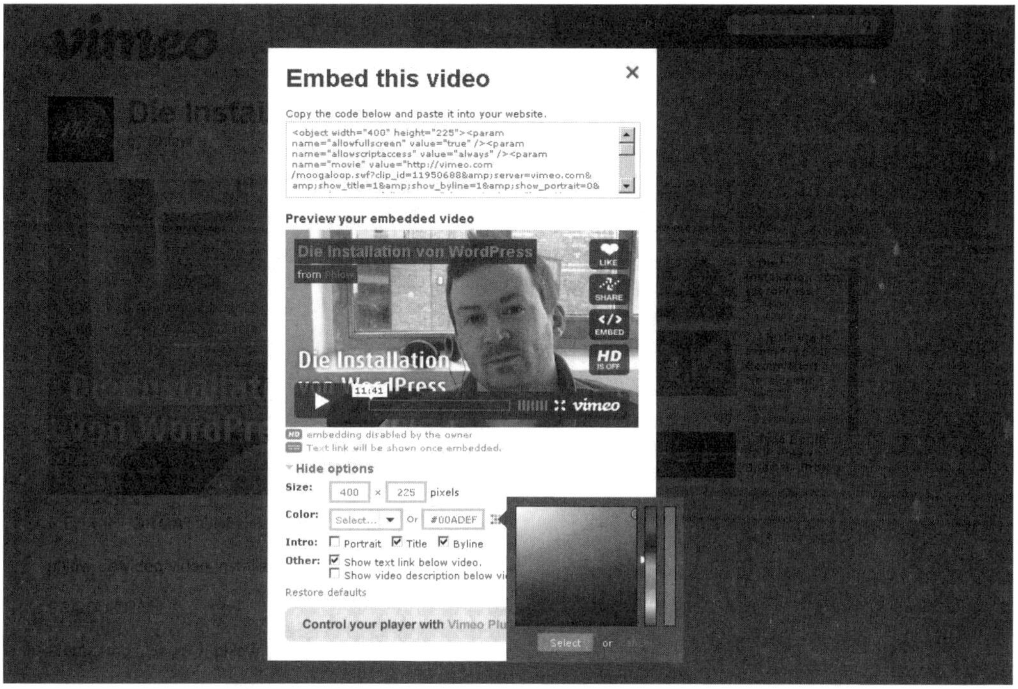

YouTube-Videos auf anderen Webseiten einbauen

▲ **Abbildung 4-31**
Vimeo-Videos lassen sich farblich gestalten und in ihrer Größe anpassen.

Im Vergleich mit Vimeo bietet YouTube noch eine Menge weiterer Einstellungsoptionen. Die wichtigsten erhalten Sie, wenn Sie das Video unter seiner URL aufrufen und anschließend auf den Button *<Einbetten>* direkt unter dem Videofenster klicken – siehe Abbildung 4-32. Dann bieten sich Ihnen die folgenden Möglichkeiten:

- *Ähnliche Videos zeigen*
- *Rahmen anzeigen*
- *Erweiterten Datenschutzmodus aktivieren*
- *In HD wiedergeben*

Kein Haken bei *Ähnliche Videos zeigen* unterbindet, dass YouTube nach dem Abspielen weitere »verwandte« Videos dem Zuschauer anbietet. Mit einem Haken bei *Rahmen anzeigen* kann man einen Rahmen um das Videofenster legen, den man farbig gestalten kann. Mit *Erweiterten Datenschutzmodus aktivieren* deaktiviert man You-Tube-Cookies, die im Auftrag von YouTube Informationen dort einsammeln, wo der Player genutzt wird. Und wenn Sie ein HD-

Video hochgeladen haben, bietet YouTube Ihnen auch den direkten Einbau von High-Definition-Videos auf Ihrer Website.

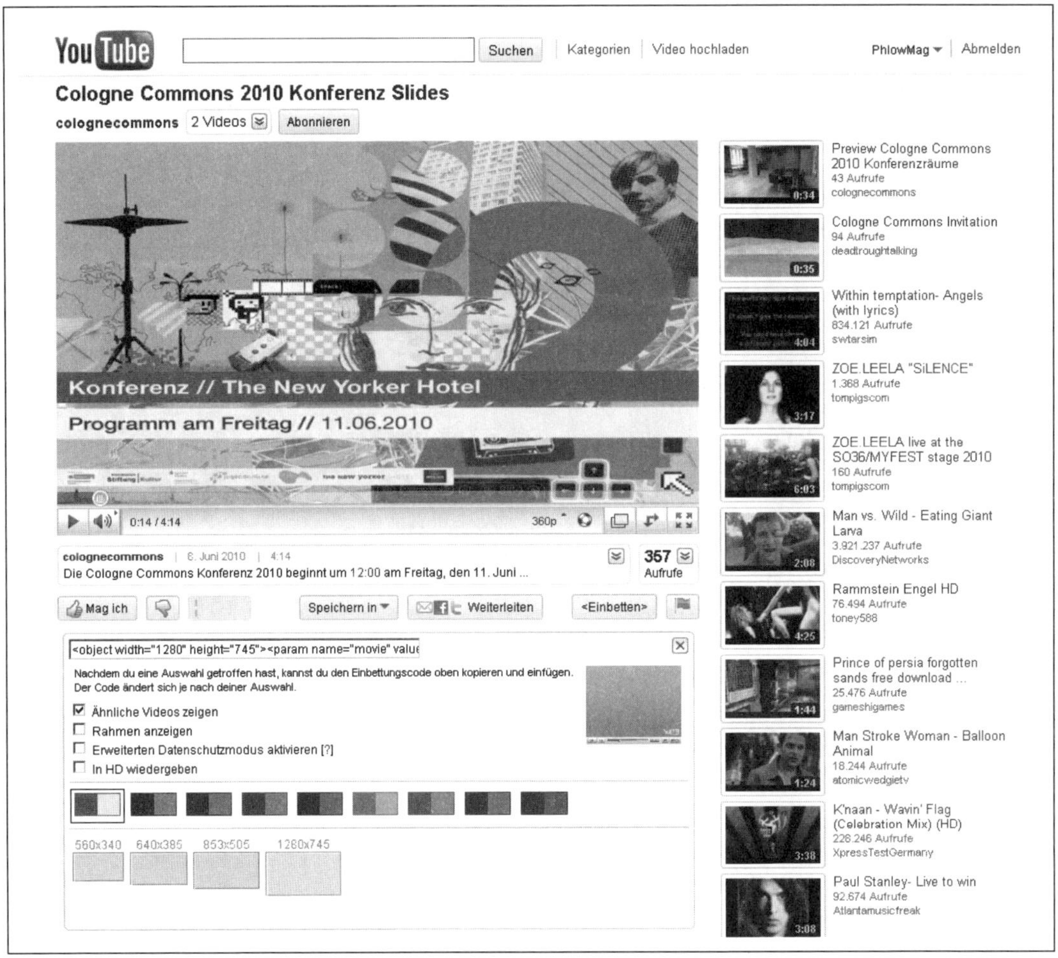

Abbildung 4-32 ▲
YouTube bietet zahlreiche Einstellungsmöglichkeiten zum Einbetten von Videos. Doch nicht alle werden angezeigt.

Weitere spannende Parameter finden Sie unter *www.bit.ly/youtube_embed_parameters*. Der Link bringt Sie auf die YouTube-Hilfeseiten, auf denen alle aktuellen Parameter erläutert werden. Drei spannende Parameter möchte ich Ihnen an dieser Stelle aber noch vorstellen: `loop`, `autoplay` und `egm`. Hängen Sie im Codeschnipsel den Parameter `&loop=1` an, spielt der Player das Video in einer Endlosschleife ab. Mit dem Parameterzusatz `&autoplay=1` starten Videos automatisch, wenn die Website samt Videoplayer geladen wird. Und `&egm=1` zeigt im Player den *Enhanced Genie Menu*-Modus an. Dieser bietet YouTube-Zuschauern noch mehr Möglichkeiten, angefangen bei der Suche bis hin zu einem schicken Coverflow, der, schon während das Video läuft, eingeblendet wird, wenn man mit der Maus über den Player fährt.

Sämtliche dieser Parameter hängen Sie im Codeschnipsel per Hand einfach zweimal an die URL an, die auf das Video verweist, wie im Beispiel gezeigt. Möchten Sie z.B., dass das Video automatisch im HD-Modus startet, hängen Sie die Parameter `&autoplay=1` und `&hd=1` wie folgt an:

```
<object width="1280" height="745"><param name="movie" value="http://
www.youtube.com/v/Z5jo_M_CIww&hl=de_DE&fs=1&autoplay=1&hd=1"></
param><param name="allowFullScreen" value="true"></param><param
name="allowscriptaccess" value="always"></param><embed src="http://
www.youtube.com/v/Z5jo_M_CIww&hl=de_DE&fs=1&autoplay=1&hd=1"
type="application/x-shockwave-flash" allowscriptaccess="always"
allowfullscreen="true" width="1280" height="745"></embed></object>
```

Und damit Sie bei dem ganzen Parameterwahnsinn nicht die Übersicht verlieren, können Sie die Parameter unter *www.bit.ly/youtube_player_demo* in Ruhe ausprobieren und kombinieren, um sie anschließend bei eigenen Videos zu verwenden.

Buchtipps

Online-Video von Dushan Wegner
dpunkt.verlag 2007, ISBN 9783898644969

Die Videoschnitt-Schule von Axel Rogge
Galileo Press 2010, ISBN 9783836215114

Videofilme – professionell gemacht von Andreas A. Reil
dpunkt.verlag 2008, ISBN 9783898645454

Video-Tutorials

Übersicht sämtlicher iMovie-Videoanleitungen
www.apple.com/de/ilife/tutorials/#imovie

»Videoguide – Lernen Sie filmen!« – Hervorragende kostenlose Videoanleitungen des Schweizer Fernsehens
www.sf.tv/sfwissen/manualx.php?catid=sfwissenmanualx&docid=1

Kurz-URL: http://bit.ly/video_guide

KAPITEL 5

Screencast – Videoanleitungen

In diesem Kapitel:

- Software für die Bildschirmaufnahme
- Die richtige Bildschirmauflösung für Screencasts
- Produktion eines Screencasts
- Internetquellen und Buchtipps

Mit Screencast bezeichnet man Videoanleitungen, die dem Zuschauer die Funktion von Software und Abläufen anhand einer Aufzeichnung des Computerbildschirms erklären. Zu diesem Zweck filmt man den Computerbildschirm samt den dort stattfindenden Ereignissen ab. In der Regel erklärt man dem Zuschauer bereits während der Bildschirmaufnahme per Audio aus dem Off die Funktionen und Schritte, die er auf dem Bildschirm mitverfolgen kann.

Screencasts erfreuen sich zunehmender Beliebtheit, da sich viele Aktionen auf dem Bildschirm eindeutiger und unkomplizierter erklären lassen als in einem Text. Außerdem sieht der Zuschauer sofort, wo er später klicken muss. Ein weiterer Vorteil von Screencasts ist, dass ein Screencast selbst in nur fünf Minuten recht komplizierte Vorgänge anschaulich zeigen kann und der Lernende innerhalb kürzester Zeit beispielsweise Arbeitsweisen erfasst. Screencasts eignen sich neben Lernvideos auch zur Vorstellung neuer Software und der Aufnahme eigener Präsentationen von PowerPoint, Keynote usw.

In ihrer Länge können Screencasts stark variieren. Während unterhaltsame Videos nicht länger als zwei bis fünf Minuten dauern sollten, dürfen Screencasts ruhig ein bisschen länger sein, da sie einem Seminar bzw. Vortrag sehr ähneln. Auch sind die Zuschauer geduldiger, weil sie sich dafür entschieden haben, etwas lernen zu wollen. Trotzdem empfiehlt es sich, solche Screencasts in mehrere Kapitel und Episoden zu unterteilen. Das ermöglicht dem Lernenden, eine Lektion zu unterbrechen oder sich das Lernmaterial häppchenweise anzueignen. Generell gilt aber auch für einen Screencast: je kürzer und kompakter, desto größer der Erfolg.

Wie bei einer guten schriftlichen Anleitung lohnt es sich auch hier, den Screencast zu planen. Überlegen Sie sich den Aufbau und sämtliche Erklärungsschritte des Screencasts im Vorhinein. Dann gelingt Ihnen die Aufnahme besser, und der didaktische Aufbau hilft dem Zuschauer, den Lernstoff strukturiert aufzunehmen.

Software für die Bildschirmaufnahme

Für einen Screencast brauchen Sie eine Software, mit deren Hilfe Sie den Bildschirm abfilmen können. Je nachdem, welches Betriebssystem Sie nutzen, variiert das Angebot. An dieser Stelle beschränke ich mich erneut auf Software für Windows- und Apple-Betriebssysteme.

Bei der Suche nach einer geeigneten Screencast-Software spielen vor allem die folgenden Punkte bzw. Funktionen eine maßgebliche Rolle:

- Aufnahme des Bildschirms in verschiedenen Auflösungen.
- Tuning der Tonspuren über einen Soundeditor.
- Illustration des Screencasts mit Pfeilen, Symbolen, Sprechblasen und Boxen.
- Export des Videos in unterschiedliche Videoformate und -größen.
- Automatische Produktion einer Flash-Videoplayer-Webseite.

Screencasts mit MAGIX Video deluxe 17+ und Screenflow

Glücklicherweise bietet die bereits vorgestellte MAGIX Video deluxe 17 in der Version deluxe 17+ zusätzlich eine Funktion für die Bildschirmaufnahme. Außerdem glänzt die Windows-Software vor allem mit einer flexiblen Exportfunktion. Denn das Programm exportiert Ihre Screencasts auf Wunsch in verschiedene Formaten wie MPEG-2 (DVD), MP4 (iPhone/iTouch) oder AVI. Obendrein baut Ihnen MAGIX Video deluxe 17+ eine Flash-Webseite samt Videoplayer. Anschließend müssen Sie nur noch das Verzeichnis mit allen Daten hochladen, und der Screencast ist online.

Entscheiden Sie sich gegen MAGIX Video deluxe 17+, schauen Sie sich am besten einmal Camtasia von TechSmith an. Eine 30-Tage-Testversion finden Sie auf *www.techsmith.de/camtasia.asp*. Das auf Screencasts spezialisierte Programm ist mit ca. 250 Euro im Vergleich zu MAGIX Video deluxe 17+ mit 100 Euro relativ teuer. Mittlerweile ist auch eine Version für Apple-Rechner erhältlich.

Für Ihren Mac empfehle ich Ihnen das exzellente *Screenflow*. Die intuitive Software nimmt wirklich jede Bewegung von abgespielten DVD-Videos bis hin zu Spielen auf und verfügt über ein paar wirklich »smoothe« Effekte und Funktionen. Die Software kostet ca. 80 Euro.

Onlinewerkzeuge für die Aufnahme eines Screencasts

Arbeiten Sie bereits mit einem anderen Schnittprogramm, haben Sie vielleicht gerade kein Geld locker in der Tasche sitzen oder wollen Sie einfach mal spontan einen Screencast testweise erstellen, probieren Sie es mal mit einem Onlinewerkzeug. Bildschirmaufnahmen ermöglichen z.B. die beiden Websites *www.screencast-o-matic.com* und *www.screencastle.com*. Beide Anwendungen benötigen Java, um Bewegungen und Tätigkeiten auf dem Bildschirm aufzunehmen.

Die richtige Bildschirmauflösung für Screencasts

Bevor Sie mit der Aufnahme Ihres Screencasts beginnen, müssen Sie sich noch die Frage beantworten: Welche Bildschirmauflösung ist die richtige für meinen Screencast?

Die Wahl der richtigen Auflösung des Screencasts ist maßgeblich für die Postproduktion und entscheidend für den Erfolg. Denn nach der Aufnahme können Sie die Größe des Aufnahmebereichs nicht mehr ändern.

Hinweis Die Screencasting-Software *Screenflow* geht hierbei andere Wege und nimmt den gesamten Bildschirm auf. Je nachdem, wie hoch Ihre Auflösung eingestellt ist, können Sie sich auch nachträglich für eine andere Pixelauflösung entscheiden.

Generell gibt es drei Formate für einen Screencast. Das Verhältnis von Breite zu Höhe wird im Videobereich auch *Aspect Ratio* genannt.

- 4:3 – das veraltete Bildschirmformat von Computerbildschirmen.
- 16:9 – das inzwischen verbreitete und derzeit wichtigste Breitbildformat.
- 16:10 – das moderne Breitbildformat für Computermonitore.

Ich empfehle Ihnen das 16:9-Format. Vor allem TV-Flachbildschirme, HDV und moderne Computer- und Laptop-Monitore haben das 16:9-Format aus dem Kino ins eigene Wohnzimmer gebracht. Außerdem unterstützen Videoportale wie YouTube, Vimeo & Co. High Definition-Videos und tragen zum Erfolg des Trends maßgeblich bei. Für die Produktion des Beispiel-Screencasts nutze ich die HDV-Auflösung mit 1.280 x 720 Pixeln. Das ermöglicht mir, außerdem noch normales HD-Videomaterial einzubauen, um den Screencast persönlicher zu machen (siehe Kapitel 4, *Video*).

Produktion eines Screencasts

Wie schon erwähnt, lohnt es sich, einen Screencast zu planen. Einfache, strukturierte und einleuchtende Erklärungen helfen dem Zuschauer, die Informationen aufzunehmen und auch komplexere Vorgänge zu verstehen.

Ablaufschema und Checkliste für einen erfolgreichen Screencast

Um Ihnen die Arbeit zu erleichtern, habe ich ein Ablaufschema entworfen, das auf viele Szenarien anwendbar ist. Die folgenden Schritte helfen Ihnen bei der Produktion einer sehenswerten Videoanleitung:

Vorbereitung und Planung des Screencasts

1. Entwerfen Sie ein Storyboard.
2. Schreiben Sie ein Skript für Ihre Videoanleitung.
3. Legen Sie einen Ordner für Beispieldateien, Bilder und Töne an.
4. Bereiten Sie Ihren Desktop für die Aufnahme vor und entfernen Sie alle überflüssigen Icons, Toolbars und Programme.
5. Verbinden Sie eventuell ein eigenes Mikrofon mit dem Computer und pegeln Sie das Signal ein. In MAGIX Video deluxe 17+ öffnen Sie dazu *Datei* → *Aufnahme* → *Audio*. Wählen Sie über das Drop-down-Menü den richtigen Audiotreiber aus und starten Sie eine Probeaufnahme mit *Aufnahme*. Auf Mac-Rechnern rufen Sie *Systemeinstellungen* → *Ton* → *Eingabe* auf und wählen das Mikrofon aus. Sprechen Sie jetzt in das Mikrofon und achten Sie auf die Lautstärkeanzeige. Diese darf nicht in den Maximalbereich kommen, da ansonsten das Signal verzerrt

wird. Den Ton können Sie später noch nachbearbeiten und lauter machen.

6. Proben Sie Ihren Screencast.

Aufnahme des Screencasts

Bearbeitung des Screencasts

1. Sichten Sie das Material und schneiden Sie überflüssiges oder unschönes Material – z. B. Versprecher – heraus.
2. Gliedern Sie Ihren Screencast je nach Länge in Kapitel mit eingeblendeten Kapitelüberschriften.
3. Heben Sie bestimmte Schritte hervor, indem Sie Bildschirmbereiche gezielt vergrößern und die Aufmerksamkeit auf sie lenken.
4. Reichern Sie Ihren Screencast mit hilfreichen Informationen in Form von Bauchbinden, Pfeilen und Informationsboxen an. Das erhöht die Verständlichkeit, und Sie lenken gezielt die Aufmerksamkeit des Zuschauers.
5. Bearbeiten Sie jetzt den Ton. Reicht die *Normalisierung der Tonspur* nicht aus, verstärken Sie das Signal am besten mit einem Kompressor (ein Doppelklick auf die Tonspur öffnet bei MAGIX Video deluxe 17+ den Dialog).
6. Versehen Sie Ihren Screencast mit einer fünf- bis zehnsekündigen Einleitung und einem kurzen Abspann, in dem Sie noch einmal wichtige Internet- und E-Mail-Adressen kommunizieren.
7. Exportieren Sie den Screencast in das gewünschte Videoformat.

Distribution des Screencasts

1. Schreiben Sie eine Kurzbeschreibung für Ihren Screencast.
2. Wählen Sie geeignete Schlagwörter (Keywords/Tags) für Ihren Screencast aus.
3. Laden Sie Ihren Screencast auf eine oder mehrere Videoplattformen oder Ihren eigenen Webspace hoch.
4. Verschicken Sie einen Newsletter und promoten Sie Ihre Produktion über soziale Netzwerke wie Facebook, Twitter & Co.

Vorbereitung und Planung des Screencasts

Je besser Sie den Screencast vorbereiten, desto geschmeidiger und strukturierter produzieren Sie ihn, und desto weniger Arbeit bereitet Ihnen der Schnitt. Während Sie den Screencast planen, fragen Sie sich am besten, an wen er sich richtet, wie lang er ausfallen soll und ob Sie auf ein Skript verzichten können, weil eine einfache Gliederung ausreicht. Natürlich kann man einen Screencast überplanen, ein wenig Struktur hilft aber immer. Obendrein nutzt Ihnen eine Gliederung oder ein Skript auf Ihrer Website im Sinne der Suchmaschinenoptimierung, und die Zuschauer können sich die Schritt-für-Schritt-Anleitung noch einmal genauer durchlesen.

Gliederung, Storyboard oder ausführliches Skript?

Im Folgenden zeige ich Ihnen eine Screencast-Produktion anhand der Videoanleitung »Die Installation von WordPress«, die ich für dieses Buch erstellt habe. Sie finden den Screencast unter *http://phlow.de/video/video-installation-wordpress*. Für die Produktion habe ich mich auf eine Gliederung beschränkt, weil ich WordPress schon zig Male installiert habe. Die Mühe für ein ausformuliertes Skript habe ich mir auch deshalb gespart, weil ich gern ein wenig Spontaneität mit dem Screencast aufnehmen möchte. Außerdem bin ich kein ausgebildeter Sprecher, der ein Skript live und locker ablesen kann.

Die Gliederung für den Screencast habe ich mir wie folgt zusammengestellt:

- Voraussetzungen für eine WordPress-Installation
  - ein FTP-Programm (FileZilla)
  - die aktuelle WordPress-Version:
    - Original: *http://wordpress.org/*
    - deutsche Version: *http://wordpress-deutschland.org/download/*
  - ein Webspace-Paket samt Zugangsdaten:
    - PHP ab Version 4.3 (besser ab Version 5.0)
    - eine MySQL-Datenbank ab Version 4.1.2
    - für die volle Funktionalität wenn möglich ein Apache-Webserver mit aktiviertem Modul *mod_rewrite* für schöne URLs
- Download der aktuellen WordPress-Version
- Entpacken der WordPress-Version
- FTP-Programm starten
  - Verbindung mit dem Server herstellen
  - Verzeichnis erstellen
  - WordPress hochladen
  - Verzeichnis für Uploads anlegen (CHMOD)

- Installation über den Browser starten
  - Aufruf von WordPress
  - Eingabe der Daten
  - Einloggen als Admin
  - neuen Admin erstellen
- *.htaccess*-Datei für externe Zugriffe blocken

Vorbereitungen des eigenen Desktops

Für einen eigenen Screencast ist Ihr Computer die Theaterbühne. Wie ein Theaterregisseur gestallten Sie Kulisse und Bühne. Sämtliche »Gegenstände«, die nichts mit dem Screencast zu tun haben, entfernen Sie am besten, damit sie nicht stören. Dazu gehören private Dateien, überflüssige Icons, unnötige Toolbars sowie sämtliche visuellen Ablenkungen. Schließen Sie alle Programme, die während der Bildschirmaufnahme stören könnten.

▼ Abbildung 5-1
Fertig für den Screencast! Das Hintergrundbild hilft bei der Orientierung. Der weiße Bereich samt Windows-Leiste ist 1.280 x 720 Pixel groß. Die Icons und Ordner auf der schwarzen Fläche werden nicht mit aufgenommen.

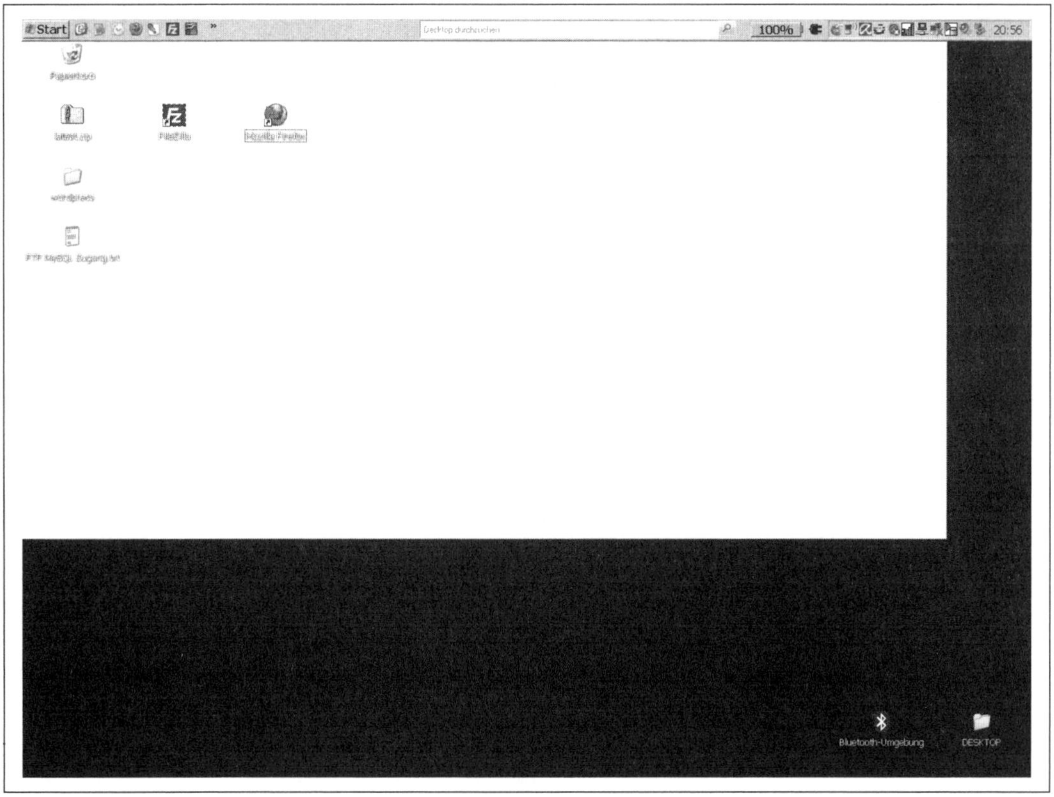

Legen Sie alle die Ordner und Programmsymbole auf dem Bildschirm ab, die Sie für den Screencast benötigen. Das erspart Ihnen lästiges Suchen und ermöglicht eine flüssige Aufnahme. Öffnen und schließen Sie die benötigten Programme und ziehen Sie die Fenster an die richtige Stelle. Justieren Sie die Fenstergröße. Die meisten Programme speichern mit dem Programmende die eingestellten Fensteroptionen mit ab.

Tipp Um Ihren Desktop bzw. Schreibtisch schnell aufzuräumen, legen Sie am besten ein neues Verzeichnis auf dem Desktop/Schreibtisch an. In diesen Ordner ziehen Sie für die Dauer des Screencasts alle Dateien und Ordner.

Vergrößern Sie die Schrift überall dort, wo es möglich ist. Mit diesem »Trick« sehen Zuschauer auch bei kleinen Videofenstern noch, welchen Code Sie im Editor oder welche URL Sie im Browser eingetippt haben.

Tipp Wenn Sie regelmäßig Screencasts aufnehmen, lohnt es sich, ein eigenes Profil auf Ihrem Computer anzulegen, das für die Screencasts optimiert wurde.

Um Ihrem Screencast einen eigenen Charme zu geben, überlegen Sie, ob Sie einen passenden Bildschirmhintergrund für den Desktop wählen möchten. Hilfreich ist außerdem ein Bildschirmhintergrund, der die Maße der Bildschirmaufnahme wiedergibt – siehe Abbildung 5-1. Das hilft ungemein bei der Vorbereitung.

Der Bildschirmhintergrund sollte schlicht sein und nicht unnötig ablenken. Vielleicht spiegelt der Hintergrund die Farben Ihres Blogs wider und beinhaltet Ihr Logo samt URL zu Ihrer Website. Das bringt Ihnen womöglich neue Zuschauer, wenn Sie Ihren Screencast auf YouTube & Co. hochladen, und gibt dem Screencast ein einheitliches Aussehen.

§ Zu beachten ist, dass der Gebrauch von Bildern von Personen oder Markensymbolen rechtlich problematisch sein kann. Bei Fotos, auf denen Personen erkennbar sind, ist immer das Recht am eigenen Bild zu beachten. Grundsätzlich ist eine Veröffentlichung ohne Zustimmung der aufgenommenen Person nicht zulässig. Näheres zum Thema Recht am eigenen Bild finden Sie in Kapitel 16, *Persönlichkeitsrechte*.

Steht die Kulisse, kümmern Sie sich als Nächstes um eine ruhige Umgebung. Schließen Sie Fenster, stellen Sie unnötige Geräuschquellen – wie z.B. surrende Kühlschränke oder Festplatten – ab und schließen Sie die Türen. Wenn Sie in einem Büro arbeiten, hängen Sie ein Schild an Ihre Tür mit dem Hinweis »On Air!«, damit niemand in die Aufnahme platzt ;)

Aufnahme des Screencasts

Damit Ihre Stimme bei der Aufnahme frisch klingt, nehmen Sie Ihren Screencast am besten morgens auf, wenn Sie bereits etwas wacher sind. Machen Sie mit Ihrer Stimme ein paar Aufwärmübungen und setzen Sie sich dann die Kopfhörer auf. Mithilfe des Kopfhörers hören Sie, wie alles klingt, und schirmen sich auch ein wenig von der Umgebung ab.

Denken Sie vor dem Start noch einmal an Freunde oder Familienangehörige, die Sie mögen, und stellen Sie sich vor, Sie würden ihnen die kommenden Anweisungen geben. Dadurch klingen Sie freundlich, engagiert und hilfsbereit. So blöd es klingt: Schlucken und lächeln Sie vor jeder neuen Tonsequenz. Am besten verzichten Sie auch vor der Aufnahme auf Kaffee oder Tee mit Milch. Das reduziert unbeabsichtigte Schmatzgeräusche.

Wenn Sie sich während der Aufnahme versprechen, ist das egal. Noch hört keiner zu. Halten Sie kurz inne und sprechen Sie die Passage einfach noch einmal. Vergessen Sie dabei nicht, auch die Aktionen auf dem Bildschirm zu wiederholen.

Bei meinen eigenen Screencasts nehme ich oft die gesprochenen Erklärungen ein weiteres Mal auf. Dadurch stresse ich mich bei der Erstaufnahme nicht zu sehr und konzentriere mich hauptsächlich auf die Aktionen auf dem Bildschirm. Sind die Aufnahmen im Kasten, setze ich den Marker an den Anfang, schaue meinen eigenen vorherigen Aktionen zu und spreche in Ruhe sämtliche Anweisungen noch einmal ein.

Nachvertonen mit MAGIX Video deluxe 17+

Um eine neue Tonspur in MAGIX Video deluxe 17+ aufzunehmen, setzen Sie den Abspielmarker an den Anfang des Videos. Löschen Sie die alte Tonspur oder stellen Sie sie mit einem Klick auf das *M* in der linken Leiste auf stumm. Wählen Sie über das Menü *Datei → Aufnahme* die Funktion *Audio*. Danach wählen Sie den richtigen Audiotreiber bzw. das Mikrofon, geben der Aufnahme einen

Namen, steuern noch einmal das Mikrofon aus und starten dann die Aufnahme über den Aufnahmeschalter. Automatisch startet die Videosoftware auch die Videoaufzeichnung. Haben Sie alles aufgenommen, beenden Sie die Aufnahme einfach per Stop-Button, und MAGIX Video deluxe 17+ fügt eine neue Tonspur mit dem eben Gesprochenen in das Projekt ein.

Nachvertonen mit Screenflow

Bevor Sie mit Screenflow eine neue Tonaufnahme machen, löschen Sie zuerst die vorhandene. Anschließend wählen Sie über das Menü *Ablage → Aufnahme hinzufügen...* und setzen ein Häkchen bei *Audio aufnehmen von*. Klicken Sie auf *Aufnehmen* und starten Sie anschließend die Videoaufzeichnung Ihres Screencasts. Sprechen Sie die Anweisungen einfach neu ein.

Aufnahme eines Screencasts mit MAGIX Video deluxe 17+

Starten Sie für die Aufnahme eines Screencasts mit MAGIX Video deluxe 17+ ein neues Projekt über *Datei → Neues Projekt*. Wählen Sie bei *Filmeinstellungen* die gewünschte abzufilmende Größe des Screencasts. Öffnen Sie das Menü *Datei → Aufnahme*. Im Pop-up-Fenster wählen Sie die Funktion *Bildschirm*. Checken Sie noch einmal, ob die Aufnahmequalität korrekt ist, und wählen Sie gegebenenfalls die richtige Auflösung über den Button *Konfiguration*. Klicken Sie auf den Aufnahmeschalter und verschieben Sie das Aufnahmefenster an die Position, die Sie aufnehmen wollen. Starten Sie die Aufnahme jetzt mit dem Aufnahmeschalter. Die Aufnahme beenden Sie, je nachdem, welche Optionen Sie gewählt haben, entweder über den Stop-Button oder über das Filmklappensymbol in Ihrer Windows-Leiste. Automatisch setzt die Software die neue Spur in das Projekt ein. Die Postproduktion kann beginnen.

Aufnahme eines Screencasts mit Screenflow

Um auf dem Mac mit Screenflow einen Screencast aufzunehmen, starten Sie die Software. Mittig erscheint ein Pop-up-Fenster, wie in Abbildung 5-2 gezeigt. Unkompliziert klicken Sie die Quellen zusammen, die Sie für den Screencast aufnehmen wollen. Hier können Sie auch noch einmal den Pegel Ihres Mikrofons einstellen und über die Lautstärkeanzeige überprüfen. Die Aufnahme starten Sie mithilfe des großen roten Aufnahmeschalters. Screenflow nimmt jetzt sämtliche Ereignisse auf ihrem gesamten Bildschirm auf. Welche Bereiche des Screencasts später gezeigt werden sollen, bestimmen Sie in der Postproduktion.

◀ **Abbildung 5-2**
Nach dem Start von Screenflow klickt man noch schnell die Quellen für die Aufnahme zusammen und kann dann sofort loslegen.

Die Aufnahme beenden Sie mit ⇧ + ⌥ + 2 oder indem Sie in der Menüleiste auf das Icon mit der Kamera klicken und *Aufnahme anhalten* wählen. Screenflow öffnet nun automatisch den Editor für die Nachbearbeitung des Screencasts – siehe Abbildung 5-3. Jetzt beginnt die Postproduktion, in der Sie den Screencast zusammenschneiden und mit hilfreichen Bauchbinden, Pfeilen und Beschriftungen bereichern.

▼ **Abbildung 5-3**
Die Arbeitsoberfläche von Screenflow. In der Mitte sehen Sie die Aufnahme, unten die aufgenommenen Spuren und rechts das Menü mit Funktionen für die Bearbeitung des Screencasts.

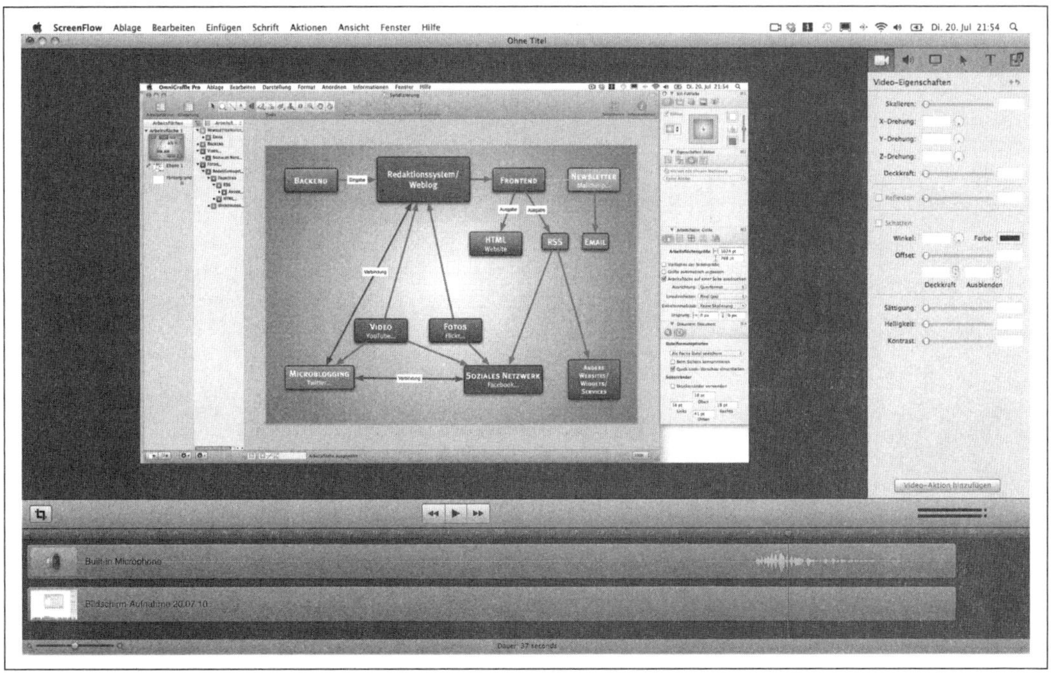

Bearbeitung des Screencasts

Sind die Aufnahmen »im Kasten«, geht es in den Schnitt. Einerseits schneiden Sie am besten so viele langatmige Passagen heraus wie möglich. Auf der anderen Seite dürfen Sie nicht vergessen, dass Sie Ihren Zuschauern etwas erklären. Damit diese Ihre Aktionen nachvollziehen können, geben Sie ihnen an besonders anspruchsvollen Stellen Zeit.

Tipp Ein großartiges Beispiel für erklärende Videos sind die Minidokumentationsfilme von Armin Maiwald für die Sendung mit der Maus, zu finden unter *www.wdrmaus.de/sachgeschichten/sachgeschichten/index.php5*. Komplexe Inhalte brechen die Sachgeschichten gekonnt in verdauliche Happen auf. Diese Technik können Sie auch für Ihre Screencasts verwenden, indem Sie z.B. den Screencast in Unterkapitel unterteilen und eine Zwischenüberschrift einblenden.

Den Screencast mit Sprechblasen verfeinern

Sprechblasen oder eingeblendete Beschriftungen, auch *Callouts* genannt, illustrieren Ihren Screencast. Diese eingeblendeten Sprechblasen, Pfeile oder Bauchbinden bieten Ihren Zuschauern wertvolle Zusatzinformationen und Tipps dazu, worauf sie beim Zuschauen achten sollen. Als besonders wertvoll entpuppen sich Callouts, wenn das Video in einer kleinen Auflösung angeschaut wird. Nutzen Sie deshalb für Callouts eine große Schrift und achten Sie darauf, dass der Callout lange genug sichtbar ist. Gemütlichkeit ist wichtiger als effektvolle Einblendungen.

Beispiel Ein Callout in Form eines animierten Pfeils sehen Sie an Stelle 02:23. Dieser weist den Zuschauer noch einmal deutlich darauf hin, an welcher Stelle er den FTP-Zugang eingeben muss.

Bauchbinden: hilfreiche Informationen einblenden

Bauchbinden gehören zu den klassischen Mitteln, um weitere Informationen einzublenden. Bauchbinden kennen Sie von Reportagen, Moderationen und ähnlichen Sendungen. Man blendet sie am unteren Bildrand ein, um dem Zuschauer z. B. den Namen des Moderators mitzuteilen. Hilfreich gestalten sich Bauchbinden auch bei einem Screencast z. B. immer dann, wenn Sie eine wichtige URL nennen.

Im Beispiel-Screencast blende ich z.B. die Internetadressen der genannten Software an Stelle 00:58 ein. Bauchbinden können aber auch als Möglichkeit dienen, ein wenig Humor in den eigenen Screencast zu bringen. Fällt einem auf, dass man vielleicht kontinuierlich eine Redewendung immer und immer wieder verwendet, kann man sich selbst vielleicht einmal ironisch via Untertitel kommentieren. Humor ist ein optimales Mittel, um trockenen Stoff aufzulockern und die Aufmerksamkeit von Lernenden aufrechtzuerhalten. Vielleicht streuen Sie sogar kleine Gimmicks in Ihre Screencasts ...

Sowohl iMovie als auch MAGIX Video deluxe 17+ bieten eine Vielzahl von vorgefertigten Bauchbinden an. Um eine Bauchbinde einzubauen, reichen in der Regel zwei Klicks und die Eingabe des Texts.

Bauchbinden mit MAGIX Video deluxe 17+ : Um eine Bauchbinde mit MAGIX Video deluxe 17+ einzubauen, klicken Sie zuerst rechts oben auf den Button *Bearbeiten* und anschließend auf das Register *Titel*. Im Menü finden Sie den Unterpunkt *Bauchbinden*. Ziehen Sie eine der Bauchbinden einfach auf eine leere Spur und geben Sie einen Titel im Videovorschaufenster ein.

Bauchbinden mit iMovie : Um mit iMovie unkompliziert eine Bauchbinde einzubauen, klicken Sie in der Leiste, die den oberen und unteren Bereich unterteilt, rechts auf das Icon mit dem *T*. Suchen Sie sich eine Bauchbinde aus – z. B. *Verlauf Weiß* – und ziehen Sie den Effekt über den Clip, den Sie untertiteln wollen. Dann klicken Sie einfach auf den Blindtext in der Videovorschau und geben den Text ein. Fertig!

Selbst gestaltete Bauchbinden, Sprechblasen und Pfeile mit iMovie realisieren

Gefallen Ihnen die vorgefertigten Bauchbinden beider Programme nicht, gibt es einen einfachen und eleganten Weg: Gestalten Sie Ihre Bauchbinden in einer Bildbearbeitungssoftware wie z. B. Photoshop und speichern Sie anschließend das Bild in einem PNG-Format ab. Da das PNG-Format Transparenzen und Alphakanäle unterstützt, scheint das Originalvideo überall dort durch, wo das darüberliegende Bild transparent ist. Das ermöglicht z. B. wunderbare Milchglaseffekte mit weichen Übergängen, wie zu Beginn des Beispielvideos bei 00:09.

Um Ihnen das Leben zu erleichtern, bauen Sie sich am besten eine Vorlage mit den exakten Pixelmaßen des Videos – in unserem Beispiel 1.280 x 720. Für den Import bei MAGIX Video deluxe 17+ klicken Sie im *Bearbeiten*-Modus einfach auf *Import*, suchen die PNG-Datei und ziehen sie in die gewünschte Spur.

Mit iMovie gestaltet sich der Einbau ein wenig trickreicher. Zuerst einmal benötigen Sie mindestens iMovie '09. Denn erst damit kann man zwei Videosignale übereinanderlegen. Weiterhin muss die Funktion *Picture-in-Picture-Effect* erst einmal freigeschaltet werden. Dazu müssen Sie im Menüpunkt *imovie → Einstellungen* ein Häkchen bei *Erweiterte Werkzeuge anzeigen* setzen.

Ziehen Sie jetzt das PNG-Bild – die Bauchbinde – aus der Projektbibliothek über den Clip (Clip A), der von unserer Bauchbinde untertitelt werden soll. Die Bauchbinde (Clip B) setzt iMovie als neuen Clip über Clip A. Klicken Sie anschließend auf die Bauchbinde (Clip B). Im Videofenster ermöglicht iMovie jetzt die Justierung der Größe und die Positionierung der Bauchbinde. Ziehen Sie die Bauchbinde am linken unteren und rechten oberen Punkt auf die maximale Größe.

Abschließend doppelklicken Sie auf den Bauchbinde-Clip für die weitere Feinjustierung. Im aufspringenden Menü können Sie jetzt Darstellung, Einblendzeit usw. einstellen.

Eine Videoanleitung des *Picture-in-Picture-Effect* finden Sie unter *www.apple.com/de/ilife/tutorials/#imovie-picinpic*.

Zooming: Aufmerksamkeit lenken, Unnötiges ausblenden

Neben Callouts lenken Vergrößerungen von Bildschirmausschnitten die Aufmerksamkeit des Zuschauers. Im Gegensatz zu normalen Filmproduktionen entstehen die Zooms bei Screencasts in der Postproduktion. Ein gekonnter Zoom vergrößert den Teil des Bildschirms, der gerade wichtig ist – siehe Beispielvideo bei 03:30. Das erhöht bei kleinen Videofenstern die Lesbarkeit, fokussiert den Lernenden auf das Material und bringt nebenbei ein wenig Action bzw. Bewegung in den Screencast.

Einen Zoom mit MAGIX Video deluxe 17+ erstellen: MAGIX Video deluxe 17+ ermöglicht mithilfe von Keyframes außergewöhnliche Zooms und die Bewegung von Objekten. Um Bildschirmausschnitte zu vergrößern oder zu verkleinern, wählen Sie das Objekt in der Zeitleiste bzw. Timeline und klicken anschließend auf *Effekte → Bewegungseffekte → Ausschnitt/Zoom*. Danach können Sie Keyframes setzen und definieren. Mehr dazu erfahren Sie in der Anleitung zum Programm.

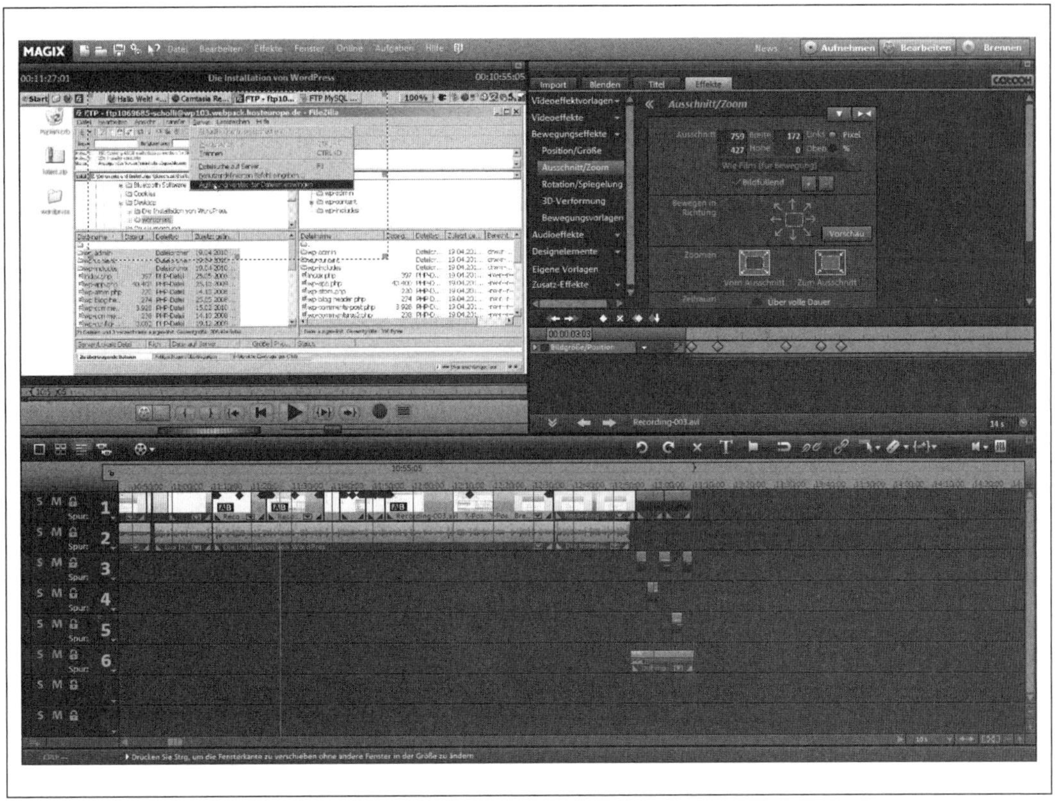

▲ **Abbildung 5-4**
Um Bildschirmausschnitte zu vergrößern oder zu verkleinern bietet Magix Video Deluxe 17+ eine eigene Effekteinheit.

Einen Zoom mit Screenflow erstellen: Um mit Screenflow in bestimmte Bereiche hineinzuzoomen, fügen Sie eine neue Videoaktion hinzu. Anschließend verschieben Sie das Videofenster an die gewünschte Stelle und skalieren es, indem Sie entweder an den Ecken das Videofenster größer ziehen oder in der Seitenleiste bei den Videoeigenschaften den *Skalieren*-Regler verschieben.

Kapitelmarker mit QuickTime

Gehören Sie zu den Perfektionisten, lohnt sich auch ein Blick in die Dokumentation des QuickTime-Formats unter *www.apple.com/quicktime/tutorials/chaptertracks.html*. QuickTime ermöglicht über Metadaten das Setzen von Kapitelmarkern innerhalb eines Videos, die man sogar über HTML-Befehle anspringen kann. Bei solch anspruchsvollen Produktionen hilft Ihnen auch das kostenlose Programm *Hootenanny*, zu finden unter *www.applesolutions.com/bantha/MH.html*. Die bereits erwähnte Screencast-Software *Camtasia* bietet die Funktion für Kapitelmarker ebenfalls.

Export und Distribution des Screencasts

Sind Sie mit der Produktion des Screencasts zufrieden, brauchen Sie das Video nur noch zu exportieren. Die dazu notwendigen Schritte sind exakt die gleichen wie beim Hochladen eines Videos, Sie können sie daher im Abschnitt »Video-Export und -Distribution im Web« in Kapitel *Video* nachlesen. Haben Sie den Screencast auf ein Videoportal oder auf Ihren eigenen Webspace hochgeladen, müssen Sie abschließend noch einen Eintrag in Ihrem Weblog vornehmen. Neben einer Überschrift und einem kurzen und knackigen Anreißer, der den Screencast beschreibt, sollten Sie auch – falls geschrieben – Ihr Skript in den Artikel kopieren. Das ist gut für Suchmaschinen, um den Screencast einzuordnen, und hilfreich für die Leser, die wichtige Schritte noch einmal nachlesen können.

Sollten Sie sich dazu entscheiden, Screencasts regelmäßiger zu produzieren, lohnt es sich, einen Newsletter zum Thema anzubieten. Dazu brauchen Sie nicht gleich ein eigenes Newsletter-System zu installieren, probieren Sie am besten erst mal ein kostenloses System wie z.B. *www.mailchimp.com* aus. Mailchimp ermöglicht Ihnen den Versand professioneller Newsletter. Die ersten 500 Abonnenten und maximal 3.000 E-Mail-Newsletter pro Monat sind kostenlos.

Recherchieren und überlegen Sie außerdem, wen ein solcher Screencast interessieren könnte. Produzieren Sie zum Beispiel Photoshop-Screencasts, schreiben Sie am besten auch entsprechende Blogs oder Magazine an bzw. nehmen die Redaktionen in Ihren Newsletter-Verteiler auf. Die Arbeit lohnt sich und spiegelt sich in Ihren Zuschauerzahlen wider.

Und wenn Ihr erster Screencast steht, benachrichtigen Sie mich doch per Twitter oder schreiben mir eine E-Mail an *kontakt@phlow.net*. Ich bin gespannt, wie Sie meine Hilfestellungen umgesetzt und welchem Thema Sie sich angenommen haben.

Internetquellen und Buchtipps

Screencast-Software

Screenflow
    www.telestream.net/screen-flow/overview.htm

MAGIX Video deluxe 17 Plus
    www.magix.com/de/video-deluxe/plus/

Englische Videotutorials von O'Reilly

Die folgenden englischsprachigen Screencasts beschäftigen sich noch eingehender mit der richtigen Bildschirmauflösung für Screencasts. Für die Screencasts wurde das weiter oben vorgestellte Camtasia von TechSmith benutzt.

Screen size & resolution 1
: *http://blip.tv/file/2497756*

Screen size & resolution 2
: *http://blip.tv/file/2497775*

Video Production Setting 1
: *http://blip.tv/file/2547817*

Video Production Setting 2
: *http://blip.tv/file/2547823*

Video Production Setting 3
: *http://blip.tv/file/2547829*

Teil 3: Online-Journalismus

KAPITEL 6

Schreiben fürs Web

In diesem Kapitel:

- Gehaltvolle Nachrichten
- Aufbau einer Nachricht
- Überzeugende Überschriften
- Magnetische Anreißer
- Fundierte und vollständige Texte

Egal ob Sie Texte, Radiobeiträge oder Videos produzieren: Die Basis einer guten Medienproduktion ist immer ein Text. Dieser muss nicht zwangsläufig ausformuliert sein. Oft liegt einer Radiosendung oder Videoproduktion auch nur ein Skript in Stichworten zugrunde. Doch selbst das kürzeste Skript hat zwei wesentliche Punkte mit einem ausformulierten Text gemeinsam. Erstens erzählt ein gutes Skript strukturiert eine Geschichte, und zweitens tauchen in diesem Skript die wichtigsten Begriffe und Thesen des Beitrags auf, damit die Sprecher, Moderatoren oder Schauspieler auf diese zurückgreifen können.

Deshalb zeige ich Ihnen an dieser Stelle die wichtigsten Methoden, um Ihre Texte kreativ zu gestalten, zu strukturieren und optimal für das Web aufzubereiten. Das Kapitel *Suchmaschinenoptimierung* erklärt Ihnen dann im nächsten Schritt, wie Sie die Texte optimal für Leser und Suchmaschinen aufbereiten. Als Beispiel dient mir dazu das wichtigste Textformat des Journalismus: die Nachricht, auch Meldung oder News genannt.

Gehaltvolle Nachrichten

Neben der Nachricht stehen ambitionierten Journalisten noch zahlreiche weitere Formate zur Verfügung. Dazu gehören der Bericht, das Interview, der Kommentar, die Glosse, die Kritik, die Reportage, das Feature und das Porträt. Alle diese Darstellungsformen folgen einem spezifischen Ziel und Aufbau. Während z.B. die Kritik als informierende Darstellungsform über Theaterstücke, Musikerscheinungen oder Ausstellungen kritisch berichtet, versucht die Glosse, satirisch als spöttischer Zwischenruf den Leser zum Nachdenken zu bringen.

Tipp

Leider kann ich an dieser Stelle aus Platzgründen nicht jede einzelne Darstellungsform ausgiebig vorstellen. Wenn Sie sich genauer mit Darstellungsformen und Ihrem spezifischen Aufbau auseinandersetzen wollen, empfehle ich ihnen das sehr gute Buch »ABC des Zeitungs- und Zeitschriftenjournalismus« von Volker Wolff (siehe Literaturhinweise am Ende des Kapitels).

Das Fundament des Journalismus bildet aber eindeutig die Nachricht. Sie informiert den Leser und bleibt frei von Meinungen und Kommentaren ihres Schreibers. Die ersten Zeitungen wurden allein zur Berichterstattung ins Leben gerufen. Formen wie Interview oder Kritik haben sich erst im Nachhinein entwickelt. Generell gilt für die Nachricht, dass diese objektiv informiert und nicht die Meinung des Schreibers widerspiegelt. Nachrichten haben darüber hinaus einen aktuellen Bezug und behandeln entweder ein aktuelles Ereignis oder eine Begebenheit, deren Auswirkungen aktuell zu spüren sind.

Aufbau einer Nachricht

Nachrichtentexte sind aufgebaut wie eine auf den Kopf gestellte Pyramide (siehe Abbildung 6-1). Die Informationen sind dabei so gruppiert, dass das Wichtigste zu Beginn der Nachricht erwähnt wird. Erst im weiteren Verlauf bietet der Text Details und Hintergründe über das beschriebene Ereignis. Dieser Aufbau einer Nachricht erlaubt es dem Leser, seine Lektüre jederzeit abzubrechen und trotzdem die wesentlichen Informationen einer News erfasst zu haben. Im Web kommt dieser Textaufbau besonders zur Geltung, weil Leser Webseiten scannen, sehr schnell selektieren und die Lektüre abbrechen, sobald sie ein Artikel nicht mehr interessiert.

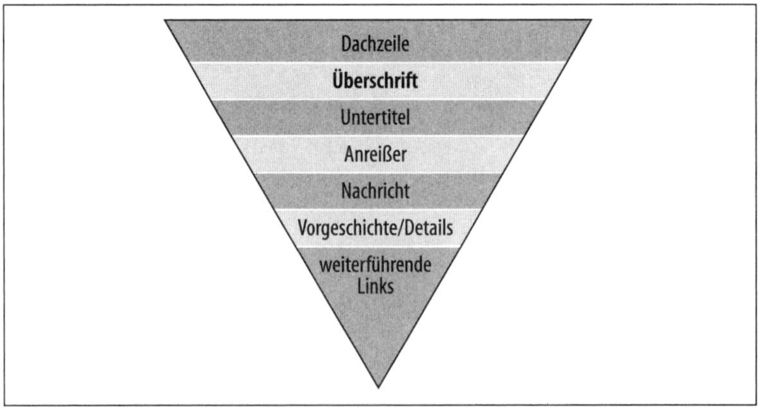

Abbildung 6-1 ▶ Nachrichten sind aufgebaut wie eine umgedrehte Pyramide.

Nachrichten sollten klar und präzise formuliert sein. Im Kern beantworten sie die berühmten sieben W-Fragen (Wer? Was? Wann? Wo? Wie? Warum? Woher?). Damit der Leser schnell informiert wird, beginnt man mit den wichtigsten Informationen. Das geschieht mit dem ersten Satz, dem sogenannten *Lead*, der die wichtigsten Fakten der Nachricht enthält. Der Lead beantwortet die Frage: »Wer hat was getan?« In den darauffolgenden Sätzen teilen Sie dem Leser dann die Details des Geschehens mit. Neben der Information, wann und wo ein Ereignis stattgefunden hat, folgen hier auch Auskünfte über den genauen Hergang (wie?) und die Hintergründe (warum?) eines Ereignisses. Klassischerweise gehört zur Nachricht ebenfalls die Angabe, woher man die Informationen der Nachricht bezogen hat (woher?). Es kann einen wichtigen Unterschied machen, ob die Quelle eine Presseagentur ist oder ob ein Blogger die Information veröffentlicht hat. Je nach Nachricht wirft eine Newsmeldung neue Fragen auf, beispielsweise wie das Geschehen sich weiterentwickeln könnte. Hier werden mögliche Konsequenzen und zukünftige Entwicklungen des Ereignisses beleuchtet.

Überzeugende Überschriften

Eine Überschrift – auch Schlagzeile, Hauptzeile oder Headline genannt – erzeugt schon aufgrund ihrer Größe Aufmerksamkeit. Der Leser liest die Headline als Erstes, nur Bilder in einer Nachricht ziehen mehr Aufmerksamkeit auf sich. Weckt die Headline seine Neugier, liest er garantiert den Anreißer oder klickt den »Weiter lesen«-Link an. Darum ist es wichtig, der Schlagzeile als Schreibender genügend Aufmerksamkeit zu widmen. Nach Bildern sind Überschriften die wichtigsten Appetitanreger für Leser.

Damit Überschriften ins Auge springen, müssen sie prägnant und mit wirkungsvollen Reizwörtern versehen sein. Versuchen Sie, dabei nicht mehr als sechs Wörter zu verwenden. Das hilft bei der Aufnahme und dem Scannen der Website. Obendrein vermeiden Sie am besten kryptische Headlines mit Fachbegriffen. Sollte ein Fachwort notwendig sein, helfen Sie dem Leser mit einem Untertitel auf die Sprünge. Untertitel eignen sich hervorragend für ergänzende Informationen und werden sachlich formuliert. Spätestens jedoch beim Lesen des Anreißers muss dem Lesenden klar werden, um welches Thema es sich handelt.

Bei der Gestaltung reizvoller Überschriften dürfen Sie dem Leser keine Unwahrheiten auftischen. Versprechen Sie in einer Schlagzeile nichts, das Sie nicht später tatsächlich im Text einlösen. Die Überschrift formuliert man in der Regel erst, nachdem man den eigentlichen Text geschrieben hat. Da sie neugierig machen soll, muss sie anregend wirken. Flott getextete und mit Humor gespickte Überschriften wecken das Interesse. Unklare Aussagen und Allgemeinplätze schrecken dagegen nur ab.

Kommen in einer Headline längere, zusammengesetzte Wörter vor, helfen Bindestriche, die Überschrift schneller zu erfassen. Insbesondere bei Wörtern, die sich aus zwei Sprachen zusammensetzen, ist ein Bindestrich unbedingt zu empfehlen – z.B. bei Begriffen wie »Weblog-Technik«, »Online-Journalismus« oder »Podcast-Übertragung«. Namen, Institutionen und außergewöhnliche Begriffe können Sie auch mit einer Spitzmarke ganz an den Anfang der Überschrift setzen. Zum Beispiel so:

- Personal Publishing: eigene Texte im Internet veröffentlichen
- Schlaflos in München: die Telenovela fürs Ohr
- Live Music Archive: Internetarchiv für legale Konzertmitschnitte

Bei meiner eigenen Arbeit habe ich festgestellt, dass ich entweder schon vor der eigentlichen Nachricht die Überschrift im Kopf habe oder sie erst am Ende texte. Während ich im ersten Fall »nur noch« die Nachricht passend zur Überschrift schreiben muss, ist es im umgekehrten Fall schwieriger. »Fluppt« es im ersten Schritt mit der Headline nicht, beschäftige ich mich erst einmal mit dem eigentlichen Newstext. Das lockert die Gedanken und richtet den Fokus auf die Nachricht. Am Ende durchsuche ich den eigenen Text noch einmal nach Schlüsselwörtern und zentralen Tatsachen. Eine andere Möglichkeit ist, sich die Frage »Wer tut was?« zu stellen. Das hilft in der Regel, um einen passenden Titel zu finden.

Magnetische Anreißer

Der Schlüssel, Ihren Vorspann für den Leser unwiderstehlich zu machen, ist die Frage, worin sich Ihre Geschichte von anderen Geschichten unterscheidet.

Rene J. Cappon

Das wichtigste Element eines Webtexts ist neben der Überschrift der Anreißer, auch Teaser genannt. Dieser muss klar und präzise formuliert werden, weil er ein strategisch wichtiger Text ist. Schließlich bildet der Anreißer eine Art Rutschbahn in den gesamten Artikel. Darum muss der Teaser Ihre Leser in den Text ziehen und Neugier und Motivation zum Weiterklicken erwirken. Die Entscheidung des Besuchers, ob er einen Artikel liest oder nicht, fällt spätestens, wenn er den Anreißer überflogen hat.

Beim Schreiben eines Anreißers gilt: Fassen Sie sich kurz und benutzen Sie aussagekräftige Verben und Reizwörter. Leser wollen im Web nicht viel Zeit verlieren und schnellstmöglichst erfahren, ob der Text lesenswert ist. Anders als in den Printmedien müssen Sie online stärker überzeugen. Ihre Konkurrenz befindet sich nur einen Klick entfernt. Darum sollten Sie versuchen, Ihre Leser mit einem knackigen und auf den Punkt gelandeten Anreißer zum Weiterlesen zu motivieren.

Je mehr Handlung im Teaser eines Artikels vorkommt, desto besser. Die Einleitung muss überzeugen und die brisantesten Fakten der Nachricht zusammenfassen. Gemeinsam mit der Überschrift bildet er das Dream-Team, das das Zeug haben muss, den Leser zu ködern, um ihn in den Artikel zu ziehen.

Um das zu erreichen, sind aussagekräftige Verben nötig. Verben sind anschaulich, schlank und lebendiger als Substantive. Sie drücken Aktionen und Gefühle aus. Um den Leser zu animieren und zu fesseln, sollte man immer das Aktiv benutzen. Wolf Schneider bringt es in seinem Buch »*Deutsch für Profis*« (Goldmann Verlag) auf den Punkt: »Arm an Saft und Kraft [...] ist auch das Passiv: eine späte, künstliche, entmenschlichte Form des Verbs, in Dialekten selten oder unbekannt, Kindern spät zugänglich und bei jedem Verständlichkeitstest im Hintertreffen.« Platzieren Sie darum aktive Verben an prominenter Stelle, also so weit vorn im Satz wie möglich.

Neben Verben stechen besonders Reizworte in einem Teaser hervor. Die Kunst des Schreibens liegt dabei in einer ausgewogenen Mischung, die nicht marktschreierisch die Leser anbrüllt, sondern subtil neugierig macht. Haben Sie die Überschrift und den Anreißer getextet, empfiehlt es sich, beide noch einmal kurz auf folgende Fragen abzuklopfen:

- Ergänzen sich Anreißtext und Überschrift? (Achten Sie auf Doppelinformationen!)
- Macht der Anreißtext neugierig, besitzt er Reizworte, und ist er interessant?
- Wurden so viele Füllwörter wie möglich im Anreißtext gelöscht, oder können noch mehr Wörter weggelassen werden?

Spannungsaufbau mit Cliffhanger

Der Begriff *Cliffhanger* stammt aus dem Bereich des Films. Er bezeichnet die Art des Spannungsaufbaus, die bei mehrteiligen Filmen oder Serien angewendet wird, um den Zuschauer zum Einschalten der Folgeepisode zu bewegen. Die erzählte Geschichte bricht dabei auf dem Höhepunkt der Spannung ab – z.B. an dem Punkt, an dem der Held über einem Abgrund schwebt –, die Auflösung der Spannung wird in die nächste Folge verlagert.

Diese Art des Spannungsaufbaus können Sie sich auch für die Startseite Ihres Blogs zunutze machen, um den Leser zum Weiterlesen zu verführen. Auch wenn diese Technik verlockend klingt, sollten Sie sie nicht für jeden Anreißer nutzen. Unter Umständen ermüdet das den Leser. Setzen Sie den Cliffhanger also behutsam ein und lösen Sie das gegebene Informationsversprechen im darauffolgenden Artikel immer ein. Ansonsten bekommen Sie nur frustrierte Leser, die sich desinformiert vorkommen und Ihre Texte für unwichtig erachten, weil sie nicht das geboten bekommen haben, was sie erwartet hatten.

Checkliste für erfolgreiche Anreißer

Mit den folgenden Fragen können Sie noch einmal Ihren Anreißer auf Treffsicherheit und Spannungsaufbau überprüfen.

- Liest sich der Anreißer wie eine Rutschbahn in den Artikel?
- Macht der Anreißer neugierig, und wirkt er interessant?
- Bietet der Anreißer einen klaren Überblick über den Artikel?
- Ergänzen sich Anreißer und Überschrift, oder werden Informationen doppelt genannt?
- Können (Füll-)Wörter weggelassen und Sätze noch prägnanter getextet werden?
- Befinden sich unnötige Verallgemeinerungen oder Fachbegriffe im Anreißer?
- Haben Sie ausdrucksvolle Verben im Anreißer genutzt?
- Lässt der Anreißer im Kopf ein Bild entstehen?
- Stimmt die Länge des Anreißers?
- Harmoniert das Layout des Anreißertexts mit dem Rest der Seite wie z.B. mit einem daneben angezeigten Bild?

Fundierte und vollständige Texte

Auch für den restlichen Text Ihrer News gilt: das Besondere nach vorn! Anschließend folgen die Details, die den Interessierten einen vertiefenden Einblick in das jeweilige Thema bieten. Zum Schluss kommt dann die Vorgeschichte. Sie muss nicht unbedingt wiederholt werden, sondern lässt sich auch in Form einer Linksammlung zu vorausgegangenen Berichterstattungen am Ende des Texts platzieren.

Manchmal stößt man bei der Recherche auf weitere wichtige Details, oder das Geschehen hat sich weiterentwickelt. In solchen Fällen lohnt sich nicht immer das Schreiben eines neuen Artikels. Anders als in den Printmedien können im Internet Artikel leicht erweitert werden. Ist ein Artikel mit neuen Informationen ausgestattet worden, sollten Sie Ihre Leser darauf hinweisen. Dazu eignet sich z.B. eine Kennzeichnung im Anreißer oder Titel des Artikels, wie es unter anderem die Redakteure des Heise-Tickers praktizieren (siehe Abbildung 6-2).

▲ **Abbildung 6-2**
Kennzeichnen Sie überarbeitete Artikel, damit Ihre Leser erkennen, dass aktualisierte Informationen enthalten sind. Der Newsticker von Heise.de macht das mit dem Hinweis [Update].

Es lohnt sich, Artikel und News zu pflegen. Wächst Ihre Website, werden Sie erstaunt sein, wie oft Leser auch alte Artikel kommentieren. Gepflegte Artikel machen einen guten Eindruck und erleichtern es Ihnen, neue bzw. wiederkehrende Leser zu gewinnen. Eine gute Möglichkeit, besonders häufig gelesene Artikel zu promoten, ist das deutliche Hervorheben von »Klassikern«. Legen Sie dazu doch einfach eine Box per Widget in der Seitenleiste auf Ihrer Startseite an, die die meistgelesenen Artikel hervorhebt. Genauso können Sie es auch mit den jeweiligen Rubriken Seiten machen. Diese Auswahl besonders guter Artikel bindet Ihre Leser und verleitet sie obendrein dazu, im Archiv zu stöbern.

Nachdem Ihr Text endlich fertig geschrieben vor Ihnen liegt, dürfen Sie eines auf keinen Fall vergessen: die Qualitätsprüfung. Am besten lassen Sie Texte von Freunden oder Kollegen redigieren. Sie werden überrascht sein, wie hilfreich ein weiteres Paar Augen ist, das einen Text analysiert und prüft. Außerdem steht Ihnen auch Ihr eigener Rechner hilfreich zur Seite. Nutzen Sie, egal welche Art von Text Sie schreiben, die Rechtschreibprüfung und den Thesaurus Ihrer Textverarbeitungssoftware.

Tipp Auch WordPress bietet eine deutsche Rechtschreibprüfung. Diese aktivieren Sie über das *ABC*-Icon des Texteditors. Um die deutsche Sprache auszuwählen, klicken Sie auf den kleinen Pfeil nach unten und wählen *Deutsch* aus.

Nichts ist peinlicher und entlarvender als ein Text voller Rechtschreibfehler samt grammatikalischer Unstimmigkeiten. Schnell bekommt der Leser das Gefühl, dass ein Artikel mit der heißen Nadel gestrickt wurde.

Wenn ein Text viele Fehler enthält, kann auch leicht eine gewisse Skepsis entstehen, ob die Inhalte ähnlich unprofessionell zusammengeschustert wurden. Darum sollten Sie sorgfältig noch einmal den gesamten Text überprüfen lassen, bevor Sie ihn online veröffentlichen. Wenn Sie viel Zeit haben, lassen Sie lange Texte ein paar Tage liegen. Mit etwas Abstand entdecken Sie schneller stilistische Ungereimtheiten, Rechtschreibfehler und verwirrende Satzkonstruktionen. Denn durch die lange Auseinandersetzung mit dem eigenen Text werden Sie auf Dauer betriebsblind. Wer lange an einem Artikel arbeitet, liest ab einem gewissen Punkt Wörter an Stellen, wo sie schlicht fehlen. Selbst die offensichtlichsten Doppelungen überliest man dann.

Soll der Artikel dagegen so schnell wie möglich online gehen, nutzen Sie zumindest die Rechtschreibprüfung Ihrer Textverarbeitungssoftware. Fortgeschrittene Programme wie OpenOffice, Word oder Textmaker verfügen standardmäßig über eine Rechtschreibkorrektur. Je nach Produkt ist sie mehr oder weniger umfangreich und professionell.

Fehler mit dem Dudenkorrektor ausmerzen

Der Dudenkorrektor ist keine perfekte Software, das gleich zu Beginn! Auch Version 6 verlangsamt das System. Leider arbeitet das Programm nicht wirklich gut mit OpenOffice zusammen. Doch die preiswerte Software ergänzt nicht nur mit ihrer Rechtschreibprüfung, sondern auch mit ihrer Grammatikprüfung und mit einer hilfreichen Satzzeichenkorrektur die interne Rechtschreibprüfung

Ihrer Textverarbeitung. Gleichzeitig fördert der Dudenkorrektor die Orthografie- und Grammatikkenntnisse des Anwenders, indem er bei auftretenden Fehlern die entsprechenden Regeln aus dem Duden anzeigt. Das Programm steht unter *www.duden.de/produkte/elektronisch/korrektor/testversion/* in einer 30-tägigen Testversion zur Verfügung.

Thesaurus

Zum Schluss möchte ich Ihnen noch den Thesaurus ans Herz legen. Ein Thesaurus ist ein geordnetes, alphabetisch und systematisch aufgebautes Verzeichnis von Begriffen, über das Sie Wörter mit ähnlicher und verwandter Bedeutung finden. Beim Schreiben hilft ein Thesaurus ungemein, wenn man seine Texte abwechslungsreich gestalten möchte. Benutzen Sie z.B. in einem Text zum x-ten Mal das Wort *unglaubwürdig*, inspiriert Sie vielleicht der Thesaurus und findet Synonyme oder verwandte Begriffe.

Professionelle Textverarbeitungen wie Microsoft Word z.B. haben einen Thesaurus integriert. Diesen rufen Sie entweder über das Menü *Extras* → *Sprache* → *Thesaurus* auf oder direkt mit der Tastenkombination [⇧] + [F7]. Dabei muss der Schreibcursor entweder direkt hinter oder in einem Wort platziert sein. Sie können aber auch direkt mit der rechten Maustaste auf das Wort klicken und im Kontextmenü über den Unterpunkt *Synonyme* mögliche Synonyme auswählen. Was der Word-Thesaurus als Alternative für *unglaubwürdig* empfiehlt, sehen Sie in der Abbildung 6-3. Die Auswahl kann sich sehen lassen.

◀ Abbildung 6-3
Hilfreich beim Texten: Die Thesaurus-Funktion einer Textverarbeitung – hier ein Alternativvorschlag des Word-Thesaurus für das Wort unglaubwürdig.

Rechtschreibprüfung und Thesaurus für OpenOffice

Auch in OpenOffice können Sie auf eine Rechtschreibprüfung und einen Thesaurus zurückgreifen. Leider müssen Sie beide Funktionen manuell nachinstallieren, über den Extension-Manager von OpenOffice ist das jedoch einfach. Und so rüsten Sie Rechtschreibprüfung, Silbentrennung und Thesaurus nach:

1. Laden Sie unter *http://extensions.services.openoffice.org/en/dictionaries* die entsprechenden Wörterbücher herunter.
2. Öffnen Sie den Extension-Manager von OpenOffice.org über das Menü *Extras → Extension Manager*.
3. Klicken Sie auf *Hinzufügen* und suchen Sie die heruntergeladene Sprachbibliothek.
4. Wählen Sie die Bibliothek aus und klicken danach auf *Öffnen*.
5. Suchen Sie aus, für welche Benutzer des Computers die Bibliothek zur Verfügung stehen soll.
6. Überprüfen Sie die Bibliothek über das Menü *Extras → Optionen → Spracheinstellungen → Sprachen*. Sehen Sie ein *ABC*-Symbol vor der jeweiligen Sprache, haben Sie die Bibliothek erfolgreich installiert.

Wortschatz-Portal der Uni Leipzig

Haben Sie keinen Thesaurus zur Hand, finden Sie einen ganz hervorragenden über *http://wortschatz.uni-leipzig.de*. Die Ergebnisse zur Suchanfrage für *unglaubwürdig* sind noch umfassender als die Ergebnisse von Word – siehe Abbildung 6-4.

Wörter nachschlagen über die Browserzeile: Wer seine Artikel direkt in WordPress schreibt, dem fehlt der Thesaurus. Aber es gibt eine wunderbar einfache und schnelle Lösung, Begriffe nachzuschlagen, wenn man Firefox nutzt: die Browserzeile. Um ein Synonym – z. B. für Tatsache – nachzuschlagen, gebe ich bei mir Folgendes in die Adresszeile ein:

```
wo tatsache
```

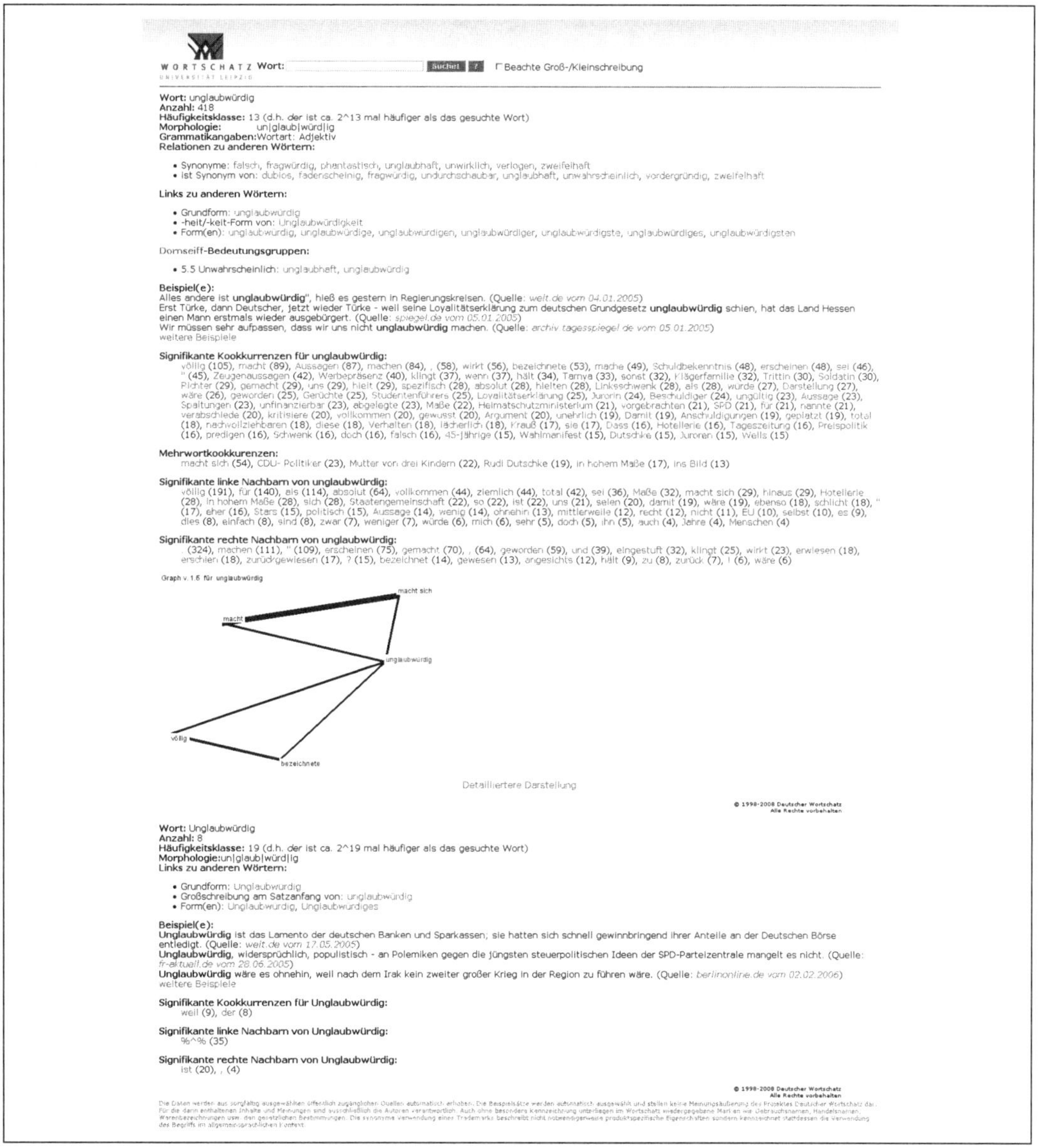
WORTSCHATZ Wort: Suche! ? Beachte Groß-/Kleinschreibung
UNIVERSITÄT LEIPZIG

Wort: unglaubwürdig
Anzahl: 418
Häufigkeitsklasse: 13 (d.h. *der* ist ca. 2^13 mal häufiger als das gesuchte Wort)
Morphologie: un|glaub|würd|ig
Grammatikangaben: Wortart: Adjektiv
Relationen zu anderen Wörtern:

- Synonyme: falsch, fragwürdig, phantastisch, unglaubhaft, unwirklich, verlogen, zweifelhaft
- ist Synonym von: dubios, fadenscheinig, fragwürdig, undurchschaubar, unglaubhaft, unwahrscheinlich, vordergründig, zweifelhaft

Links zu anderen Wörtern:

- Grundform: unglaubwürdig
- -heit/-keit-Form von: Unglaubwürdigkeit
- Form(en): unglaubwürdig, unglaubwürdige, unglaubwürdigen, unglaubwürdiger, unglaubwürdigste, unglaubwürdiges, unglaubwürdigsten

Dornseiff-**Bedeutungsgruppen:**

- 5.5 Unwahrscheinlich: unglaubhaft, unglaubwürdig

Beispiel(e):
Alles andere ist **unglaubwürdig**", hieß es gestern in Regierungskreisen. (Quelle: *welt.de vom 04.01.2005*)
Erst Türke, dann Deutscher, jetzt wieder Türke - weil seine Loyalitätserklärung zum deutschen Grundgesetz **unglaubwürdig** schien, hat das Land Hessen einen Mann erstmals wieder ausgebürgert. (Quelle: *spiegel.de vom 05.01.2005*)
Wir müssen sehr aufpassen, dass wir uns nicht **unglaubwürdig** machen. (Quelle: *archiv.tagesspiegel.de vom 05.01.2005*)
weitere Beispiele

Signifikante Kookkurrenzen für unglaubwürdig:
völlig (105), macht (89), Aussagen (87), machen (84), , (58), wirkt (56), bezeichnete (53), mache (49), Schuldbekenntnis (48), erscheinen (48), sei (46), " (45), Zeugenaussagen (42), Werbepräsenz (40), klingt (37), wenn (37), hält (34), Tamya (33), sonst (32), Klägerfamilie (32), Trittin (30), Soldatin (30), Richter (29), gemacht (29), uns (29), hielt (29), spezifisch (28), absolut (28), hielten (28), Linksschwenk (28), als (28), würde (27), Darstellung (27), wäre (26), geworden (25), Gerüchte (25), Studentenführers (25), Loyalitätserklärung (25), Jurorin (24), Beschuldiger (24), ungültig (23), Aussage (23), Spaltungen (23), unfinanzierbar (23), abgelegte (23), Maße (22), Heimatschutzministerium (21), vorgebrachten (21), SPD (21), für (21), nannte (21), verabschiede (20), kritisiere (20), vollkommen (20), gewusst (20), Argument (20), unehrlich (19), Damit (19), Anschuldigungen (19), geplatzt (19), total (18), nachvollziehbaren (18), diese (18), Verhalten (18), lächerlich (18), Krauß (17), sie (17), Dass (16), Hotellerie (16), Tageszeitung (16), Preispolitik (16), predigen (16), Schwenk (16), doch (16), falsch (16), 45-Jährige (15), Wahlmanifest (15), Dutschke (15), Juroren (15), Wells (15)

Mehrwortkookkurenzen:
macht sich (54), CDU- Politiker (23), Mutter von drei Kindern (22), Rudi Dutschke (19), in hohem Maße (17), ins Bild (13)

Signifikante linke Nachbarn von unglaubwürdig:
völlig (191), für (140), als (114), absolut (64), vollkommen (44), ziemlich (44), total (42), sei (36), Maße (32), macht sich (29), hinaus (29), Hotellerie (28), in hohem Maße (28), sich (28), Staatengemeinschaft (22), so (22), ist (22), uns (21), seien (20), damit (19), wäre (19), ebenso (18), schlicht (18), " (17), eher (16), Stars (15), politisch (15), Aussage (14), wenig (14), ohnehin (13), mittlerweile (12), recht (12), nicht (11), EU (10), selbst (10), es (9), dies (8), einfach (8), sind (8), zwar (7), weniger (7), würde (6), mich (6), sehr (5), doch (5), ihn (5), auch (4), Jahre (4), Menschen (4)

Signifikante rechte Nachbarn von unglaubwürdig:
. (324), machen (111), " (109), erscheinen (75), gemacht (70), , (64), geworden (59), und (39), eingestuft (32), klingt (25), wirkt (23), erwiesen (18), erschien (18), zurückgewiesen (17), ? (15), bezeichnet (14), gewesen (13), angesichts (12), hält (9), zu (8), zurück (7), ! (6), wäre (6)

Graph v. 1.6 für unglaubwürdig

Detailliertere Darstellung

Wort: Unglaubwürdig
Anzahl: 8
Häufigkeitsklasse: 19 (d.h. *der* ist ca. 2^19 mal häufiger als das gesuchte Wort)
Morphologie: un|glaub|würd|ig
Links zu anderen Wörtern:

- Grundform: Unglaubwürdig
- Großschreibung am Satzanfang von: unglaubwürdig
- Form(en): Unglaubwürdig, Unglaubwürdiges

Beispiel(e):
Unglaubwürdig ist das Lamento der deutschen Banken und Sparkassen; sie hatten sich schnell gewinnbringend ihrer Anteile an der Deutschen Börse entledigt. (Quelle: *welt.de vom 17.05.2005*)
Unglaubwürdig, widersprüchlich, populistisch - an Polemiken gegen die jüngsten steuerpolitischen Ideen der SPD-Parteizentrale mangelt es nicht. (Quelle: *fr-aktuell.de vom 28.06.2005*)
Unglaubwürdig wäre es ohnehin, weil nach dem Irak kein zweiter großer Krieg in der Region zu führen wäre. (Quelle: *berlinonline.de vom 02.02.2006*)
weitere Beispiele

Signifikante Kookkurrenzen für Unglaubwürdig:
weil (9), der (8)

Signifikante linke Nachbarn von Unglaubwürdig:
%^% (35)

Signifikante rechte Nachbarn von Unglaubwürdig:
ist (20), , (4)

▲ Abbildung 6-4
Großartiges Online-Nachschlagewerk für Synonyme und Worterklärungen: das Wortschatz-Portal der Uni Leipzig – hier Synonyme und Informationen zum Wort unglaubwürdig.

Drücke ich auf Enter, leitet mich Firefox direkt zum Ergebnis des Wortschatz-Portals der Uni Leipzig. Der Trick funktioniert dank der Schlüsselwörter, die man einer Suche in Firefox geben kann. Und das funktioniert so:

1. Öffnen Sie die Webseite der gewünschten Suchfunktion – hier *http://wortschatz.uni-leipzig.de.*

2. Klicken Sie mit der rechten Maustaste in das Suchfeld und wählen Sie aus dem Kontextmenü *Ein Schlüsselwort für diese Suche hinzufügen*.
3. Ist das Pop-up-Fenster nicht so ausgeklappt, wie in Abbildung 6-5, klappen Sie es über das Icon mit dem Pfeil nach unten auf.
4. Geben Sie in das Feld *Schlüsselwort* das Kennwort für die Suchfunktion ein. Dieses ist am besten kurz und einprägsam (z. B. wo für Wortschatz).
5. Suchen Sie einen Ordner für das Lesezeichen aus und ...
6. ... speichern Sie das Lesezeichen mit Schlüsselwort ab.
7. Überprüfen Sie mit einem Aufruf in der Adressleiste, ob das Lesezeichen funktioniert. Tippen Sie dazu *wo begriff* ein.

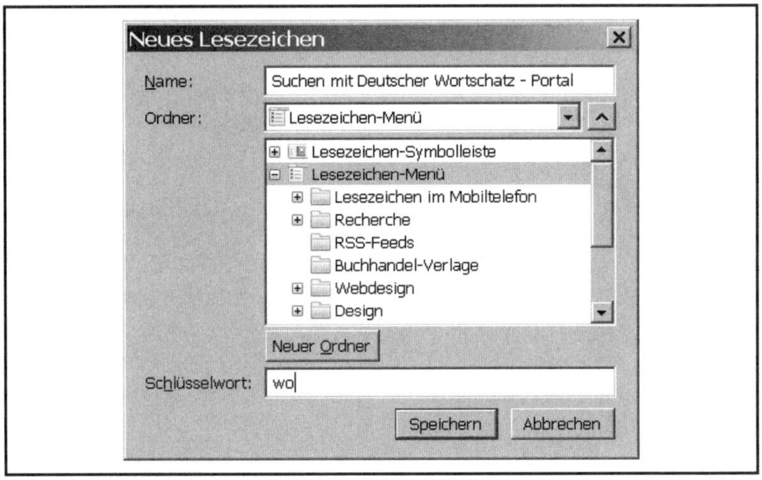

Abbildung 6-5 ▶
Über eine kleine Funktion von Firefox können Suchanfragen auf nahezu allen beliebigen Suchmaschinen bequem und schnell über die Adressleiste eingegeben werden.

Diese Funktion lässt sich auf zahlreiche Suchmaschinen anwenden – für die Wikipedia-Suche, für die Suchfunktion Ihrer Lieblings-Filmkritiken-Website und, und, und ... Mithilfe dieses Tricks sparen Sie viel Zeit und gelangen fix zu den Suchergebnissen.

Inhalte online bringen

Wenn Sie die Arbeit an Ihrem Beitrag abgeschlossen und ihn inhaltlich und formal noch ein letztes Mal geprüft haben, müssen Sie ihn in einem letzten Schritt für das Web aufbereiten. Auch wenn Ihnen ein Weblog-System wie WordPress hilfreich bei der Erstellung von Webinhalten unter die Arme greift, ist es ungemein nützlich zu wissen, wie man Webseiten mithilfe von XHTML und CSS aufbaut und gestaltet. Dann können Sie Ihre Artikel für Suchmaschinen optimieren, und zahlreiche Leser sind Ihnen gewiss. Alles Wesentliche zu diesen beiden nächsten Schritten erfahren Sie in den beiden folgenden Kapiteln.

Buchtipps zum Thema Journalismus

Deutsch für Profis von Wolf Schneider
Goldmann Verlag, 1999, ISBN 3442161754

Das neue Handbuch des Journalismus, Wolf Schneider und Paul-Josef Raue
rororo, 1999, ISBN 9783499615696

Journalistisches Schreiben von Rene J. Cappon
Autorenhaus Verlag, 2005, ISBN 3932909259

ABC des Zeitungs- und Zeitschriftenjournalismus von Volker Wolff
UVK, 2006, ISBN 3896695789

Einführung in den praktischen Journalismus von Walther von LaRoche
Econ Verlag, 2006, ISBN 3430176816

KAPITEL 7

Suchmaschinenoptimierung

In diesem Kapitel:

- Wie funktionieren Suchmaschinen?
- Wie man suchmaschinenoptimierte Artikel schreibt
- Programme und Services für die Suchmaschinenoptimierung
- Website-Tuning

Das Wort Suchmaschinenoptimierung klingt kühl, kalt und herzlos. Es klingt, als ob es sich dabei um die Bedienung einer Maschine handelt. Es klingt mechanisch, langweilig und allzu technisch. Aber auch wenn es sich hier erst einmal um Technik dreht, so dreht es sich bei der Suchmaschinenoptimierung um viel mehr: den Geist in der Maschine. Schließlich sucht ein anderer Mensch Inhalte über die Maschine, und dieser Mensch ist der eigentliche Adressat der Suchmaschinenoptimierung. Suchmaschinenoptimierung bedeutet darum auch – und vielleicht vielmehr – die gekonnte Optimierung von Inhalten, ein psychologisches Gespür für die Suchenden und oft einfach nur besser aufbereitete Texte. Hinzu kommt, dass suchmaschinenoptimierte Websites in der Regel auch die besseren Websites für die Nutzer sind. Optimierte Webseiten sind besser strukturiert und folgen einer inneren Logik. Optimierte Websites kommen außerdem Menschen mit Behinderungen entgegen, weil sie auf Webstandards setzen und besser von Ausgabegeräten wie zum Beispiel der Braillezeile dargestellt werden können. Suchmaschinenoptimierung ist darum ein optimales Betätigungsfeld für Journalisten, Schreiber und Blogger. Und mit Suchmaschinenoptimierung lässt sich obendrein gutes Geld verdienen, wenn man für Kunden und Unternehmen textet. Dieses Kapitel zeigt Ihnen, wie Suchmaschinenoptimierung funktioniert. Aktuelle Trends, Software und Links finden Sie auf meiner Website unter *www.phlow.de/suchmaschinenoptimierung*.

Wie funktionieren Suchmaschinen?

Eine Suchmaschine besteht in der Regel aus drei Komponenten. Während ein Programmteil Daten sammelt und speichert, analysiert und sortiert ein anderes Programm die Daten in der Datenbank. Die dritte Komponente des Programms ist die Suchmaske. Sie dient als Schnittstelle zwischen Suchendem und Suchmaschine und nimmt die Anfragen entgegen.

Damit eine Suchmaschine funktioniert, benötigt sie Daten. Um die eigene Datenbank mit neuen Inhalten zu befüllen, schickt die Suchmaschine sogenannte Webcrawler, auch Crawler, Spider oder Searchbot genannt, ins Internet. Wie eine Spinne krabbelt der Webcrawler bei dieser Operation von einem Link zum nächsten und speichert die gefundenen Dokumente in einer Datenbank ab. Bei den Dokumenten handelt es sich zwar hauptsächlich um Webseiten, aber auch Bilder oder PDF-Dateien und ähnliche Dokumente speichert das Programm ab.

Große Suchmaschinen schicken oft mehrere Webcrawler auf die Suche. Die Aufgabe der Koordination übernimmt dann der Scheduler, das zentrale Verwaltungsorgan im Webcrawler-System. Das Scheduler-Programm organisiert die Pflege der Daten und sorgt für die Vergrößerung der Datenbestände. Im ersteren Fall schickt der Scheduler den Webcrawler zu alten Webseiten, um zu schauen, ob diese noch vorhanden sind oder eine neue Version vorliegt. Liegt der Fokus der Suchmaschine aber auf der weiteren Erschließung des Internets, schickt der Scheduler den Webcrawler auf weitere Expeditionen in unbekanntes Internet-Terrain, um den Datenbestand zu vergrößern.

Während die Spinne weiter Daten sammelt und in der Datenbank abspeichert, kümmert sich der Indexer darum, dass die Daten analysiert und sortiert werden. Grob gesagt, liest das Indexer-Programm eine Webseite und versucht, anhand von Computeralgorithmen herauszufinden, worum es sich bei der Webseite handelt. Taucht zum Beispiel das Wort »Relativitätstheorie« häufig in dem Dokument auf, geht es bei der Webseite womöglich um eben genau dieses Thema. In diesem Fall speichert der Indexer das Dokument unter dem Begriff »Relativitätstheorie« im Index ab. Sucht jetzt ein Benutzer nach Webseiten zum Thema »Relativitätstheorie«, liefert der Index die Webseite als Suchergebnis aus.

Bei diesem Vorgang passiert es in der Regel aber, dass Sie nicht nur ein, sondern mehrere Suchergebnisse zum jeweiligen Begriff erhalten. Auch hierfür ist der Indexer zuständig, denn er nimmt die

Gewichtung der Dokumente vor. Um die Suchergebnisse zu sortieren, greifen die Suchmaschinen auf eine Logik aus der Wissenschaft zurück, die besagt: Wer in der Wissenschaft häufig zitiert wird, ist wichtig. Für das Internet lautet die Regel umformuliert: Wer viel verlinkt wird, ist wichtiger als andere. Wichtigere Webseiten reiht der Indexer weiter oben in den Suchergebnissen ein.

Werden zwei Webseiten zu einem Thema gleich oft zitiert, überprüft der Indexer, wer die Webseiten verlinkt, sprich zitiert. Wenn also ein führender Wissenschaftler einen anderen Wissenschaftler zum Thema »Relativitätstheorie« zitiert, verspricht das mehr Lob als die Anerkennung von zahlreichen noch unbekannten Studenten. Deswegen ist ein Link von einer wichtigen Website wie z. B. der Wikipedia aussagekräftiger als zehn unbekannte Blogs. Als Erste nutzten die Google-Gründer Larry Page und Sergey Brin diese Logik für ihre Suchmaschine. Der Erfolg von Google zeigt, wie intelligent der Ansatz ist.

Hat der Indexer das neue Dokument einsortiert, liegt es eingereiht im Index der Datenbank. Jetzt kommt die Suchmaske der Suchmaschine zum Einsatz. Über diese stellen die Suchenden ihre Suchanfragen an die Datenbank. Die Suchmaske erlaubt dem Suchenden in der Regel drei verschiedene Kommandos: UND, ODER und NICHT. Gibt der Suchende in die Suchmaske zwei Begriffe ein, z. B. »Einstein« und »Relativitätstheorie«, versteht die Suchmaschine: Bitte zeige mir alle Dokumente aus deinem Index zum Thema »Einstein« und »Relativitätstheorie« an. Es funktioniert aber auch die Anfrage: Such mir alles zum Thema »Relativitätstheorie«, aber nichts von »Einstein« heraus. In die Suchmaske tippt man dann in der Regel ein Minuszeichen vor das Wort, beispielsweise: »Relativitätstheorie -Einstein«. Ausführliche Erklärungen hierzu finden Sie im Kapitel, *Die Onlinerecherche*.

Wie man suchmaschinenoptimierte Artikel schreibt

Wer sich mit der Suchmaschinenoptimierung auseinandersetzt, stellt schnell fest, dass sie vor allem auch einen Zugewinn für den Leser bedeutet. Denn die Lesegewohnheiten ändern sich derzeit rasant, und Leser scannen zunehmend Texte, um möglichst schnell ihren Inhalt zu erfassen. Gut strukturierte Texte mit Zwischenüberschriften, fett formatierten Wörtern und einer logischen Anordnung helfen dem Leser bei seiner Informationssuche und -aufnahme.

Welche Suchmaschinen gibt es, und welche sind relevant?

Suchmaschinen gibt es einige, die meisten kennen nur Google. Jedoch bieten auch die Verfolger Yahoo! und Microsoft mit *www.bing.com* Suchmasken an, die jeweils ordentliche Ergebnisse liefern. Außerdem gibt es noch unbekanntere wie *www.ask.com* oder experimentellere wie *www.cuil.com*. Auch die wissenschaftliche Suchmaschine *www.wolframalpha.com* bietet interessante Ergebnisse und ebenso Metasuchmaschinen wie *www.metager.de* oder *www.dogpile.com*.

Letzten Endes läuft aber erst einmal alles auf eine Suchmaschinenoptimierung für Google hinaus. Denn in Deutschland suchen laut *www.webhits.de/deutsch/index.shtml?webstats.html* fast 90% der Internetnutzer über die Datenkrake aus Mountain View, Kalifornien. Statistiken meiner eigenen Websites gehen sogar noch einen Schritt weiter und führen Google mit 95%, Yahoo! mit 1,95% und Bing mit 0,44% an – siehe Abbildung 7-1.

Auch wenn sich die weiteren Anleitungen zur Suchmaschinenoptimierung auf Google konzentrieren, kann man heute aber davon ausgehen, dass sämtliche Suchmaschinen das Konzept Links = Zitat = Wichtigkeit, das Google eingeführt hat, nutzen. Auch »freut« sich eine jede Suchmaschine über gut strukturierte Websites.

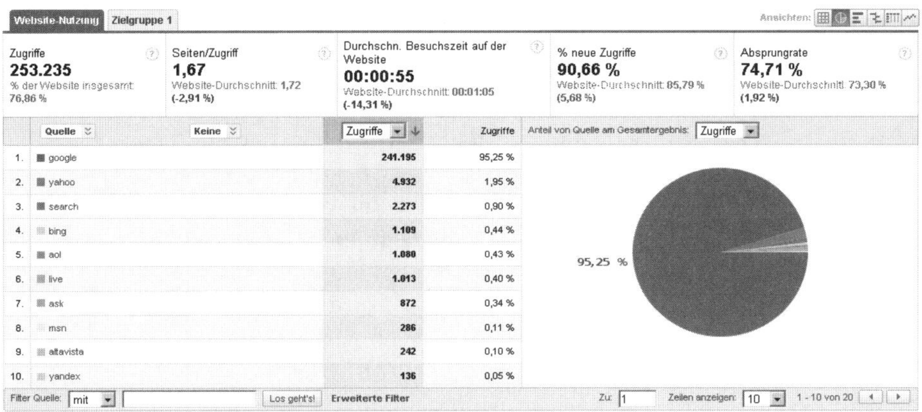

▲ Abbildung 7-1

Eindeutig: Mit mehr als 95% beweist Google seine Monopolstellung als meistgenutzte Suchmaschine in Deutschland (Quelle: Phlow.net, Zeitraum: 1.1.2009 bis 1.1.2010).

Ein hervorragendes Beispiel unter vielen ist der englischsprachige Artikel »Twitter Marketing: Why You Don't Need to Mass Follow Users«, zu finden unter *www.doshdosh.com/twitter-marketing-mass-follow-users/*. Sie können diesen langen Artikel schnell überfliegen und wissen, worum es geht. Außerdem ziehen die fett gemarkerten Wörter den Leser in den Text, und zwar so, wie ein Journalist es sich bei seinen Texten wünscht. Der gesamte Artikel ist hauptsächlich auf die Wortkombination »Twitter Marketing« optimiert, hervorragend strukturiert und hält sich an die große Kunst der Suchmaschinenoptimierung. Obendrein beweisen die mehr als 150 Kommentare, dass sich nicht nur die Suchmaschinen, sondern auch die Leser mit dem Inhalt auseinandergesetzt haben.

Um Inhalte in Suchmaschinen zu positionieren, sind folgende Fähigkeiten von Ihnen gefordert:

1. *Elementare HTML-Kenntnisse*, um Inhalte korrekt aufzubereiten.
2. *Empathie*, um sich in Informationssuchende hineinversetzen zu können und ihre Suchanfragen zu erahnen.
3. *Spannende Inhalte*, um die Leser zu informieren, zu überzeugen und zum Wiederkommen zu bewegen.

Sie sehen, dass bis auf den ersten Punkt die Suchmaschinenoptimierung erst einmal mit dem Inhalt beginnt.

Grundlegender Aufbau eines Artikels

Der Aufbau von Artikeln im Internet ist eigentlich nichts Neues, denn HTML orientiert sich stark an der Strukturierung von Büchern und Texten. Den grundsätzlichen Unterschied zum Buch machen die Links aus. Schließlich zeigen Sie der Suchmaschine mithilfe der Links, in welcher thematischen Umgebung sich der Artikel befindet. Sie verknüpfen mit den Links auf externe Seiten Ihren Artikel mit der Onlinewelt und stellen Beziehungen her. An dieser Stelle zeigt sich wieder, dass suchmaschinenoptimierte Artikel auch dem Leser zugute kommen, denn mithilfe der Links werten Sie Ihren eigenen Artikel auf. Was wären die Artikel der Wikipedia wert, wenn man nicht weiterführende Links auf externe Quellen zur Verifizierung und Informationsgewinnung vorfinden würde?

Grundsätzlich beinhalten suchmaschinenoptimierte Artikel folgende wichtige Elemente:

1. Überschrift
2. Zwischenüberschriften
3. drei bis neun Such- bzw. Schlagwörte (Keywords)
4. Kurzbeschreibung mit maximal 160 Zeichen
5. weiterführende Links zu ähnlichen Inhalten
6. gefettete wichtige Schlüsselwörter im Text
7. Bilder

Gezielte Aufbereitung von Inhalten

Um Artikel gezielt für das Web aufbereiten zu können, sollten Sie sich mit HTML ein wenig auskennen. Das Kapitel *XHTML und CSS* erklärt Ihnen den Aufbau eines HTML-Dokuments und erläutert Befehle, Begriffe und Struktur von HTML-Webseiten. Im Folgenden behandele ich nur die wichtigsten Tags für die Suchmaschinenoptimierung und gehe davon aus, dass das gesamte Dokument einwandfrei aufgebaut wurde. Denn einwandfreien HTML-Code verarbeiten die Suchmaschinen viel problemloser und »verstehen«, analysieren und indizieren ihn besser. Einwandfreier HTML-Code ist darum der erste Schritt zur Suchmaschinenoptimierung.

Grundlegende Schritte bei der Produktion eines neuen Artikels

Wenn Sie einen neuen, längeren Artikel planen, lohnt sich folgende Vorgehensweise:

1. Recherchieren und wählen Sie die richtigen Schlagwörter für den Artikel.
2. Strukturieren Sie den Artikel bereits im Vorhinein.
3. Schreiben Sie den Artikel in Ruhe und überprüfen Sie abschließend Grammatik und Rechtschreibung.
4. Verfeinern Sie den Artikel und zeichnen Sie ihn mit HTML-Tags aus.
5. Vermarkten Sie Ihren Artikel.

Insbesondere der letzte Punkt ist äußerst wichtig für die Suchmaschinenoptimierung. Teilen Sie der Welt per Twitter, Newsletter oder E-Mail mit, dass es ihn gibt. Schreiben Sie Freunden und anderen Bloggern und bitten Sie sie um ein Urteil. Setzen Sie Links zum Artikel in Social Communities, Foren und überall dort ab, wo es Interessierte gibt. Diese Maßnahmen erzeugen in der Regel bei guten Inhalten Links für Ihre Inhalte. Das Wichtigste bei der Suchmaschinenoptimierung sind Links, Links, Links auf Ihre Inhalte!

Keyword-Recherche: die richtigen Schlagwörter für einen Artikel

Generell gilt: Je spezieller die Inhalte, desto größer ist die Wahrscheinlichkeit, eine gute Platzierung in den Suchmaschinen zu erreichen. Das sogenannte »Ranking« beeinflussen Sie maßgeblich, indem Sie Ihr Material sinnvoll aufarbeiten. Denn ein Dokument wird nur dann Teil eines Suchergebnisses, wenn es das gesuchte

Wort als Begriff enthält. Darum gehört zu den wichtigsten Aufgaben die Wahl der geeigneten Schlüsselwörter. Im Suchmaschinenoptimierer-Slang heißen diese *Keywords*.

Damit Keywords Aufmerksamkeit erzeugen, müssen sie den Inhalt optimal wiedergeben. Gleichzeitig müssen sie aber genau den Schlagwörtern entsprechen, die vom Surfer in das Suchfeld der Suchmaschine eingegeben werden. Um geeignete Keywords zu finden, sollten Sie sich die folgenden Fragen stellen:

- Welche Ziele verfolgt meine Website?
- Welche Informationen, Produkte oder Dienstleistungen biete ich an?
- Welche Zielgruppe möchte ich ansprechen?
- Welche Suchbegriffe würde ich selbst benutzen, wenn ich zu meinem Thema Informationen finden wollte?

Achten Sie vor allem auch darauf, Synonyme, Abkürzungen und Begriffe aus der Umgangssprache zu verwenden. Surfer, die einen Blumenladen in ihrer Nähe suchen, geben statt »Florist« wohl eher »Blumen«, »Blumenladen« oder »Blumengeschäft« in die Suchmaske ein. Erstellen Sie sich deshalb eine Liste, die alle möglichen Keywords aus Fachbegriffen, Synonymen und umgangssprachlich verwendeten Begriffen beinhaltet. Firmennamen eignen sich in aller Regel nicht dafür, Gattungsbegriffe bzw. Bezeichnungen für Produkte und Musikkategorien aber schon.

Hilfreiche Werkzeuge und Tipps für die Keyword-Suche

Neben der eigenen Suche lohnt es sich manchmal auch, die Konkurrenz auszuspionieren. Schauen Sie doch einfach mal bei Ihrem Nachbarn im XHTML-Quellcode zwischen den `<head>`-Tags nach. Häufig finden sich dort interessante Suchbegriffe in den `<meta>`-Tags. Achten Sie aber darauf, keine Markennamen anderer Hersteller zu verwenden. Das könnte im schlimmsten Fall zu einer Abmahnung führen.

Ein weiterer Trick zur Überprüfung möglicherweise geeigneter Suchwörter ist die Eingabe der Begriffe bei den Suchriesen. Google, Bing und Yahoo! geben bei jedem Suchergebnis auch die Anzahl der gefundenen Dokumente an, die den Begriff enthalten. Je geringer die Anzahl der gefundenen Seiten hinsichtlich des Suchbegriffs ist, desto leichter sollte eine gute Platzierung sein.

Selbstverständlich bringt es nichts, sich mit einem Suchwort zu platzieren, dass kein Suchender eingibt. Bei beliebten Suchwörtern oder

Wortkombinationen wie z. B. »MP3 Download« hat man aber kaum eine Chance, unter die ersten 30 Suchergebnisse zu kommen. In einem solchen Fall bewegt man sich besser in die Nische und versucht eine Kombination wie z. B. »MP3 Chillout Download«. Kommen Sie mit dieser Kombination in die Google-Top-10, finden mehr Benutzer Ihre Website, als würden Sie mit »MP3 Download« auf Platz 100 von 222.000.000 Ergebnissen rangieren. Denn für »MP3 Chillout Download« liefert Google »nur« 1.380.000 Ergebnisse, und die hinteren Ergebnisse konsultieren Suchende so gut wie gar nicht.

Im Weiteren stelle ich Ihnen ein paar äußerst hilfreiche Werkzeuge vor, die Ihnen helfen, die geeigneten Keywords zu finden. Aber auch Textverarbeitungen wie Word unterstützen Sie mit dem Thesaurus dabei, mögliche interessante Synonyme zu finden.

Google AdWords Keyword-Tool: Wer seine Inhalte für Suchmaschinen optimiert, kommt an Google nicht vorbei. Um ein wenig Liebe von der Suchkrake abzubekommen, lohnt sich ein genauerer Blick auf das Google AdWords Keyword-Tool unter *https://adwords.google.de/select/KeywordToolExternal*. Dieses Werkzeug ist Teil des Google-Werbeprogramms.

Google AdWords erlaubt jedem die Schaltung und Verwaltung eigener Werbekampagnen auf den Google-Suchseiten. Da die Werbung inhaltsbezogen und von den jeweils eingegebenen Suchwörtern abhängig ist, unterstützt Google Werbetreibende mit dem Google AdWords Keyword-Tool. Google will schließlich Geld verdienen, und je relevanter und erfolgreicher die Werbeanzeige ist, desto mehr Geld setzt Google um, und desto wahrscheinlicher ist es, dass glückliche Werbekunden erneut Werbekampagnen fahren.

Nehmen wir als Beispiel »Hundefutter«. Wenn Sie diesen Begriff im Google AdWords Keyword-Tool eingeben, erhalten Sie eine lange Liste an Kombinationen. Daraus filtern Sie diejenigen Wörter und Kombinationen, die zu Ihrem Text passen. Das könnten z. B. die folgenden sein:

- hundefutter trockenfutter
- tiernahrung hundefutter
- bio hundefutter
- hundefutter online
- gutes hundefutter
- hundefutter bestellen
- hundefutter trocken

- gesundes hundefutter
- futter
- tierbedarf
- nassfutter
- hundenahrung

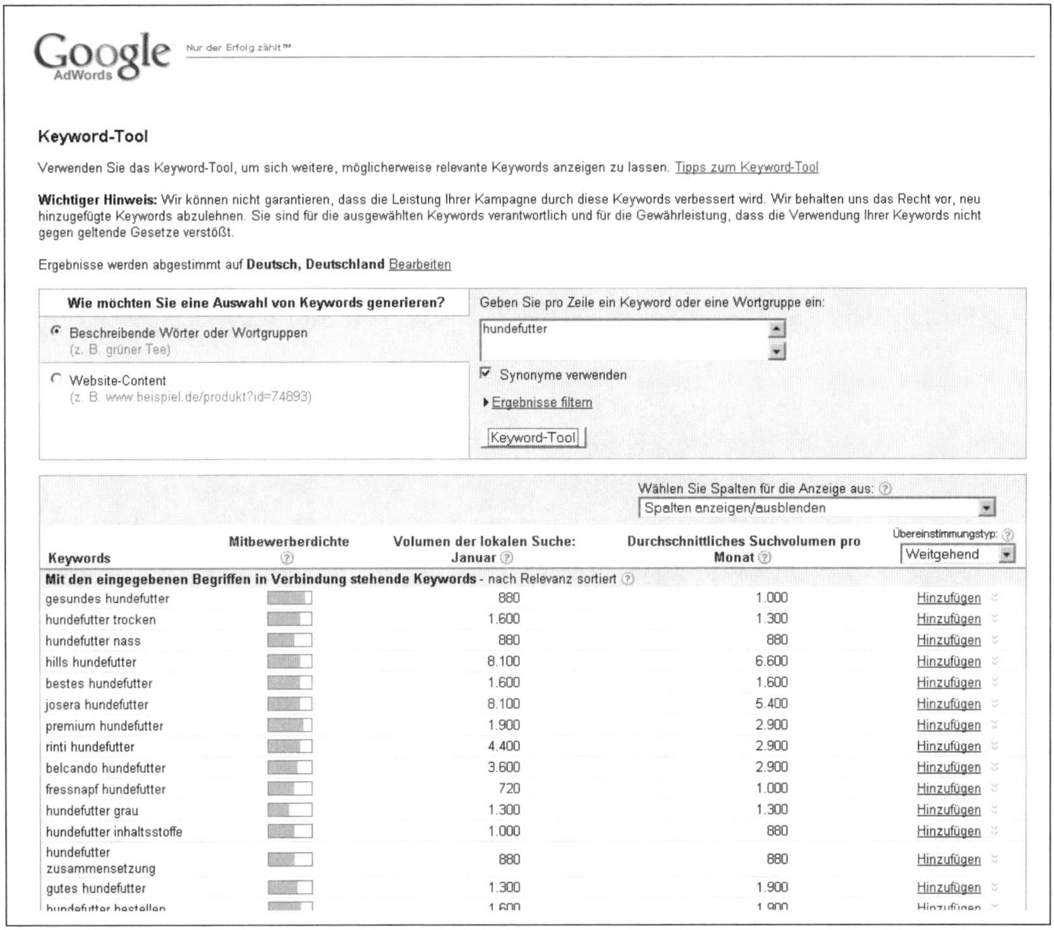

▲ **Abbildung 7-2**
Für professionelle Suchmaschinenoptimierer bildet das Google AdWords Keyword-Tool einen ersten Startpunkt für die Recherche nach Suchbegriffen, den sogenannten Keywords.

Wie Sie in Abbildung 7-2 sehen, tauchen auch Begriffe auf, die Sie möglicherweise übersehen hätten, aber von Suchenden eingegeben werden, wie z.B. »gutes Hundefutter« oder »Hundenahrung«. Im nächsten Schritt entscheiden Sie, welche Kombinationen bzw. welche Wörter Sie in dem Artikel besonders platzieren möchten. Wenn Sie sich auf wenige Keywords konzentrieren, ist die Wahrscheinlichkeit einer guten Positionierung, auch Ranking genannt, größer.

Google Suggest: Ähnliche Ergebnisse liefert auch Google Suggest, das Ihnen schon während der Eingabe eines Suchworts in die Suchmaske beliebte zum Thema passende Stichwörter anzeigt. Gleich daneben listet die Suchmaschine die geschätzte Trefferzahl auf – siehe Abbildung 7-3. Im Vergleich zum Google AdWords Keyword-Tool ist Google Suggest zwar schneller und unkomplizierter, dafür jedoch nicht so ausführlich.

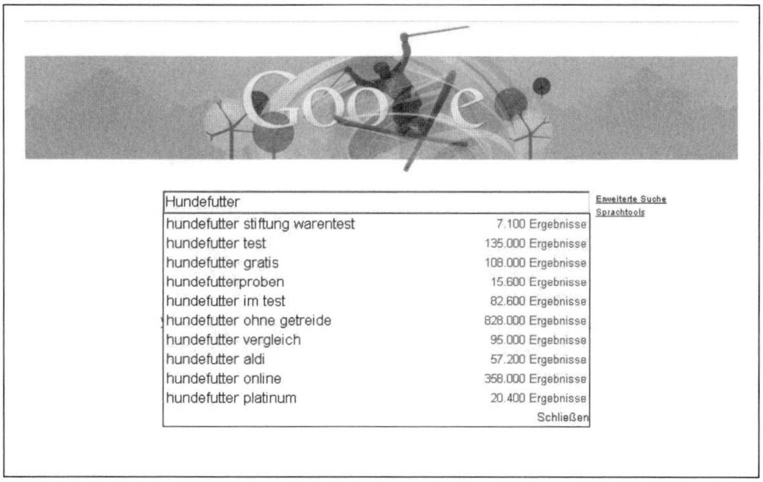

Abbildung 7-3 ▶ Ähnliche Suchbegriffe zu einem Thema findet man unter anderem mit Google Suggest. Während man das Wort in die Suchmaske tippt, listet Google ähnliche Suchwörter auf.

Google Wonder Wheel: Ein weiteres spannendes Werkzeug ist das Google Wonder Wheel, auf der deutschen Google-Seite unter Google Wunderrad firmierend – siehe Abbildung 7-4. Um das Google Wunderrad zu nutzen, geben Sie zuerst einen oder mehrere Suchbegriffe ein. Anschließend klicken Sie direkt unter der Suchmaske auf *Optionen anzeigen...* und danach in der linken Seitenleiste auf *Wunderrad*. Jetzt können Sie die Umgebung eines Begriffs intuitiv erforschen.

Keywords mit dem MetaGer-Web-Assoziator finden: Eine ähnliche, aber unabhängige und andere Methode, Keywords zu recherchieren, bietet der MetaGer-Web-Assoziator unter *www.metager.de/asso.html*. Über diesen habe ich noch folgende zum Thema »Hundefutter« passende Begriffe gefunden, die ich bei Google nicht entdecken konnte:

- naturbelassen
- hundefuttersortiment
- hundepflege

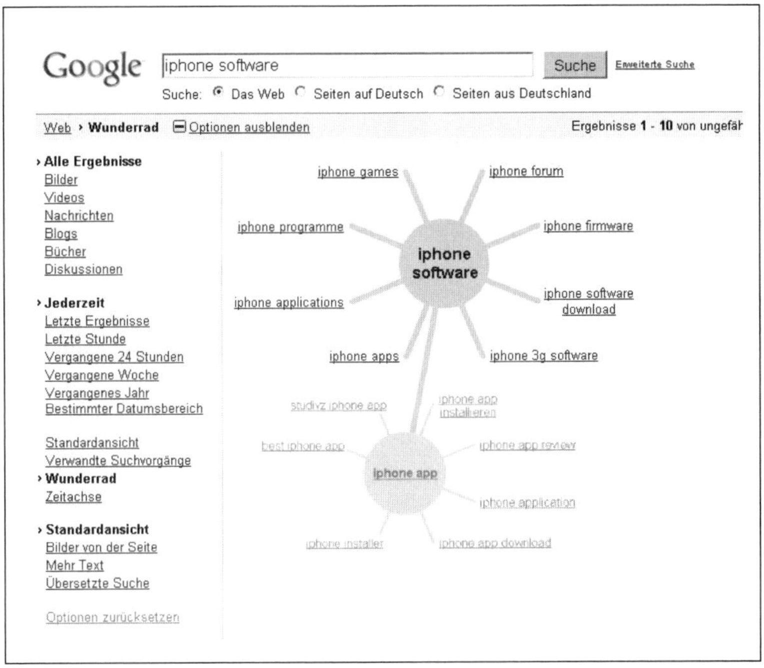

◀ **Abbildung 7-4**
Suchen einmal anders: Das Google Wunderrad visualisiert die Umgebung von Suchwörtern.

Sind Sie mit der Keyword-Recherche zufrieden und haben eine Auswahl getroffen, können Sie den Artikel schreiben bzw. im Nachhinein überprüfen, ob Ihr Text die wichtigen Begriffe enthält. Danach kümmern wir uns um den nächsten Schritt, die Aufbereitung des Texts mithilfe der wichtigsten HTML-Befehle.

Relevante HTML-Befehle für die Suchmaschinenoptimierung

Onsite-Optimierung bezeichnet das Tuning am eigenen XHTML-Code sowie die Aufwertung der Seiteninhalte. Im ersten Schritt sorgt man dafür, dass der Code intakt ist. Bauen Sie Websites nach den üblichen Webstandards und strukturieren Sie den Code logisch: wichtige Inhalte nach vorne, z.B. die Überschrift. Wenn Sie sich nicht sicher sind, ob Ihr Quellcode korrekt ist, überprüfen Sie ihn mit einem Onlinetool, z.B. mit dem deutschen Validator *Validome* unter *www.validome.org/lang/de*), oder benutzen Sie für Firefox die hervorragende Erweiterung *HTML-Validator*. Ich kann Letztere sehr empfehlen.

Wie ein Buch, ein Dossier oder Ähnliches hat auch eine Webseite einen einheitlichen Aufbau. Dieser unterscheidet sich kaum von den oben genannten Formaten. Auch eine Webseite braucht einen Titel, eine inhaltliche Kurzbeschreibung und einen Ort – hier die URL –, an dem man das Dokument findet.

Die drei wichtigsten Elemente einer Webseite für die Suchmaschinenoptimierung

Genau aus diesen drei Elementen setzen sich die üblichen Suchergebnisse von Google, Bing, Yahoo! & Co. zusammen – siehe Abbildung 7-5.

Abbildung 7-5 ▲
Ob Yahoo!, Bing oder Google: Jedes Suchergebnis setzt sich aus drei Elementen zusammen: Titel, Kurzbeschreibung und URL.

<title> – Jedes Dokument braucht eine Überschrift: Wie bei einem normalen, journalistisch einwandfreien Artikel, ist auch bei einer Webseite die Überschrift ein maßgeblicher Faktor dafür, ob sie angeschaut wird. Denken Sie daran, dass die Überschrift nicht nur auf Ihrer Website auftaucht. Auch in RSS-Readern, in Bookmarks oder anderen Websites taucht dieser Titel auf.

Im Vergleich zum Printmedium richtet sich die Überschrift aber nicht nur an den Leser, sondern auch an eine »dumme« Maschine, die lediglich auf Algorithmen basiert. Während ein Leser »Prinz Poldi« in Beziehung zu »Lukas Podolski« setzt, verbindet bzw. assoziert die Suchmaschine einen derartigen Artikel nicht unbedingt mit dem Fußballspieler, es sei denn, die Suchmaschine hat nach zahlreichen Links einen Zusammenhang erkannt.

Sucht jemand z.B. »Lukas Podolski«, listet die Suchmaschine nicht automatisch einen passenden Artikel wie »Prinz Poldi« auf, sondern nur dann, wenn die Keywords »Lukas Podolski« kontinuierlich im Artikel auftauchen.

Darum ist es ratsam, die primär wichtigen Keywords im Titel zu nennen. Diese Wörter positionieren Sie eingerahmt durch das <title> -Tag eines HTML-Dokuments, auf das die Suchmaschinen für Ihre Suchergebnisse zurückgreifen. Verschwenden Sie dabei nicht zu viele Zeichen für den Namen Ihres Weblogs bzw. Ihrer Website. Auch auf einen Slogan sollten Sie verzichten, wenn er nicht wirklich wichtige Keywords enthält, die in jedem Dokument auftauchen sollen. Hier ein Beispiel:

```
<title>"Lukas Podolski: Prinz Poldi auf dem falschen Fuß erwischt"</
title>
```

Wenn möglich, sollte der Titel kurz und knackig sein und nur wenige Keywords und Wörter beinhalten. Auf den Punkt getextete Überschriften helfen auch dem Leser bei der Suche, während er Inhalte überfliegt. Benutzen Sie am besten maximal 70 Zeichen, denn dadurch verhindern Sie, dass Google Ihre Überschrift selbst kürzt.

Tipp

Bei der Eingabe eines neuen WordPress-Artikels können Sie sowohl den Titel des Dokuments als auch die URL nach Ihren Vorlieben gestalten. Dabei setzt sich der Inhalt zwischen den `<title>`-Tags eines einzelnen Dokuments in der Regel aus dem Namen des Blogs, der Kategorie und dem Artikelnamen zusammen. Wie und in welcher Reihenfolge die »Zutaten« angezeigt werden, hängt vom jeweiligen Theme ab. Um den Namen der URL zu ändern, müssen Sie den Artikel mindestens einmal abgespeichert haben. Dann wird der Button Bearbeiten eingeblendet, wie in Abbildung 7-6 zu sehen ist. Über einen Klick auf den Button erhalten Sie die Möglichkeit, die URL zu gestalten.

Abbildung 7-6 ▲
Über den Bearbeiten-Button unterhalb der Eingabemaske des Artikels können Sie die URL bearbeiten.

<meta name=»description«/> Description: Neben einem exzellenten Titel liegt die große Kunst darin, eine packende und überzeugende Kurzbeschreibung des auf der Webseite angebotenen Inhalts zu verfassen. Dafür stehen Ihnen 150 bis maximal 160 Zeichen zur Verfügung. Diese Kurzbeschreibung muss Leser zum Klicken animieren, muss die wichtigsten Keywords beinhalten und auch noch gut klingen. Obendrein positioniert man auch noch die Keywords so weit vorn im Text wie möglich.

Aber gerade diese Herausforderungen machen die Suchmaschinenoptimierung spannend und verbessern oftmals Ihre Schreibfähigkeiten. Sie werden einfach gezwungen, so schnell wie möglich auf den Punkt zu kommen – eine der wichtigsten Regeln im Journalismus.

Haben Sie die Kurzbeschreibung getextet, muss diese im Description-Metatag auftauchen.

```
<meta name="description" content="Jeannette Corneille (Köln) bietet
Kommunikation und Design mit den Schwerpunkten Illustration auf und
mit Stoff, Collagen und Zeichnungen." />
```

Gleichzeitig empfehle ich, diese Kurzbeschreibung nicht nur in den Metadaten der Webseite auftauchen zu lassen, sondern auch so weit wie möglich vorn im Artikel, z.B. als Anreißer. So »sieht« die Suchmaschine, dass die Kurzbeschreibung in den Metadaten und auf der Webseite auftauchen und kein Spamming vorliegt. Je konsistenter Ihre Artikel sind, desto besser.

URL-Design – lesbare, suchmaschinenfreundliche URLs: Das letzte und nicht zu unterschätzende Element ist die URL eines Artikels. Beobachten Sie sich einmal selbst, wenn Sie Inhalte per Google & Co. suchen. Oftmals unbewusst oder mit einem kurzen Blick überprüfen Sie als Suchender die URL. Kenne ich bereits die Website? Welche Begriffe tauchen in der URL auf? Ist die URL verständlich und logisch aufgebaut?

◀ **Abbildung 7-7**
Auch Google streut mittlerweile Brotkrumen aus und nutzt die sogenannte Breadcrumb-Navigation in den Suchergebnissen.

Platzieren Sie die gleichen Keywords darum auch im Dateinamen oder der URL des Dokuments und achten Sie auf eine sinnvolle Baumstruktur Ihrer Website. Diese Struktur sollte den Aufbau Ihrer Website widerspiegeln. Vertraut Google Ihrer Website, ersetzt die Suchmaschine Links mittlerweile auch durch eine eigens generierte Breadcrumb-Navigation – siehe Abbildung 7-7. So klicken Surfer sicherlich eher auf einen verständlichen als auf einen ominösen Link, der aus einer wirren Kombination von Zeichen besteht. Aussagelos wäre beispielsweise ein solcher Link:

```
http://www.domain.de/arc/item=023759
```

Ansprechender und sinnvoller ist der folgende Link zum gleichen Inhalt:

```
http://www.domain.de/biografie/journalist-mustermann.html
```

Vermeiden Sie Übertreibungen – das sogenannte Keyword-Stuffing. Dieses werten Suchmaschinen möglicherweise als Spam-Versuch:

```
http://www.domain.de/biografie/biografie/biografie-journalist-
mustermann.html
```

Tipp

WordPress eignet sich hervorragend für die Suchmaschinenoptimierung. Die Struktur der Permalinks beeinflussen Sie im Backend in den Einstellungen unter *Permalinks*. Mehr dazu in Kapitel 2, *Das Blog vernetzen und gestalten*, »Permalinks«.

Merken Sie sich auch die folgenden Richtlinien zum URL-Design:

- Benutzen Sie den Bindestrich bzw. das Minuszeichen zum Trennen von Keywords.
- Überschreiten Sie nicht eine Verzeichnistiefe von mehr als drei Unterverzeichnissen. Je weiter unten ein Dokument in der Baumstruktur angeordnet ist, desto weniger Bedeutung wird ihm beigemessen.
- Vermeiden Sie PHP-Parameterangaben in der URL, denn Zeichen wie »?« oder »&« verschlechtern das Ergebnis, weil Google diese Dokumente als dynamisch einstuft. Das bedeutet: je statischer eine Webseite, desto besser.

§

Lange hat man sich vor zahlreichen Gerichten darüber gestritten, ob die Benutzung von Markennamen in Metatags eine »markenmäßige Benutzung« und damit unzulässig für alle ist, die nicht Inhaber der Marke sind. Klar ist inzwischen, dass potenzielle Kunden, die etwa den Namen »Fleurop« bei Google eingeben und dann aufgrund der Metatags bei einem Konkurrenten landen, auf sehr unelegante Weise abgeworben werden, sodass dies als Rechtsverletzung anzusehen ist. Es gilt daher: Finger weg von Markennamen in Metatags! Siehe hierzu auch den Abschnitt »Missbräuchliche Verwendung von Keywords/Metatags« in Kapitel 15, *Wettbewerbsrecht*.

Aufbau und Struktur einer suchmaschinenoptimierten Webseite

Im Folgenden erläutere ich Ihnen weitere wichtige XHTML-Tags für den Aufbau eines Dokuments. Diese Liste von Tags stammt aus einer Umfrage unter SEO-Experten, die Sie bei *www.seomoz.org/article/search-ranking-factors* finden.

Jede Webseite braucht eine Überschrift per <h1>-Tag: Neben der Überschrift im `<title>`-Tag muss die Webseite auch eine Überschrift im `<body>`-Bereich der Webseite haben. Zuständig dafür ist das `<h1>`-Tag. Für das `<h1>`-Tag gelten die gleichen Regeln wie für das `<title>`-Tag: Je weiter vorne sich wichtige Keywords befinden, desto besser werden sie bewertet. Empfehlenswert ist es, sowohl im `<title>` als auch in der `<h1>` die gleiche Überschrift zu nutzen.

Tipp

Dummerweise setzen zahlreiche WordPress-Themes nicht nur auf der Startseite, sondern auch auf den Artikelseiten den Namen Ihres Blogs automatisch zwischen die `<h1>`-Tags. Eine bessere Methode ist, dass lediglich auf der Startseite Ihres Blogs der Name innerhalb der `<h1>`-Tags auftaucht. Auf Artikel-, Kategorien- und Sonderseiten gehört der Titel der jeweiligen Webseite zwischen die `<h1>`-Tags.

<h2>- und <h3>-Tags: Längere Artikel strukturiert man mithilfe von Zwischenüberschriften. Zwischenüberschriften helfen dem Leser beim Scannen des Texts und dienen als Orientierungspunkt beim Scrollen. Texte, die länger als 1.000 Zeichen lang sind, sollten Sie deswegen nicht nur aus SEO-Gründen mit Zwischenüberschriften versehen. Auch hier platzieren Sie die gewünschten Schlagwörter, diesmal vielleicht im Plural, wenn bereits weiter vorne der Begriff im Singular verwendet wurde. Mal vorne, mal hinten. Wie bei den URLs gilt: Finger weg vom Keyword-Stuffing! Und vergraulen Sie nicht Ihre Leser.

Keyword Use in Alt-Tags und Bildtiteln benutzen: Noch können Suchmaschinen Bilder nicht analysieren und feststellen, was auf einem Bild zu sehen ist. Vielleicht ist auch dies eines Tages möglich, aber bis dahin dauert es sicherlich noch ein wenig. Darum lesen Suchmaschinen wie auch Browser für Blinde den Namen und die Bezeichnung des Bilds aus. Sie sehen, hier ist die Suchmaschinenoptimierung nicht nur Suchmaschinenmarketing, sondern verbessert Ihre Webseite auch direkt für den Besucher der Site. Obendrein zeigt ein Browser bei einem verloren gegangenen Bild eine Beschreibung an. Geben Sie darum Ihren Bildern aussagekräftige Namen, in denen die Keywords ein weiteres Mal auftauchen, und betiteln Sie Ihre Bilder mithilfe des `alt`- und `title`-Attributs. Optimal sieht das dann so aus:

```
<img src="twitter-robot-automaton.jpg" alt="twitter-robot-automaton"
title="twitter-robot-automaton" height="276" width="597"/>
```

<em> und <strong>-Schlagworte fett und kursiv schreiben: Ein weiteres hilfreiches Stilmittel, um Texte schnell erfassbar zu gestalten und den Leser in den Text zu ziehen, ist fette Schrift. Exzellent nutzt zum Beispiel das englischsprachige Smashing Magazine – sowieso eine tolle Adresse für Webdesigntipps – diese Textauszeichnung – unter anderem in diesem Artikel: *www.smashingmagazine.com/2009/11/08/getting-started-with-content-management-systems/*.

Wie Sie sehen, lesen Sie schon anhand der URL, worum es sich in diesem Artikel handelt.

Links richtig setzen

Findet der Webcrawler einen Link auf einer Webseite, ist der Suchmaschine in der Regel erst einmal nicht klar, worum es sich bei der verlinkten Webseite handelt. Außerdem weiß die Suchmaschine nicht, ob es sich um eine Linkempfehlung handelt. Darum analysiert die Suchmaschine den Text des Links und die Linkattribute. Anschließend vergleicht die Maschine die verlinkte Webseite mit dem Linktext. Ein Beispiel:

Wenn man eine externe oder interne Webseite verlinkt, vermeidet man am besten aussagelose Begriffe wie »hier«, »weiterlesen« oder »mehr«. Verlinkt man zum Beispiel einen Interview-Podcast, sollte mindestens einer der beiden Begriffe im Linktext auftauchen. Findet die Suchmaschine im nächsten Schritt auch noch die gleichen Wörter auf der jeweiligen Webseite, wird diese mit hoher Wahrscheinlichkeit zu diesen beiden Keywords indexiert.

Das bedeutet, dass es wichtiger für Ihre Webseite ist, wenn sie jemand mit guten Keywords im Linktext verlinkt als z. B. mit unbedeutenden Wörtern oder Eigennamen.

Werden Bilder als Links benutzt – z. B. in einer Navigation –, nutzt man das Universalattribut title="Keywords" sowohl im Link-Tag als auch im <img />-Tag. Das sieht dann so aus:

```
<a title="Kunden und Netzwerk" href="http://link.de/kunden.html">
<img src="navigation_kunden_netzwerk.gif" alt="Kunden und Netzwerk"
title="Kunden und Netzwerk“ /></a>
```

Aber auch auf Ihrer eigenen Website hilft eine gute interne Verlinkung den Suchmaschinen und erleichtert diesen, Ihre Webseite thematisch einzuordnen. Wächst der Umfang Ihrer Website, unterstützt die Ausgestaltung einer internen Verlinkung das Ranking in den Suchmaschinen.

Ein weiterer wichtiger Faktor für die Anerkennung einer Website sind korrekte Links. Prüfen Sie Ihre Seite darum regelmäßig auf defekte Links. Sowohl Besucher als auch Suchmaschinen-Crawler werden Ihrer Seite schnell den Rücken kehren, wenn die Anzahl defekter Links überhandnimmt.

Tipp Für WordPress empfehle ich Ihnen das Plug-in *Broken Link Checker*. Dieses untersucht automatisch Ihre Links in Artikeln auf Aktualität. Mehr zum Plug-in in Kapitel 3, *WordPress mit Plug-ins erweitern*.

Vermeiden Sie es auch, Links mithilfe von JavaScript zu setzen. Diese Links entdecken Suchmaschinen womöglich nicht oder bewerten sie geringer. Links in Flash kann eine Suchmaschine überhaupt nicht erkennen und weiterverfolgen.

Die Linkattribute nofollow und follow

Wie aber verlinke ich eine Webseite, die thematisch für meinen Beitrag wichtig ist, deren Inhalte ich aber nicht in den Suchmaschinen »promoten« möchte? Stellen Sie sich vor, Sie schreiben einen Artikel über Rechtsextremismus. In diesem Artikel möchten Sie eine Webseite von Nazis verlinken, jedoch nicht deren Sichtbarkeit in Suchmaschinen unterstützen.

Für diese Art von Links haben sich die Suchmaschinenbetreiber die beiden Linkattribute nofollow und follow ausgedacht. Während `follow` eigentlich obsolet ist, weil man mit einem normalen Link eine Empfehlung ausspricht, so spricht man mit `nofollow` explizit keine Empfehlung aus.

```
<a href="http://bloeder-nazi.de" rel="nofollow">Nazi-Seite</a>
```

Programme und Services für die Suchmaschinenoptimierung

Zahlreiche Services und Programme buhlen um die Aufmerksamkeit der Suchmaschinenoptimierer im Netz. Es gibt sowohl Desktopprogramme als auch hilfreiche Onlineservices. Nicht alle sind kostenlos. Im Folgenden stelle ich Ihnen eine hilfreiche Auswahl kostenloser Programme und Services für die Suchmaschinenoptimierung vor.

Die besten Firefox-Plug-ins für die Suchmaschinenoptimierung

Firefox ist der Browser der Wahl, wenn es um Webdesign und Suchmaschinenoptimierung geht. Firefox bietet über Erweiterungen diverse Möglichkeiten, den Browser zu einem exzellenten Werkzeug für Suchmaschinenoptimierer umzubauen. Die Erweiterungen, auch Add-ons genannt, erleichtern die Analyse, Überprüfung und Optimierung sowohl einzelner Webseiten als auch der gesamten Website. Alle Links zu den folgenden Erweiterungen finden Sie unter *www.phlow.de/webdesign/1086-firefox-erweiterungen-suchmaschinenoptimierung*.

SearchStatus – Analyse und Rankings von Webseiten

▲ Abbildung 7-8
Unauffällig integrieren sich SEO-Erweiterungen wie SearchStatus und Rank Checker in der Statuszeile von Firefox und bieten direkten Zugriff auf Analyseparameter wie Keywords, Nofollow-Links, Pagerank und, und, und …

Wenn Sie eine SEO-Erweiterung für Firefox benötigen, ist SearchStatus das Tool Ihrer Wahl. SearchStatus bietet eine Fülle von Funktionen, um eine Webseite zu untersuchen. Neben der üblichen Anzeige des Pageranks – siehe Abbildung 7-8 – richtet SearchStatus seine Abfragen außerdem an Services wie Alexa, Yahoo! Site Explorer oder Compete. Die Firefox- Erweiterung unterstützt Sie hilfreich bei der Untersuchung der jeweiligen Website bzw. Webseite. Weiterhin analysiert sie auf Wunsch die Keyword-Dichte eines Begriffs auf einer Webseite oder unterstützt den Suchmaschinenoptimierer bei der Analyse fremder Webseiten. Das hilfreiche Add-on stellt außerdem fest, ob Metatags korrekt eingebaut und welche Texte und Schlagwörter eingesetzt wurden.

SEOpen – Analyse von Webseiten

SEOpen stellt zahlreiche Standardabfragen bei den Suchmaschinen Yahoo!, Google, Live Search (MSN) und Alexa zur Verfügung. Nach der Installation bietet die Erweiterung über eine eigene Menüleiste im Browser direkten Zugriff auf die Parameter. Die Menüleiste blendet man über *Menü → Ansicht → Symbolleisten → SEOpen Toolbar* ein und aus.

Weiterhin bietet das SEO-Plug-in Analysen mittels eines HTML-Validators, einen Link-Checker sowie ein Tool für die Keyword-Density, sprich die Dichte der Schlagwörter auf einer Seite.

Rank Checker: Suchmaschinenpositionen von Webseiten im Auge behalten

Das kostenlose Firefox-Add-on ruft Ergebnisse von Google, Yahoo! und Bing ab und listet die Positionen zu den Keywords samt der von den Suchmaschinen verlinkten Webseiten auf. Exzellent gelöst ist auch die Abfrage der Suchergebnisse in den jeweiligen verschiedenen nationalen Suchmaschinen. Schreibt man zum Beispiel ein Weblog in Spanisch, untersucht der Rank Checker auf Wunsch auch Google.es. Schließlich variieren die nationalen Suchergebnisse stark, weil sie auf die Bedürfnisse des jeweiligen Landes angepasst wurden. Somit durchsucht man nicht nur Google.com oder Google.de, sondern nach Wunsch auch Suchmaschinenergebnisse anderer Domains bzw. Länder.

Mithilfe von *Scheduled Tasks* arbeitet das Werkzeug auch automatisch und operiert auf Wunsch im Hintergrund. So startet Rank Checker auf Wunsch zum Beispiel alle 14 Tage einen Check. Die Einstellungen nehmen Sie über das Menü *Extras → Rank Checker → Scheduled Tasks* vor.

Links, Downloads und noch mehr Firefox-Erweiterungen finden Sie unter *www.phlow.de/webdesign/1086-firefox-erweiterungen-suchmaschinenoptimierung*.

Hilfreiche Onlineservices für die Suchmaschinenoptimierung

Im Internet buhlen zahlreiche kostenlose Services um Ihre Aufmerksamkeit. Bevor Sie aber solche Services nutzen, greifen Sie besser erst einmal auf die Webmaster-Tools von Google, Yahoo! und Bing zurück.

Die Webmaster-Tools von Google, Yahoo! und Bing

Von den Webmaster-Tools erhalten Sie aufschlussreiche Informationen. Neben der Anzahl ihrer Webseiten, die im Suchmaschinenindex zu finden sind, bis hin zu Fehlern oder fehlenden Seiten auf Ihrer Präsenz unterstützen Sie diese Werkzeuge mit hilfreichen Informationen. Google, Yahoo! und Bing bieten Webmastern die Anmeldung ihrer Websites an.

Um Ihre Website bei der jeweiligen Suchmaschine anmelden zu können, benötigen Sie einen Zugang per FTP oder einen Zugriff auf die Webseiten. Denn alle drei Webmaster-Tools fordern Sie auf, entweder ein extra Metatag in Ihre Seiten einzufügen oder eine HTML-Seite hochzuladen.

Mit diesem Vorgang überprüfen die Webmaster-Tools, ob Sie der tatsächliche Besitzer oder Webmaster der jeweiligen Website sind. Die drei Werkzeuge finden Sie unter:

- *www.google.com/webmasters/tools/*
- *https://siteexplorer.search.Yahoo!.com/mysites*
- *www.bing.com/webmaster*

Website-Analyse und Online-Pagerank-Check

Sie brauchen nicht immer gleich eine Erweiterung oder ein externes Programm zu installieren, um ein paar wichtige Informationen über Ihre oder eine andere Website zu erhalten. Zahlreiche Services kümmern sich ums Datensammeln und nutzen fleißig die Schnittstellen von Suchmaschinen und verwandten Services. Im Weiteren finden Sie einige der wichtigsten Anlaufstellen:

Alexa.com – schnelle Informationsgewinnung: Die Website Alexa.com sammelt seit Jahren Informationen zum Surfverhalten. Zwar ist Alexa.com ein amerikanischer Service, doch auch deutsche Websites gewichtet er. Schnell vergleichen Sie mittels Alexa.com verwandte Websites, den umliegenden Webkosmos und erhalten ungefähre Daten zur Beliebtheit der jeweiligen Website. So analysieren Sie z.B. mit *www.alexa.com/siteinfo/www.spiegel.de* Spiegel Online. Aber Achtung: Sämtliche Daten von Alexa.com sind mit Vorsicht zu genießen und sollten nicht als absolute und 100% korrekte Daten betrachtet werden. Hauptsächlich sammelt Alexa.com seine Daten über eine Toolbar, wie man sie auch von Google, Yahoo! & Co. kennt. Außerdem gehört Amazon der Service, einem nicht wirklich »unabhängigen« Konzern.

Deutsche Webseiten mit Seitwert.de durchleuchten: Richtig Vergnügen bereitet der Service von *www.seitwert.de*. Seitwert.de fragt zahlreiche verschiedene Fakten von Social Services wie Mister-Wong.de, Delicious oder Wikipedia ab. Unkompliziert und schnell checkt man eine Website auf »Credibility«.

Den Pagerank überprüfen: Es gibt gefühlt Hunderte von Services, die den Pagerank von Google zu einer Domain liefern. Die besten Services sind diejenigen, die den Pagerank von verschiedenen weltweit verteilten Datencentern von Google anfordern. Den Pagerank checken Sie schnell mithilfe der folgenden Websites:

- *www.database-search.com/sys/dc-pr-flash-ext.php*
- *www.digpagerank.com*

SEOmoz.org – die Profi-SEO-Website: Wenn es eine Website für Suchmaschinenoptimierer gibt, dann ist das SEOmoz.org. SEOmoz.org bietet nicht nur zahlreiche Dokumentationen zur kostenlosen Einsicht, sondern informiert Suchmaschinenoptimierer kontinuierlich über Entwicklungen im »Gewerbe der Suchmaschinen«. Zwar sind die meisten der SEO-Werkzeuge kostenpflichtig, ein nettes Werkzeug dagegen ist kostenlos: *www.seomoz.org/trifecta*.

Dieses Werkzeug können Sie nach einer kostenlosen Registrierung nutzen. Es sammelt ähnlich wie Seitwert.de Informationen und präsentiert sie anschaulich. Dabei geht SEOmoz.org jedoch noch ein wenig mehr in die Tiefe und durchleuchtet eine Website je nach Wunsch als Page, Domain oder Blog.

Website-Tuning

Je nachdem, wie eine Website aufgebaut ist, gibt es Bereiche, die man nicht indexiert haben möchte. Das kann z.B. die Startseite oder der RSS-Feed sein, die sich permanent verändern. Oder Sie möchten dem Webcrawler ausdrücklich mitteilen, dass er das WordPress-Verzeichnis *wp-admin* für die Verwaltung nicht durchsuchen soll. In einem solchen Fall müssen Sie die Website noch ein wenig tunen und die Suchmaschine lenken oder Bereiche einfach »dicht machen«. So steuern Sie die Suchmaschine z.B. mit der *robots.txt*-Datei und den `<meta>`-Tags und auf einem Apache-Server mithilfe der mächtigen *.htaccess*-Datei. Die Funktionsweise beider Mechanismen erläutere ich im Folgenden.

Optimierung und Einstellungen per robots.txt

Die *robots.txt* ist eine reine Textdatei im Stammverzeichnis einer Domain, die angibt, welche Dateien und Verzeichnisse auf einem Server von den Webcrawlern durchsucht werden sollen bzw. dürfen. Die Anweisungen stehen in der *robots.txt*-Datei, die die meisten Suchmaschinen auslesen und beachten. Eine *robots.txt*-Datei garantiert aber nicht, dass Suchmaschinen nicht trotzdem »geheime« oder private Verzeichnisse auslesen. Diese müssen Sie anderweitig schützen.

Da es sich bei der *robots.txt*-Datei um eine reine Textdatei handelt, darf sie nicht mit einer Textverarbeitung wie Word oder OpenOffice erstellt werden, sondern am besten mit einem HTML-Editor oder einem einfachen Texteditor. Eine wirksame *robots.txt*-Datei für WordPress sieht z.B. so aus:

```
# Google-Bilder-Suchroboter aussperren
User-agent: Googlebot-Image
Disallow: /

# BEGIN XML-SITEMAP-PLUGIN
Sitemap: http://phlow-magazine.com/sitemap.xml.gz
# END XML-SITEMAP-PLUGIN

# Google News Extra Sitemap
Sitemap: http://phlow-magazine.com/google-news-sitemap.php
# END Google News Extra Sitemap

# robots.txt für WordPress
User-agent: Googlebot
Disallow: /index.php
Disallow: /feed/
Disallow: */feed/

Disallow: /archives/
Disallow: /page/
Disallow: /tag/
Disallow: /category/
Disallow: /category/*/*
```

```
Disallow: /*.js$
Disallow: /*.inc$
Disallow: /*.css$

Disallow: /wp-admin
Disallow: /wp-includes
Disallow: /wp-content/plugins
Disallow: /wp-content/cache
Disallow: /wp-content/themes

Disallow: /trackback/
Disallow: /comments
Disallow: */trackback
Disallow: */comments
Disallow: /*?*
Disallow: /*?
Allow: /wp-content/uploads
```

Diese Datei liest sich äußerst einfach. Zeilen, denen eine # vorangestellt ist, sind Kommentarzeilen, die die Suchmaschinen ignorieren.

```
# Google-Bilder-Suchroboter aussperren.
```

Zeilen, die mit `User-agent` beginnen, richten sich an die jeweilige Suchmaschine, die man anschließend mit einem Befehl steuert. So richtet sich

```
User-agent: Googlebot-Image
Disallow: /
```

an die Bildersuchmaschine von Google und verbietet dieser mit *Disallow: /* die Indexierung der Bilder. Dadurch finden Benutzer keine Bilder der Domain in der Bildersuche von Google. Während / sämtliche Verzeichnisse verbietet, verbietet man z. B. mit

```
Disallow: /wp-admin
```

lediglich das *wp-admin*-Verzeichnis. Weiterführende Informationen finden Sie unter *http://de.wikipedia.org/wiki/Robots.txt*, *www.robotstxt.org* und *http://de.selfhtml.org/diverses/robots.htm*.

Steuern von Suchmaschinen mit <meta>-Tags

Eine weitere Möglichkeit, Webcrawler zu steuern, ist die Verwendung von `<meta>`-Tags in der jeweiligen HTML-Webseite. Möchten Sie, dass der Crawler eine Webseite indexiert und den Links auf der Webseite folgt, verzichten Sie auf das `<meta>`-Tag. Ansonsten bieten sich drei Varianten an:

Indexiere diese Seite, folge aber nicht den Links der Webseite:

```
<meta name="robots" content"index, nofollow">
```

Indexiere diese Seite nicht, folge aber den Links der Webseite:

```
<meta name="robots" content"noindex, follow">
```

Indexiere diese Seite nicht und folge auch nicht den Links:

```
<meta name="robots" content"noindex, nofollow">
```

URL-Design mit .htaccess

Apache-Webserver gehören im Internet zu den verbreitetsten Technologien. Das liegt daran, dass Apache-Server auf einer kontinuierlich weiterentwickelten Open Source-Software basieren, gemeinsam mit PHP plus MySQL-Datenbank ein Dream-Team bilden und obendrein die Anwender tatkräftig mit zahlreichen Funktionen unterstützen.

Eine der vielfältigen Funktionen ist die leicht zu handhabende *.htaccess*-Datei, mit deren Hilfe sich auf einfache Art und Weise wichtige Dinge justieren und optimieren lassen. In der Regel speichert man die *.htaccess*-Datei im Wurzelverzeichnis des eigenen Webspace ab. Leider erlauben nicht alle Webhoster den Zugriff auf die *.htaccess*-Datei und das Anlegen einer solchen Datei. Die entsprechenden Details erfahren Sie in den jeweiligen Supportforen der Webhoster.

Da viele FTP-Programme *.htaccess*-Dateien standardmäßig nicht anzeigen, weil sie zu den versteckten Systemdateien gehören, müssen die jeweiligen Programme angepasst werden. Um z.B. mit dem FTP-Programm FileZilla versteckte Dateien anzuzeigen, klicken im Menü zuerst auf Server und dann auf *Aufführung versteckter Dateien erzwingen* (siehe Abbildung 7-9).

Doch wozu ist *.htaccess* gut? Mit *.htaccess* lassen sich zum Beispiel Löcher per sogenanntem »Redirect« stopfen, wenn Webseiten umziehen oder gelöscht werden. Außerdem können private oder interne Verzeichnisse mit einem Passwort vor unbefugtem Zugriff gesperrt werden. Weiterhin lassen sich Besucher bei Tippfehlern oder fehlenden Dokumenten auf 404-Seiten umleiten, die den Surfer bei der Suche nach dem jeweiligen Dokument oder Thema unterstützen.

Abbildung 7-9 ▶
Ein Häkchen reicht, und das FTP-Programm FileZilla zeigt versteckte Dateien an.

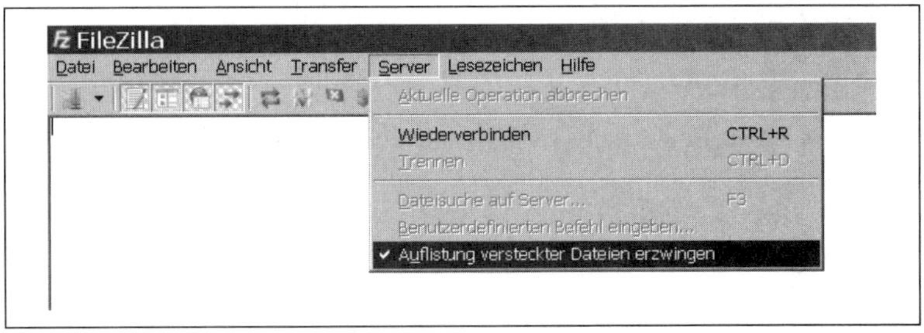

Am Schluss dieses Abschnitts zeige ich Ihnen noch, wie Sie mit ein paar Befehlen dem Traffic-Klau vorbeugen und externen Webseiten das Anfordern der eigenen Bilder untersagen können.

Tipp

»404« bezeichnet den HTTP-Statuscode, den der Server generiert, wenn er ein über eine URL angefordertes Dokument nicht findet. Das bewirkt, dass der Server eine Fehlermeldung an den Browser ausgibt. Meist sind das sehr schlichte und nichtssagende Fehlermeldungen wie *404 Not Found*. Man kann die *.htaccess*-Datei aber so konfigurieren, dass eine eigens programmierte Fehlerseite an den Browser ausgegeben wird, die dem Besucher tatsächlich weiterhilft und ihn nicht in einer Sackgasse stehen lässt. Damit der Server bei einem 404-Fehler auf die neue Seite verweist, reicht die folgende Codezeile:

```
ErrorDocument 404 /404.html
```

Genauere Informationen zum Thema HTTP-Statuscodes finden Sie unter *http://de.selfhtml.org/servercgi/server/httpstatuscodes.htm*.

301 Redirect – die unsichtbare Umleitung

Wenn Dokumente und Dateien auf dem Server umziehen oder gelöscht werden, entstehen unnötige Löcher, die den Besucher im schlimmsten Fall ins absolute Nichts führen. Wurde das Dokument intern oder extern verlinkt oder von Suchmaschinen indiziert, führen die veralteten Links nach dem Löschen oder dem Umzug ins Leere. Mit ein wenig Planung umgeht man solche Probleme. Mittels *.htaccess* ist nämlich eine elegante Weiterleitung möglich, die von den Besuchern höchstens durch das Umspringen der URL in der Adresszeile ihres Browsers bemerkt wird. Sie müssen dem Server lediglich mitteilen, wo er bei Anforderung eines veralteten Links das umgezogene Dokument findet. Der HTTP-Statuscode hierzu lautet `301 Moved Permanently` und teilt dem Browser mit, dass die Daten umgezogen und nicht mehr unter der alten Adresse zu finden sind.

Nehmen wir zum Beispiel an, Sie möchten Ihre Netzmusikcharts *charts.php* vom Verzeichnis *./web* in das Verzeichnis *./musik* verschieben (»./« dient hier als Platzhalter für das Wurzelverzeichnis des Servers). Nach dem Verrücken wären nun ohne Ausnahme sämtliche Links, die auf die alte URL verweisen, fehlerhaft. Das würde nicht nur auf Ihre internen Links zutreffen, sondern auch auf alle Links von anderen Websites auf Ihre alte URL. Neben gespeicherten Favoriten in Besucherbrowsern würden auch Suchmaschineneinträge mit einem Link auf unsere Charts auf eine Fehlerseite führen. Um dem vorzubeugen, schreiben Sie in Ihre *.htaccess*-Datei eine neue Befehlszeile, die den Suchenden zum neuen Speicherort der Charts katapultiert.

Tipp

Bevor Sie eine neue *.htaccess*-Datei auf Ihrem Server anlegen oder eine vorliegende verändern, sollten Sie zuerst eine Sicherheitskopie der bereits vorhandenen Datei anlegen. Die Datei finden Sie im Wurzelverzeichnis Ihres Servers. Denn wenn Sie eine *.htaccess*-Datei verändern, schrauben Sie an den Servereinstellungen. Das kann unter Umständen schiefgehen, und nach den Veränderungen läuft der Server nicht mehr rund. Wenn Sie eine Sicherheitskopie angelegt haben, überspielen Sie die manipulierte Datei einfach mit der Sicherheitskopie, und alles sollte wieder wie zuvor funktionieren.

.htaccess-Dateien können mit einem einfachen Text- oder HTML-Editor bearbeitet werden. Springen Sie mit Ihrem Editor ans Ende des Dokuments und fügen Sie dort den folgenden Befehl ein. Dadurch lassen Sie die bereits konfigurierten Befehle unberührt. Falls auf dem Server noch keine *.htaccess*-Datei vorhanden ist, legen Sie einfach mit dem folgenden Befehl eine neue Datei an:

```
redirect 301 /web/charts.php http://www.webseite.de/musik/charts.php
```

Beachten sollte man bei diesem Vorgehen, dass man die veraltete Adresse als lokal relativen Verzeichnispfad (also ohne *http://*) angibt, die neue Adresse jedoch vollständig (mit *http://*). Außerdem muss zwischen allen Elementen jeweils ein Leerzeichen stehen.

Nach dem Speichern der Datei laden Sie die *.htaccess*-Datei auf den Server hoch. Wenn wir nun testweise die alte URL *http://www.webseite.de/web/charts.php* eingeben, sollte der Server zur neuen URL des verschobenen Dokuments springen und das Dokument an den Browser ausliefern.

Sogar eine komplette Website lässt sich per Redirect-Befehl umleiten:

```
redirect 301 / http://www.neue_domain.de/
```

Das / in diesem Befehl weist den Server darauf hin, dass alle URL-Anfragen unterhalb des Wurzelverzeichnisses auf die neue Domain umgeleitet werden sollen.

Suchmaschinen und 301 Redirects: Es kann vorkommen, dass Sie Ihre Website komplett neu gestalten oder überarbeiten und dabei die Verzeichnisstruktur umkrempeln möchten. Ein solches Redesign gefährdet natürlich hart erkämpfte Positionen in den Suchmaschinen. Um dem Verlust guter Rankings vorzubeugen, eignen sich *Redirects* hervorragend. Denn mit einem Redirect bekommt der Suchroboter beim nächsten Besuch trotz veralteter URLs eine positive Antwort des Servers. In aller Regel sollte der Suchroboter jetzt die veralteten URLs durch die neuen ersetzen. Beabsichtigen Sie, eine ganze Domain zu verschieben, kann der Umzug das Ranking maßgeblich beeinflussen – nicht jedoch, wenn die Inhalte innerhalb der gleichen Domain verschoben werden.

Sie könnten für eine alte Webseite auch eine kleine HTML-Datei mit einem Refresh-Befehl in den Metatags hinterlassen. Dabei entstehen jedoch zwei Probleme: Die Suchmaschinen aktualisieren den alten Link nicht, da die Webseite immer noch besteht, und manche Suchmaschinen interpretieren solche HTML-Umleitungen sogar als Spam-Versuch.

Verzeichnisse per Passwort sperren

Wenn man Surfern und Suchmaschinen den Zugang zu einem Verzeichnis plus Unterverzeichnissen verwehren möchte, nutzt man auch in diesem Fall die *.htaccess*-Datei und legt mit ihr Benutzergruppen an, denen man Benutzer hinzufügt. Vor dem Aufruf der Website sieht der Besucher dann eine Meldung ähnlich der in Abbildung 7-10. Wie man Verzeichnisse schützt und für Benutzer und Gruppen freischaltet, erfahren Sie ausführlich unter *http://de.selfhtml.org/servercgi/server/htaccess.htm*.

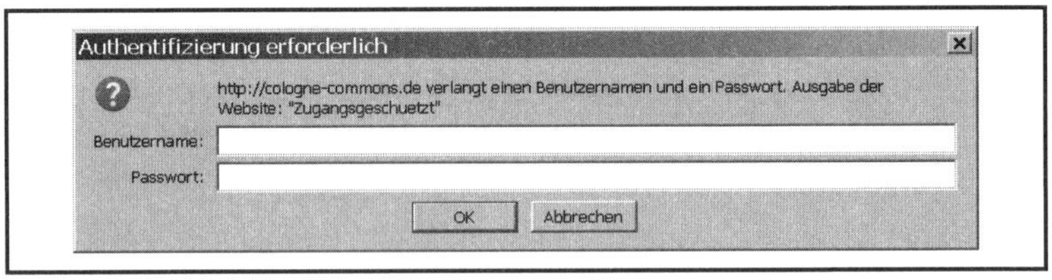

Abbildung 7-10 ▶ Mit der .htaccess-Datei lassen sich Verzeichnisse mit einem Passwort schützen. Wird das Verzeichnis aufgerufen, fragt der Browser nach Benutzername und Passwort.

SEO-Checkliste für Websites

Checklisten greifen einem hilfreich unter die Arme, wenn es darum geht, kurz zu prüfen, ob man bei der Konzeption einer Website oder dem Aufbau eines Artikels nichts vergessen hat. Sollten Sie für einen Kunden Suchmaschinenoptimierung betreiben, dienen die kommenden Checklisten der Qualitätssicherung.

Keywords

Befinden sich die Keywords ...

- ... im `<title>`-Tag des Dokuments?
- ... in den Überschriften-Tags `<h1>` bis `<h6>`?
- ... im Inhalt des Artikels?
- ... in der URL?
- ... am Anfang des Artikels?
- ... in einem ausgeglichenen Verhältnis zum Rest des Artikels?
- ... im Description-Tag `<meta name="description" content="" />`?
- ... im Keyword-Tag `<meta name="keywords" content="" />`?
- ... im `alt=»«` und `title=»«`-Attribut des `<img />`-Tags?

Vermeiden Sie die übertriebene Verwendung einzelner oder mehrerer Keywords (Keyword-Stuffing). Schließlich wollen Sie weder Ihre Leser noch die Suchmaschinen verschrecken. Beachten Sie auch, dass jede einzelne Webseite eigene Inhalte in den beiden Metatags `<meta name="description" content="" />` und `<meta name="keywords" content="" />` benötigt.

Inhalt

Wichtige Faktoren für überzeugende Website-Inhalte:

- Vermeiden Sie kopierte Artikel und positionieren Sie einzigartige Inhalte.
- Überprüfen Sie die Aktualität ihrer Artikel (veraltete Links, neue Fakten usw.).
- Zeitlos geschriebene Inhalte wie z. B. Anleitungen und Listen sind beliebt.
- Checken Sie Ihre Inhalte auf eine ausgewogene Mischung aus Schlagwörtern, Überschriften und Bildern und vermeiden Sie Keyword-Stuffing.
- Achten Sie auf korrekte Rechtschreibung.

- Vermeiden Sie unsichtbaren Text, es könnte als Spam-Versuch verstanden werden.
- Vermeiden Sie sogenannten *Duplicate Content*. Inhalte dürfen nur eine einzigartige URL besitzen.
- Verzichten Sie auf »böse« Wörter.

Webdesign

Gute Websites zeichnen sich aus durch:

- Strukturiertes (X)HTML und die korrekte Verwendung der (X)HTML-Befehle.
- Gesetzmäßigen (validen) Code.
- Eine einfache und intuitive Navigation.
- Hohe Benutzerfreundlichkeit wie beispielsweise eine gut lesbare Typografie, eine schnell auffindbare Suche, verständliche Formulare und zielgruppengerechte Sprache.
- Schlanke Webseiten und kurze Ladezeiten.
- Keine zu große Häufung von Werbung in Form von Werbebannern und Pop-ups.

Weitere Faktoren

Weitere Funktionen und Faktoren, durch die Suchmaschinen eine Website gut bearbeiten können:

- *robots.txt*-Datei zur Steuerung der Suchmaschine.
- XML-Sitemap für die Indizierung sämtlicher Inhalte.
- Alter der Domain.
- Größe der Website.
- Eine eigene Top-Level-Domain anstelle einer Gratis-Domain.
- Positive Bewertungen (Sternchen) von Benutzern über die personalisierten Google-Suchergebnisse.
- Keine Baustellenseiten und wenig Wartungsarbeiten.
- Sind die Websites bei Google, Yahoo! und Bing angemeldet?

Internetquellen und Buchtipps

Kostenlose Software für die Suchmaschinenoptimierung

Kostenlose Firefox-Erweiterungen für Suchmaschinenoptimierer
www.phlow.de/webdesign/1086-firefox-erweiterungen-suchmaschinenoptimierung

Onlineartikel und Services zur Suchmaschinenoptimierung

Übersichtsseite mit aktuellen Links, Quellen und Programmen
http://phlow.de/suchmaschinenoptimierung

WordPress SEO – The Definitive Guide To Higher Rankings For Your Blog
http://yoast.com/articles/wordpress-seo/

.htaccess-Generator
www.harbeck-is.de/tools/htaccess_gen/htaccess_loader.php

Suchmaschinenoptimierung für Einsteiger
www.sistrix.de/suchmaschinenoptimierung-fuer-einsteiger/

KAPITEL 8

Twitter

In diesem Kapitel:

- Was ist Twitter? Braucht man das?
- Ein eigenes Twitter-Konto anlegen
- Nachrichten mit Twitter verfassen
- Wie man Follower findet
- Twitter-Werkzeuge
- Die eigene Twitter-Profilseite tunen
- Twitter mit Facebook, MySpace und WordPress verbinden

Twitter: Zwitscher dir einen!,
Faz.net

Großbritannien: Volksoper mit Twitter-Texten,
Heise.de

Neuer Web 2.0 Dienst: Wie viel Sinn macht ›Schnattern‹?,
DiePresse.com

Twitter macht CNN Konkurrenz,
Handelsblatt.com

Vorladung per Twitter: Pirate Bay wieder vor Gericht,
Stern.de

Nach der Iran-Wahl – Mit Twitter gegen die Mullahs,
Morgenpost.de

Es gibt kein schnelleres Medium als Twitter,
Faz.net

Twitter: Mehr Karteileichen als aktive Nutzer,
ZDFheute.de

Protest per Twitter? Fünf Jahre Haft für einen Tweet,
Spiegel.de

2009 war das Jahr von Twitter, und die Medien freuten sich über einen neuen Hype. Ähnlich wie bei der virtuellen Simulation Second Life berichteten die Medien über jeden noch so kleinen Fitzel. Den normalen Bürger konfrontierten sie mit einer halbnackt »getwitterten« Demi Moore, die ihr junger Mann Ashton Kutcher »getwitpict« hatte. Oder sie schrien gleich »Twitter schlägt Sex-Alarm!«. Seriösere Themen lauteten dagegen »Wahlleiter will gegen Twitter-Prognosen vorgehen« oder »Flugzeugunglück vor Manhattan: Bei Twitter notgelandet«.

Übrig blieb bei den meisten Lesern und Internetnutzern trotzdem die Frage: Was ist Twitter eigentlich? Brauche ich das? Ich habe auch ein Twitter-Konto, aber was jetzt?

Was ist Twitter? Braucht man das?

Twitter ist eine Art Nachrichtendienst in Echtzeit. Der Service fußt auf der Idee von SMS, anstelle von 160 Zeichen stehen für die Twitter-Nachrichten jedoch nur 140 Zeichen zur Verfügung.

Im Vergleich zu SMS funktioniert Twitter genau andersherum. Während ich eine SMS an eine oder mehrere Personen adressiere und verschicke, verschickt man bei Twitter einfach seine Nachrichten und zwitschert sie in die Welt. Ob diese Nachrichten dann gelesen werden, hängt davon ab, ob jemand sich ausdrücklich dafür entschieden hat, Ihre Kurznachrichten zu verfolgen. »Follower« nennt man solche Abonnenten im etwas eigentümlichen Twitter-Slang. »Followt« man jemandem, erhält man dessen Nachrichten, direkt nachdem sie verkündet wurden. Ein Beispiel:

Am 26. Juli um 12:38 »twittert« die Website Suche-Recherche.de unter *@suche_recherche* eine neue Nachricht:

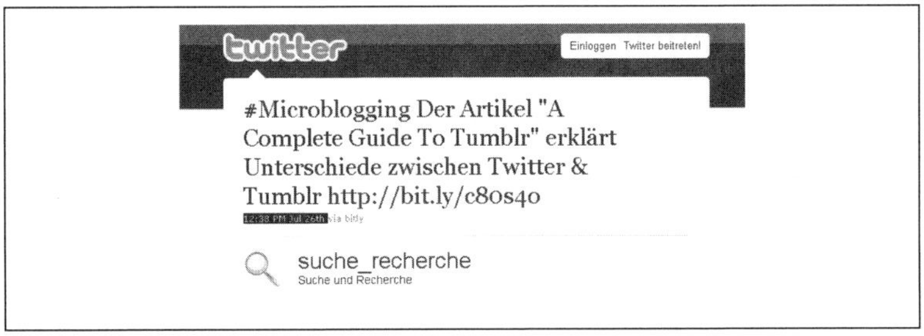

Abbildung 8-1 ▶ Twitter-Sprechblase des Benutzers @suche_recherche.

Harald und Jürgen verfolgen unabhängig voneinander die Twitter-Nachrichten von *@suche_recherche* und erhalten die Nachricht ein paar Sekunden später – Harald auf seinem Computer per Seesmic-Desktopclient und Jürgen auf seinem Blackberry. Jürgen interessiert die Nachricht nicht weiter, während Harald auf den Link klickt und auf einen Artikel unter *http://www.smashingmagazine.com/2010/07/22/a-complete-guide-to-tumblr/* weitergeleitet wird.

Fasziniert diese Nachricht Harald und hält er sie wie *@suche_recherche* auch für mitteilungswürdig, »retweetet« er sie. Ein »Retweet« funktioniert dabei ähnlich wie das Weiterleiten einer E-Mail, nur dass man beim Retweet den eigentlichen Absender mitkommuniziert. Dadurch dankt man seiner Quelle – hier Marco von *@suche_recherche* – und vermittelt ihr eventuell mehr Aufmerksamkeit. Verschickt Harald also eine weitere Twitter-Nachricht, informiert Twitter wiederum seine Abonnenten. Das Spiel beginnt von Neuem.

Anhand des obigen Beispiels können Sie sich leicht vorstellen, wie schnell Nachrichten sich im Schneeballeffekt innerhalb kürzester Zeit per Twitter verbreiten.

Warum und wie man Twitter nutzen kann

Um Twitter-Nachrichten zu senden oder direkt zu empfangen, brauchen Sie ein eigenes Konto. Ähnlich wie bei einem E-Mail-Dienstleister bekommt man bei Twitter.com ein kostenloses Konto mit einem individuellen Namen. Das kann ein richtiger Name oder auch ein Pseudonym sein. Wichtig ist nur: je kürzer, desto besser, schließlich spart ein kurzer Name wertvolle Zeichen, und das ist bei Twitter wichtig.

Diese fehlende Funktionalität stört aber in keiner Weise, da alle anderen Twitter-Nutzer die Kurznachrichten über Desktopprogramme, Twitter.com, Facebook, E-Mail, Blackberry, Mobiltelefon, per RSS oder auf eine ähnliche Weise schnell und in Echtzeit abrufen und verschicken.

In meinen Augen ist Twitter besonders für drei Arten der Kommunikation sinnvoll:

1. Für kurz gefasste Kommunikation im Freundes- oder Kollegenkreis.
2. Für schnelle Informationsverbreitung, Promotion und Marketing.
3. Für die aktuelle Recherche nach Trends und News.

Twitter im Freundes- oder Kollegenkreis nutzen

Ähnlich wie bei Social Communities kann man sein Profil öffentlich oder nur für einen geschlossenen Personenkreis zugänglich machen. Ein häufiger Vorwurf gegenüber Twitter lautet: »Mich interessiert doch dieses ganze Geschwafel von Unbekannten nicht.« Richtig. Eine Nachricht wie »Elli ist krank, und ich bleibe zu Hause.« von einem Unbekannten hat für Sie keinerlei Wert. Aber die unmittelbaren Freunde und Eltern interessiert es schon, wenn das Kind eines Freundes bzw. von Tochter oder Sohn krank ist. Möglicherweise können sie ihre Hilfe anbieten, weil der Verfasser gerade gestern erst »Super! Habe gerade einen dicken Auftrag an Land gezogen. Mist! Das bedeutet viel Arbeit.« getwittert hat.

Auch im Kollegenkreis erweisen sich die Kurznachrichten als hilfreich – sei es, dass Sie einem kleinen Kreis von Freunden ein Jobangebot weiterleiten wollen oder allen mitteilen, dass Sie gerade nichts zu tun haben oder noch zwei Freikarten für eine Premiere zu verschenken haben. Als Nachrichtenmedium für Pegelstände der eigenen Befindlichkeit, für wichtige Informationen und so weiter kann Twitter ein hilfreiches Werkzeug sein. Muss es aber nicht. Sie könnten auch eine E-Mail verfassen oder anrufen oder einen Brief schreiben ... Nur Twitter ist viel schneller und unkomplizierter.

Informationsverbreitung, Promotion und Marketing mit Twitter

Als Medium für die Informationsverbreitung mit wenigen Zeichen in Echtzeit ist Twitter wahrscheinlich unschlagbar. Politiker wie Barack Obama, Schauspieler wie Ashton Kutcher oder Musiker wie Lenny Kravitz informieren persönlich und direkt – auch wenn oft Agenten die News tippen – Millionen von Menschen innerhalb von Sekunden. Und über das Anhängen einer Internetadresse führt man die neugierigen Abonnenten zu weiteren Inhalten.

Für wen man wirbt, ist erst einmal zweitrangig. Der wichtigste Faktor ist: Haben Sie interessante Nachrichten, Fotos, Videos oder Inhalte? Ob Sie sich weiter als Blogger profilieren wollen, Marketing für einen Konzern betreiben oder für ein Onlinemagazin arbeiten, die Nachricht zählt. Nur setzen Sie keine schnöden Marketingbotschaften ab. Das ist eher kontraproduktiv, weil niemand gern seine Zeit verschwendet. Womit wir beim dritten spannenden Twitter-Thema sind:

Recherche nach Trends und News in Echtzeit

Bevor Sie weiterlesen, schauen Sie sich doch erst einmal die drei folgenden Websites an: *www.twittervision.com*, *www.twitscoop.com* und *www.twitturly.com*. Twittervision vermittelt nur ein ungefähres Gefühl davon, wie schnell Twitter ist.

Eindrucksvoll visualisiert das Mashup, wie der ganze Planet den Service nutzt. Besser für die Recherche ist dagegen Twitscoop geeignet – siehe Abbildung 8-2. Twitscoop scannt Twitter nach Thementrends und bereitet diese samt genutzten Schlagwörtern optisch mithilfe von Graphen auf. Einen anderen Ansatz verfolgt Twitturly. Twitturly spürt auf Twitter genutzte Links auf und analysiert und sortiert diese nach Beliebtheit. In erster Linie sind das Nachrichten, Bilder und Videos.

Noch schneller jagen Sie Trends und News nur noch mit der Suche auf Twitter.com nach. Dazu lesen Sie aber mehr in Kapitel 9, *Die Onlinerecherche*.

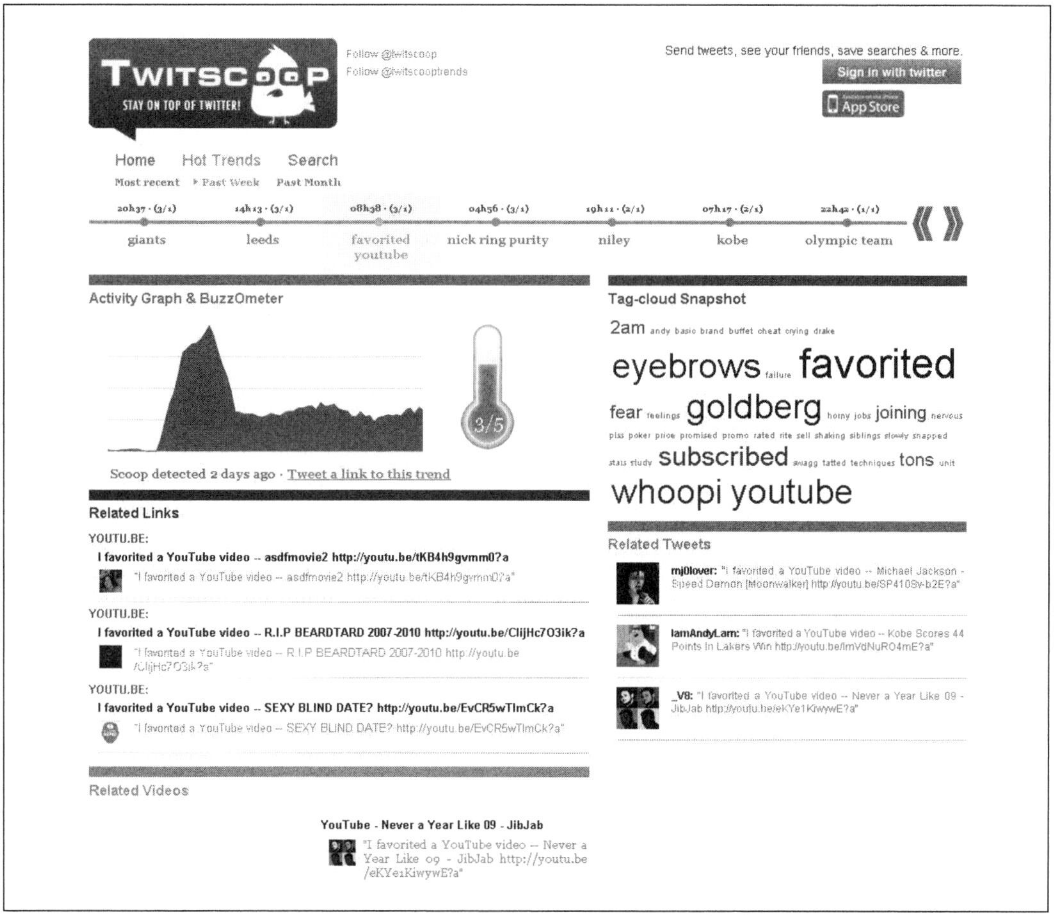

▲ **Abbildung 8-2**
Ein Klick auf Hot Trends auf Twitscoop genügt, und man weiß, welche Topthemen unseren Planeten in den letzten Stunden beschäftigen.

Ein eigenes Twitter-Konto anlegen

Wie bei den meisten Onlineservices legt man sich auch bei Twitter schnell, unkompliziert und kostenlos ein eigenes Konto an. Die ersten Schritte zur Aktivierung überspringe ich an dieser Stelle elegant und verweise Sie einfach an den *Jetzt anfangen*-Button. Bevor Sie loslegen, möchte ich Ihnen noch ein paar Überlegungen mit auf den Weg zum Anmeldeschalter geben. Damit Ihr Twitter-Profil funktioniert, benötigen Sie:

1. eine knackige Selbstbeschreibung in 160 Zeichen,
2. ein eigenes Icon,
3. ein aussagekräftiges Hintergrundbild sowie
4. eine URL zu einer ausführlichen Biografie- oder Projektseite.

§

Auch beim Anlegen eines Twitter-Kontos sind rechtliche Aspekte zu beachten. Eine markenmäßige Benutzung eines Markennamens im Twitter-Benutzernamen ist rechtlich nicht zulässig. So darf nicht, um mehr Follower zu erhalten, ein bekannter Markenname verwendet werden, den viele Nutzer suchen. Siehe hierzu auch den Abschnitt: »Missbräuchliche Verwendung von Keywords/Metatags« in Kapitel 15, *Wettbewerbsrecht*.

Genauso muss bei der Verwendung eines Hintergrundbilds und der Auswahl des Icons das Urheberrecht beachtet werden. Verwendet man hier Bilder oder Grafiken, an denen der Twitter-Nutzer nicht die Rechte innehat, müssen diese eingeholt werden. Siehe hierzu auch Kapitel 14, *Urheberrecht*.

Sind auf den verwendeten Bildern oder Grafiken Personen zu erkennen, ist auch das Recht am eigenen Bild zu beachten. Siehe hierzu auch den Abschnitt: »Das Recht am eigenen Bild« in Kapitel 16, *Persönlichkeitsrechte*

Tipps und Tricks zum Tuning erfahren Sie weiter unten im Abschnitt »Die eigene Twitter-Profilseite tunen«. Jetzt will ich Ihnen erst mal helfen, endlich die erste Nachricht ins Twitterverse abzusetzen.

Nachrichten mit Twitter verfassen

Die einfachste Möglichkeit, über Twitter eine Nachricht abzusetzen, ist die Eingabemaske auf *www.twitter.com* – siehe Abbildung 8-3. Diese offenbart sich Ihnen erst nach dem Log-in. Die erste Twitter-Nachricht ist dabei die schwerste, verleichen Sie es einfach mal mit Sport: Wenn Sie noch nie einen Tennisschläger in der Hand hatten, um auf den Filzball einzudreschen, sehen die ersten Schläge womöglich unfreiwillig komisch und ungelenk aus. Egal, denn verkrampfen bringt sowieso nichts, und noch hört Ihnen keiner zu. Darum experimentieren Sie; versuchen Sie, ein Gefühl für das neue Medium zu bekommen. Anbei ein paar Anregungen:

In der ersten Twitter-Nachricht sagen Sie am besten: »Hallo Welt, hier bin ich!«, und hängen einfach noch einen Link zu Ihrem Blog, Ihrer Website, Ihrem Facebook-Konto oder Ähnlichem an. Loggen

Sie sich dazu unter *www.twitter.com* ein, tippen Sie maximal 140 Zeichen in die Sprechblase unter *What's happening?* – und ein Klick auf *Update* schickt Ihre Nachricht ins Twitterverse. Eigentlich nicht schwer, wenn man weiß, was man »twittern« will.

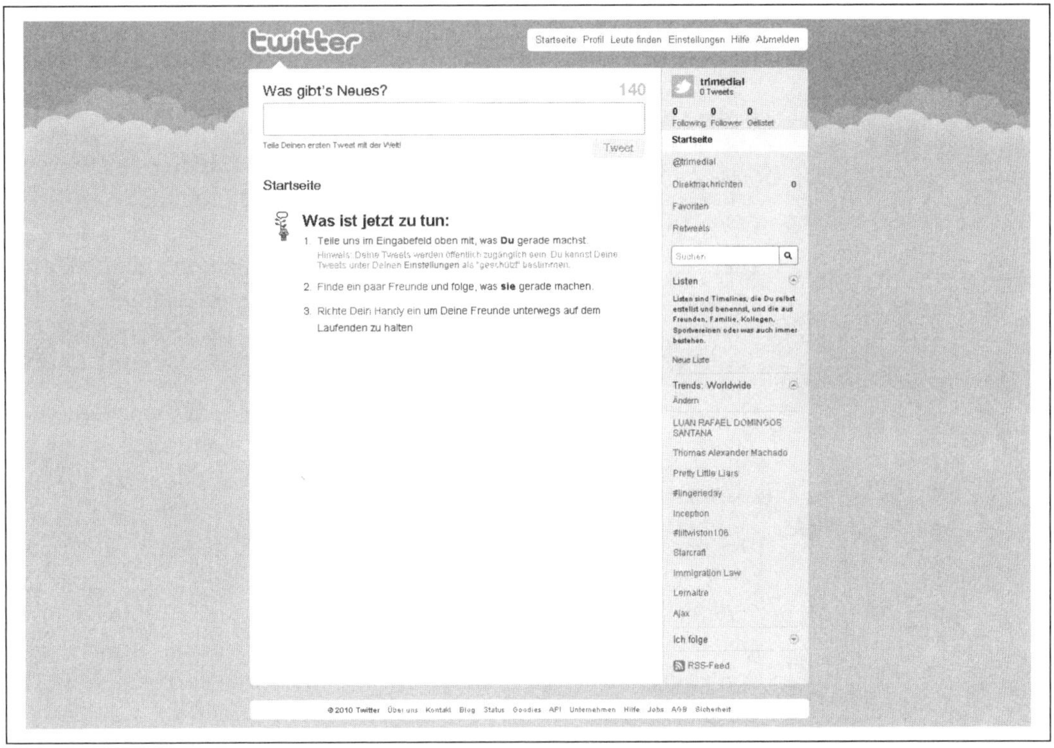

Schreiben Sie ein wenig mehr, achten Sie auf die Zahl an der unteren rechten Ecke der Eingabemaske. Dort zählt Twitter mit, wie viele Zeichen Sie für Ihre Nachricht verbrauchen. Überschreiten Sie das Limit und verschicken trotzdem die Nachricht, übermittelt Twitter lediglich die ersten 140 Zeichen und schneidet alle weiteren ab.

▲ Abbildung 8-3
Die Twitter-Sprechblase wartet auf die erste Twitter-Meldung. Die ist die schwerste.

§

Beim Inhalt einer Twitter-Nachricht gelten in Bezug auf andere Personen dieselben rechtlichen Regelungen wie bei einem Blog. So darf auch hier bei Meinungsäußerungen nicht die Grenze zur Schmähkritik überschritten werden. Beleidigungen können sowohl strafrechtliche wie auch zivilrechtliche Folgen haben. Siehe dazu auch den Abschnitt: »Ehrschutz« in Kapitel 16, *Persönlichkeitsrechte*.

Twitterslang: Tweet, @, #, RT und DM

Ein »Tweet« ist eine Twitter-Nachricht, und »twittern« ist das eingedeutschte Verb dazu. Nicht unbedingt schön, aber praktisch. Wenn Sie also weitertwittern wollen, stellt sich Ihnen neben der Frage, was Sie twittern sollen, auch die Frage: »Wie erreichen meine Botschaften andere?«

Andere Twitter-Nutzer adressieren mit @

Für diesen Fall haben sich die Twitter-Programmierer etwas Simples und fast schon Geniales einfallen lassen. Um mit anderen Twitter-Nutzern in Kontakt zu treten, sprechen Sie diese an, indem Sie zuerst ein @-Zeichen und anschließend den Benutzernamen in die Twitter-Sprechblase tippen. Der Twitter-Service erkennt die Zeichenkombination automatisch und verlinkt die Zeichenfolge mit dem Twitter-Konto des Angesprochenen.

Den Nutzernamen erfahren Sie, indem Sie einfach die individuelle Twitter-Adresse eines Nutzers aufrufen. Meine lautet z. B.:

`www.twitter.com/`**`phlow`**

Das fett markierte Wort ist mein Nutzername, und eine öffentliche Nachricht schicken Sie an mich, indem Sie Ihrer Nachricht einfach *@phlow* voranstellen. Sie können auch an mehrere Twitter-Nutzer gleichzeitig eine Nachricht verschicken. Tippen Sie dafür einfach den nächsten Benutzernamen mit einem vorangehenden @ in die Eingabemaske.

Abbildung 8-4 ▶ Mithilfe von @ plus Nutzername spricht man andere Twitter-Nutzer an. Diese Nachricht kann jeder lesen, und der Adressierte wird von Twitter informiert.

Schicken Sie die Nachricht ab, speichert Twitter Ihre Kurznachricht und informiert die adressierten Benutzer über Ihre Nachricht. Dadurch lesen z. B. in Abbildung 8-4 nicht nur die Abonnenten von Sim Sullen seine Nachricht, sondern auch die Benutzerin Katti erhält die Nachricht – ob sie Sim Sullen bereits folgt oder nicht. Mit dieser Funktion erreichen Sie somit auch Twitterer, die (noch nicht) Ihre Tweets abonniert haben. Gehen Sie jedoch sparsam mit dieser Funktion um, sonst nerven Sie womöglich schnell andere Benutzer, und das wirkt sich negativ aus.

Vielleicht haben Sie jetzt schon eine Vorstellung davon, was Sie als Nächstes twittern können: eine Nachricht an einen oder mehrere Twitter-Nutzer. Die folgenden Überlegungen können Ihnen beim Verfassen Ihres ersten Tweets helfen: Nutzt einer oder mehrere Ihre Freunde Twitter? Folgen Sie bereits aufmerksam einem anderen Twitterer, dann schreiben Sie ihm doch einfach, dass Sie seine Nachrichten gut finden. Oder schreiben Sie eine Kurzrezension zu diesem Buch und adressieren Sie sie an mich, also *@phlow*.

Tweets mit # kategorisieren und taggen

Eine weitere clevere Funktion ist die Kategorisierung von Tweets. Tweets kategorisiert man, indem man in der Nachricht eine Raute (#) mit einem Wort kombiniert. In der Sprechblase in Abbildung 8-5 benutzen die Cologne Commons-Twitterer das Stichwort – auch Hashtag genannt – *#cc2010*, um ihre Konferenz und das Festival zu markieren, zu »taggen«. Beziehen sich andere Twitterer auf das Ereignis, nutzen sie die gleiche Zeichenfolge. Der Twitter-Service selbst erkennt die Verschlagwortung und archiviert die Hashtags. Mit Hashtags kategorisierte Twitter-Nachrichten finden Sie über die Suchfunktion auf der Startseite von Twitter. Zur Verschlagwortung eignen sich unter anderem Ereignisse, Themen, Orte und Veranstaltungen.

Hinweis In der Regel benutzt man eine Abkürzung, um Buchstaben für den Rest der Nachricht zu sparen. Kein Wunder also, dass für Außenstehende Twitter-Nachrichten oft arg kryptisch wirken.

◀ Abbildung 8-5
Twitter-Nachrichten kategorisiert man mit #, um zum Beispiel Nachrichten eines Ereignisses zu bündeln.

Twitterwall

Ein netter Nebeneffekt dieser Kategorisierung ist zum Beispiel eine *Twitterwall*. Steht bei einer Konferenz sowohl ein Internetzugang als auch ein Projektor zur Verfügung, projiziert man alle Tweets zum Thema mithilfe der Hashtags kontinuierlich an die Wand. Dadurch werden die Gedanken der Zuhörer sichtbar. Eine Twitterwall realisiert man einfach mithilfe von Websites wie *www.twitterfall.com*, *www.visibletweets.com* oder *www.twitterwallr.com*.

Zeit für Ihren dritten Tweet! Welche Nachricht, Person, welcher Film oder welches Ereignis beschäftigt, ärgert oder interessiert Sie derzeit? Gab es gestern eine Meldung aus der Politik, die Sie besonders aufgewühlt hat? Oder hören Sie gerade ein Musikalbum besonders gern? Twittern Sie es in die Welt und ordnen Sie es ein!

Nachrichten von Twitter-Nutzern folgen

Vielleicht haben Sie die *Follow*-Funktion schon selbst entdeckt. Denn wer Twitter nutzt, verfolgt meist auch interessante Twitter-Botschaften von Freunden, Bekannten, Experten oder gar Fremden. Damit Sie diese nicht mühsam absurfen oder sammeln müssen, hilft Ihnen Twitter. Sie müssen lediglich einmal aktiv werden und Twitter mitteilen, dass Sie die Beiträge desjenigen verfolgen möchten. Rufen Sie dazu die jeweilige Website des Twitter-Nutzers auf und klicken Sie auf den *Follow-Button*, den Sie in Abbildung 8-7 sehen. Beim nächsten Aufruf von *www.twitter.com* listet Ihnen der Service chronologisch die Tweets Ihrer Lieblings-Twitterer.

Interessante Twitter-Nutzer finden Sie oft, indem Sie die eigenen Lieblings-Blogs absurfen und schauen, ob derjenige auch twittert. Oder Sie schauen anderen Twitter-Nutzern über die Schulter und klicken auf die kleinen Icons in deren Twitter-Seitenleiste.

Abbildung 8-6 ▶
Nachrichtenabo: Ein Klick auf den Follow-Button eines Twitter-Nutzers genügt, und Twitter spielt Ihnen die Nachrichten in Echtzeit zu.

RT? Retweet? Wie man News elegant zitiert und twittert

Abonniert man Tweets von anderen, liest man sie auch. Oft stößt man dabei auf interessante und wertvolle Informationen, die man gern an seine Freunde und Abonnenten weiterleiten möchte – ganz nach dem Motto: »Hey, schau mal, interessant, oder?« Aber anstatt ein Fundstück ohne Vermerk neu zu twittern, sollten Sie, den Twitter-Netiquetten folgend, den ursprünglichen Botschafter zitieren. Das geschieht auf zweierlei Art und Weise. Entweder Sie weisen Ihre Follower am Ende der Nachricht mit einem *via @nutzername* auf die Quelle hin, oder Sie schreiben am Anfang der Botschaft *RT @nutzername*. RT steht hierbei als Abkürzung für »Retweet«, ein englisches Kunstwort, das eigentlich nichts anderes als nachplappern meint.

◀ Abbildung 8-7
Nachrichten anderer Twitter-Nutzer verschickt man an seine Leser mit nur einem Klick. Das Weiterleiten einer fremden Twitter-Meldung nennt man Retweet.

An dieser Stelle zeigt sich ein weiteres Mal das virulente Potenzial von Twitter. Ist eine Nachricht brisant, verbreitet sie sich blitzartig über Retweets im ganzen Twitterverse. Oftmals innerhalb von Minuten.

Als vierten Tweet könnten Sie jetzt z.B. einen Retweet absetzen. Stöbern Sie dazu einfach mal in den Twitter-Botschaften Ihrer Freunde und Lieblinge oder suchen Sie auf Twitter nach aktuellen Themen und retweeten Sie eine Nachricht. Das geht ganz simpel: Bewegen Sie einfach den Mauszeiger über die Nachricht und klicken Sie auf den erscheinenden Retweet-Link. Und schon ist Ihr nächster Tweet versandt.

Einen Nachteil hat diese Methode aber: Ihr Tweet ist unpersönlich und schlicht eine Kopie. Besser ist, Sie geben der Nachricht einen eigenen »Twist« und zitieren nur die Quelle. Gewiefte Twitter-Nutzer lassen Ihnen dazu extra Platz, aber dazu später mehr.

Private Direktnachrichten

Abschließend möchte ich Sie noch auf die DM-Funktion hinweisen. *DM* steht für *Direct Message* und ist eine etwas trickreiche Methode, um private Nachrichten per Twitter zu verschicken. Während normale Twitter-Meldungen von allen gesehen werden können, erreicht eine DM nur den Adressaten. Sie können Direct Messages aber nur an Twitter-Nutzer verschicken, die Ihrem Nachrichtenstrom folgen. Diese Methode reduziert Spamming, und niemand kann Ihnen DMs schicken, wenn Sie ihm nicht folgen. Direct Messages sind insbesondere im Freundes- und Bekanntenkreis sinnvoll, um einem Kollegen schnell eine Anfrage zu schicken oder ihm etwas mitzuteilen. Mit kurzen Twitter-Nachrichten vermeiden Sie nervige E-Mails, die lediglich einen Link als Inhalt haben.

§

Bei der »Direct Message« ist zu beachten, dass dies eine Spamfalle sein kann. Verschicken Sie bestimmte Nachrichten an einzelne Twitter-Mitglieder um beispielsweise für Ihre Seite oder sogar für ein bestimmtes Produkt zu werben, ist das Gesetz gegen den unlauteren Wettbewerb zu beachten. Danach liegt eine unzumutbare Belästigung vor, wenn eine Werbung unter Verwendung von elektronischer Post verschickt wird, ohne dass eine Einwilligung des Adressaten vorliegt. Siehe dazu auch Abschnitt: »Unerwünschte Werbung« in Kapitel 15, *Wettbewerbsrecht*.

Zeichen sparen für geballte Informationen

Als Twitter-Nutzer spart man gern Zeichen. Zwar setzen einige Twitter-Nutzer wichtige Nachrichten auch in mehreren Tweets in die Welt, in der Regel versucht man aber, den wenigen Platz sparsam zu nutzen.

Den meisten Platz verschwendet man häufig, wenn man URLs twittert, die nicht selten auch mal gern mehr als 140 Zeichen lang sind. Das Problem behebt man am einfachsten mit URL verkürzenden Services. Mit dem zunehmenden Erfolg von Twitter erlebten diese schon vorher lange genutzten Services eine Rennaissance. Mittlerweile ist das Angebot von URL-Verkürzern so vielfältig, dass man den Überblick verloren hat. Ob Sie nun den Klassiker *www.tinyurl.com*, *www.snipurl.com*, *www.is.gd* oder meinen persönlichen Favoriten *www.bit.ly* nutzen: Die Services leisten alle einwandfreie Arbeit. Eine unübersichtlich lange Google Map-URL wie

```
http://maps.google.de/?ie=UTF8&ll=50.941277,6.958214&spn=0.002488,0.
005466&t=h&z=18
```

sieht mit einem Klick so:

```
http://is.gd/63xxX
```

oder so

```
http://snipurl.com/koelner_dom
```

aus. Die anfänglichen 83 Zeichen sind jetzt entweder auf 19 oder 30 Zeichen geschrumpft.

URLs mit Bit.ly verkürzen

Persönlich nutze ich am liebsten die verkürzten URLs von *www.bit.ly*. Das hat hauptsächlich einen Grund: Wie Sie in Abbildung 8-8 sehen, liefert der URL-Verkürzerer für den Link *http://bit.ly/Phlow_Best_of_2009* zahlreiche Statistiken. Über die Statistiken erfahren Sie nicht nur, wie oft Ihre Links angeklickt wurden, sondern auch, wer sie retweetet hat, wo sie angeklickt wurden (Facebook, Apps, E-Mail-Programme usw.) und in welchen Ländern. Wenn Sie kontinuierlich mit Bit.ly Links verkürzen, erhalten Sie hilfreiche Informationen über Ihre Abonnenten. Ein Blick auf Ihre Bit.ly-Übersichtsseite zeigt Ihnen, welche Ihrer Tweets für andere Leser besonders interessant sind. Dadurch bekommen Sie zunehmend ein Gefühl für Ihre Abonnenten.

Um Bit.ly umfassend zu nutzen, legen Sie sich ein eigenes, kostenloses Konto zu. Dann erhalten Sie die Statistiken und einen eigenen Zugangsschlüssel bzw. API-Key. Diesen brauchen Sie, um mit WordPress zu twittern und Bit.ly die URLs automatisch verkürzen zu lassen. Mehr dazu erfahren Sie in Kapitel 3, *WordPress mit Plugins erweitern* unter »Twitter Tools: WordPress-Artikel automatisch twittern«.

Außerdem sollten Sie sich unbedingt das Bit.ly-Bookmarklet in Ihre Browserleiste ziehen. Dieses finden Sie unter *www.bit.ly/pages/tools*. Befinden Sie sich beim nächsten Mal auf einer Webseite, die Sie twittern möchten, genügt ein Klick auf das Bookmarklet, und der Bit.ly-Service blendet rechts im Browser automatisch eine Seitenleiste ein – siehe Abbildung 8-9. Bereits an dieser Stelle können Sie die Twitter-Nachricht verschicken, und obendrein sehen Sie, wer diese Webseite ebenfalls mit Bit.ly verkürzt hat.

Abbildung 8-8 ▲
Mit www.bit.ly verkürzt man nicht nur URLs, sondern erhält hilfreiche Informationen über Klickzahlen und Nutzer.

Damit wären wir bei Ihrem nächsten Tweet angekommen. Haben Sie heute oder gestern eine interessante Nachricht, ein witziges Bild oder Video gesehen? Suchen Sie die URL dazu heraus, verkürzen Sie sie mit einem Service wie Bit.ly und texten Sie noch etwas Knackiges dazu. Und dann ab damit ins Twitterverse.

§

Bei der Nutzung von Twitter sollte auch die sogenannte »Linkhaftung« beachtet werden. Demnach kann ein Zu-eigen-Machen von Inhalten und damit eine Haftung vorliegen, wenn der Verlinkende Kenntnis von der potenziellen Rechtswidrigkeit der Inhalte hinter dem Link hat. Es sollte vor jedem Setzen eines Links überprüft werden, ob sich dahinter nicht offensichtlich rechtswidrige Inhalte verbergen.

Siehe dazu auch den Abschnitt: »Haftung für eigene Inhalte« in Kapitel 17, *Haftungsfragen*.

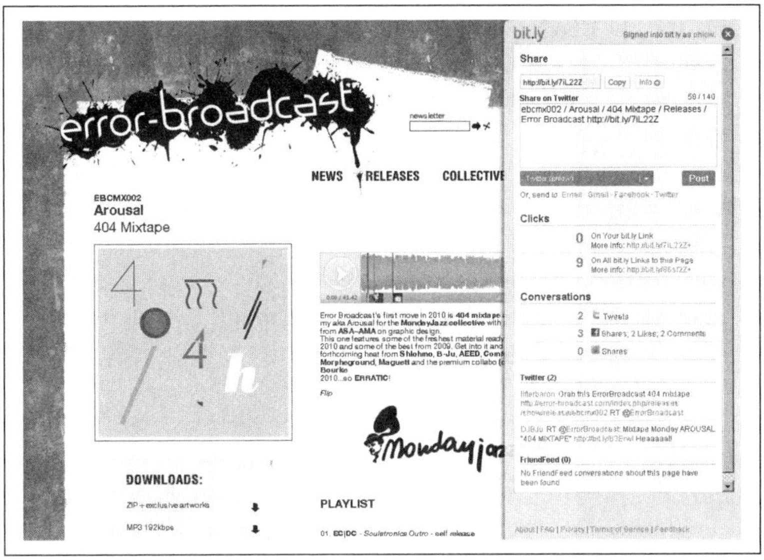

◀ **Abbildung 8-9**
Über das Bit.ly-Bookmarklet verkürzt man direkt auf einer Webseite die URL und twittert die Nachricht sofort mittels Bit.ly, ohne die Webseite zu verlassen.

Noch mehr Zeichen sparen

Auch wenn man als Journalist so weit wie möglich auf Abkürzungen für eine bessere Verständlichkeit verzichtet, der Grammatik huldigt und typografisch einwandfrei seine Satzzeichen setzt, so gelten diese Regeln nicht für Twitter. Hier lautet die oberste Maxime: Zeichen sparen! Um weitere Zeichen in Ihren Botschaften zu sparen, greifen Sie am besten in die Trickkiste und beachten die folgenden Regeln:

1. Benutzen Sie + und & anstelle von »und«.
2. Lassen Sie Satzzeichen insbesondere am Ende des Satzes weg.
3. Benutzen Sie Abkürzungen.
4. Vermeiden Sie »ich« und das Verb »sein«.
5. Schreiben Sie Ziffern, statt Zahlen auszuschreiben.

Warum 120 Zeichen und nicht 140?

Profi-Twitter-Nutzer verwenden anstelle von 140 lediglich 120 Zeichen. Das hat den folgenden Grund: Wenn jemand Ihre Nachricht retweetet, ist es – wie oben beschrieben – üblich, ein *RT @benutzername* in die Nachricht zu schreiben. Verbraucht die Nachricht jedoch bereits sämtliche Zeichen, kann der Retweeter die Nachricht nicht vollständig weiterzwitschern und lässt entweder die Quellenangabe weg oder muss die Nachricht kürzen. Deswegen sparen Sie am besten ein wenig Platz für Retweeter, damit diese eventuell sogar noch die Nachricht mit einem eigenen Kommentar versehen können.

Wie man Follower findet

Wenn Sie bisher mitgemacht haben, haben Sie mittlerweile schon ein paar Twitter-Nachrichten abgesetzt. Doch das ganze Twittern macht nicht wirklich Sinn, wenn man keine »Follower«, sprich Abonnenten, hat, die zuhören. Aber wie findet man neue Follower? Erst einmal durch zuhören. Schauen Sie sich auf Blogs, Twitter und anderen Websites um. Verfolgen Sie andere und bekommen Sie ein Gefühl dafür, wie Twitter genutzt wird. Schauen Sie sich doch einmal die Kurzgeschichten von *@tiny_tales* an. Oder abonnieren Sie *@phlow*, wenn Sie gern Musik hören. Oder schauen Sie mal bei Medienblogs wie *@mauisurfer25* vorbei oder hören Sie zu, was die *@creativecommons*-Szene beschäftigt. Auch der *@OReilly_Verlag* twittert.

Während Sie anfangen, Tweets zu lesen, entdecken Sie spannendes Material und Informationen. Natürlich macht man als Twitter-Nutzer auf sich aufmerksam, indem man anderer Leute Inhalte weitertwittert. Wirkungsvoller klinkt man sich aber in die Diskussion ein, wenn man eigene Inhalte beisteuert. Wenn jemand z.B. twittert, dass er das neue Album von den Chemical Brothers mag, kann man ihm z.B. auch einen kostenlosen Album-Download von Professor Kliq empfehlen. Ähnliches gilt für alle anderen Bereiche. Menschen freuen sich, wenn man ihnen interessante Informationen zuschiebt, und reagieren normalerweise dankbar.

Das meiste Vergnügen bereitet es jedoch, eigene Inhalte zu twittern – z.B. um den neuen Artikel auf dem eigenen Blog anzukündigen. Hier ist eine kleine Liste an weiteren Dingen, die auf Twitter immer willkommen sind:

1. gute Inhalte
2. Anleitungen
3. brisante und aktuelle News
4. Warnungen
5. kostenlose Downloads
6. Anfragen

Gute Konversationen

Ist es dann endlich so weit und jemand adressiert eine Twitter-Nachricht an Sie, versuchen Sie, so schnell wie möglich zu reagieren. Das ist das oberste Gesetz des Kurznachrichtenservice: Antworten in Echtzeit. Twitter bereitet einem in solchen Fällen auch Stress, keine Frage. Dafür sitzen Sie am schnellsten Nachrichtenticker der Welt. Selbst Reuters oder die dpa sind nicht schneller.

Twitter-Werkzeuge

Auf die Dauer ist das Twittern über die Twitter-Website etwas mühselig. Weiter oben erwähnte ich bereits, dass man auch mit dem URL-Verkürzungsservice Bit.ly twittern kann. Noch komfortabler gestaltet sich die Twitterei mit einem Desktopprogramm. Diese vereinfachen den Twitter-Alltag mit zahlreichen Sonderfunktionen wie dem automatischen Kürzen von URLs, dem Hochladen von Bildern auf Fotoservices wie *www.twitpic.com* und dem Twittern über mehrere Konten gleichzeitig.

Twitter-Desktopprogramme

Die beliebtesten kostenlosen Twitter-Desktopclients heißen derzeit *Twhirl*, *Tweetdeck* und *Seesmic Desktop*. In ihrer Funktionsvielfalt ähneln sie sich stark, unterscheiden sich aber stark im Aufbau der Benutzeroberfläche. Bei den beiden Platzhirschen Tweetdeck und Seesmic Desktop habe ich mich für Letzteren entschieden, weil Seesmic mir einen schnellen Überblick verschafft und beim Twittern intelligent unter die Arme greift. In Abbildung 8-10 sehen Sie, wie Seesmic Desktop die gesamte Bildschirmfläche nutzt und Inhalte spaltenartig anzeigt.

Derzeit betreue ich mit Seesmic drei verschiedene Twitter-Konten. In der ersten Spalte *Replies* erhalte ich alle Nachrichten von allen Twitter-Konten an mich. Spalte zwei zeigt mein *@phlow*-Konto mit den jüngsten Nachrichten der von mir abonnierten Twitter-Nutzer. Nützlich ist die Funktion, Twitter-Suchanfragen abzuspeichern und in Echtzeit anzuzeigen. Spalte drei listet eine von mir abgespeicherte Suche des Hashtags *#creativecommons* auf. Diese Funktion ist äußerst hilfreich, um bestimmte Themen im Auge zu behalten – wie immer in Echtzeit! Eine Ausnahme bildet Spalte vier. Sie stellt den Nachrichtenstrom meines Facebook-Accounts für mein Magazin dar. Seesmic erlaubt mir an dieser Stelle, direkt auf Facebook-Nachrichten zu reagieren. Die letzte Spalte, die Sie nur halb sehen, zeigt eine Userlist mit dem Titel *Freunde* an. Seesmic Desktop ermöglicht die Verwaltung von Benutzerlisten. Hier sortiert man gezielt Twitter-Nutzer nach Themen. Klicke ich zum Beispiel links in der Navigationsleiste auf

Journalismus, öffnet Seesmic Desktop eine sortierte Liste mit Twitter-Nutzern (denen ich folge) aus dem Bereich Journalismus.

Tipp Sie können aber auch mit Twitter selbst Listen anlegen, über die Sie Twitter-Nutzer sortieren können, denen Sie folgen. Diese Funktion finden Sie auf *www.twitter.com* in der rechten Seitenleiste als eigenständigen Menüpunkt *Listen*. Eine neue Liste legen Sie über *Neue Liste* an und benennen diese. Um andere Nutzer einer Liste hinzuzufügen, öffnen Sie die Twitter-Benutzerwebseite und fügen den Benutzer über den Button *Listen* einer Ihrer Listen hinzu.

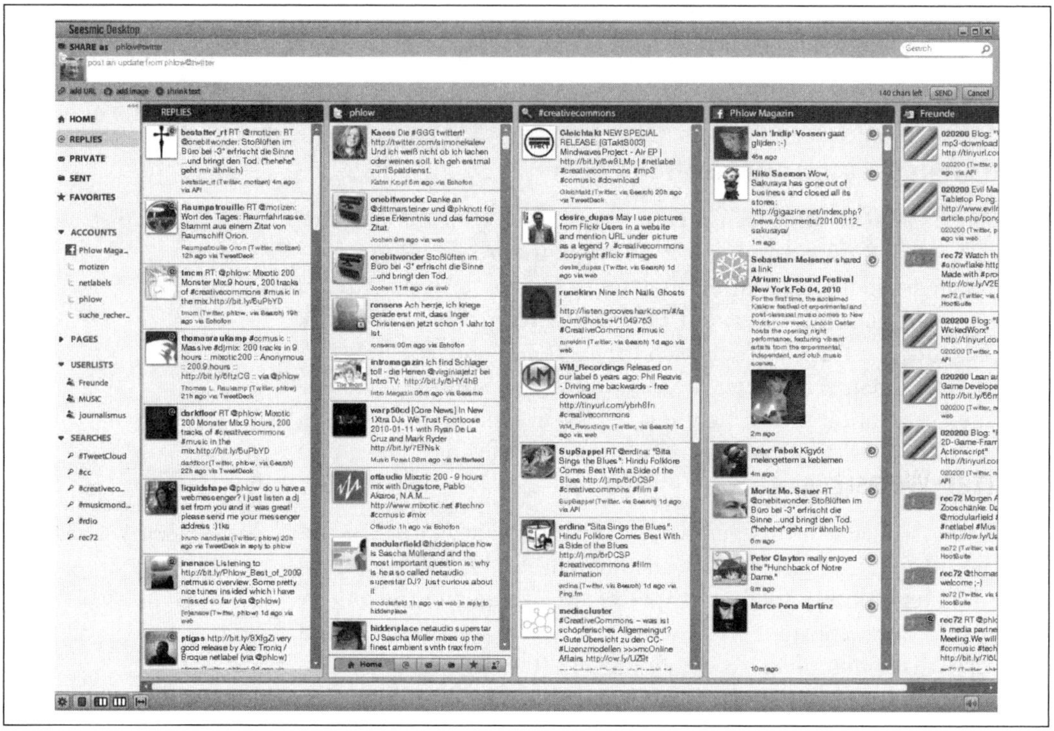

Abbildung 8-10 ▲
Der kostenlose Seesmic Desktop-Client erleichtert das Twittern, indem er Suchen speichert, mehrere Twitter-Konten verwaltet und URLs kleinhackt.

Ich kann Ihnen die Nutzung eines solchen Clients nur ans Herz legen, denn Sie steigern die eigene Produktivität, bringen mehr Struktur in die zahlreichen Informationsströme und twittern komfortabler.

An dieser Stelle möchte ich Sie auf einen weiteren hilfreichen Twitter-Client hinweisen: *www.hootsuite.com*. Hootsuite ist ein browserbasierter Twitter-Client. Auf einer übersichtlichen Oberfläche verwalten Sie Ihre Twitter-Konten, legen Tabs für verschiedene

Bereiche an und, und, und. Eine besondere Funktion, die derzeit bei Seesmic fehlt, ist das Versenden von Tweets zu einer bestimmten Uhrzeit bzw. einem Datum. Diese Funktion bietet Hootsuite, wie Sie in Abbildung 8-11 sehen.

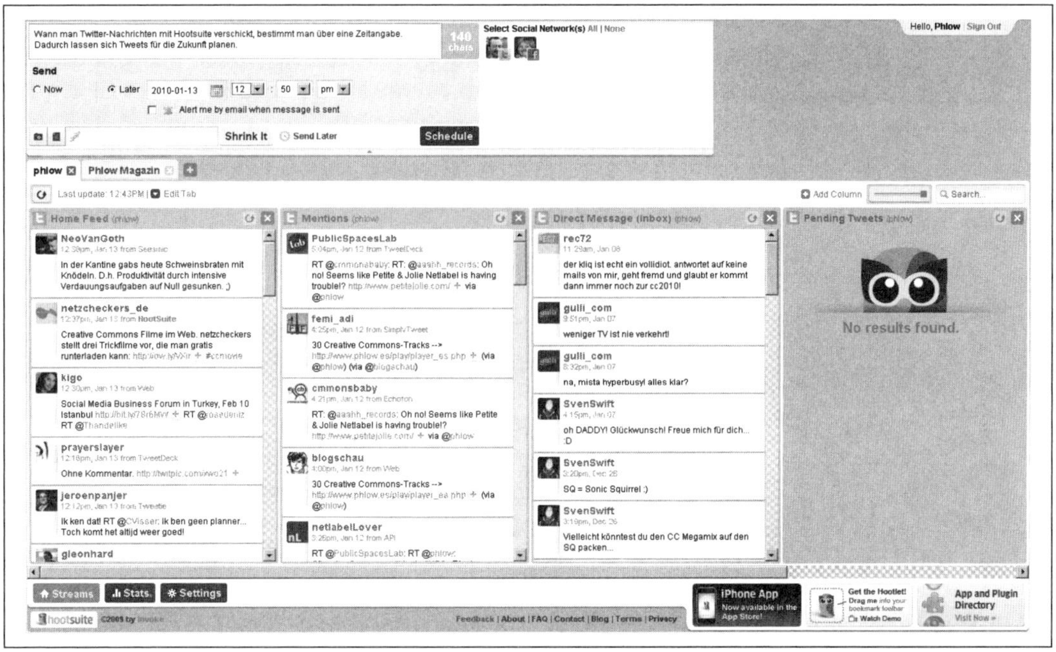

Twitter-Websites

▲ **Abbildung 8-11**
Der Browserclient Hootsuite erlaubt die zeitgesteuerte Veröffentlichung von Twitter-Nachrichten.

Neben Twitter-Programmen scharen sich auch zahlreiche Web 2.0-Services, die an der Twitter-Schnittstelle saugen, um Ihnen hilfreiche Zusatzwerkzeuge zu liefern.

Links verfolgen: Wer twittert meine Website?

Möchten Sie zum Beispiel wissen, wer in seinen Twitter-Meldungen auf eine Website bzw. Ihre Website verlinkt, probieren Sie doch mal *www.backtweets.com* aus. Mit diesem Service verfolgen Sie Links auf Twitter, auch wenn diese mit einem der Kurz-Link-Services geschrumpft wurden.

Wer folgt wem auf Twitter?

Manchmal fragt man sich auch: Wer folgt wem? Ohne sich bei Twitter anmelden zu müssen, fragt man dazu einfach *www.doesfollow.com* und tippt zwei Benutzernamen in die Maske.

Twitpic: Fotos auf Twitter veröffentlichen

Fotos und Bilder werden äußerst gern in Twitter-Nachrichten untergebracht. Da Twitter ein textbasierter Service ist, benötigen Sie einen weiteren Service, der den Upload von Bildern ermöglicht. Ein solcher Service ist Twitpic.

Den sehr beliebten und hilfreichen Service finden Sie unter *www.twitpic.com*. Um mit Twitpic schnell ein Foto per Twitter zu versenden, müssen Sie Ihr Twitter-Konto mit Twitpic verbinden. Das geht denkbar einfach:

1. Loggen Sie sich bei Twitter ein.
2. Öffnen Sie *www.twitpic.com.*
3. Klicken Sie auf den dicken Button *Login or Create an Account*.
4. Erlauben Sie Twitpic, Ihr Twitter-Konto zu aktualisieren.
5. Klicken Sie auf *Okay! Let's get started.*

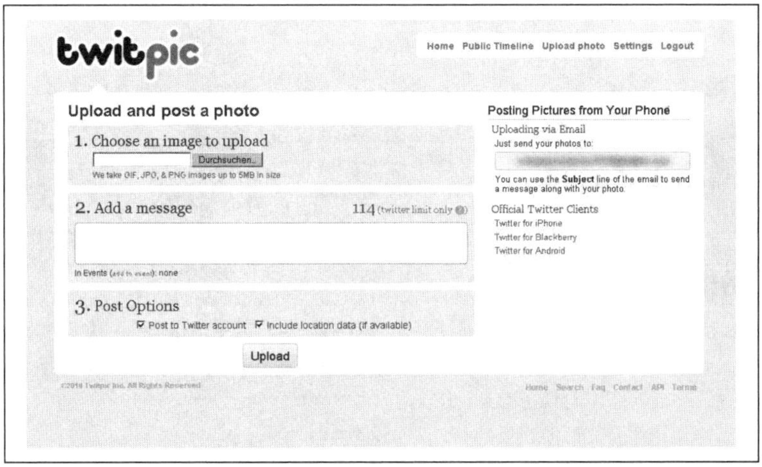

Abbildung 8-12 ▶
Mit dem Service von Twitpic laden Sie Bilder hoch und veröffentlichen diese über eine URL auf Twitter.

Haben Sie diese fünf einfachen Schritte erledigt, sehen Sie einen Bildschirm wie den in Abbildung 8-12. Suchen Sie jetzt ein Bild auf Ihrer Festplatte aus, schreiben Sie eine kurze Beschreibung und verschicken Sie die neue Twitter-Nachricht samt Twitpic-Kurz-URL mit einem Klick auf *Upload*.

Sie können Bilder aber auch per E-Mail verschicken. Die E-Mail-Adresse finden Sie in der rechten Seitenleiste. Um Bilder per E-Mail über Twitpic zu verschicken, hängen Sie ein Bild an die E-Mail und schreiben den Twitter-Nachrichtentext in die Betreffzeile.

Die E-Mail-Adresse ermöglicht Ihnen jetzt auch, ein Bild mit Ihrem Mobiltelefon zu verschicken. Twitpic nimmt das Bild dann entgegen, verarbeitet es und veröffentlicht es samt Text plus Kurz-Url über Twitter. Auch die oben genannten Twitter-Programme wie Seesmic oder Tweetdeck nutzen Twitpic für den Versand von Fotos.

Eine stets aktuelle Liste an weiteren Twitter-basierten Web 2.0-Services finden Sie auf meiner Seite unter *http://phlow.de/twitter*.

Die eigene Twitter-Profilseite tunen

Wenn man über neue Twitter-Nutzer stolpert und sie näher kennenlernen will, besucht man deren Twitter-Profilseite. Wie vielfältig man diese Seite gestalten kann, zeigt ein Artikel des Smashing Magazine, den Sie unter *www.bit.ly/twitter_profilseiten* finden. Die wichtigsten Informationen, die man Neugierigen auf seiner Twitter-Profilseite liefern kann, sind:

1. ein Link auf die eigene Website,
2. eine Kurzbeschreibung von maximal 160 Zeichen,
3. ein aussagekräftiges Hintergrundbild,
4. ein Icon sowie die Information,
5. welchen Twitter-Nutzern man folgt.

Am schnellsten kommuniziert ein ausdrucksvolles Hintergrundbild. Dieses laden Sie über den Menüpunkt *Settings → Design → Change background image*. Die Größe spielt dabei keine Rolle, es darf nur nicht größer als 800kB sein. Wie Sie im Smashing Magazine-Artikel gesehen haben, gibt es zahlreiche Möglichkeiten, das Hintergrundbild zu gestalten. Wichtig ist hierbei, dass Inhaltsspalte und Seitenleiste immer zentriert auf dem Monitor erscheint und insgesamt 763 Pixel breit ist. Je nach Bildschirmauflösung des Besuchers präsentiert sich links und rechts des eigentlichen Inhalts mehr oder weniger. Unter *http://download.phlow.de/webdesign/twitter_template.zip* habe ich Ihnen ein Photoshop-Template vorbereitet, das Ihnen bei der Gestaltung des Hintergrunds hilft. Blenden Sie auf Windows-Rechnern mit STRG + H oder auf Apple-Rechnern mit CMD + H die Hilfslinien für die Orientierung ein.

Neben einem einfachen Hintergrundbild präsentieren Twitter-Profis ihren Besuchern auch noch Informationen wie E-Mail-Adresse, Website-URL oder Hinweise auf weitere Profile auf Facebook &

Co. Das obige Template ist selbsterklärend, wenn Sie bereits des Öfteren mit Photoshop gearbeitet haben.

Neben einem spannenden Hintergrundbild hinterlegen Sie unter *Settings → Account* die oben erwähnte Kurzbeschreibung und eine URL auf eine Webseite Ihrer Wahl. Hier lohnt es sich, die Neugierigen nicht auf die eigene Startseite zu schicken, sondern auf eine *About-* bzw. *Über mich*-Webseite. Dadurch erfahren Ihre Besucher schnell und unkompliziert, wer Sie sind und was Sie machen, und ziehen hilfreiche Schlüsse über die Person hinter dem Twitter-Account.

Fast noch wichtiger ist das eigentliche Twitter-Icon. Dieses wird meist überall dort angezeigt, wo Ihre Nachrichten landen, ob auf Twitter selbst oder in einem Client. Suchen Sie ein gutes Bild von sich heraus und verkleinern Sie es probeweise auf 24 x 24 Pixel. Kann man selbst in dieser Darstellung noch etwas erkennen, ist das Icon geeignet. Laden Sie es dann über *Settings → Picture* in einer höheren Auflösung hoch.

Tipp Leider knickt Twitter oft genau an dieser Stelle ein, wenn der Service mal wieder massiv von seinen Nutzern in Beschlag genommen wird. Dann heißt es meistens, das Ganze noch mal zu probieren oder die Bilder zu einem späteren Zeitpunkt hochzuladen.

Ein ausgiebiges Photoshop-Tutorial in Englisch über die Gestaltung eines eigenen Twitter-Hintergrunds von Chris Spooner finden Sie übrigens unter *www.bit.ly/twitter_background_gestalten*.

Twitter mit Facebook, MySpace und WordPress verbinden

Der letzte Schritt zum Twitter-Profi ist die abschließende Vernetzung von Twitter mit Ihren anderen Websites und Social Community-Profilen. So verknüpfen Sie mit ein paar wenigen Klicks zum Beispiel Ihre Facebook-Seite mit Ihrem Twitter-Konto. Verschicken Sie dann die nächste Nachricht mit Twitter, erscheint diese automatisch auch auf Facebook. Gehen Sie wie folgt vor:

1. Loggen Sie sich auf Facebook ein und geben Sie in der Suchmaske »Twitter« ein.
2. An erster Stelle unter *Anwendungen* sollte die Twitter-Anwendung auftauchen. Klicken Sie auf *Anwendung anzeigen*.

3. Auf der nächsten Seite klicken Sie links auf *Zur Anwendung* und dann auf *Zulassen*.
4. Jetzt klicken Sie auf den *Button Allow Twitter to Update Your Facebook Status* und dann auf *Statusmeldungen zulassen*.
5. Im letzten Schritt geben Sie noch Benutzername und Passwort von Twitter ein. Fertig!

Die nächste Twitter-Nachricht – egal wo Sie diese eingeben – erscheint dann auch auf Facebook.

Nicht alle Communitys bieten eine derart ausgereifte API bzw. Schnittstelle. Wenn nicht, bedient man sich eines der von Twitter angebotenen Flash-Widgets, die man unter *www.twitter.com/goodies/widgets* findet. Um solch ein Widget zum Beispiel bei MySpace einzubinden, kopieren Sie das Codeschnipsel in Ihr MySpace-Profil.

Elegant baut man Twitter dagegen mithilfe eines Plug-ins in sein eigenes WordPress ein. Mehr dazu lesen Sie in Kapitel 3, *WordPress mit Plug-ins erweitern*.

Aktuelle Informationen, neue Artikel und Updates finden Sie auf meiner Website unter *http://phlow.de/twitter*.

Wie Sie gesehen haben, ist Twitter ein schnelles und unmittelbares Medium. In den letzten zwei Jahren haben einige Blogger sogar ihr Blog aufgegeben und twittern nur noch. Wie Sie Twitter nutzen und ob Sie mit den oft hektischen und schnellen Nachrichten klarkommen, sollten Sie selbst herausfinden. Denn Twitter erschließt sich nicht sofort, sondern will ausprobiert werden. Die wichtigsten – also die ersten – Schritte haben Sie bereits vollzogen. Jetzt müssen Sie »nur noch« am Ball bleiben.

Internetquellen und Buchtipps

Buchtipps

Das Twitter-Buch von Tim O'Reilly und Sarah Milstein
O'Reilly 2009, ISBN 9783897219427

Twitter-Websites

Offizielle Twitter-Hilfe
http://help.twitter.com

tweetake.com zur Sicherung der eigenen Twitter-Nachrichten
www.tweetake.com

Onlineartikel zu Twitter

HOW TO: Develop into a Leader on Twitter
www.bitrebels.com/geek/how-to-develop-into-a-leader-on-twitter/

A Collection of 46 Twitter- and RSS-Icons
www.drweb.de/magazin/twitter-rss-icons-collection/

99 Essential Twitter Tools And Applications
www.smashingmagazine.com/2009/03/17/99-essential-twitter-tools-and-applications/

KAPITEL 9

Die Onlinerecherche

In diesem Kapitel:

- Recherche: Fundament eines jeden Beitrags
- Journalistische Sorgfaltspflicht
- Recherche im Internet
- Der Onlineservice von Netvibes
- Trendthemen recherchieren

Gesprochene und geschriebene Beiträge mögen auf den ersten Blick unterschiedlich sein, aber es gibt eine ganze Menge Gemeinsamkeiten zwischen ihnen. Wie Sie schon in den vorangegangenen Kapiteln gelesen haben, ist das Fundament eines guten Beitrags die Vorbereitung. Das gilt sowohl für Blog-Artikel als auch für Videos. Denn ob Sie sich für ein ausformuliertes Manuskript entscheiden, das Sie während der Sendung vorlesen, oder ob Sie frei anhand Ihrer Notizen moderieren – die Struktur der Sendung sollte vor Beginn der Aufnahme in den Grundzügen feststehen. Das erleichtert es Ihnen, sich während der Aufnahme voll auf das Sprechen zu konzentrieren, darüber aber keine wichtigen Informationen zu vergessen oder beim Sprechen den Faden zu verlieren. Auch Blog-Artikel wollen gut strukturiert sein. Auch hier überlegen Sie sich im Vorfeld, welche Form der Artikel etwa haben soll, mit welcher Information Sie eröffnen wollen oder welche Aspekte Sie besonders hervorheben möchten.

Recherche: Fundament eines jeden Beitrags

Die Grundlage für jeden guten Beitrag bildet die vorherige Recherche. Um interessante Artikel zu schreiben und fundierte Videos zu produzieren, benötigen Sie gut recherchierte Hintergrundinformationen. Suchmaschinen, RSS und Recherchewerkzeuge wie GoogleAlert greifen Ihnen dabei hilfreich unter die Arme. Deswegen geht es zu Beginn dieses Kapitels ausführlich um moderne, wirkungsvolle Recherchewerkzeuge. Gleichzeitig erhalten Sie eine Fülle an Tipps, um Informationen aufzuspüren und zu filtern. Außerdem erfahren Sie, wie Sie Nachrichten über Ihre Lieblingsthemen und Fachgebiete mit Newsaggregatoren in Echtzeit auf dem Radar behalten.

Die Recherche steht am Anfang jedes journalistischen Beitrags und beinhaltet die systematische Beantwortung aller zentralen Fragen zu einem bestimmten Thema. Wenn Sie beim Verfassen eines Beitrags bemerken, dass Ihnen selbst noch Stellen unklar sind, sollten Sie weiterforschen und nach eindeutigeren Fakten, Tatsachen und Informationen suchen. Erst wenn Sie alle sieben W-Fragen (Wer? Was? Wann? Wo? Wie? Warum? Woher?) in Ihrem Beitrag beantworten können, ist davon auszugehen, dass Sie genug recherchiert haben. Darum ist die Recherche eine ständige Herausforderung, der man sich stellen muss. Wer auf die Recherche verzichtet, nimmt seine Arbeit als Journalist nicht ernst.

Neben solidem Handwerkszeug ist vor allem ein bestehendes Netzwerk hilfreich bei der Recherche. Experten, Kollegen oder Bekannte können oft mit weiterführenden Tipps und Informationen dienen. Wer sich über ein Netzwerk mit Gleichgesinnten und Interessierten verzahnt, erfährt Hintergründe und erhält kontinuierlich neue Informationen. Machen Sie dabei nicht den Fehler und halten Sie recherchierte Informationen in Gesprächen mit Kollegen und Experten zurück. Wer in Diskussionen eigene Informationen weitergibt, bereichert andere und erhält im nächsten Schritt selbst wieder wertvolle Neuigkeiten.

Mit jedem Tag wächst das digitale globale Gedächtnis und wird zu einem immer größer werdenden Archiv. Neben den Websites großer Fernsehsender bieten Zeitungen und Zeitschriften eine hervorragende Quelle bei der Suche nach Informationen. In einigen Fällen ist die Suche im Archiv kostenpflichtig, die Gebühren sind aber durchaus tragbar. Angereichert mit immer mehr Fachberichten, wissenschaftlichen Dossiers und Bibliografien bilden auch Websites großer Universitäten weltweit einen hervorragenden Ausgangspunkt für die Recherche. Für eine erste Orientierung ist auch die digitale Enzyklopädie Wikipedia (*www.wikipedia.org*) hilfreich, die Artikel zu nahezu jedem Themengebiet aufweist. Als Quelle eignet sie sich nur bedingt, da jeder Internetuser Beiträge verfassen und online stellen kann. Dennoch sind die Informationen von sehr guter Qualität und können mit den großen, traditionellen Enzyklopädien durchaus mithalten. Schließlich hilft auch eine gut sortierte Linkliste, die Sie auf einer seriösen Website finden, um neue Themen, aktuelle Trends und Nachrichten zu entdecken.

Diese Tatsachen und Informationswelten schließen jedoch nicht die Offlinerecherche aus. Am Telefon oder im direkten Gespräch ergeben sich zahlreiche Fakten, die Sie so im Netz nie finden würden. Ganz gleich, ob Sie Experten, Künstler, Pressevertreter, Betroffene eines Ereignisses oder andere Menschen bei einer Recherche befragen – in Interviews ergeben sich oft detailliertere und hilfreichere Informationen als aus einer reinen Internetrecherche. Auf diese Weise erhalten Sie auch Kommentare und Zitate, die Ihren Beitrag bunter, facettenreicher und lebendiger werden lassen.

Hinweis In diesem Buch beschäftige ich mich ausschließlich mit modernen Recherchetechniken im Internet. Die Behandlung der klassischen journalistischen Recherchewege wäre zu umfangreich, um sie auf wenigen Seiten abzuhandeln. Wenn Sie sich stärker mit den Offlinerecherchemöglichkeiten auseinandersetzen wollen, finden Sie eine Liste mit Literaturempfehlungen am Ende dieses Kapitels.

Journalistische Sorgfaltspflicht

Wenn man Texte verfasst, recherchiert und mit Menschen Interviews führt, stößt man früher oder später auf Informationen, die sich als falsch oder missverständlich erweisen. Besonders in der Blogosphäre sind Gerüchte, Mutmaßungen und (gegenseitige) Verdächtigungen weit verbreitet. Kein Wunder also, dass die Blogger-Gemeinde den Beinamen »Ritter der Schwafelrunde« erhalten hat.

Wer in seinen Beiträgen schlecht recherchiertes Material verbreitet, verstößt gegen ein wichtiges Grundprinzip des Journalismus, das Berufsethos. Darüber hinaus gehören journalistische Sorgfaltspflichten aber auch zu den rechtlichen Anforderungen an Medienmacher, sodass bei Nichtbefolgen zivil- und strafrechtliche Folgen drohen. Mehr hierzu finden Sie im Abschnitt »Presserechtliche Sorgfaltspflichten« in Kapitel 13, *Medienrecht*. Mit schlampigen Recherchen oder leichtfertig verbreiteten Behauptungen können ganze Existenzen (ob privater oder unternehmerischer Art) innerhalb kürzester Zeit Schaden nehmen und schlimmstenfalls sogar zerstört werden. Vor solchen Folgen schützt nur eine sorgfältige Recherche der verbreiteten Informationen.

Ganz besondere Vorsicht ist dann geboten, wenn es sich beim Informationsmaterial nicht um gesicherte Tatsachen, sondern um einen bloßen Verdacht handelt. Es gelten dann die strengen Regeln der Verdachtsberichterstattung, die erhöhte Anforderungen an

Sorgfalt und Fairness des Journalisten stellen. Mehr hierzu finden Sie im Abschnitt »Presserechtliche Sorgfaltspflichten« in Kapitel 13, *Medienrecht*.

Recherche im Internet

Das Internet ist eine hervorragende Quelle, wenn es darum geht, Informationen zu sammeln und Zusammenhänge zu vertiefen. Insbesondere dann, wenn es um allgemeine Themen geht, eignen sich Suchmaschinen am besten für den Einstieg in die Recherche. Mit einem Marktanteil von mehr als 80% ist Google die unbestrittene Nummer eins im Suchmaschinenwettbewerb. Der Datenkrake bietet zahlreiche Suchwerkzeuge für die Text-, Bild- und Mediensuche. Trotzdem gibt es mehr als nur Google, denn andere Suchriesen wie Yahoo! oder Bing bieten ganz ähnliche Dienste. Auf der Jagd nach dem einzigartigen Suchalgorithmus benutzen die Suchmaschinen verschiedene, aber oft auch ähnliche Techniken. Eine Recherche auf Google erzielt nicht dieselben Ergebnisse wie eine Suche auf Yahoo!. Darum sollten Sie bei der Recherche auf verschiedene Services zugreifen, um einen guten Überblick zu erhalten. Wichtig ist in erster Linie, sich darüber klar zu werden, was man eigentlich sucht. Denn für zahlreiche Themen gibt es auch verschiedene Wege. Suchen Sie z.B. Topthemen der Blog-Szene weltweit, ist die normale Google-Suche nicht die erste Wahl. Hier greifen Sie besser auf spezialisierte Blog-Suchmaschinen von Google oder Technorati zurück. Oder möchten Sie sich vielleicht einen Überblick über Online-Musikmagazine verschaffen? Auch hier sollten Sie die Suchmaske der Suchriesen vermeiden. Schneller finden Sie gute Ergebnisse, wenn Sie Web 2.0-Services für die Linkverwaltung wie z.B. *www.delicious.com* oder *www.mister-wong.de* konsultieren. Oder Sie schauen in dem alten, aber immer noch hilfreichen Webkatalog unter *www.dmoz.org* nach, der von Redakteuren bearbeitet wird. Dieser bietet bei einer solchen Suchanfrage eine größere und besser strukturierte Übersicht. Oder Sie begeben sich eine Ebene höher und konsultieren die Metasuchmaschinen, die gleich mehrere Suchanfragen an verschiedene Maschinen starten und ein eigenes Ergebnis daraus erzielen.

In diesem Kapitel lernen Sie, für die verschiedenen Anfragen unterschiedliche Techniken anzuwenden. Versuchen Sie, sich vor Ihrer Suche immer kurz zu fragen: Welcher Service bringt mir für meine Recherche die nützlichsten Antworten?

Mit Suchmaschinen suchen

In die Suchmaske von Google lassen sich nicht nur Wörter eingeben, sondern Sie können sie beispielsweise auch als Taschenrechner nutzen. Oder geben Sie doch einfach mal die folgende Suchanfrage ein: »*ISBN 3442736277*«. Die Ergebnisse sollten Sie zum wunderbaren Buch *Hard-boiled Wonderland und das Ende der Welt* von Haruki Murakami (Dumont Literatur und Kunst Verlag) führen. Noch ein weiteres erstaunliches Ergebnis erhalten Sie bei dem folgenden Suchbefehl (der jedoch nur unter *www.google.com* funktioniert): Die Anfrage »from berlin to helsinki« öffnet unterhalb der Suchmaske eine weitere Maske, in der Sie den Zeitpunkt des Abflugs (Departing) und des Rückflugs (Returning) bestimmen können, um anschließend über einen der aufgelisteten Reiseveranstalter ein Angebot zu erhalten.

Alle drei Beispiele verdeutlichen, dass die Suchmaske einer Suchmaschine viel mehr bietet als das bloße Eingeben von Suchbegriffen. Denn sämtliche Maschinen ermöglichen die Verfeinerung bzw. das Eingrenzen der Ergebnisse mithilfe von Befehlen und Operanden. Mit diesen lassen sich Begriffe verknüpfen und ausschließen, nur bestimmte Dokumenttypen anzeigen, auf Wunsch nur eine Domain durchsuchen und, und, und ...

Sie können die Operanden bei der Erforschung des Webs auch sinnvoll untereinander kombinieren, um gezielt Dateien, Texte, Bilder, Anleitungen, Nachrichten, Artikel oder Sounds zu finden. Möchten Sie z.B. das Musikstück »Bauhelm« von Bo Marley aus dem Internet als MP3 herunterladen, eignet sich der folgende Suchbefehl bei Yahoo!, Bing.com und Google:

```
site:archive.org "bo marley" bauhelm mp3
```

Um Operanden wie in diesem Beispiel erfolgreich zu kombinieren, muss man als Inhaltsfahnder erst einmal die möglichen Befehle kennen. Glücklicherweise ähneln sich diese bei den unterschiedlichen Suchmaschinen, und man ist nicht immer genötigt, für jede Suchmaschine neue Kommandos zu lernen. Im Folgenden möchte ich Sie mit den üblichen Befehlen vertraut machen, die beim Wühlen im globalen Datenberg äußerst hilfreich sein können.

Die Suchoperanden AND, OR und NOT

Wenn Sie sich auf die Suche begeben, erreichen Sie die besten Ergebnisse oft, indem Sie rückwärts vorgehen. Geben Sie bei Ihrer ersten Suchanfrage so viele Suchwörter wie möglich an, mindestens drei, wodurch Sie die Anzahl der Suchergebnisse um einiges reduzieren. Sollte die Suchmaschine keinerlei Dokument(e) mit den jeweiligen Begriffen finden, löschen Sie einen Begriff Ihrer Suchkette, der nicht so wichtig ist, und versuchen es erneut. So pirschen Sie sich langsam an gute Ergebnisse heran.

Bei der Suche hat immer derjenige den größten Erfolg, der nach spezialisierten Inhalten sucht. Für nicht so häufig verwendete Begriffe lassen sich schneller Ergebnisse erzielen als für herkömmliche. Mithilfe von Operanden kann man jedoch seine Suche verfeinern. Zu den gängigsten Operanden gehören AND, OR und NOT. Bei der Sucheingabe gibt man die Begriffe jeweils in Großbuchstaben ein.

Der Operand AND (»und«) wird von Suchmaschinen dabei automatisch zwischen eingegebenen Suchbegriffen eingefügt. Werden in der Suchmaske drei Begriffe eingegeben, werden diese miteinander verknüpft, und die jeweilige Suchmaschine sucht Dokumente, in denen diese Begriffe auftauchen. Anstelle von AND können Sie die Suche aber auch durch ein OR (»oder«) ergänzen. Sinnvoll ist der OR-Operand z.B., um gleichzeitig nach der Singular- und der Pluralform eines Worts zu suchen. Dadurch vergrößern Sie den Radius der Suche. Im Gegensatz dazu schließen Sie mit dem NOT-Operanden (»nicht«) Begriffe von der Suche aus. Recherchieren Sie z.B. über einen Filmstar und wollen sämtliche Seiten mit den Begriffen *Sex* und *Porn* ausschließen, hilft Ihnen NOT. Um NOT in Suchmaschinen wie Google, Yahoo!, Bing.com oder Ask.com zu nutzen, reicht ein Minuszeichen vor dem jeweiligen Begriff:

```
pamela anderson -sex -porn
```

Ein weiterer hilfreicher Befehl bei der Suche sind Anführungsstriche. Suchen Sie nach einem Zitat oder einem genauen Wortlaut, setzen Sie alles in Anführungsstriche. Wer behauptete noch »Gott würfelt nicht!«? Fragen Sie einfach die Suchmaschinen:

```
"gott würfelt nicht!"
```

Hilfreich sind die Anführungszeichen auch bei der Suche nach Plagiaten. Dazu geben Sie einfach einen prägnanten Satz oder eine Wortfolge aus einem Ihrer Artikel in Anführungszeichen in die Suchmaske ein. Erhalten Sie ein Ergebnis, wurden Sie entweder zitiert, oder ein Teil Ihrer Arbeit wurde kopiert.

Tipp

Eine interessante Suchmaschine für die Jagd auf Plagiate ist *www.copyscape.com*. Copyscape vergleicht eine Webseite anhand ihrer URL auf Wunsch mit dem eigenen Index. Findet die Suchmaschine Übereinstimmungen mit anderen Webseiten, werden diese aufgelistet. Ein Klick auf die Suchergebnisse führt auf eine Analysewebseite, auf der Copyscape die kopierten Passagen markiert und angibt, wie viele Wörter übernommen wurden.

Stoppwörter wieder hinzufügen

Generell ignorieren Suchmaschinen allgemeine Begriffe wie *und*, *oder*, *der*, *die*, *das* und so weiter, die von Google »Stoppwörter« genannt werden; auch Zahlen, Angaben wie *http* oder Domain-Endungen wie *.de* gehören dazu. Normalerweise helfen diese Wörter nicht wirklich bei der Suche und werden aus der Sucheingabe herausgefiltert. Zahlen können aber in Produkt-, Firmen- oder Filmnamen eine wichtige Rolle spielen. Um bei Google Stoppwörter zur Suche wieder hinzuzufügen, benutzt man das Pluszeichen. Wenn Sie z. B. nach Einträgen zu *Indiana Jones II* suchen, geben Sie folgenden Befehl ein:

```
Indiana Jones +II
```

Erweiterte Suche: die Suche spezialisieren

Yahoo! (*http://de.search.yahoo.com*) und Google bieten die Möglichkeit einer Verfeinerung der Suche, die Sie bei Yahoo! über den Link *Mehr → Erweiterte Suche* und bei Google über den Link *Erweiterte Suche* erreichen. Den Link finden Sie direkt auf der Startseite der Suchmaschinen rechts neben dem Suchfeld. Anstatt sich sämtliche Suchparameter (z. B. *filetype:*) zu merken, verfeinern Sie in der erweiterten Suche Ihre Suche z. B. nach Sprache, Dateiformat oder Datum (siehe Abbildung 9-1).

Gezielt einzelne Websites durchsuchen

Meistens landet man auf Websites, weil man explizit nach Informationen zu einem bestimmten Thema sucht und in der ausgesuchten Website eine gute Informationsquelle vermutet. Oder man hat von einem Artikel eines Webauftritts gehört und möchte nachlesen, was genau darin besprochen wurde. In beiden Fällen nutzt man wenn möglich zunächst die angebotene Suchfunktion der jeweiligen Site. Leider gelangt man mit diesem Vorgehen in vielen Fällen nicht ans Ziel, weil die Suchfunktion sich nicht genug spezifizieren lässt oder einfach nicht gut funktioniert. In diesem Fall ist man gut beraten, auf Google, Yahoo! oder Bing.com zurückzugreifen. Denn da die großen

Suchmaschinen meist die pfiffigsten Suchalgorithmen nutzen, bieten sie in der Regel auch bessere Ergebnisse als die eigentliche Suche direkt auf einer Website, so komisch das klingen mag.

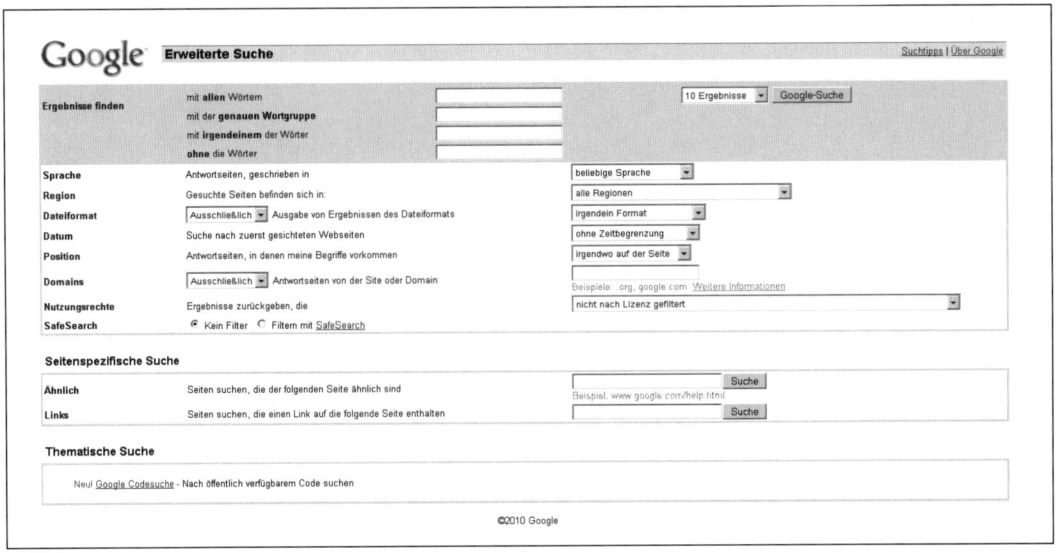

Abbildung 9-1 ▲
Die Erweiterte Suche bietet zahlreiche Funktionen zur Verfeinerung der Suche (hier bei Google).

Um mit Google, Yahoo! und Bing.com eine einzige Website zu durchsuchen, gibt man in die Suchmaske zusätzlich zu den Suchbegriffen auch den Befehlsstring `site:website.de` ein. Als Beispiel soll uns in diesem Fall der Kölner Stadt-Anzeiger dienen. Im August 2004 wurde dort ein Artikel über das Netlabel *ideology.de* veröffentlicht. Als einer der beteiligten Gesprächspartner wollte ich mir den Onlineartikel für mein Archiv abspeichern. Doch die Anfrage mit dem Suchwort »ideology« ergab am 29.07.2010 über die Suchmaske des Kölner Stadt-Anzeigers kein Ergebnis – selbst nicht, nachdem die Suche angewiesen worden war, »im kompletten Online-Archiv« zu suchen. Die drei großen Suchmaschinen fanden mit dem Befehl `ideology site:ksta.de` den gewünschten Link und noch weitere Links zu verwandten Artikeln, die in der Zeitung über das Netlabel erschienen waren.

Hilfreich sind die Suchbefehle auch bei der gezielten Suche nach bestimmten Dateitypen. So erlauben die Maschinen das gezielte Durchsuchen von PDF-Dateien, die Einzug in den Index gefunden haben. Suchen Sie z.B. eine Anleitung zum Thema Microblogging in Form eines PDFs, können Sie mit dem folgenden Befehl sämtliche (X)HTML-Seiten ausschließen und nur nach dem PDF forschen:

```
microblogging filetype:pdf
```

Eine Übersicht über die Befehle, mit denen Sie Ihre Suche auf Google, Yahoo! und Bing.com verfeinern oder spezifizieren können, finden Sie in Tabelle 9-1.

Tabelle 9-1
Suchfunktionen

Suche ...	**Google** *www.google.de*	**Yahoo!** *http://de.search.yahoo.com/*	**Bing** *http://bing.com*
... auf eine Domain beschränken.	site:www.domain.de	site:www.domain.de	site:www.domain.de
... nach bestimmten Dokumentformaten.	filetype:pdf	filetype:pdf	filetype:pdf
..., um Wörter übersetzen zu lassen. Geben Sie dazu das zu übersetzende Wort (hier: happy) und anschließend die Ausgangssprache gefolgt von der Zielsprache in die Suchmaske ein.	`happy englisch-deutsch`	-	-
..., um nach Begriffsdefinitionen zu suchen. Geben Sie dazu den Befehl `definiere` gefolgt von dem Begriff (hier: XML) ein.	`definiere XML`	-	-
... nach Webseiten, die auf eine bestimmte Domain verlinken.	link:www.domain.de	link:http://www.domain.de	link:www.domain.de
... nach bestimmten Dokumenten aus dem Index.	-	url:http://domain.de (*http://* muss mit angegeben werden)	-
... in bestimmten Teilen einer Webseite.	inurl:journalismus (Suche in URL) intitle:journalismus (Suche im Titel)	inurl:journalismus (Suche in URL) intitle:journalismus (Suche im Titel)	inurl:journalismus (Suche in URL) intitle:journalismus (Suche im Titel) inanchor:journalismus (Suche im Anchor) inbody:journalismus (Suche im Text)
... nach Webseiten mit einem festgelegten Dateityp.	-	-	Techno contains:mp3
... nach Websites einer bestimmten IP-Adresse.	-	-	ip:80.237.132.69

Finden, was gelöscht wurde

Das Internet ist ständig in Bewegung. Inhalte werden online gestellt, verschoben und wieder gelöscht. Sicherlich sind Sie auch schon oft auf veraltete Links der Suchmaschinen gestoßen, und Google & Co. haben Sie in eine 404-Not-Found-Webseite geschubst. Manchmal sind die Inhalte bereits gelöschter Webseiten trotzdem noch vorhanden, und zwar nicht auf dem ursprünglichen Server, wo man Sie eigentlich vermutet, sondern als Kopie auf den Webservern der Suchmaschinen. Diese Kopien finden Sie im sogenannten *Cache* (Speicher) (siehe Abbildung 9-2). Der offenbart manchmal wahre Schätze. Hilfreich kann der Cache auch sein, wenn Sie aus Versehen einen eigenen BlogBeitrag löschen. Handelt es sich um einen älteren Beitrag, finden Sie ihn sicherlich noch bei den Datensammlern.

Abbildung 9-2 ▲
Verlorene Schätze heben: Inhalte gelöschter Seiten findet man oft noch über den Link-Cache (hier bei Google).

Eine originelle Website ist die der WayBackMachine unter *www.archive.org/web/web.php*. Sie erlaubt Ihnen, nach alten Websites zu suchen. Dabei haben die Betreiber die WayBackMachine so programmiert, dass zu verschiedenen Kalenderdaten ein Abbild gespeichert wurde. Das ermöglicht unter anderem, zu beobachten, wie sich Websites in Design und Aufmachung über die Jahre verändert haben. In Abbildung 9-3 sehen Sie eine Übersicht der gespeicherten Abbilder von *spiegel.de*. Leider sind diese Versionen oft nicht vollständig, wenn die WayBackMachine CSS-Dateien und Layoutgrafiken nicht mitgespeichert hat. Dennoch lassen sich anhand der gespeicherten Daten Recherchen zu längst verloren geglaubten Websites anstellen.

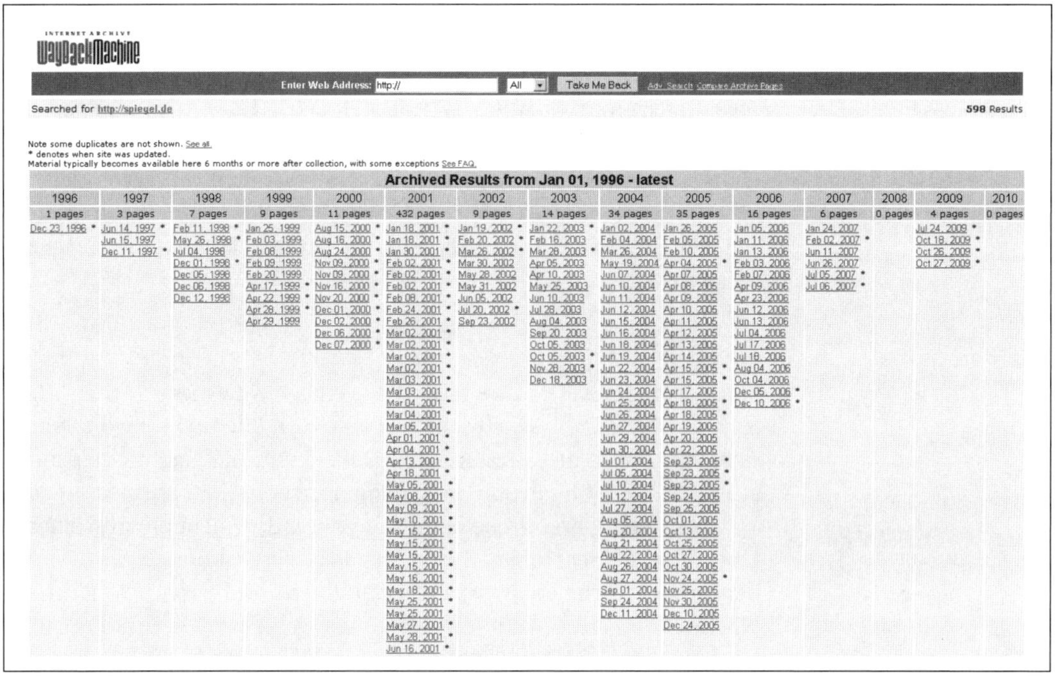

▲ **Abbildung 9-3**
Archive.org ist ein ehrgeiziges Projekt: Webinhalte sollen wie in einer Bibliothek archiviert werden. Über die WayBackMachine findet man zahlreiche aus dem Netz verschwundene Webseiten.

News-Updates und Nachrichtenrecherche

Als Blogger, Journalist und neugieriger Mensch will man am Puls des Geschehens bleiben. Kein Medium bietet aktuellere Informationen als das Internet. Zu den herkömmlichen »Big Media«-Portalen ergänzen mittlerweile hoch spezialisierte Blogger die allgemeine Nachrichtenlage. Mithilfe von mobilen Geräten samt Kamera liefern private Blogger bei Medienereignissen oft schneller Bilder als die großen Medienmacher. Ein Beispiel dafür sind die zahlreichen Videos, die von Ravern auf der Loveparade am 24. Juli 2010 aufgenommen, auf YouTube hochgeladen und anschließend auf einer Übersichtsseite mit einer Google Map verknüpft wurden. Zeitnah und intensiv veröffentlichten Blogger persönliche Berichte, die vor Ort das Unglück miterlebt hatten.

Vor allem Blogs mit Spezialhemen bieten oft genauere und tiefer gehende Informationen als Artikel in großen Zeitungen und Magazinen. Diese Themen-Blogs betreiben meist Fachleute und Spezialisten, die sich einem besonderen oder ausgefallenen Thema verpflichtet fühlen. Häufig haben diese Blogger mit ihrem Spezialgebiet auch beruflich zu tun. So ist es auch kein Wunder, dass viele Journalisten bekannte Blogs seit Jahren mit Inhalten befüllen.

Wie aber behält man die Übersicht angesichts dieser Datenflut? Wo findet man relevante Websites für die eigene Recherche? Und gibt es Werkzeuge, die einem das Sichten und Wühlen im Datenberg erleichtern? Im Folgenden stelle ich Ihnen ein paar wichtige Dienste und Anlaufpunkte für die Nachrichtenrecherche im Web vor. Danach erfahren Sie, wie Sie einen Newsaggregator verwenden. Er hilft Ihnen dabei, eine eigene Newszeitschrift zusammenzustellen, mit der Sie Ihre Lieblingsthemen im Auge behalten – in Echtzeit, versteht sich.

Yahoo! Nachrichten

Nach Angaben von Yahoo! liefert das eigene Newsportal unter *http://de.news.yahoo.com* Nachrichteninhalte von mehr als zwölf Nachrichtenpartnern in 13 Kategorien. Dabei greift die Nachrichtensuche auf über 7.000 Quellen in 35 Sprachen zurück. Die Ergebnisseite der Yahoo!-Nachrichtensuche lehnt sich an die der Suchergebnisseite an. Über *http://de.search.yahoo.com/news/advanced* können Sie wie bei der Yahoo!-Suche die Newssuche verfeinern. Der Service von Yahoo! Nachrichten ermöglicht es, die Suchergebnisse als RSS-Feeds zu abonnieren, um sie mit einem eigenen Newsaggregator im Auge zu behalten (mehr dazu im Abschnitt »Newsaggregatoren« weiter unten).

Einen besonderen Blick verdient die erweiterte Nachrichtensuche, denn sie erlaubt das Suchen nach Nachrichten unter verschiedenen Blickwinkeln:

- Eingrenzen auf Artikel, die innerhalb eines bestimmten Zeitraums erschienen sind.
- Suchen von Artikeln eines bestimmten Anbieters.
- Suchen von Artikeln aus einer bestimmten Region.
- Beschränken auf Artikel in einer oder mehreren bestimmten Sprachen.

Google News

In seinem Newsportal unter *http://news.google.de* veröffentlicht Google nicht eigene Neuigkeiten, sondern überlässt die hauptsächliche Arbeit seinen Computeralgorithmen und Suchrobotern. Die Nachrichten aus über 700 deutschsprachigen Quellen werden dabei zusammengesucht und vom Computer mithilfe komplizierter Programme geordnet. Laut Google werden die relevantesten Artikel zuerst anzeigt. Mit einem Aktualisierungsintervall von 15 Minuten und seinem vollautomatischen Service ist das Nachrichtenportal derzeit einzigartig im Web. Google News gibt es auch für andere Sprachräume und Länder, z.B. die USA. Die Länderauswahl finden Sie in der linken Navigationsspalte. Klappen Sie einfach das Dropdown-Menü auf und wählen Sie den Nachrichtenraum.

Google News bietet auch RSS- und Atom-Feeds an und, wie Yahoo!, eine Funktion für personalisierte Nachrichten, mit deren Hilfe Sie Ihre eigene Version von Google News aufbauen können. Im Vergleich zur Nachrichtensuche von Yahoo! schneidet Google auch hier schlechter ab, da Yahoo! eine umfassendere Suche mit mehr Funktionen anbietet.

Google Alerts

Mit dem E-Mail-Service *Google Alerts* (*www.google.com/alerts*) können Sie eine Auswahl an Themen zusammenstellen, zu denen Sie E-Mail-Benachrichtigungen erhalten möchten. Dabei lassen sich beliebig viele Ticker zu verschiedenen Themen erstellen. Tauchen die jeweiligen Schlüsselbegriffe Ihrer Suchanfrage in einem von Google überwachten Nachrichtenkanal auf, informiert Sie der Service umgehend mit einem E-Mail-Alert und schickt Ihnen eine E-Mail mit Links zu den Artikeln.

Dieser Dienst eignet sich hervorragend, um über das Auftauchen bestimmter Themen informiert zu werden. Das Thema spielt dabei keine Rolle. Möchten Sie über neuen Klatsch und Tratsch über einen bestimmten Prominenten auf dem Laufenden gehalten werden oder bei spezifischen Themen aus Wissenschaft, Politik und Kultur am Ball des Geschehens bleiben – die Google Alerts bieten eine bequeme Benachrichtung. Sollten Sie also zahlreiche Google Alerts erstellen, lohnt sich innerhalb Ihres E-Mail-Programms eine Regel, die die Benachrichtigungen automatisch in einen eigenen Ordner schiebt. Dadurch behalten Sie die Übersicht.

Den Überblick über sämtliche Google Alerts behalten Sie mithilfe der einheitlichen Verwaltungsübersicht von Google selbst. Dafür benötigen Sie lediglich einen eigenen Google-Account, über den Sie das Benutzer-Interface ansteuern können. Es lassen sich aber auch in Windeseile neue Alerts erstellen, indem Sie einfach *www.google.com/alerts* ansteuern und über die Eingabemaske einen neuen Ticker erstellen. Sie können die einzelnen Alerts außerdem schnell über die Benachrichtigungs-E-Mails selbst löschen oder bearbeiten (siehe Abbildung 9-4).

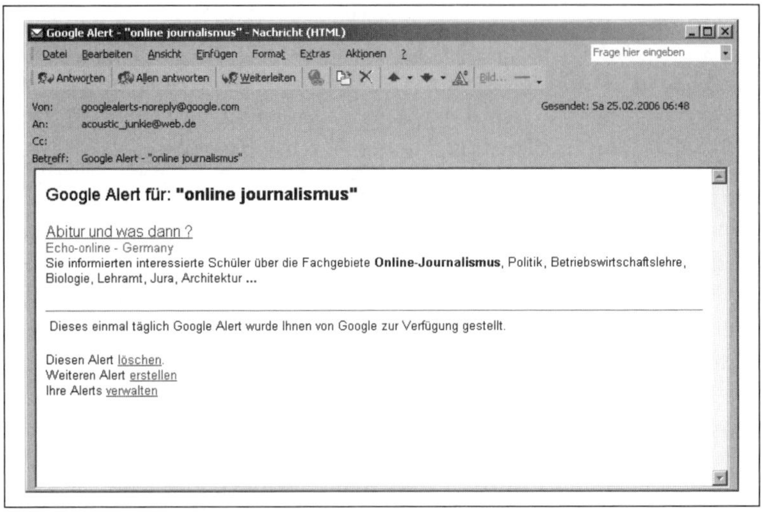

Abbildung 9-4 ▶
Mit dem E-Mail-Service Google Alert informiert Sie Google, wenn Suchbegriffe in Nachrichtenquellen auftauchen.

Wenn Sie einen neuen Google Alert erstellen, können Sie neben der Häufigkeit der jeweiligen Benachrichtigungen (täglich, direkt oder wöchentlich) auch einen Typ festlegen. Dabei stehen Ihnen die folgenden Typen zur Verfügung:

- *Alles*: Bei dieser Einstellung erhalten Sie Ergebnisse aus der Google-Websuche, der Google-Blogsuche und Google News.
- *News*: Sie erhalten eine E-Mail, sobald ein neuer Artikel mit Ihrem Suchbegriff unter den ersten zehn Ergebnissen in der Google-Blogsuche auftaucht.
- *Blogs*: Sie erhalten eine E-Mail, wenn neue Webseiten zu Ihrer Suchanfrage unter den ersten 20 Ergebnissen in der Google-Suche erscheinen.
- *Gruppen*: Sie erhalten eine E-Mail, sobald der Suchbegriff innerhalb einer Google Group auftaucht.

Mailinglisten

Eine wunderbare Möglichkeit, um während der Recherche Antworten zu erhalten, ist der Besuch in Foren oder Newsgroups zum jeweiligen Thema. Hier finden Sie die richtigen Fachleute – und oft einen ganzen Haufen davon. In den meisten Newsgroups können Sie darüber hinaus selbst Fragen stellen, die häufig innerhalb kürzester Zeit kompetent beantwortet werden. Ob es sich um internetspezifische Themen dreht, die neuesten Gerüchte und Tatsachen aus der Star Trek-Welt oder um die beste Hilfe rund um Astrologie – die Vielfalt der Foren und Newsgroups ist fast unendlich. Beachten Sie auf jeden Fall die Netiquette, wenn Sie Fragen stellen. Unter *www.usenetverwaltung.org/netiquette/* finden Sie einen hilfreichen Leitfaden, der Ihnen sagt, wie man Fragen präzise formuliert und mit anderen Forumsteilnehmern umgeht. Werden übliche Höflichkeitsregeln nicht beachtet, können Sie davon ausgehen, dass Sie keinerlei Antwort erhalten oder sich einen schlechten Namen machen.

URLs, Personen und Adressen recherchieren

Das Internet bietet vielfältige Möglichkeiten für die Recherche. Wichtig ist dabei die Pflege der eigenen Favoriten. Die folgenden Links sind als Anregung gedacht.

Whois-Recherche: Internetadressenrecherche

Es kommt vor, dass man bei seiner Recherche auf eine Website trifft, deren Anbieter man nicht kennt. Um Näheres über die besuchte Website und ihren Besitzer zu erfahren, konsultiert man am besten die Internetadressen-Registrare. Für deutsche Websites ist das die DENIC, die Sie unter *www.denic.de* finden; für internationale Domains mit Endungen wie *.com*, *.coop*, *.edu*, *.info*, *.int*, *.museum*, *.net* oder *.org* finden Sie unter *www.internic.com/whois.html* weitere Auskünfte. Bessere und ausführlichere Informationen über Domains auf der ganzen Welt erhalten Sie unter *www.domaintools.com*.

Personen- und Adressenrecherche

Die komfortabelste Methode, um an Adressen und Personen hinter Telefonnummern zu kommen, ist die lokale Suche von Yahoo! unter *http://de.search.yahoo.com/yp*. Unter *www.teleauskunft.de* finden Sie auch die Gelben Seiten und das Telefonbuch. Die richtige Postleitzahl erfährt man bei der Post unter *www.postdirekt.de/plz_suche/*. Erstaunliches sammeln auch die beiden Personensuchmaschinen *www.yasni.de* und *www.123people.de* zusammen.

Gute Startpunkte für die Newsgroup-Recherche sind Yahoo! Groups (*http://groups.yahoo.com/*), Google Groups (*http://groups.google.de/*) und Domeus (*http://www.domeus.de*).

Newsaggregatoren

Wenn es darum geht, Onlinenachrichten in Echtzeit im Fokus zu behalten, ist RSS unschlagbar: RSS ist ein auf XML basierendes Dateiformat für die Verbreitung von Webinhalten, auch »Syndication« oder auf Neudeutsch »Syndizierung« genannt. In der Regel transportieren RSS-Feeds Newsticker-Daten wie Artikelüberschrift, Anreißer und Link zum gesamten Artikel. Feeds werden meistens von Newsaggregatoren ausgelesen und für den Leser visuell aufbereitet. RSS-Feeds lassen sich aber auch als Newsticker in die eigene Website einbauen. Zahlreiche Onlineservices nutzen diese Möglichkeiten und bieten ihren Benutzern einen Service an, der RSS-Feeds in

Form von Webseiten im Browser anzeigt. Dazu gehören der Google Reader, iGoogle, Yahoo! Persönliche Seite, Bloglines usw.

Die Software, mit deren Hilfe Sie Hunderte von RSS-Feeds nach neuen News und Fakten durchforsten können, bezeichnet man in der Regel als *Newsaggregator* oder *Feedreader*. Dabei lassen sich die Feedreader in zwei Gruppen unterteilen: Onlineservices und Desktopprogramme. Ein nicht zu unterschätzender Vorteil von Newsaggregatoren ist die Zeitersparnis. Anstatt z.B. die Politiknachrichten von sieben Websites wie *tagesschau.de*, *heute.de*, *focus.msn.de*, *ftd.de*, *zeit.de*, *stern.de* und *spiegel.de* abzusurfen, reicht in einem Newsreader ein Klick. Daraufhin grast der Reader die jeweiligen Feeds ab und stellt sie Ihnen übersichtlich und ohne Werbung chronologisch sortiert dar. Neue und ungelesene Nachrichten hebt der Feedreader – wie in einem E-Mail-Programm – zur besseren Orientierung voneinander ab.

Während Sie einen Onlineservice von jedem Rechner mit Internetzugang aus über einen Browser konsultieren können, müssen die Desktopprogramme zuvor auf dem eigenen Computer installiert werden. Beide Systeme haben ihre Vor- und Nachteile. Auf einen Onlineservice greifen Sie überall auf der Welt von jedem beliebigen Rechner aus zu. Ein Desktopprogramm dagegen ermöglicht je nach Komplexität eine Vielzahl von Funktionen wie Filter oder ein Archiv für Artikel.

An dieser Stelle möchte ich Ihnen den Online-Newsreader Netvibes vorstellen. Netvibes besticht durch zahlreiche Gestaltungsmöglichkeiten, eine Anbindung an soziale Netzwerke, hilfreiche Widgets und lässt sich wie eine normale Anwendung per Drag & Drop bedienen. Obendrein ist der Web 2.0-Service auch noch kostenlos. Möchten Sie trotzdem lieber ein Desktopprogramm ausprobieren, finden Sie am Ende dieses Kapitels eine Auswahl an beliebten Werkzeugen.

Der Onlineservice von Netvibes

Netvibes.com ist eine intelligente Mischung aus individueller Startseite und RSS-Newsaggregator (siehe Abbildung 9-5). Außerdem bietet Netvibes zahlreiche kleine Werkzeuge, um einen Überblick über die Aktivitäten Ihrer Profile in sozialen Netzwerken von Twitter bis Facebook zu behalten. Ähnliche Startseiten bieten Ihnen zwar auch Google (iGoogle) und Yahoo! (Persönliche Seite), aber Netvibes präsentiert fern der Suchgiganten das beste Schweizer Taschenmesser unter den persönlichen Startseiten.

▲ Abbildung 9-5
RSS-Newsaggregator: Mit Netvibes liest man komfortabel Nachrichten, hört Podcasts und sortiert Informationen in Registerkarten innerhalb des Browsers.

Um mit Netvibes durchzustarten, müssen Sie nicht sofort ein eigenes Konto erstellen, sondern können den Onlineservice erst einmal in Ruhe im Browser testen. Einen Zugang brauchen Sie erst dann, wenn Sie Ihre Einstellungen für Ihre persönliche Netvibes-Website abspeichern möchten. Die Registrierung und Nutzung von Netvibes ist kostenlos. Dafür benötigen Sie lediglich eine funktionstüchtige E-Mail-Adresse. Für einen ersten Start klicken Sie auf der Startseite auf den Button *Schlagzeilen*. Damit wählen Sie das vorkonfigurierte Nachrichten-Dashboard. Anschließend stellt Ihnen ein Wizard Netvibes Schritt für Schritt vor und erläutert Ihnen, wie Sie Inhalte hinzufügen können.

Erste Einstellungen treffen

Als Erstes schauen Sie sich am besten einmal den Menüpunkt *Einstellungen* rechts oben genauer an. Über diesen schneiden Sie Netvibes passgenau auf sich selbst zu. Um mehr Platz für Ihre Nachrichten zu schaffen, entfernen Sie die Häkchen hinter *Seitentitel anzeigen* und *Suche anzeigen*. Denn mittlerweile verfügt jeder moderne Browser über ein eigenes Suchfeld rechts oben, und sicherlich brauchen Sie die Google-Suche nicht noch einmal zentral auf Ihrer Netvibes-Seite. Klicken Sie jetzt in den Einstellungen auf *Individualisieren*. Um noch mehr Platz für die Informationen zu schaffen, schieben Sie den Regler für die Kopfhöhe ganz nach links. Im Hintergrund sehen Sie, wie die Inhalte nach oben rutschen und das Hintergrundbild weniger zu sehen ist. Um die Netvibes-Website schneller zu machen, deaktivieren Sie das Hintergrundbild für oben und unten mit einem Klick auf das graue Verbots-Icon.

Einen neuen Tab für RSS-Feeds anlegen

Als Nächstes legen Sie einen neuen Tab (auch Reiter oder Registerkarte genannt) an, denn in Netvibes sortieren Sie Ihre Informationen und Themen über Tabs. Das geschieht, indem Sie in der Leiste mit den Tabs auf das Plussymbol klicken. Dadurch öffnet sich ein neuer leerer Tab, dem Sie einen Namen geben können, z.B. *Podcasts*. Ein Tab lässt sich jederzeit nachbearbeiten. Wählen Sie dazu den Tab aus, und rechts neben dem Namen erscheint ein *Bearbeiten*-Link. Klicken Sie darauf. Netvibes blendet jetzt Einstellungsmöglichkeiten für den aktuellen Tab ein (siehe Abbildung 9-6). In den Standardeinstellungen ist das Layout voreingestellt auf drei Boxen und drei Spalten. Dieses Layout behalten Sie und klicken auf das Icon mit dem roten X, um die Tab-Einstellungen zu verlassen.

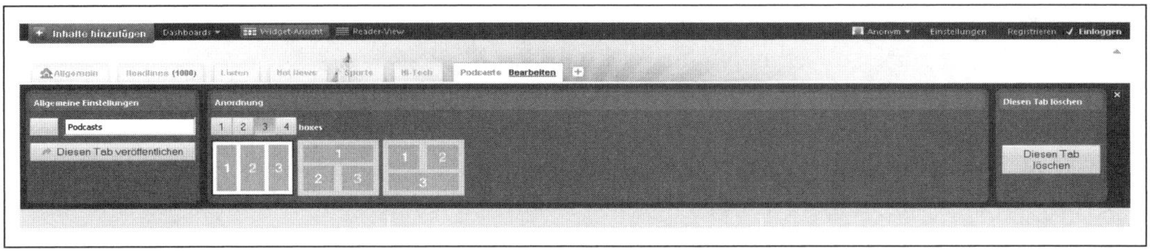

Abbildung 9-6 ▲
Über Tabs sortiert man seine RSS-Feeds nach Themen. Zur Auswahl stehen verschiedene Layouts.

Einen neuen RSS-Feed hinzufügen

Um einem Tab neue Inhalte hinzuzufügen, klicken Sie links oben auf den grünen *Inhalte hinzufügen*-Button. Dies blendet den *Hinzufügen*-Bereich ein. Generell können Sie zwei Arten von Inhalten einem Tab hinzufügen: Widgets und RSS-Feeds. Während Widgets kleine Hilfsprogramme sind, über die Sie Wetterinformationen, einen Taschenrechner, eine To-do-Liste oder Ähnliches aus dem Netvibes-Arsenal einfügen, fügen Sie mit *Feed hinzufügen* Ihrem Tab einen RSS-Feed hinzu. Klicken Sie auf den Link *Feed hinzufü-*

gen, öffnet sich eine Box, in die Sie eine RSS-URL eingeben müssen. Tippen Sie die folgende URL in die Eingabebox und klicken Sie auf *Feed hinzufügen*:

```
http://podcast.wdr.de/radio/wdr2kabarett.xml
```

Jetzt sucht Netvibes den RSS-Feed und blendet anschließend unterhalb des Eingabefelds den Feed innerhalb einer Box ein. Klicken Sie auf den grünen *Hinzufügen*-Button. Nachdem Netvibes den RSS-Feed automatisch dem Tab hinzugefügt hat, sieht Ihr Bildschirm ähnlich aus wie der in Abbildung 9-7.

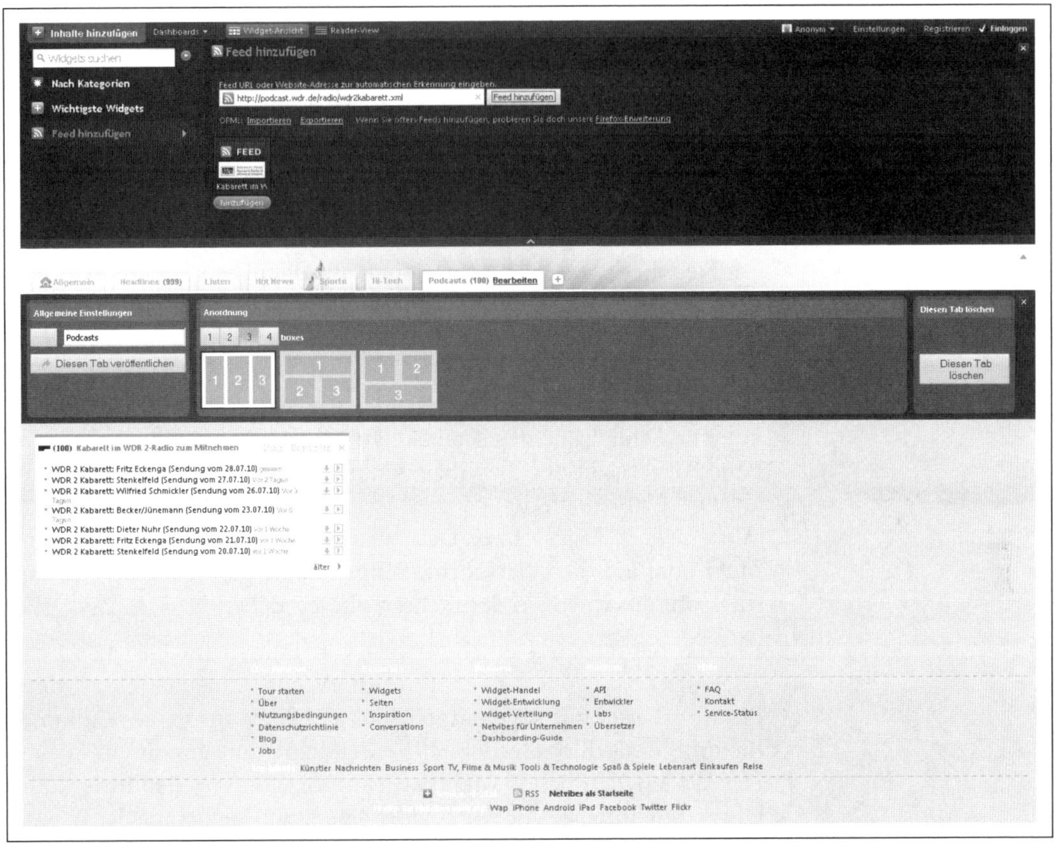

Da es sich bei dem eingegebenen RSS-Feed um einen WDR-Podcast handelt, blendet Netvibes nicht nur die Schlagzeilen ein, sondern auch einen *Play-* und einen *Download*-Button. Wenn Sie auf den *Play*-Button klicken, spielt der interne Netvibes-Player das im RSS-Feed verlinkte MP3 direkt auf der Website ab. Den Player blendet Netvibes oben in der Kopfzeile ein.

▲ **Abbildung 9-7**
Neue Inhalte wie Widgets oder RSS-Feeds fügt man einem Tab über den Inhalte hinzufügen-Button hinzu.

Fügen Sie jetzt Ihrem Tab zwei weitere RSS-Feeds hinzu, dieses Mal den RSS-Feed von Phlow und den der Tagesschau.

```
http://feed.phlow.net/phlow
http://www.tagesschau.de/xml/rss2
```

Netvibes platziert beide RSS-Feeds über dem RSS-Feed des WDR. Greifen Sie jetzt das RSS-Feed-Fenster des Phlow-Feeds an der oberen Leiste. Wenn das Bewegungskreuz erscheint, halten Sie die linke Maustaste gedrückt und ziehen den Feed in eine andere Spalte. Machen Sie das Gleiche mit dem Tagesschau-Feed. Sie können einen RSS-Feed auch direkt auf ein Tab ziehen, um den RSS-Feed einem anderen Tab zuzuordnen.

Jedes Fenster eines RSS-Feeds verfügt über einen eigenen *Bearbeiten*-Button. Klicken Sie diesen beim WDR-Feed an. Der *Bearbeiten*-Button blendet zahlreiche Einstellungsmöglichkeiten ein, die sich von selbst erklären, wie z.B. *Anzahl der angezeigten Objekte* oder *Datum anzeigen*. Interessant ist der Punkt *Mehr Details anzeigen*. Wenn Sie ein Häkchen hinter diesen Eintrag setzen, blendet Netvibes weitere Informationen aus dem Feed ein. Beim WDR-Feed sind das nicht wirklich viele. Klicken Sie jetzt auf den *Bearbeiten*-Button beim Tagesschau-Feed und wählen Sie *Mehr Details anzeigen*. Hier bietet der Feed schon mehr Informationen zur Schlagzeile, nämlich je Nachricht einen Anreißer. Wenn Sie nun auf eine Schlagzeile des Tagesschau-Feeds klicken, öffnet sich eine neue Ansicht, in der Netvibes den gesamten Inhalt zur Schlagzeile anzeigt. Um jedoch den ganzen Artikel zu lesen, müssen Sie auf die Website der Tagesschau. Das erreichen Sie mit einem Klick auf *Mehr* oder auf die Überschrift. Schließen Sie die Ansicht mit einem Klick auf das rote X in der rechten oberen Ecke.

Klicken Sie jetzt auf einen Artikel von Phlow. Im Gegensatz zur Tagesschau müssen Sie nicht auf die Website meines Blogs, denn Phlow arbeitet mit sogenannten *Full Feeds*. Mittels eines Full Feed bieten Sie als Blog-Betreiber Ihren Lesern den gesamten Artikel. Das ist ein deutliches Mehr an Komfort, denn jeder Ihrer Leser kann Ihre Inhalte über RSS dort lesen, wo er gerade ist – ganz gleich, welche Software er nutzt. Viele RSS-Nutzer lieben Full Feeds, weil man sich mit ihnen viele Klicks erspart. Sollten Sie in Zukunft permanent einen Newsreader nutzen, werden Sie Full Feeds lieben.

Tipp In WordPress schalten Sie über *Einstellungen → Lesen → Zeige im Newsfeed → ganzen Text* Full Feeds an (und aus). Empfehlenswert für eine größere Kundenbindung sind Full Feeds auf jeden Fall. Erlauben Sie Ihren Lesern, Ihre Inhalte dort zu empfangen, wo die Leser am liebsten lesen. Sie werden es Ihnen mit Treue danken.

RSS-Feeds mit OPML importieren

Da das Sammeln von einzelnen Feeds recht mühsam ist, gibt es eine hilfreiche Funktion, die gleich eine ganze Liste von Feeds importiert. Das geschieht über den Import einer OPML-Datei. OPML ist ein XML-Dokument, das dem Austausch von strukturierten Informationen dient. Das OPML-Format eignet sich hervorragend dazu, eine Vielzahl von Feeds in einem Rutsch zu abonnieren oder eine Sicherheitskopie der bereits abonnierten Feeds über einen Export zu erstellen – eine nicht zu unterschätzende Funktion, die auch dann hilft, wenn man den Newsaggregator wechseln möchte. Darum unterstützen mittlerweile zahlreiche Services und Reader das Format und ermöglichen somit den Austausch und das Bündeln themenbezogener RSS-Feeds zwischen unterschiedlichen Services. Der Import von neuen RSS-Favoriten wird Ihnen somit um einiges erleichtert. Als Beispiel habe ich Ihnen eine Vielzahl von Newstickern in verschiedenen OPML-Dateien abgespeichert. Sie finden eine Auswahl unter *http://phlow.de/rss-feeds.*

Um z.B. die Datei *http://media.phlow.de/download/rss/politik-rss-feeds.opml* zu importieren, gehen Sie wie folgt vor:

1. Speichern Sie die OPML-Datei *http://media.phlow.de/download/rss/politik-rss-feeds.opml* auf Ihrem Desktop ab.
2. Erstellen Sie einen neuen Tab mit dem Namen *Politik*.
3. Klicken Sie in Netvibes auf *Inhalte hinzufügen → Feed hinzufügen.*
4. Klicken Sie unter dem Eingabefeld auf den Link *Importieren.*
5. Wählen Sie die OPML-Datei auf Ihrem Rechner aus.
6. Starten Sie den Import über *Importieren.*

Netvibes importiert jetzt sämtliche in der OPML-Datei vorhandenen RSS-Feeds und fügt sie Ihrem neuen Tab hinzu. Über die Exportfunktion sichern Sie sämtliche Ihrer in Netvibes abonnierten RSS-Feeds. Wie eben schon gesagt: Hilfreich ist diese Funktion, wenn Sie den RSS-Reader wechseln wollen.

Eine Empfehlung zum Schluss: Schauen Sie sich nicht nur die RSS-Funktionen von Netvibes genauer an, sondern auch die zahlreichen angebotenen Widgets. So können Sie z. B. aus Netvibes heraus twittern und Aktivitäten Ihres Facebook-Profils überwachen. Richtig konfiguriert, ist Netvibes eine erstklassige Schaltzentrale und Ihre persönliche Nachrichtenagentur.

Deutsche RSS-Verzeichnisse

www.rss-verzeichnis.de

www.rss-scout.de

www.rss-nachrichten.de

http://de.scienceport.org
(Verzeichnis mit RSS-Feeds aus der Wissenschaft)

Internationale RSS-Verzeichnisse

www.syndic8.com

RSS-Reader/Newsaggregatoren

Feeddemon – englischer kostenloser Newsaggregator für Windows
www.feeddemon.com

Vienna 2.0 – englischsprachiger freier RSS-/Atom-Newsreader für Mac OS X
www.opencommunity.co.uk/vienna2.html

Liferea – englischsprachiger Open Source-Newsaggregator für Linux
http://liferea.sourceforge.net

Bloglines – Online-Newsaggregator
www.bloglines.com

Google Reader – Online-Newsaggregator
http://reader.google.com/

Trendthemen recherchieren

Mit Suchmaschinen findet man nicht nur das, was man gerade sucht, sondern kann auch auf Entdeckungsreise gehen. Schließlich sammeln und speichern die Suchmaschinen auch die Anfragen ihrer Nutzer. Als Journalist kann man sich diese Möglichkeiten zunutze machen. Einerseits bleibt man leicht zu bestimmten Themen am Ball, indem man sich einen Such-RSS-Feed abonniert, und andererseits kann man sich von Suchmaschinen auch inspirieren lassen und aktuellen Trends nachspüren. Besonders Twitter eignet sich dafür. Im Folgenden finden Sie ein paar Möglichkeiten, Ihre Lieblingsthemen im Auge zu behalten sowie Trends zu entdecken und zu erforschen.

Recherche in der Blogosphäre

Um die weltweite Blogosphäre zu durchsuchen, stehen zwei Suchmaschinen zur Verfügung: technorati.com und Google Blogsearch unter *http://blogsearch.google.com*. Im Vergleich ist Google Blogsearch die robustere Suchmaschine, der wir uns jetzt zuwenden wollen.

Tipp Technorati hat in den letzten Jahren mit den rasanten Entwicklungen des Webs und der Blogs im Besonderen nicht Schritt halten können. Daher ist Google Blogsearch die bessere Wahl, wenn es um Recherchen in der Blogosphäre geht.

Eine weitere Möglichkeit, die Blogosphäre auf dem Radar zu behalten und neue und viel diskutierte Themen mitzubekommen, sind zwei vollautomatische Nachrichtenaggregatoren, die Artikel und Links anhand von Algorithmen auswerten und sortiert darstellen.

Watchlist: Suchbegriffe per RSS überwachen

Wie schon mit Google News können Sie sich auch mit Google Blogsearch eigene Such-RSS-Feeds für Ihren Newsreader erstellen. Interessiert Sie z.B. das Thema Soziale Netzwerke, geben Sie den Begriff am besten in Anführungsstrichen in der Suchmaske unter *http://blogsearch.google.com* ein. In der linken Seitenleiste taucht dann neben dem Link zum *Atom*-Feed auch ein *RSS*-Link auf, über den Sie die Suchanfrage als RSS abonnieren können.

Analog zur normalen Google-Suche lässt sich die Suchanfrage verfeinern. Das geschieht entweder direkt in der Seitenleiste über das Datum oder rechts oben mit den zwei Funktionen *Nach Relevanz sortiert* und *Nach Datum sortieren*. Noch genauer justieren Sie Ihren RSS-Feed über die *Erweiterte Blog-Suche*.

Praktisch sind diese RSS-Feeds, weil Sie sich dadurch eine Menge Sucharbeit ersparen. Die Kombination aus Google Blogsearch-RSS-Feeds und einem Newsreader ergibt ein unschlagbares Team, wenn es darum geht, bei Ihren Topthemen am Ball des Geschehens zu bleiben. Hilfreich ist das z.B., wenn Sie als Blogger immer darüber informiert sein wollen, ob über Sie oder Ihr Blog in der Blogosphäre berichtet wurde. Erstellen Sie sich dazu einfach einen RSS-Feed. Tippen Sie in die Suchmaske den Befehl:

```
lnk:ihreblogurl.de
```

Abonnieren Sie anschließend den RSS-Feed, und wann immer jemand einen Ihrer Artikel in seinem Blog verlinkt, erfahren Sie davon per RSS.

Trendthemen in Blogs beobachten

Um Trendthemen von Blogs zu entdecken, lohnt sich ein Blick auf die beiden vollautomatischen Nachrichtenaggregatoren *www.rivva.de* und *www.techmeme.com* sowie Digg.com. Die beiden Aggregatoren gewichten Schlagzeilen – ähnlich wie Google News – und versuchen, einen aktuellen Überblick über stattfindende Diskussionen in Blogs zu geben. Rivva – siehe Abbildung 9-8 – beschreibt sich selbst so: »Rivva versucht, einen gewichteten Schlagzeilenüberblick über die deutschsprachige Blog- und Online-Medienlandschaft zu liefern. Nach US-Vorbild Techmeme steckt dahinter eine vollautomatische Suchmaschine, die interessante Themen verfolgt, verwandte Diskussionen gruppiert und rund um die Uhr zu einer Top-News-Seite aggregiert.«

Dagegen konzentriert sich Techmeme auf das Thema Technologie. Dazu konsultieren die Algorithmen von Techmeme englischsprachige Blogs und sortieren diese vollautomatisch.

Individueller geht es auf der Seite *www.digg.com* zu. Digg sammelt Nachrichten und Artikel aus Blogs und bietet seinen Benutzern an, die Artikel zu bewerten. Artikel können aber nicht nur auf Digg.com bewertet werden, sondern auch auf den Artikelseiten der Blogs selbst. Dazu müssen Blogger einen *Digg*-Button einbauen, über den registrierte Benutzer den Artikel hochwerten können. Durch das Hochwerten entstehen Ranglisten zu den verschiedensten Themen. Neue Themen entdeckt Digg nicht vollautomatisch, sondern Blogger stellen ihre Artikel selbst ein. Die vorgeschlagenen Artikel werden anschließend ganz im Sinne des Web 2.0 von »der Weisheit der Masse« sortiert – siehe dazu *http://de.wikipedia.org/wiki/Die_Weisheit_der_Vielen*.

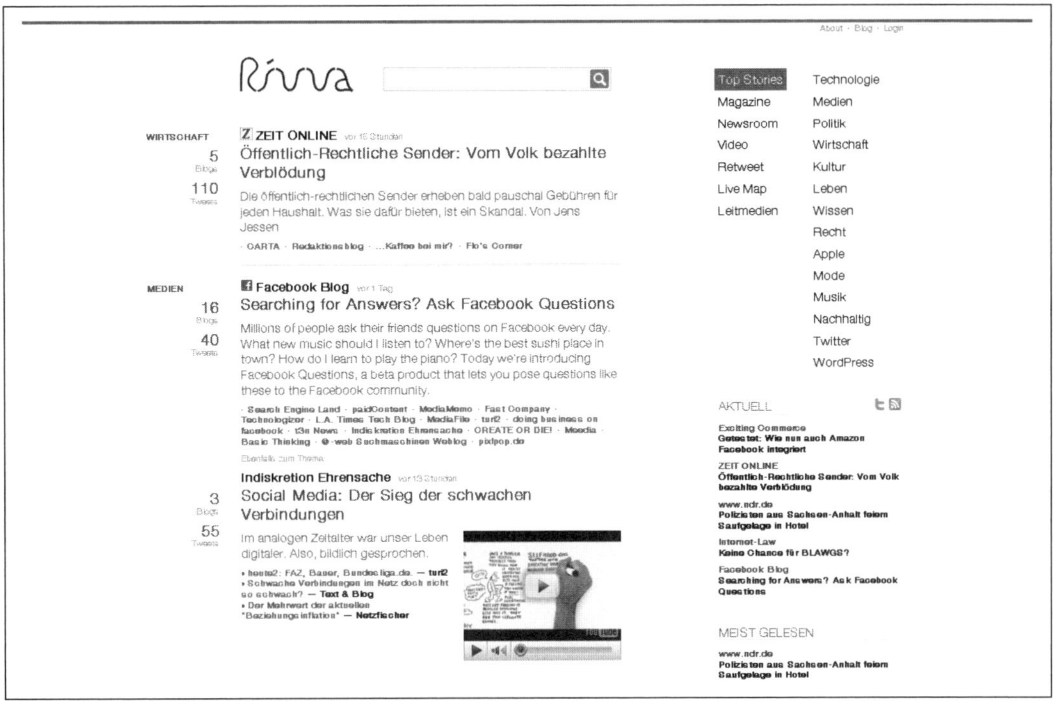

Internetquellen für die Blog-Recherche

Technorati
www.technorati.com

Google Blogsearch
http://blogsearch.google.de

Rivva
www.rivva.de

Techmeme
www.techmeme.com

Digg
www.digg.com

▲ Abbildung 9-8
Die vollautomatische Suchmaschine Rivva bietet einen gewichteten Schlagzeilenüberblick über die deutsche Blog-Szene und zeigt Trendthemen an.

Topthemen über Twitter entdecken

Twitter ist ein Echtzeitnachrichtendienst, der sich ausgesprochen gut dazu eignet, Trendthemen zu verfolgen. Nirgends verbreiten sich Nachrichten so schnell wie über den Microblogging-Dienst.

Hinweis Mehr über Twitter und wie Sie Twitter selbst bei Ihrer Arbeit einsetzen können, erfahren Sie in Kapitel 8, *Twitter*.

Twitter bietet einige Werkzeuge für die Trendrecherche. Außerdem hat sich um Twitter herum ein kleines Universum aus Websites gebildet, die versuchen, Links, Kommentare und Schlagwörter zu analysieren.

Bereits auf der Twitter-Homepage finden Sie einen Ticker mit Hinweisen auf aktuelle Trends und Themen, die die Twitter-Nutzer besonders interessieren. Weitere beliebte Themen präsentiert Twitter auf der Unterseite *www.twitter.com/tweetingtrends*. Hier finden Sie eine Liste häufig eingegebener Suchbegriffe, die zum Teil mit Hashtags und Links versehen ist. Spannender und gezielter wird es, wenn Sie Schlagwörter verfolgen.

Schlagwörter und Themen verfolgen

Um bestimmte Schlagwörter und Themen auf Twitter zu verfolgen, benutzen Sie die Twitter-Suche unter *http://search.twitter.com*. Wenn Sie nach Schlagwörtern suchen wollen, bieten sich zwei Möglichkeiten an. Einerseits können Sie normale Begriffe suchen, wie bei anderen Suchmaschinen auch. Andererseits können Sie aber auch auf die Verschlagwortung der Nutzer zurückgreifen. Denn Twitter-Nutzer verschlagworten oft ihre Nachrichten. Das geschieht mit einer Raute, auch Hashtag genannt. Schreibt ein Benutzer z.B. eine Nachricht zum Thema Microblogging, kategorisiert er die Nachricht mit *#microblogging*. Intern verbindet Twitter diese Schlagwörter miteinander, und Sie können gezielt nach diesen Kategorien suchen.

Probieren Sie es doch einmal aus: Geben Sie in die Suchmaske *Microblogging* und dann *#microblogging* ein. Die Ergebnisse sind vollkommen verschieden. Wenn Sie ein eigenes Twitter-Konto besitzen, können Sie Ihre Suchanfragen abspeichern. Diese tauchen dann in der Seitenleiste auf. Oder Sie abonnieren Ihre Suchanfragen als RSS-Feed. Den RSS-Feed finden Sie nach der Suchanfrage ein wenig versteckt in der rechten Seitenleiste.

Tipp Damit der RSS-Feed in der Seitenleiste auftaucht, müssen Sie eingeloggt sein.

Falls Sie über kein Twitter-Konto verfügen und sich auch nicht anmelden möchten, können Sie sich Twitter-Feeds auch manuell erstellen. Dazu tippen Sie die folgende URL in die Adresszeile Ihres Browsers und ergänzen es durch ein Schlagwort:

```
http://search.twitter.com/search.atom?q=schlagwort
```

Möchten Sie nach kategorisierten Schlagwörtern suchen, stellen Sie die Zeichenfolge *%23* voran. Diese Zeichenfolge steht für die Raute. Um z.B. nach dem Thema *Microblogging* zu suchen, geben Sie folgende URL ein:

```
http://search.twitter.com/search.atom?q=%23microblogging
```

Um ein weiteres Schlagwort hinzuzufügen, verbinden Sie die Suchbegriffe einfach mit einem Pluszeichen, zum Beispiel so:

```
http://search.twitter.com/search.atom?q=%23microblogging+%23twitter
```

Externe Twitter-Analyse-Websites

Wie oben erwähnt, gibt es einen Kosmos verschiedener Dienste und Websites um Twitter herum. Dank der Datenschnittstelle von Twitter analysieren diese Websites den Nachrichtenstrom, der über die Plattform verbreitet wird. In der Regel durchsuchen diese Services die Twitter-Nachrichten nach Links, Verknüpfungen und Schlagwörtern und bereiten diese optisch auf.

Aktuelle Themen auf Twitter aufspüren

Aktuelle Trends versuchen *www.whatthetrend.com* und *www.twitscoop.com* aufzuspüren. So visualisiert Twitscoop aktuelle Themen und zeigt mithilfe eines zeitlichen Graphen an, wie lange und wie stark das jeweilige Thema diskutiert wird (siehe Abbildung 9-9). Genauer lassen sich Trends in der Retrospektive betrachten. Die Unterseite *www.whatthetrend.com/week_in_review* listet tabellarisch auf, welche Themen in der vergangenen Woche aktuell waren, und bietet weitere Informationen zu den jeweiligen Themen. Im Gegensatz zu einer vollautomatischen Analyse versucht *What the Trend*, seine Nutzer einzubeziehen, und fragt nach neuen möglichen Trends.

Aktuelle Links auf Twitter aufdecken

Neue Inhalte wie Artikel, Fotos und Videos entdeckt man mithilfe von *www.tweetmeme.com* und *www.twitturly.com*. Über diese Websites erfahren Sie, welche Inhalte über Twitter geteilt und verteilt werden. Dazu analysieren die Services Links und zeigen, welcher Twitter-Nutzer als Erster die Inhalte ins Web gestreut hat.

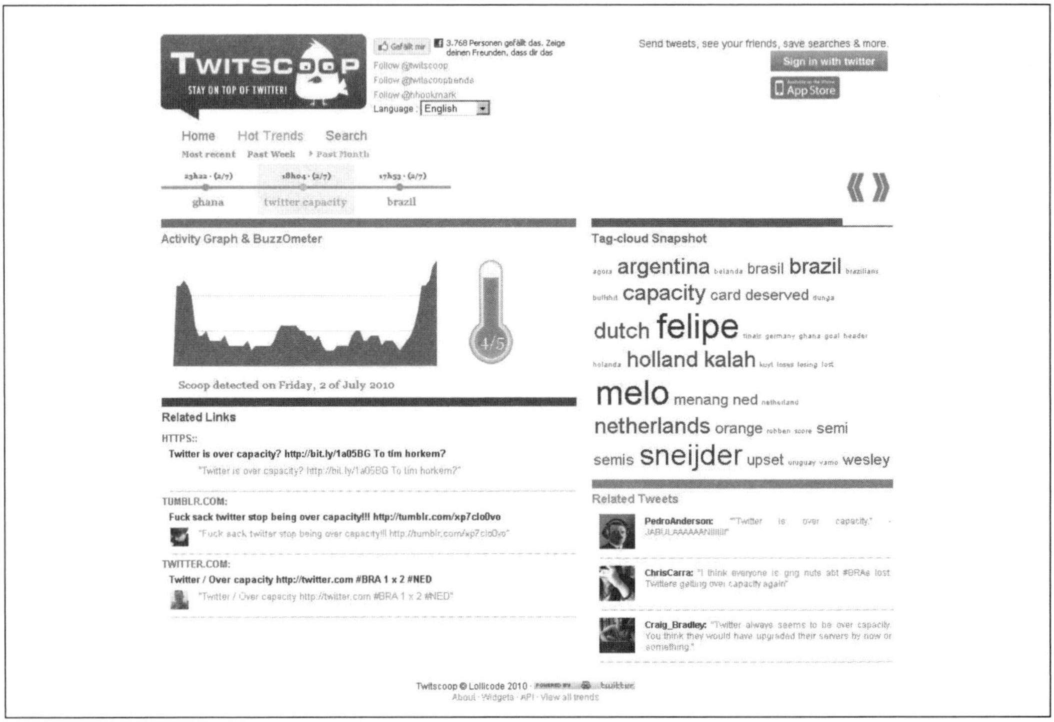

Abbildung 9-9 ▲ Twitscoop analysiert den Twitter-Datenstrom und visualisiert aktuelle Schlagwörter.

Über den Umgang mit Informationen

Wer Werkzeuge wie RSS, Twitter oder spezialisierte Websites für die Recherche nutzt, der erstickt schnell in den Massen an Inhalten. Wenn Sie jedoch gezielt nach bestimmten Themen forschen, helfen Ihnen die vorgestellten Werkzeuge ungemein.

Eine der Schwierigkeiten im Umgang mit Informationen z.B. via RSS ist, dass man immer neue RSS-Feeds abonniert und irgendwann den Überblick verliert oder zu viele Informationen scannen muss. Das passiert selbst dann, wenn man gezielt Blogs und Themen abonniert. Dagegen hilft eine einfache Regel: Pro Thema sollten Sie nicht mehr als acht bis neun Quellen abonnieren. Wenn Sie eine neue vielversprechende Quelle entdecken und Ihr selbst gesetztes Limit pro Thema erreicht haben, sollten Sie eine andere Quelle löschen, die Ihnen nicht mehr so wichtig erscheint. Das funktioniert allerdings nur, wenn Sie darauf vertrauen, dass die wirklich wichtigen Nachrichten den Weg zu Ihnen immer finden. Vor allem im Zeitalter der sozialen Netzwerke, in dem einem Freunde und Kollegen neue Links und Themen zustecken, entgehen einem wichtige Trends nicht. Man muss nur offen bleiben.

KAPITEL 10

Bilder fürs Web aufbereiten

In diesem Kapitel:

- Die Bildformate JPEG, GIF und PNG
- Bilder mit Photoshop optimieren
- Bilddatenbanken

Bilder gehören noch vor Texten zum wichtigsten Bestandteil einer Website, weil sie als Erstes wahrgenommen werden. Diese Eigenschaft gilt übrigens auch für Printmedien, denn Bilder lösen beim Betrachten am ehesten Neugier aus und verleiten zum Lesen des dazugehörigen Artikels.

Ein besonderes Augenmerk auf die Auswahl der richtigen »Visualisierung« erhöht somit die Wahrscheinlichkeit, dass ein Artikel gelesen wird. Und da man leider nicht einfach jedes Bild in der besten Auflösung präsentieren kann, muss man beim Optimieren der Bilder den jeweils am besten geeigneten Grafik-Komprimierungsalgorithmus aussuchen.

§

Bei der Auswahl der Bilder sind vor allem zwei Dinge zu beachten: Zum einen ist jedes Foto, auch der künstlerisch nicht wertvolle Urlaubsschnappschuss, als Lichtbild quasi urheberrechtlich geschützt, zum anderen genießen abgebildete Personen das Recht am eigenen Bild. Unter Umständen sollte man also von einer Veröffentlichung absehen. Eine Veröffentlichung ist aber kein Problem, wenn der Fotograf bzw. der Abgebildete zugestimmt hat.

Bilderplattformen wie Flickr.com haben ihre Lizenzen zumeist auch auf die Creative Commons-Lizenz umgestellt. Hier kann bei jedem Bild anhand eines Symbols gesehen werden, was in Bezug auf die Nutzung der Werke erlaubt ist und was nicht (siehe hierzu den Abschnitt »Creative Commons-Lizenzen« in Kapitel 14, *Urheberrecht*). Teilweise werden die Bilder auch mit einem Hinweis veröffentlicht, der besagt, dass sich die Verwertung der Bilder nach den Bedingungen von Getty Images richtet. Hier kann direkt über Flickr eine Anfrage an Getty Images zur Nutzung der Bilder gestellt werden, Getty Images leitet die Anfrage dann an den Fotografen weiter.

Wer dagegen mithilfe der Bildersuche einer Suchmaschine nach Verwertbarem sucht, kommt meistens über eine sogenannte Thumbnail-Übersicht des Suchmaschinenanbieters auf eine Privatseite – hier empfiehlt sich dann eine genaue Prüfung, ob das Bild tatsächlich verwendet werden darf.

Beim Recht am eigenen Bild handelt es sich um einen Teil des allgemeinen Persönlichkeitsrechts. Sobald der Abgebildete durch eine Veröffentlichung persönlich beeinträchtigt wird, muss davon abgesehen werden. Das kann etwa dann der Fall sein, wenn jemand durch ein veröffentlichtes Bild der Lächerlichkeit preisgegeben wird. Näheres hierzu finden Sie im Abschnitt »Das Recht am eigenen Bild« in Kapitel 16, *Persönlichkeitsrechte*.

Bildaufbau und Bildspannung

In den Printmedien gilt, dass Bilder mit Bildunterschriften oft noch vor dem Blick auf die eigentliche Überschrift betrachtet werden. Gesichter von Menschen kitzeln die Neugierde des Lesers. Kein Wunder also, dass uns von den meisten Titelseiten der Zeitschriften Gesichter entgegenblicken. Eigentlich ist dieses Sehverhalten im Internet das Gleiche. Allerdings braucht die Datenübertragung von Bildern wegen ihrer Größe meist etwas länger, und außerdem werden die Bilder immer erst nach dem Download der Webseite geladen. Zwar macht sich dank schnellerer Internetverbindungen ein Trend zu immer größeren Bildern bemerkbar, andererseits darf man nicht die steigende Anzahl an mobilen Endgeräten vergessen. Auch kriechen heute noch viele Menschen per Modem durch das Web. Im besten Fall bietet man deswegen seinen Besuchern zwei Bildversionen parallel an: eine kleine und eine große. Möchte der Besucher das Bild vergrößern, reicht ein Klick auf das kleine Bild, und ein vergrößertes wird angezeigt, z.B. in einem Pop-up-Fenster.

Personen, Figuren und Objekte sollten immer in Richtung des Texts schauen oder weisen, denn das Bildmotiv und der Text sollten nicht auseinanderstreben. Außerdem sollte das Bildmotiv mit der Textinformation harmonieren. Vergleichen Sie dazu einmal die beiden Bilder in Abbildung 10-1 und entscheiden Sie selbst, welches von ihnen stärker dazu auffordert, den zusätzlichen Text zu lesen.

Weisen Bildmotive nicht in die gewünschte Richtung, können sie gespiegelt werden. Dazu eignen sich Porträts oder Großaufnahmen von Gesichtern. Beachten Sie jedoch, dass gespiegelte Bilder auch Tatsachen verfälschen können. Zeigt das Bildmotiv z.B. einen Unfall, darf das Bild nicht gespiegelt werden, da es ansonsten die Tatsachen verfälscht und womöglich mit den Aussagen im Text kollidiert.

Im Netz zieht man Nahaufnahmen einer Totalen vor. Fotos mit vielen Details verlieren bei der Verkleinerung schnell an Aussagekraft, weil Gegenstände und Personen auf daumengroßen Bildern schwer bis gar nicht zu erkennen sind. Der Einsatz von kleinen Bildern ist darum sinnvoll, weil einerseits große Bilder eine längere Übertragungsdauer beanspruchen und andererseits der Platz auf einer Website beschränkt ist. Vergessen Sie auch nicht, dass immer mehr Mobiltelefonbesitzer im Internet surfen. Große Bilder können auf den kleinen Bildschirmen meist nicht dargestellt werden, und die Verbindung erlaubt auch keinen so großen Datentransfer wie bei einem Rechner.

▲ Abbildung 10-1
Bildmotive sollten so gut wie möglich mit dem Text harmonieren und die Blickrichtung des Betrachters lenken.

Darum schneiden Sie detailreiche Bilder am besten mit einer Bildbearbeitungssoftware zu. Entfernen Sie irritierende Gegenstände oder unnötige Informationen. Wenn Sie versiert mit einem Bildbearbeitungsprogramm umgehen können, bearbeiten Sie Bilder am besten zusätzlich. Um z.B. ein Gesicht noch weiter vom Hintergrund loszulösen, können Sie es per Weichzeichner nach vorn holen, indem Sie es maskieren und mit einem Filter den Hintergrund weichzeichnen. Das ist besonders bei Aufnahmen von Digitalkameras sinnvoll, wenn sie nicht genug Tiefenschärfe besitzen.

Die Bildformate JPEG, GIF und PNG

Wer im Internet surft, dem begegnen in der Regel die Bilddateiformate JPEG (meist JPG abgekürzt), GIF und PNG. Auch wenn PNG die besten Eigenschaften von JPG und GIF vereint und darüber hinaus frei von Patentbeschränkungen ist, beherrschen doch GIF und vor allem JPEG das Internet. Jedes Format verfügt über eigene Kompressionsalgorithmen, die sich für verschiedene Arten von Bildern eignen.

Tipp Wenn Sie davon ausgehen, dass Ihre Bilder von Printmedien genutzt werden, sollten Sie sie als TIFF (*Tagged Image File Format*) zur Verfügung stellen. TIFFs werden nicht komprimiert und können verlustfrei weiterverarbeitet werden.

JPEG/JPG – der Standard für detaillierte Bilder

Das JPEG-Bildformat wurde im September 1992 von der *Joint Photographic Experts Group* (JPEG) standardisiert und nach ihr benannt. Grundsätzlich gilt als Leitfaden bei allen Bildkomprimierungsverfahren: Je mehr Details ein Bild aufweist, desto größer wird die Datei. Bei großer Detaildichte, z.B. bei Fotos oder fotorealistischen Grafiken, sollte JPEG das Format der Wahl sein. Es eignet sich dagegen nicht für den Einsatz bei Hintergrundbildern und Logos mit großen einfarbigen Flächen, da dabei unschöne Artefakte entstehen, wenn die Dateien sehr stark komprimiert werden.

Bei der Verwendung von Bildern sollten Sie immer die Gesamtgröße der jeweiligen Webseite im Auge behalten. Wenn möglich, überschreitet eine Webseite nicht die Größe von ca. 200 KByte. Denken Sie daran, dass moderne Websites oft mehrere JavaScript-Dateien laden. Um die Größe einer Webseite zu testen, speichern Sie sie entweder aus dem Browser heraus ab und sehen sich dann im Windows Explorer die Dateigröße an, oder aber Sie greifen auf den Onlineservice *http://www.websiteoptimization.com/services/analyze/* zurück bzw. arbeiten mit einem Browser-Plug-in. Empfehlenswert ist die Webdesignerweiterung Firebug *https://addons.mozilla.org/de/firefox/addon/1843* samt Yslow *http://developer.yahoo.com/yslow/* für Firefox. Mit diesen beiden großartigen Werkzeugen testen Sie Ihre Website auf Herz und Nieren.

GIF – Animationen und Bilder mit Transparenz

Im Gegensatz zum JPG-Format eignet sich das GIF-Format in erster Linie für Bilder mit großen einfarbigen Flächen. GIF steht für *Graphics Interchange Format* und ist ein Grafikformat mit verlustfreier Kompression für Bilder mit geringer Farbtiefe. GIF-Bilder können maximal 256 verschiedene Farben enthalten. Die Farbinformationen werden in einer Farbtabelle abgelegt, die mithilfe von Bildbearbeitungssoftware wie z.B. Photoshop bearbeitet werden kann. Dabei sind bis zu 16,7 Millionen verschiedene Farbwerte möglich, von denen aber höchstens 256 gleichzeitig eingesetzt werden können. Das GIF-Format eignet sich hervorragend für Zeichnungen, Pläne, Cartoons und Logos, bei denen wenige Farben zum Einsatz kommen. Selbst Bilder mit hoher Auflösung können äußerst platzsparend abgespeichert werden.

Ein weiterer Vorteil von GIF-Bildern ist die Möglichkeit, eine Farbe als transparent zu definieren. Dadurch kann man z.B. ein Logo an den Rändern freistellen und es mit dem Hintergrund verschmelzen lassen, der aus einem anderen Bild besteht. Halbtransparenzen wie beim PNG-Format (siehe folgender Abschnitt) sind mit GIF aber nicht möglich. Ein Pixel kann entweder nur vollständig sichtbar oder komplett transparent sein.

Eine weitere wichtige Eigenschaft des GIF-Formats sind animierte, d.h. bewegte Bilder. Wenn man kleine Animationen für seine Website erstellen möchte, ist GIF das Format der Wahl. Wer Animationen einsetzen und erstellen will, sollte allerdings bedenken, dass für eine Animation anstelle nur eines Bilds mehrere Bilder abgespeichert werden, die wie bei einem Daumenkino nacheinander ablaufen. Achten Sie auch darauf, dass Ihre Website nicht zu einer blinkenden Signalanlage verkommt – weniger ist mehr.

PNG – König der Halbtransparenzen

Das Grafikformat PNG wurde als freier Ersatz für das ältere proprietäre Format GIF entwickelt. PNG steht für *Portable Network Graphics*. Es ist ein universelles, standardisiertes Format und wird von modernen Webbrowsern weitestgehend unterstützt. Herausragendes Merkmal von PNG sind die in Form eines Alphakanals – oder für jede Farbe der Farbpalette einzeln – abspeicherbaren Transparenzinformationen. Ein Alphakanal ist eine zusätzliche Information, die für jedes Pixel angibt, wie viel vom Hintergrund des Bilds durchscheinen soll. Dadurch ist sanftes Kantenglätten von Schriftzügen, Logos und freigestellten Bildern möglich. PNG ermöglicht somit echte Schlagschatten und interessante Grafikspielereien wie Wasserzeichen- oder Milchglaseffekte, die den Hintergrund durchscheinen lassen.

Leider lässt die PNG-Unterstützung durch den immer noch weit verbreiteten Internet Explorer auf Windows-Rechnern zu wünschen übrig. Die neuesten Versionen von Mozilla bzw. Firefox, Opera und Internet Explorer für Macintosh unterstützen PNG dagegen weitgehend fehlerfrei. Dank der Transparenzfunktionen hat sich das PNG-Format in den letzten Jahren zunehmend durchgesetzt und löst das GIF-Format allmählich ab. Lediglich Animationen sind mithilfe von PNG-Bildern nicht möglich.

Bilder mit Photoshop optimieren

Es gibt zahlreiche Programme, mit denen Sie Bilder für das Internet aufbereiten können. Das bekannteste Bildbearbeitungsprogramm für Windows- und Mac-Computer ist Adobe Photoshop. Allerdings ist die Neuanschaffung der Software sehr teuer. Wenn Sie Photoshop nur einmal ausprobieren möchten, können Sie sich auf der Website des Herstellers Adobe (*www.adobe.de)* eine voll funktionstüchtige 30-Tage-Version herunterladen und testen. Als Alternative können Sie auch Adobe Photoshop Elements in Erwägung ziehen, das ähnlich wie sein größerer Bruder aufgebaut, mit rund 65 Euro aber durchaus bezahlbar ist.

In diesem Abschnitt gehe ich auf die Funktionen von Photoshop ein, aber die meisten der hier besprochenen Bildbearbeitungsfunktionen stehen Ihnen auch in anderen Bildbearbeitungsprogrammen zur Verfügung. Einige Grundkenntnisse im Umgang mit digitaler Bildbearbeitung setze ich voraus, da ich an dieser Stelle keine Einführung in diese komplexe Software geben kann.

Wenn man Bilder für das Internet abspeichert, prüft man zuerst, ob das Bild im RGB-Modus vorliegt. Ob dem so ist, findet man in der Regel über die Bildeigenschaften heraus. Bei Photoshop öffnet man dazu das Menü *Bild → Modus*. Das Programm listet dort sämtliche möglichen Optionen auf. Sollte das Häkchen vor *RGB-Farbe* nicht gesetzt sein, ändern Sie den Farbmodus einfach per Klick.

Auch wenn man beim Speichern von Bildern für das Web auf Standardwerte setzen kann, lohnt es sich immer, noch einmal mit eigenen Augen richtig hinzuschauen. Manche Bilder sehen bei stärkerer

Kompression immer noch gleich scharf oder detailliert aus, andere Bilder weisen dagegen bei identischer Komprimierungsstufe schon deutliche Artefakte auf. Trotzdem gibt es ein paar übliche Orientierungswerte.

Um Bilder mit guter Kompression und in optimaler Qualität abzuspeichern, bietet Photoshop eine hervorragende Funktion. Diese finden Sie über *Datei → Für Web speichern...* oder noch schneller über die Tastenkombination [ALT]-[⇧]-[STRG]-[S]. Diese Tastenkombination liest sich kompliziert, aber wenn Sie oft mit Photoshop optimierte Bilder abspeichern, geht sie Ihnen schnell in Fleisch und Blut über.

Während man auf der rechten Seite bei den Voreinstellungen das Grafikformat und die jeweilige Qualität auswählen kann (siehe Abbildung 10-2), zeigt Photoshop auf der linken Seite bereits mehrere Bilder in unterschiedlichen Qualitätstufen an. Die Anzahl der Vorschläge bestimmt man über die Register in der oberen Leiste. Während *Original* das Bild in unveränderter Qualität zeigt, bieten die Register *2fach* und *4fach* jeweils weitere Qualitätsstufen. Besonders gut gelöst ist dabei der leichte Vergleich zwischen Originalbild und komprimierter Version. Spielt man im Feld *Voreinstellung* mit dem Qualitätsregler, den man über den kleinen Pfeil nach links ausklappen kann, lässt sich schnell die Stärke der Bildkompression ändern.

Wer kontinuierlich mit der Funktion *Für Web speichern...* arbeitet, dem rate ich, lediglich die *2fach*-Ansicht zu verwenden. Sie eignet sich besser für den Vergleich, da man sich auf das Original und die komprimierte Version konzentriert.

Unter den Bildern stehen jeweils die Größe der optimierten Bilder in Bytes und die anzunehmende Downloadzeit je nach Art des Modems. Um die Modemgeschwindigkeit einzustellen, klicken Sie in der rechten oberen Ecke des Bilds auf den Button mit dem nach rechts zeigenden Pfeil.

Die richtige JPEG-Qualitätsstufe auswählen

Wie bereits oben beschrieben, ist JPEG das Format der Wahl, wenn es um Fotos und detaillierte Bilder geht. Richtig gut sehen JPEG-Bilder ab der Qualitätsstufe *6* bzw. *60%* aus (siehe Abbildung 10-2). Auch wenn niedrigere Stufen auf den ersten Blick oft akzeptabel aussehen, so altern jedoch z.B. Gesichter mit zunehmender Kompression, weil Kompressionsartefakte im Bild erscheinen.

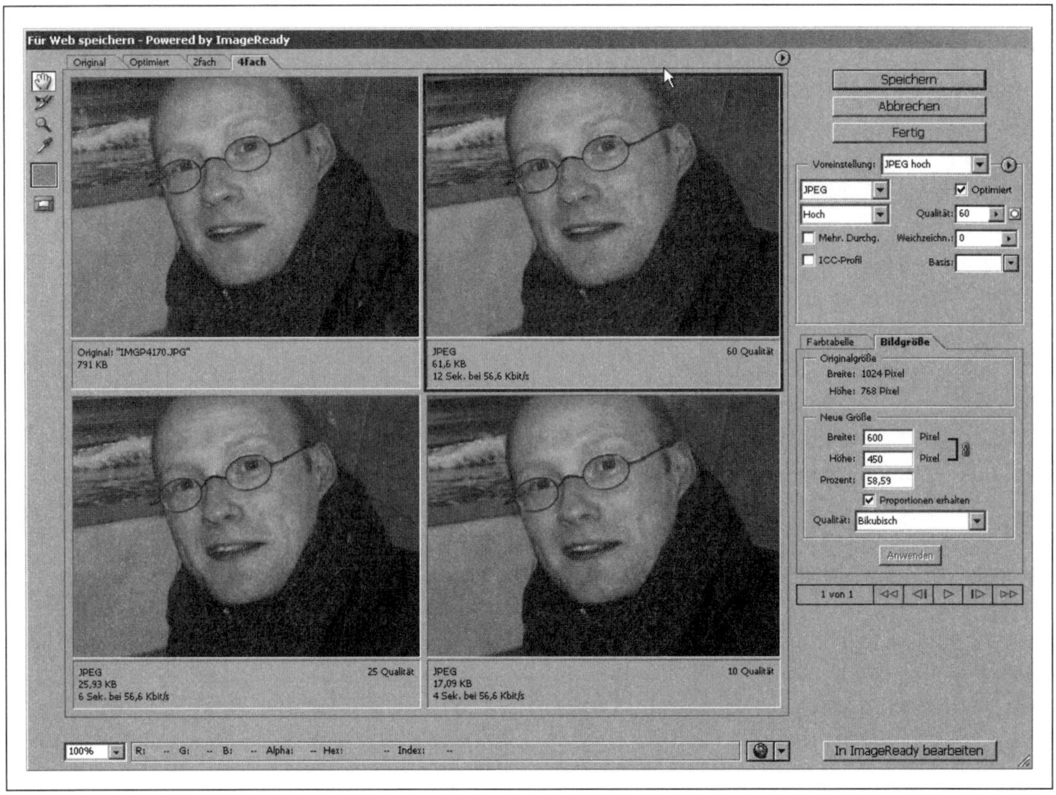

Abbildung 10-2 ▲
Photoshop zeigt auf Wunsch mehrere Komprimierungsversionen eines Bilds.

GIF-Bilder optimieren und mit dem Hintergrund überblenden

GIF-Bilder lassen sich hervorragend optimieren, weil jedes Bild mit einer eigenen Farbtabelle abgespeichert wird. Diese Farbpalette kann man sich in den meisten Bildbearbeitungsprogrammen anzeigen lassen. Anschließend sucht man die Farben heraus, die sich gleichen, z.B. Die Blautöne (siehe Abbildung 10-3). Diese Farben löscht man dann selektiv aus der Farbpalette. Das Bildbearbeitungsprogramm ersetzt anschließend den Farbton im Bild durch einen ähnlichen Farbton aus der Farbtabelle.

Um Farben aus der GIF-Farbpalette selektiv zu löschen, eignet sich hervorragend das mit Photoshop gelieferte Tool Image Ready. Wenn Sie sich in Photoshop befinden und ein Bild als GIF-Grafik abspeichern wollen, öffnen Sie über *Datei → Für Web speichern* die dazugehörige Option. Als Bildformat wählen Sie GIF. Jetzt sollte Photoshop Ihnen unten die Farbpalette anzeigen (siehe Abbildung 10-2). Passiert das nicht, wählen Sie das Register *Farbpalette* per Mausklick selbst aus.

Um eine Farbe aus der Palette zu löschen, klicken Sie sie einfach an und klicken anschließend auf das Symbol mit dem Mülleimer. Sie können die Auswahl der Farben jedoch noch schneller eingrenzen, indem Sie die Farben durch Photoshop reduzieren lassen. Dafür ist das Feld *Farben* zuständig, das Ihnen die aktuelle Anzahl der Farben in der Palette anzeigt. Eine weitere Option, um die Farben der Palette zu sortieren, bietet sich Ihnen über den nach rechts zeigenden Pfeil, den Sie rechts über der Farbpalette finden. Wenn Sie auf den Pfeil klicken, öffnet sich ein Kontextmenü, in dem Sie die Farben nach Farbton, Luminanz oder Häufigkeit sortieren können. Diese Modi helfen Ihnen dabei, unwichtige Farben zu löschen.

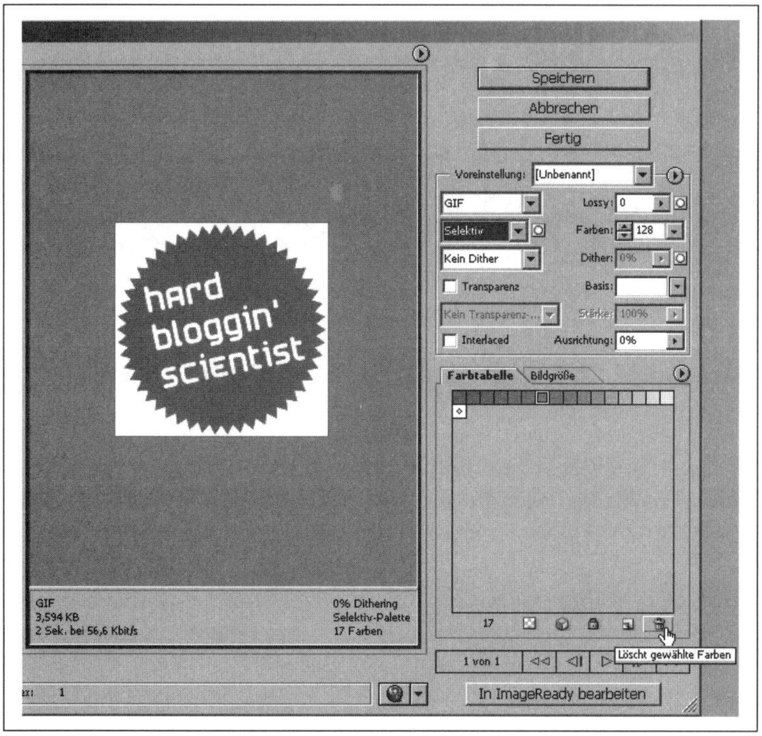

◀ Abbildung 10-3
Photoshop erlaubt das selektive Löschen von Farben der GIF-Farbpalette. Dazu wählt man die Farbe aus und klickt anschließend auf das Mülleimersymbol.

Um mit Photoshop transparente GIFs zu erzeugen, muss die Hintergrundebene ausgeblendet werden (siehe Abbildung 10-4). Wenn Sie nun Pixel in der darüberliegenden Ebene löschen, scheint eine gekachelte Fläche durch, die Ihnen symbolisiert, dass hier keine Farben vorhanden sind. Stellen Sie die Grafik so frei, wie Sie möchten. Dazu löschen Sie die Bereiche und Pixel im Bild, die transparent werden sollen. Anschließend öffnen Sie wieder *Datei → Für Web speichern...* Damit für die transparenten Flächen kein Farbton abgespeichert wird, müssen Sie unbedingt ein Häkchen bei *Transparenz* setzen. Das Feld für die Transparenz erscheint aber nur dann, wenn Sie bereits *GIF* als zu speicherndes Grafikformat ausgewählt haben. Wenn Sie abschließend die Grafik speichern, speichert Photoshop für den transparenten Bereich den Farbton »Transparenz« ab. Im Browser sollten nun unter der Grafik liegende Bilder an den transparenten Stellen zu sehen sein.

Abbildung 10-4 ▶
Für transparente GIFs muss die Hintergrundebene ausgeblendet werden.

Sollten Sie mit Photoshop GIF-Bilder mit Animationen erstellen wollen, benutzen Sie am besten das Sonderwerkzeug Image Ready. Es ist hervorragend dafür geeignet, GIF-Animationen zu erstellen. Achten Sie beim Speichern der Animationen darauf, dass Sie die Farbpalette so gut wie möglich optimieren und reduzieren. Da bei Animationen mehrere Bilder abgespeichert werden, die nacheinander zum Einsatz kommen, kann der zurückhaltende Einsatz von Farben die Datei um einige KByte verkleinern.

Häufig hat man ein komplexes Hintergrundbild, über das man eine Grafik legen möchte. Dabei ist bei XHTML angesichts der verschiedenen Browsertücken ein pixelgenaues Positionieren der Grafiken fast unmöglich. Darum befindet man sich bei Bildern mit einem unregelmäßigen Rand in einer ungünstigen Ausgangsposition. Damit die Grafik trotzdem einen weichen Anti-Aliasing-Rand (siehe dazu den folgenden Kasten) bekommt und mit dem Hintergrund harmoniert, nutzen Sie am besten ein weiteres Mal die Funktion *Für Web speichern...* von Photoshop. Dabei gehen Sie wie folgt vor:

Bevor Sie das Bild für das Web abspeichern, müssen erst einmal alle Bereiche, die transparent sein sollen, frei von jeglicher Farbe sein. Am besten löschen Sie die Farben in einer Ebene und blenden die Hintergrundebene aus. Anschließend öffnen Sie das Menü *Datei → Für Web speichern...* Wählen Sie *GIF* als Grafikformat. Dann öffnen Sie das Pull-down-Menü *Basis* und wählen den Menüpunkt *Andere*. Dort entscheiden Sie sich nun für die Hauptfarbe Ihres Hintergrunds. Um den Effekt genauer zu beobachten, können Sie das Bild mithilfe der Lupe in der Leiste links oben vergrößern. Um die Dateigröße des GIF zu reduzieren, löschen Sie anschließend noch überflüssige Farben aus der Farbtabelle. Abschließend speichern Sie das Bild mit dem weichen Rand ab.

Was ist Anti-Aliasing?

Anti-Aliasing, auch »Kantenglättung« genannt, dient der Verminderung des Treppenstufeneffekts, der bei der Pixeldarstellung von schrägen und gekrümmten Linien z.B. in Schriftzeichen auftritt (siehe). Mithilfe von Anti-Aliasing können Sie Text mit weichen Kanten erzeugen, der sanfter mit dem Hintergrund harmoniert. Der Anti-Aliasing-Effekt wird durch Interpolation erreicht: Dabei werden benachbarte Bildpunkte farblich angeglichen, um die sichtbaren Treppenstufen zu vermindern.

Anti-Aliasing sollten Sie hauptsächlich bei großen Schriften anwenden, da der Effekt kleine Schriften unleserlich bzw. für das Auge schwer erfassbar macht. Außerdem entsteht durch das Glätten eine höhere Anzahl an Farben, die mit dem Bild abgespeichert werden. In einigen Fällen der Kantenglättung können durch den Effekt auch unschöne Streufarben auftreten. Wie immer sollte das Auge mitentscheiden.

▲ **Abbildung 10-5**
Mit Anti-Aliasing (links) können Sie pixelige Treppenstufen bei schrägen oder gekrümmten Linien glätten.

Bilddatenbanken

Auch wer selbst selten Fotos schießt, braucht Bilder für seine Artikel. Mittlerweile gibt es im Internet immer mehr Bilddatenbanken, die lizenzfreie Bilder zum persönlichen und oft auch zum kommerziellen Nutzen anbieten. Die Lizenzen der Websites variieren aber und müssen jeweils nachgelesen werden. Im Folgenden finden Sie eine Auswahl.

flickr – Bilder unter Creative Commons-Lizenzen
www.flickr.com

iStockphoto – Bilder, die »royalty free« sind
www.istockphoto.com

Texture Warehouse – freie Texturen
www.texturewarehouse.com

Free Photos Bank – freie Bilder
www.freephotosbank.com

free digital photos – Bilder, die »royalty free« sind
www.freedigitalphotos.net

stock.xchng – freie Bilder mit verschiedenen Lizenzen
www.sxc.hu

KAPITEL 11

XHTML und CSS

In diesem Kapitel:

- Das erste XHTML-Dokument
- Aufbau einer XHTML-Datei
- Das Zusammenspiel von XHTML und CSS
- Die wichtigsten XHTML-Tags
- Korrekte und verständliche Links

Wenn Sie das Buch bis hierhin gelesen haben, sind Sie in der Lage, ein eigenes Weblog zu betreiben sowie Videos zu produzieren und online zu stellen. Außerdem unterstützt Sie der visuelle Editor von WordPress großartig dabei, Ihre eigenen Beiträge zu schreiben und sie auch noch in Form zu bringen. Deswegen brauchten Sie sich bisher nicht um das Erstellen von Webseiten bzw. die dahinterliegende Technik zu kümmern. Warum also jetzt? Die Antwort ist ganz einfach: Wie jedes Medium, ob Zeitung, Radio oder Fernsehen, hat auch das Internet einige technische Eigenheiten. Je genauer Sie über die technischen Möglichkeiten Bescheid wissen, desto besser setzen Sie Ihre Inhalte in Szene. Davon profitieren in erster Linie Ihre Leser. Durch gut aufbereitete Inhalte erreichen Sie, dass z.B. Ihre Beiträge in Suchmaschinen besser gefunden werden. Das bedeutet, dass mehr Leser und Hörer auf Sie aufmerksam werden können.

Es gibt vielfältige Gestaltungsmöglichkeiten, mit denen Sie Ihrem Weblog einen eigenen optischen Stil geben können – sei es nun eine Bildunterschrift oder ein benutzerfreundlich gestalteter Link. Deshalb stelle ich Ihnen in diesem Kapitel zunächst die Funktionsweise und das Zusammenspiel von (X)HTML und CSS vor. Das klingt erst einmal recht technisch, aber Sie werden sehen, wie viel Vergnügen es bereitet, mit diesen Elementen zu spielen.

Wenn es um die Darstellung von Inhalten im Internet geht, besteht das Dream-Team aus HTML (*Hypertext Markup Language*) und CSS (*Cascading Style Sheets*). Jeder Browser kann HTML-Webseiten darstellen, und sämtliche modernen Browser unterstützen die CSS-Layoutdateien. Seit längerem kündigt sich mit zahlreichen Neuerungen HTML5 an, der Nachfolger von HTML4. Bis sämtliche Funktionen jedoch von allen Browsern unterstützt werden, dauert es noch ein wenig. Zwischenzeitlich etablierte sich aber ein neuer Standard: XHTML (Extensible Hypertext Markup Language). Zwar gilt XHTML nur als Zwischenlösung, dafür ist es aber eine gute. Denn XHTML räumt den HTML4-Code auf und strukturiert die Befehle und Syntax logischer. Kein Wunder also, das viele Vorschläge von XHTML in HTML5 eingeflossen sind. Wenn Sie also im Folgenden XHTML lernen, werden Sie davon auch in Zukunft profitieren können. Denn sämtliche (X)HTML-Befehle, die Sie in diesem Kapitel lernen, stehen auch auf der Liste von HTML5.

Da also grundlegende Kenntnisse von XHTML für das Publizieren im Internet extrem wichtig sind, erfahren Sie in diesem Kapitel, wie XHTML in Kombination mit CSS funktioniert. Diese beiden Werkzeuge helfen Ihnen, Ihre Inhalte möglichst gut aufzubereiten und zu gestalten. Als Beispiel dazu dient uns ein kleiner Artikel über ein niedliches Flash-Spielchen namens *Samorost*, das man online spielen kann. Anhand dieses Beispiels zeige ich Ihnen, wie eine XHTML-Seite aufgebaut ist und wie Sie einen Text mit XHTML aufbereiten. Dazu erkläre ich Ihnen, wie Sie den Inhalt gestalten können. Dafür stelle ich Ihnen einzelne XHTML-Elemente – vereinfachend auch *Tags* genannt – vor. Danach erläutere ich ihren Einsatz bei der Gestaltung. Hier wird es dann auch um die Gestaltung von Seiten mit CSS gehen. Sollten Sie sich bereits mit XHTML auskennen, überspringen Sie einfach die nächsten Seiten und blättern zum Abschnitt »Die wichtigsten XHTML-Tags« vor. Dort finden Sie zahlreiche Beispiele und Tipps für die Gestaltung von Tags und lernen, wie Sie diese auf einer Website am sinnvollsten einsetzen. Auch XHTML- und CSS-Kenner finden hier noch einige hilfreiche Tipps, die sich mit der Benutzerfreundlichkeit von Webseiten befassen. Sämtliche XHTML- und CSS-Dateien des Beispiels können Sie unter *http://phlow.de/downloads* herunterladen.

Das erste XHTML-Dokument

Moderne Webseiten trennen den Inhalt vom Layout. Zum Inhalt gehören Text und Bilder. Alle grafischen und gestaltenden Elemente wie z.B. Hintergrundbilder oder Schriftfarben und -größen ordnet man als Webdesigner dem Layout zu. Während also XHTML-Dokumente den eigentlichen Inhalt wie Texte, Referenzen auf Bilder und Links beherbergen, sind die Cascading Style Sheets für die Darstellung und das Layout zuständig. Meist steuert man mit einer einzigen CSS-Datei die Darstellung sämtlicher XHTML-Dateien einer Website. Dem Browser können jedoch auch mehrere CSS-Dateien angeboten werden – z.B. für den separaten Ausdruck eines XHTML-Dokuments oder die Ausgabe auf einem mobilen Gerät.

Der Vorteil der Trennung zwischen Inhalt und Layout ist die Tatsache, dass Sie das Layout – auch von 100 verschiedenen Webseiten – schnell und unkompliziert über nur eine CSS-Datei steuern und verändern können. Sollen Links eine neue Farbe erhalten, öffnen Sie die separate CSS-Datei, ändern die Farbe, und sofort gelten die Veränderungen für alle XHTML-Dokumente, die mit der CSS-Datei verknüpft sind.

Ein sehr anschauliches Beispiel für die Trennung von Inhalt und Layout ist das Projekt CSS Zen Garden (*www.csszengarden.com*) von Dave Shea. Es illustriert in Hunderten von Beispielen, wie ein und dieselbe XHTML-Datei auf verschiedenste Weise gestaltet werden kann. Abbildung 11-1 zeigt eine Auswahl verschiedener Designs von dieser Site.

▲ Abbildung 11-1
Der gleiche Inhalt, verschiedene Layouts: CSS Zen Garden führt die Gestaltungsmöglichkeiten von CSS vor Augen.

Um eine XHTML-Webseite und das dazugehörige Stylesheet – die CSS-Datei – zu erzeugen, brauchen Sie kein besonderes Programm. Dazu benötigen Sie lediglich einen einfachen Texteditor, der das Beispiel als puren Text ohne Formatierungen abspeichert. Unter Windows eignet sich dafür das kleine Progamm *Notepad*. Sie finden es unter START → PROGRAMME → ZUBEHÖR → EDITOR. Mac OS X-Benutzer können *TextEdit* benutzen, das sich im Ordner PROGRAMME befindet. Vergewissern Sie sich bei TextEdit, dass die Option *Formatierungs-Befehle in HTML-Dateien ignorieren* ausgewählt ist, zu finden über *Einstellungen* → ÖFFNEN UND SICHERN. Sie können sich aber auch einen XHTML-Editor installieren. Zu empfehlen sind unter anderem:

Nvu Composer DE – *www.nvu-composer.de* (Windows, Mac, Linux)

PSPad – *www.pspad.com/de/* (Windows)

Notepad++ – *www.notepad-plus-plus.org* (Windows)

Damit unser Beispiel in einem Browser funktioniert, müssen die XHTML-Datei mit der Endung *.html* und die CSS-Datei mit der Endung *.css* abgespeichert werden. Anschließend können Sie die XHTML-Datei im Browser Ihrer Wahl aufrufen – unter Windows im Browser über DATEI → ÖFFNEN.

Aufbau einer XHTML-Datei

Auf den kommenden drei Seiten wird es kurzfristig ein wenig theoretisch, denn ich stelle Ihnen das Gerüst einer XHTML-Datei vor. Dabei sieht der Code komplizierter aus, als er ist. Natürlich würde es ausreichen, wenn Sie lediglich das Codebeispiel am Ende des Abschnitts »Die korrekte Zeichenkodierung einer XHTML-Datei« abtippten, dennoch empfehle ich Ihnen, in Ruhe die kommenden Seiten zu lesen. Sie haben es anschließend leichter, weil Ihnen dann das Grundgerüst der XHTML-Webseite als Vorlage für jede weitere Seite dienen kann. Los geht's!

Öffnen Sie den Texteditor Ihrer Wahl und tippen Sie den folgenden Code in den Editor.

```
<html>
<head>
   <title>Titel des HTML-Dokuments</title>
</head>
<body>
Ein erstes HTML-Dokument.
</body>
</html>
```

Speichern Sie die Webseite als Datei mit dem Namen *samorost.html* ab. Wie oben erwähnt, müssen Sie darauf achten, dass die Datei wirklich auf *.html* endet. Den Teil vor der Endung können Sie benennen, wie Sie möchten. Da das Spiel, das wir in diesem Beispiel besprechen werden, den Namen Samorost trägt, ist es jedoch sinnvoll, auch die Datei nach dem Spiel zu benennen. Haben Sie die Datei erfolgreich erstellt und abgespeichert, können Sie das Dokument im Browser Ihrer Wahl aufrufen.

Wie funktioniert XHTML? Kurz und knapp gesagt: ganz einfach. In der Regel sind sämtliche Elemente eines XHTML-Dokuments ineinander verschachtelt. Ein Element setzt sich zusammen aus zwei sogenannten Tags. Jedes Element hat ein Anfangs-Tag und ein End-Tag. Um das End-Tag vom Anfangs-Tag zu unterscheiden, wird ihm dabei ein / vorangestellt, beispielsweise `<html> </html>`. Zwischen diesen Tags, die immer in spitzen Klammern angegeben werden, wird der jeweilige Inhalt platziert. Da XHTML auf den Ausschreibungsregeln von XML basiert, müssen alle Tags kleingeschrieben werden. Das gilt nicht für die Attribute: Diese dürfen groß- und kleingeschrieben werden.

Ein XHTML-Dokument wird mit dem Tag `<html>` eröffnet und in der letzten Zeile mit `</html>` wieder geschlossen. Zwischen den `<html>`-Tags werden die beiden Elemente `<head></head>` und `<body> </body>` platziert. In den Kopfbereich zwischen den `<head>`-Tags setzt man sogenannte Metainformationen des Dokuments, z.B. seinen Titel, der sich im `<title>`-Element befindet, oder die Verknüpfung zu einem CSS-Dokument. Bis auf den Inhalt des `<title>`-Elements werden sämtliche Metainformationen nicht im Browser angezeigt, denn der eigentliche Inhalt, den der Browser darstellen soll, wird in das `<body>`-Tag eingefügt. In dem obigen Beispiel ist das der Text »*Ein erstes HTML-Dokument.*«.

Doctype und Namespace

Bei der eben erzeugten Datei handelt es sich genau genommen noch nicht um ein XHTML-Dokument. Dazu benötigen wir eine Definition, die dem Browser mitteilt, wie er das ihm vorliegende Dokument zu interpretieren hat. Diese *Document Type Definition*, kurz DTD genannt, wird mithilfe des `<!DOCTYPE>`-Elements festgelegt. Die DTD wird am Anfang des Dokuments platziert. Das DTD-Element muss immer in Großbuchstaben geschrieben werden und beeinflusst die Darstellung in modernen Browsern. Dabei gibt es drei Varianten der DTD:

- `Transitional`: die komfortable, etwas tolerantere DTD-Version
- `Strict`: die strenge, jeden Makel monierende DTD
- `Frameset`: die veraltete 90er-Jahre-Version, die Liebhaber von Frames weiterhin unterstützt

Von allen drei Varianten ist *XHMTL 1.0 Transitional* diejenige, die ihrem Vorgänger HTML am nächsten steht. XHMTL 1.0 Transitional verzeiht dem Designer, wenn Layoutvorgaben im HTML-Dokument selbst erscheinen, und erlaubt veraltete Elemente wie z. B. das `<font>`-Tag und das Öffnen von Links in einem neuen Fenster. Trotzdem sollte man von veralteten Tags wie `<font>` absehen. Da man den Inhalt vom Layout trennt, vermeidet man am besten Tags, die schon innerhalb des XHTML-Dokuments Vorgaben für das Erscheinungsbild machen. Außerdem toleriert Transitional das Kolorieren von Tabellenzellen, das die Strict-Methode vehement untersagt. Kurz und bündig: XHTML 1.0 Transitional ist die perfekte DTD für den Übergang (engl. *transition*) zu modernen Webstandards.

Hinter der DTD folgt auf dem Fuß die »XHTML Namespace«-Deklaration. Sie ermöglicht die Identifikation der DTD, indem sie per Link auf die Onlineversion der Regeln verweist. Außerdem wird im `lang`-Attribut angegeben, in welcher Sprache das XHTML-Dokument vorliegt (z.B. `lang="de"` für Deutsch). Alles in allem sieht unsere XHTML-Datei mit dem neuen Dokumentkopf dann so aus:

```
<!DOCTYPE HTML PUBLIC "-//W3C//DTD XHTML 1.0 Transitional//EN"
"http://www.w3.org/TR/xhtml1/DTD/xhtml1-transitional.dtd">
<html xmlns="http://www.w3.org/1999/xhtml" lang="de">
<head>
    <title>Titel des XHTML-Dokuments</title>
</head>
<body>
Ein erstes XHTML-Dokument.
</body>
</html>
```

Die korrekte Zeichenkodierung einer XHTML-Datei

Damit XHTML-Dokumente in Browsern einwandfrei interpretiert werden und den Test auf korrekten Code überstehen, müssen sie den Typ ihrer Zeichenkodierung (*character encoding*) angeben. Das kann ISO-8859-1 (auch bekannt als Latin-1) oder UTF-8 sein. Da sich im Web zunehmend die Zeichenkodierung UTF-8 durchsetzt, versorgen Sie Ihr Dokument mit dem entsprechenden Tag, das Sie innerhalb der <head>-Tags positionieren:

```
<meta http-equiv="Content-Type" content="text/html; charset=utf-8" />
```

Achten Sie darauf, dass Sie das Dokument auch wirklich in diesem Format abspeichern. Die HTML- oder Texteditoren sollten Sie dabei unterstützen. So lässt sich z.B. unter Windows ein Text in Notepad als UTF-8 abspeichern. Wenn Sie die Datei im falschen Format sichern, kann es zu Darstellungsfehlern innerhalb des Browsers kommen. Sollten Sie Schwierigkeiten mit UTF-8 bekommen, versuchen Sie es am besten mit der Zeichenkodierung ISO-8859-1, die bei westlichen Sprachen häufig verwendet wird.

```
<meta http-equiv="Content-Type" content="text/html;
charset=ISO-8859-1" />
```

Unser XHTML-Dokument sieht nun wie folgt aus:

```
<!DOCTYPE html PUBLIC "-//W3C//DTD XHTML 1.0 Transitional//EN"
"http://www.w3.org/TR/xhtml1/DTD/xhtml1-transitional.dtd">
<html xmlns="http://www.w3.org/1999/xhtml" lang="de">
<head>
    <title>Titel des XHTML-Dokuments</title>
    <meta http-equiv="Content-Type" content="text/html;
    charset=ISO-8859-1" />
</head>
<body>
Ein erstes XHTML-Dokument.
</body>
</html>
```

Das Zusammenspiel von XHTML und CSS

Da wir uns vorgenommen haben, Inhalt und Layout zu trennen, müssen wir im nächsten Schritt das XHTML-Dokument mit der CSS-Datei verbinden. Das geschieht über das <link>-Tag, das zwischen den beiden <head>-Tags positioniert wird. Der Code für das <link>-Tag sieht wie folgt aus:

```
<link rel="stylesheet" href="stylesheet.css" type="text/css" />
```

Das <link>-Tag verknüpft die XHTML-Datei mit einer externen Datei – in unserem Fall mit der Datei *stylesheet.css*. Damit der Browser weiß, um welche Art Datei es sich handelt, werden innerhalb des Tags `rel="stylesheet"` und `type="text/css"` angegeben. Die Datei muss in unserem Beispiel im gleichen Verzeichnis wie das XHTML-Dokument liegen, sonst findet der Browser sie nicht. Ein solcher Link nennt sich relativ, weil die verlinkten Dateien in ein und demselben Verzeichnisbaum liegen, sodass keine absolute Ortsangabe nötig ist. Wenn sich die CSS-Datei auf einem Server befindet, müssen Sie an dieser Stelle Pfadangaben oder absolute Links setzen, z. B. so:

```
<link rel="stylesheet" href="http://www.website.de/css/stylesheet.
css" type="text/css" />
```

Um unser XHTML-Dokument mit der CSS-Datei *stylesheet.css* zu verbinden, müssen wir den Code so ergänzen, dass er folgendermaßen aussieht:

```
<!DOCTYPE html PUBLIC "-//W3C//DTD XHTML 1.0 Transitional//EN"
"http://www.w3.org/TR/xhtml1/DTD/xhtml1-transitional.dtd">
<html xmlns="http://www.w3.org/1999/xhtml" lang="de">
<head>
    <title>Titel des XHTML-Dokuments</title>
    <meta http-equiv="Content-Type" content="text/html;
    charset=ISO-8859-1" />
    <link rel="stylesheet" href="stylesheet.css" type="text/css" />
</head>
<body>
Ein erstes XHTML-Dokument.
</body>
</html>
```

Legen Sie jetzt mit Ihrem Editor eine zweite Datei an und speichern Sie sie unter dem Dateinamen *stylesheet.css* in dem Verzeichnis ab, in dem sich auch die XHTML-Datei befindet. Diese Datei füllen wir später Schritt für Schritt mit Stilanweisungen.

Die wichtigsten XHTML-Tags

Im Folgenden lernen Sie die wichtigsten XHTML-Elemente kennen und erfahren, wie Sie sie für die Aufbereitung Ihrer Artikel im Internet optimal einsetzen. Zum einen können Sie dadurch Ihre Texte optisch ansprechender gestalten, denn Ihre Leser erfassen die Inhalte besser, wenn Sie den Artikel mit einer gut erkennbaren Struktur darstellen. Zum anderen ist die Gliederung der Artikel mit XHTML insofern von Bedeutung, als Suchmaschinen darauf zurückgreifen. Sie extrahieren und analysieren die Texte des jeweiligen Webdokuments. Standard-Tags helfen den Suchmaschinen dabei, den Text zu »verstehen« bzw. die jeweiligen Wörter zu gewichten, um das Dokument im nächsten Schritt in den Suchmaschinenindex einzupflegen. Es lohnt sich also in zweifacher Hinsicht, sich mit der technischen Optimierung Ihrer Website zu beschäftigen.

Bevor Sie nun die wichtigsten XHTML-Tags für die inhaltliche Strukturierung kennenlernen, möchte ich Ihnen noch kurz den wesentlichen Unterschied zwischen Inline- und Block-Elementen erklären. Das Layout einer Webseite müssen Sie sich immer in Form von Kästen bzw. »Boxen« vorstellen. So ist z.B. ein Absatz, den Sie mit dem Tag <p> kennzeichnen, eigentlich eine Box, auch wenn es auf den ersten Blick nicht auffällt.

Zur Illustration habe ich in Abbildung 11-2 verschiedene Elemente mit einem Hintergrund versehen. Bei der Überschrift, den beiden Absätzen und der Zwischenüberschrift handelt es sich z.B. um Block-Elemente. Ein Link ist hingegen ein Inline-Element. Inline-Elemente bekommen von Haus aus keinen Zeilenumbruch zugewiesen und werden innerhalb von Block-Elementen platziert. Weitere Inline-Elemente sind z.B. Tags für Fettdruck oder Kursivschrift.

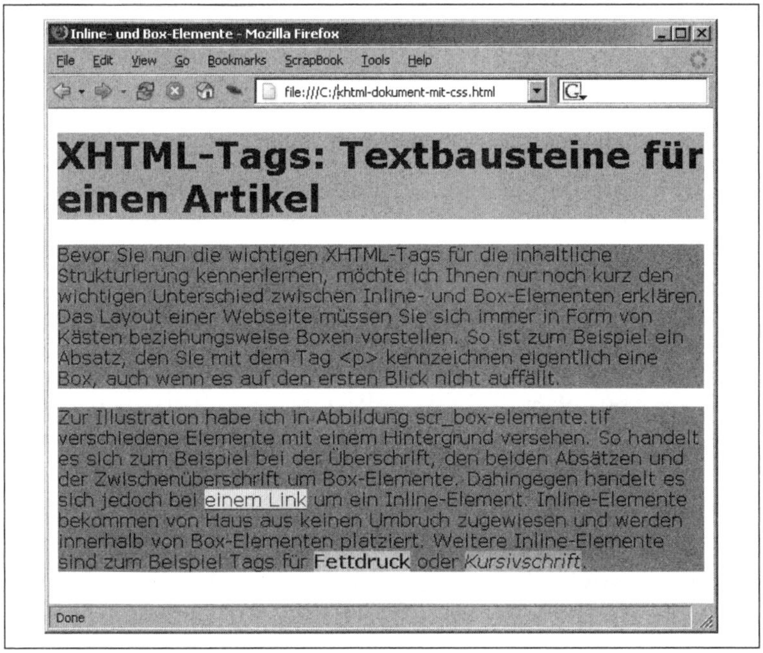

◀ Abbildung 11-2
XHTML-Befehle für die Auszeichnung von Text sind entweder Inline- oder Block-Elemente, in diesem Fall erkennbar an der jeweiligen Hintergrundfarbe.

Überschriften, Untertitel und Zwischenüberschriften

Mithilfe der Überschriften-Tags lassen sich Texte nicht nur optisch gliedern, sondern Sie übergeben mit diesen Tags gleichzeitig auch eine Gewichtung. Wörter, Begriffe und Sätze, die Sie als Hauptüberschrift ausweisen, haben eine höhere Priorität als

Abschnittsüberschriften. Wichtig ist diese Tatsache vor allem bei der maschinellen Auslesung und Weiterverarbeitung, wenn Webseiten von Suchmaschinen gelesen werden. Besondere Bedeutung messen die Suchmaschinenalgorithmen dabei strukturierenden Elementen bei, z. B. den Überschriften-Tags. Somit hilft der Einsatz von Überschriften nicht nur Ihren Lesern bei der Orientierung, sondern auch den Suchrobotern von Google & Co. Genaueres dazu erfahren Sie in Kapitel 7, *Suchmaschinenoptimierung*.

Normalerweise bekommt ein Artikel eine Überschrift (Headline), längere Artikel strukturiert man zusätzlich mit Untertitel (Subheadline) und weiteren Zwischenüberschriften. Besonders die Zwischenüberschriften gliedern den Text thematisch. Bei XHTML-Dokumenten stehen Ihnen dafür die Headline-Elemente `<h1>` bis `<h6>` zur Verfügung. Das Tag `<h1>` steht dabei für die Überschrift höchster Rangordnung, auf die die restlichen Tags hierarchisch folgen. Für unseren kleinen Artikel über das Onlinespiel Samorost benutzen wir eine Überschrift sowie einen erklärenden Untertitel. Da es kein eigenes Element für Untertitel gibt, weisen wir die Subheadline mit dem `<h2>`-Element aus. Beide Tags werden, wie auch alle restlichen Tags, innerhalb des `<body>`-Tags platziert:

```
<body>
<h1>Flashspiel: Samorost 2</h1>
<h2>Liebevoll gestaltetes Adventure-Game mit Humor</h2>
</body>
```

Bei diesem und den nun folgenden Beispielen wird aus Gründen der Übersichtlichkeit darauf verzichtet, permanent den Dokumentkopf (`<head>`) zu wiederholen. Wenn Sie das Beispiel »live« mitverfolgen wollen, setzen Sie in Ihrer XHTML-Datei einfach den Code zwischen die `<body>`-Tags.

Absätze und Zeilenumbrüche

Um im Internet Textabschnitte zu unterteilen, benutzt man das Block-Element `<p>`. Von diesem Element sollten Sie ausgiebig Gebrauch machen – vor allem bei längeren Textpassagen, denn Texte am Bildschirm zu lesen, ist für die meisten Besucher einer Website anstrengend. Besonders bei langen Texten hilft die Einteilung eines Artikels in Textblöcke. Die einzelnen Abschnitte behalten Leser beim Scrollen dann besser im Auge. Deswegen ist auch ein Abstand unterhalb eines `<p>`-Tags wichtig, damit Absätze als einzeln stehende Blöcke wahrgenommen werden. Klappt das nicht, können Sie sich helfen, indem Sie entweder per CSS die Eigenschaften des `<p>`-Tags verändern oder den Tag-Befehl `<br />` nutzen.

Die Abkürzung `br` steht für *break* und befiehlt dem Browser, an dieser Stelle einen Zeilenumbruch durchzuführen. Besteht nicht genug Freiraum zwischen einzelnen Absätzen, schaffen Sie diesen innerhalb des Absatzes mit Hife von `<br />`. Setzen Sie dabei immer gleich zwei `<br />`-Tags hintereinander, um die Textabschnitte mit einer Leerzeile voneinander abzugrenzen. Ergänzen wir nun unseren Artikel um zwei Absätze: einen Anreißer und einen ersten einleitenden Absatz, das Ergebnis sehen Sie in Abbildung 11-3.

```
<body>
<h1>Flashspiel: Samorost 2</h1>
<h2>Liebevoll gestaltetes Adventure-Game mit Humor</h2>

<p>Das Flash-Klick-Adventure Samorost 2 von Jakub Dvorsky gehört zu
den kleinen Dingen, die einen unendlich begeistern.Wie schon der erste
Teil des Spiels, das Dvorsky im Rahmen seiner Abschlussarbeit an der
Academy of Art, Architecture and Design in Prag entwickelte, verwöhnt
die zweite Episode den Betrachter mit  detailverliebten Bildern und
einer wunderbaren Geschichte. Obendrein schafft es der Tscheche, im
fantastischen zweiten Teil noch einen draufzusetzen.</p>

<p>Für seine Abschlussarbeit erhielt Jakub Dvorsky an seiner
Kunsthochschule eine Note, die in Deutschland einer Zwei entspricht.
Für das Flash-Spiel fotografierte er Bilder mit Steinen, Holz, Moos,
verrosteten Gegenständen und ähnlichem Material und kombinierte diese
zu eigenwilligen Collagen. Mit Hilfe der Flash-Technik verband er dann
die einzelnen Fotomontagen mit 2D-Animationen und stellte sein Spiel
kostenlos ins Internet. Überrascht vom Erfolg entschloss sich der
Tscheche, einen zweiten Teil zu entwickeln.</p>
</body>
```

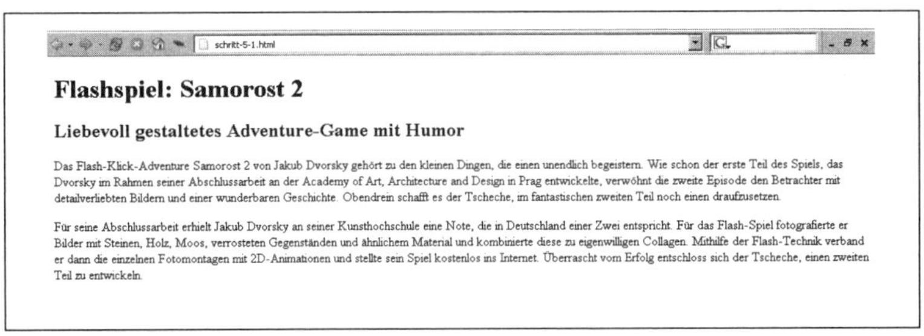

◀ **Abbildung 11-3**
Das Beispiel-XHTML-Dokument mit Titel, Untertitel und zwei Absätzen.

Website-Tipp

Der Webauftritt der BBC, den Sie unter *www.bbc.com* finden, macht besonders ausgiebig Gebrauch von Absätzen bzw. Zeilenumbrüchen. Wie Sie in Abbildung 11-4 erkennen können, wird sogar jeder einzelne Satz vom folgenden durch einen großzügigen unteren Abstand abgehoben. Als Tipp lege ich Ihnen den gesamten Webauftritt der BBC ausdrücklich ans Herz. Was die Briten an Nachrichten, Fakten und Mediendateien auf ihren Seiten veröffentlichen, ist einfach enorm. Besonderes Lob verdient die sehr gut gelungene Navigation, die es schafft, die Website trotz der Fülle der Artikel und Nachrichten übersichtlich zu halten. Viele Bereiche zeugen von vorbildlichem Online-Journalismus, der mit intelligenter Nutzung von Technologien wie z.B. JavaScript, RSS oder Podcast gepaart ist.

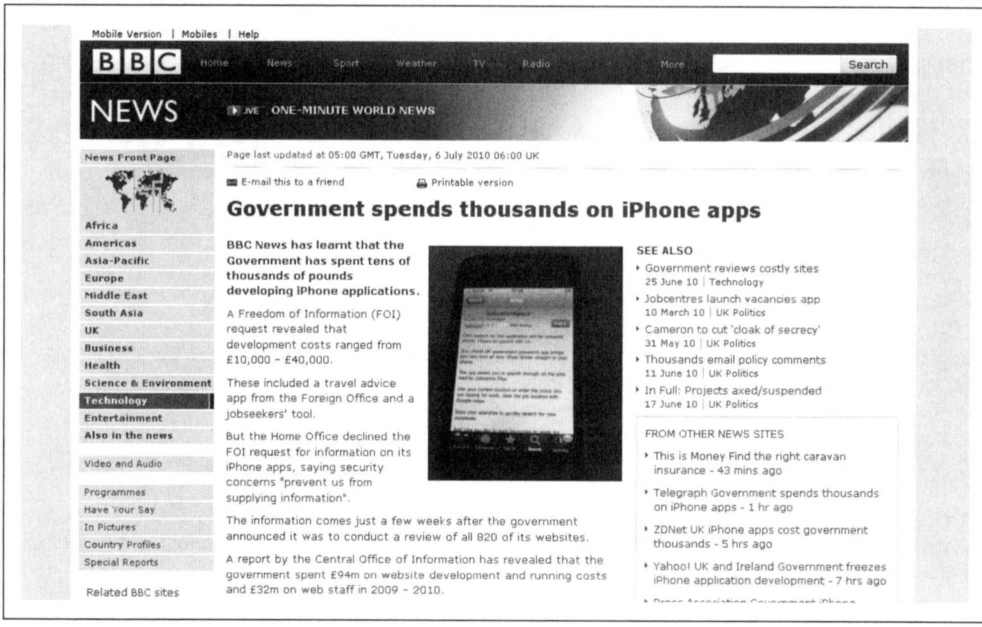

▲ **Abbildung 11-4**
Großer Journalismus, große Übersichtlichkeit, hohe Benutzerfreundlichkeit: BBC.com.

Absätze und Überschriften mit CSS stylen

Weiter oben haben Sie bereits die CSS-Datei *stylesheet.css* angelegt. Öffnen Sie sie jetzt in einem einfachen Texteditor, da wir das Layout unseres Beispieltexts nun verändern wollen. Wie bei XHTML-Dokumenten handelt es sich auch bei CSS-Dateien um reine Textdokumente. Um ein XHTML-Tag zu formatieren, stehen Ihnen eine Menge Möglichkeiten zur Verfügung. Zunächst muss das Element – der Selektor – angegeben werden, das formatiert werden soll. Wichtig ist dabei, dass die spitzen Klammern des XHTML-Tags wegfallen und sämtliche Formatierungsbefehle innerhalb von geschweiften Klammern stehen. Um das <p>-Element zu gestalten, tippen Sie folgenden Code in das Dokument *stylesheet.css*:

```
p {
}
```

Übergeben Sie dem Element gleich mehrere Eigenschaften (Farbe, Schriftgröße, Zeilenabstand), müssen Sie diese durch Semikola voneinander trennen. Es empfiehlt sich, grundsätzlich ein Semikolon hinter die Eigenschaft zu setzen. Eine Übersicht über die meistgenutzten CSS-Eigenschaften für Schriften finden Sie in Tabelle 11-1.

Tabelle 11-1
Die wichtigsten CSS-Eigenschaften für Schrift

Schriftformatierung	CSS-Eigenschaft	Beispiel
Schriftart	`font-family`	`font-family: Verdana;`
Schriftgröße	`font-size`	`font-size: 14px;`
Schriftgewicht	`font-weight`	`font-weight: bold;`
Textdekoration	`text-decoration`	`text-decoration: underline;`
Textfarbe	`color`	`color: red;`
Zeichenabstand	`letter-spacing`	`letter-spacing: 1px;`
Horizontale Ausrichtung	`text-align`	`text-align: right;`
Zeilenhöhe	`line-height`	`line-height: 17px;`
Außenabstand	`margin`	`margin: 5px 20px 10px 20px;`
Innenabstand	`padding`	`padding: 5px 5px 5px 5px;`
Rahmen	`border`	`border: 1px solid blue;`
Hintergrund	`background`	`background: green;`

Um nun dem <p>-Tag einen unteren Innenabstand von 12 Pixeln (px) zu übergeben, nutzen wir die Eigenschaft `padding`. Da es sich um den *unteren* Innenabstand handelt, lautet die Eigenschaft `padding-bottom`. Außerdem sollen unsere Absätze linksbündig dargestellt werden. Dazu nutzen wir die CSS-Eigenschaft `text-align`, der wir den Parameter `left` übergeben. Auch wenn Sie aus Zeitungen und Zeitschriften Blocksatz für Absätze gewohnt sind, sollten Sie darauf im Web verzichten. Linksbündige Absätze unterstützen den Leser bei der Erfassung des Texts, weil die unregelmäßige rechte Seite dem Auge bei der Orientierung während des Lesens und Scrollens hilft. Der Code sieht dann wie folgt aus:

```
p {
text-align: left;
padding-bottom: 12px;
}
```

Vielleicht wollen Sie auch die Schriftfarbe der Absätze verändern. Um Farben für Schriften, Hintergründe oder Rahmenlinien festzulegen, bieten sich zwei Möglichkeiten. Zum einen können Sie Farben mithilfe von Standardfarbnamen wie z.B. *red*, *blue* und *black* angeben, zum anderen legen Sie Farben über sogenannte *RGB-Farbwerte* fest. Da ein Monitor aus den drei Spektralfarben Rot, Grün und Blau sämtliche Farben eines einzelnen Pixels zusammensetzt, kombiniert man diese Werte, um alle Farben des Spektrums zu erzeugen. Dabei werden die Webfarben über sogenannte *Hexadezimalwerte* angegeben: Den Farbwert legt man in sechs Zeichen fest, vor denen das Symbol # steht. Die Syntax dieser Angaben ist `#RRGGBB`, wobei `R` für Rot, `G` für Grün und `B` für Blau steht. Tabelle 11-2 zeigt eine Auswahl gängiger Webfarben.

Tabelle 11-2 ▶ Auswahl häufig genutzter Webfarben

Farbe	Hexadezimalwert	Standardfarbname
Schwarz	#000000	black
Braun	#800000	maroon
Silber	#C0C0C0	silver
Grau	#808080	gray
Weiß	#FFFFFF	white
Rot	#FF0000	red
Grün	#008000	green
Olivgrün	#808000	olive
Gelb	#FFFF00	yellow
Blau	#0000FF	blue
Marineblau	#000080	navy
Purpur	#800080	purple
Türkis	#00FFFF	aqua

Tipp Wenn Sie eigene Farben für Schriften, Hintergründe und Rahmen zusammenstellen möchten, testen Sie mal zwei exzellente Onlinewerkzeuge: Sowohl *www.colorblender.com* als auch der Color Scheme Generator unter *www.colorschemedesigner.com* eignen sich hervorragend, um Farbpaletten zu erstellen. Beide Werkzeuge geben Ihnen die jeweiligen Farben in hexadezimaler Schreibweise an.

Um unsere Texte ein wenig dezenter zu gestalten, schwächen wir das Schwarz etwas ab und benutzen einen dunklen Grauton. Dazu ergänzen wir den Code wie folgt:

```
p {
text-align: left;
padding-bottom: 12px;
color: #333333;
}
```

Wenn Sie sich nun die Beispieldatei im Browser anschauen, sehen Sie, dass lediglich die Absätze in dem neuen Farbton erscheinen. Um allen Textelementen eines XHTML-Dokuments die gleiche Farbe zu geben, weist man die `color`-Eigenschaft dem `body`-Element zu. Dieses fügen Sie innerhalb der CSS-Datei am besten ganz oben ein. Alle Elemente, ob Überschriften, Absätze oder Zitate, werden vom Browser in unserem Beispiel nun in Dunkelgrau dargestellt.

Außerdem geben Sie die Schriftart für eine Webseite mit der Eigenschaft `font-family` an. Das machen wir nun auch in diesem Beispiel, wobei wir mehrere Schriftarten anbieten. Findet der Browser eines Besuchers die erste angegebene Schriftart – in unserem Fall die Verdana – nicht auf dem Rechner, sucht er die nächste angegebene Schrift aus. Ist auch diese Schriftart, hier die Helvetica, nicht auf dem Computer installiert, sucht er die Schriftart Arial. Sollte diese Standardschriftart ebenfalls nicht auf dem Rechner vorhanden sein, wird der Computer angewiesen, irgendeine Schriftart ohne Serifen zu verwenden. Unser Beispiel sieht nun so aus:

```
body {
color: #333333;
font-family: Verdana, Helvetica, Arial, sans-serif;
}
p {
text-align: left;
padding-bottom: 12px;
}
```

Wenn Sie für das ganze Dokument über `body` eine Eigenschaft festlegen, bedeutet das nicht, dass Sie daran nicht mehr rütteln können. Eigenschaften von Elementen lassen sich jederzeit überschreiben. Dabei gilt die in der CSS-Datei zuletzt angebene Eigenschaft. Davon machen wir jetzt Gebrauch und weisen dem Überschriftenelement `h1` eine andere Schriftart zu, nämlich eine Serifenschrift. Dazu ergänzen Sie unsere CSS-Datei mit dem folgenden Code:

```
h1, h3 {
font-family : Georgia, "Times New Roman", Times, serif;
}
```

Hier ist Ihnen sicherlich aufgefallen, dass nicht nur das Element `h1` angegeben wurde, sondern auch `h3` auftaucht. Um über CSS mehreren Elementen die gleichen Eigenschaften zuzuweisen, reiht man die Elemente einfach kommasepariert aneinander und öffnet dann die geschweifte Klammer. Hinter dem letzten Element setzt man kein Komma. Das Überschriftenelement `h3` nutzen wir in unserem Beispieltext für die Zwischenüberschriften. Der vorläufige Text sollte sich nun im Browser wie in Abbildung 11-5 präsentieren.

Abbildung 11-5 ▶
Der Beispieltext nach der ersten Bearbeitung.

Einzelne Begriffe mit <strong> und <em> hervorheben

Die beiden Inline-Elemente `<strong>` und `<em>` platzieren Sie innerhalb von Block-Elementen und heben mit ihnen den Text typografisch hervor. Wörter, die Sie mit `<strong>` auszeichnen, erscheinen normalerweise in Fettschrift und lenken das Auge des Betrachters auf sich. Wörter, die mit `<em>` formatiert wurden, erscheinen kursiv. Die Hervorhebung ist also etwas zurückhaltender. Aus Sicht der Benutzerfreundlichkeit empfiehlt es sich, maßvoll mit beiden Formen der Auszeichnung umzugehen. Einerseits konkurrieren Wörter in Fettschrift mit Links, und andererseits ist im Web Kursivschrift vor allem bei kleinen Schriftgrößen recht schwer zu lesen. Vermeiden Sie es, ganze Absätze in Kursivschrift darzustellen. Wie so oft gilt auch hier: Weniger ist mehr.

Um den ersten Abschnitt unseres Artikels als Anreißer hervorzuheben, setzen wir den gesamten Absatz fett. Obendrein ordnen wir den Text auch noch einer Rubrik zu, nämlich Onlinespiele. Und weil der Text noch keinen Hinweis auf seinen Autor hat, fügen wir die Autorenkennzeichnung in Kursivschrift hinzu. Die Codezeilen – deren Ergebnis Sie in Abbildung 11-6 sehen – lauten dann so:

```
<h1>Flashspiel: Samorost 2</h1>

<h2>Liebevoll gestaltetes Adventure-Game mit Humor</h2>

<p><strong>Rubrik &raquo; Online-Spiele</strong></p>

<p><strong>Das Flash-Klick-Adventure Samorost 2 von Jakub Dvorsky
   gehört zu den kleinen Dingen, die einen unendlich begeistern. [...]
</strong></p>

<p><em>Text: mo.</em></p>
```

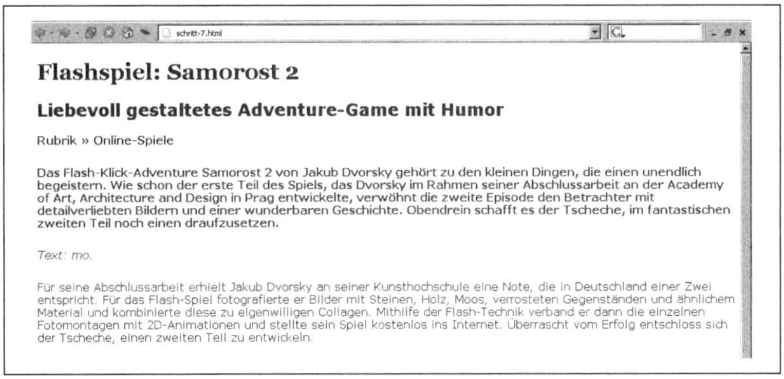

◀ **Abbildung 11-6**
Der Beispieltext mit fett gesetztem Anreißer und dem Namen des Autors in Kursivschrift.

Strukturierende Listen

Neben Überschriften und Absätzen strukturieren gezielt eingesetzte Aufzählungen die Inhalte und helfen bei der Informationsaufnahme. Um Aufzählungen und Listen zu erstellen, bietet Ihnen die XHTML-Syntax drei Arten von Listen: ungeordnete, geordnete und Definitionslisten. Dabei bestehen ungeordnete und geordnete Listen aus jeweils zwei Tags. Während ein Element die gesamte Liste umschließt, umklammert das zweite jedes einzelne Listenelement. Ungeordnete Listen werden mit `<ul>` und `</ul>` eingerahmt. Geordnete Listen stellen Sie mit `<ol>` und einem abschließenden `</ol>` dar. Das jeweilige Listenelement klammern Sie mit `<li>` und `</li>` ein.

Geordnete und ungeordnete Listen mit <ul> und <ol>

Bisher fehlen unserem Artikel die Links zum Spiel selbst. Diese geben wir in Form einer ungeordneten Liste an. Weiter unten im

Abschnitt »Korrekte und verständliche Links« zeige ich Ihnen dann, wie Sie die Links richtig setzen und anklickbar machen.

Wie eine ungeordnete Liste aussieht, können Sie anhand von Abbildung 11-7 sehen. Der dazugehörige Code ist folgender:

```
<ul>
        <li>http://www.amanitadesign.com/samorost/</li>
        <li>http://www.samorost2.net</li>
        <li>http://www.amanitadesign.com/</li>
</ul>
```

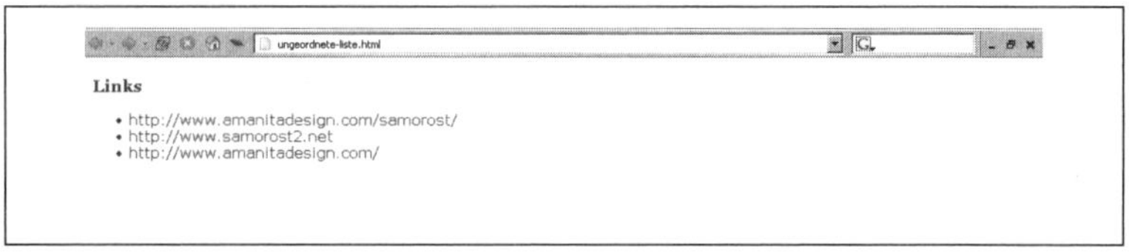

Abbildung 11-7 ▶ Die Links des Artikels als ungeordnete Liste mittels <ul>.

Möchten Sie dieses Beispiel als durchnummerierte Liste anlegen, brauchen Sie lediglich die beiden Tags `<ul>` und `</ul>` durch `<ol>` und `</ol>` zu ersetzen, und der Browser nummeriert die einzelnen Elemente selbst (siehe Abbildung 11-8).

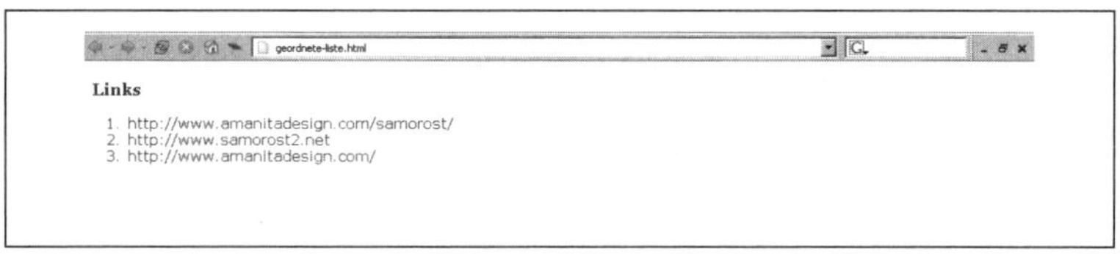

Abbildung 11-8 ▶ Die Links des Artikels als geordnete Liste mittels <ol>.

Auch das Verschachteln von Listen ist möglich. Um innerhalb einer Aufzählung eine weitere Aufzählung einzufügen, müssen ein weiteres Mal die umschließenden Listen-Tags genutzt werden (siehe Abbildung 11-9):

```
<ol>
  <li>Links zum Spiel
    <ol>
    <li>http://www.amanitadesign.com/samorost/</li>
    <li>http://www.samorost2.net</li>
    <li>http://www.amanitadesign.com/</li>
    </ol>
   </li>

  <li>Weitere Links zu Flash-Spielen
    <ol>
    <li>http://www.neave.com/games/nblox/</li>
    <li>http://www.neave.com/games/invaders/</li>
    <li>http://www.neave.com/games/asteroids/</li>
```

```
    </ol>
  </li>
</ol>
```

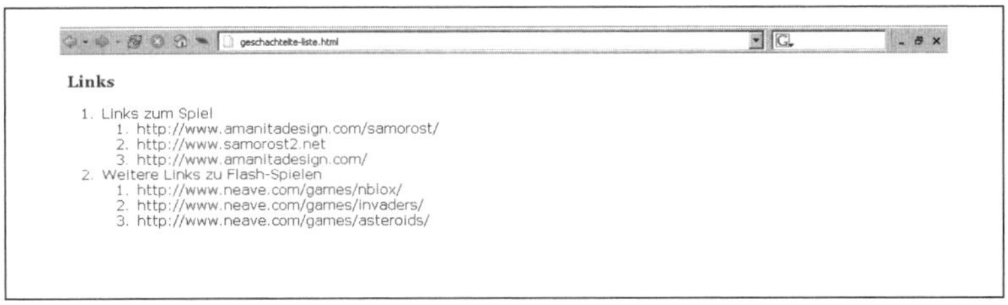

◀ **Abbildung 11-9**
Eine verschachtelte Liste mit Links als geordnete Liste.

Definitionslisten mit <dl>, <dt> und <dd>

Generell sind Definitionslisten für Glossare gedacht. Weil Glossare jeweils aus einer Liste von Einträgen samt Definition bestehen, gibt es für diesen Listentyp insgesamt drei Tags. Eine Definitionsliste beginnt mit dem Start-Tag `<dl>` und endet mit dem End-Tag `</dl>`. Der zu definierende Ausdruck wird mit `<dt></dt>` geklammert, und die Definition folgt anschließend innerhalb des `<dd>`-Elements.

Auch für unseren Spieleartikel können wir eine Definitionsliste gebrauchen. Um unsere Leser mit weiteren Links zu Onlinespielen zu versorgen, listen wir diese einfach in Form einer Definitionsliste auf. Das sieht dann z.B. so aus:

```
<dl>
    <dt>Flash-Spiel Tetris</dt>
    <dd>http://www.neave.com/games/nblox/</dd>
    <dt>Flash-Spiel Invaders</dt>
    <dd>http://www.neave.com/games/invaders/</dd>
    <dt>Flash-Spiel Asteroids</dt>
    <dd>http://www.neave.com/games/asteroids/</dd>
</dl>
```

Bilder einfügen

Artikel liest man oft auch aufgrund der angezeigten Bilder. Um den Text ein wenig zu illustrieren, bebildern wir den Beitrag mit drei Screenshots aus dem Spiel. Dabei handelt es sich um ein Artikelbild für den Anfang mit Schriftzug und Hauptdarsteller des Spiels (*samorost2-titelbild.jpg*), einen großen Screenshot mit einem Alien (*samorost2-alien.jpg*) und ein längliches Bild, in dem der Wicht einen Tunnel hinaufklettert (*samorost2-tunnel.jpg*).

Listen sinnvoll nutzen

Damit sich Aufzählungen flüssig lesen, unterteilt man sie am besten in gleichmäßig formatierte Abschnitte. Achten Sie dabei sowohl auf einen gleichen Satzaufbau als auch auf eine ähnliche Länge. Außerdem sollte eine Aufzählung maximal sieben Punkte haben. Menschen können in der Regel bis zu sieben Informationseinheiten im Kurzzeitgedächtnis speichern. Darüber hinausgehende Informationen werden nur schwer erfasst. Gibt es jedoch weniger als drei Punkte aufzuzählen, erwähnen Sie sie lieber im Fließtext. Der Leser könnte sich sonst unterfordert fühlen. Zusammengefasst, sollte man folgende Regeln bei Aufzählungen beachten:

- Verwenden Sie nur eine Art von Aufzählungszeichen.
- Formatieren Sie Aufzählungszeichen und Absätze bündig untereinander.
- Konstruieren Sie Aufzählungen mit einem gleichen Satzbau und ähnlicher Länge.
- Listen Sie in einer Aufzählung maximal sieben Punkte auf.
- Vermeiden Sie Aufzählungen mit weniger als drei Punkten.

Um ein Bild in ein XHTML-Dokument einzufügen, benutzt man das `<img />`-Tag. Da es sich bei `<img />` um ein sogenanntes *leeres Tag* handelt, das kein abschließendes Tag benötigt, müssen Sie die Endung `/>` verwenden. Damit das `<img />`-Tag ein Bild anzeigen kann, muss das Tag auf die Bilddatei verweisen. Das geschieht mit dem Attribut `scr`, das immer von einem Gleichheitszeichen und einem Dateinamen in Anführungszeichen gefolgt wird. Innerhalb der Anführungsstriche verlinken Sie das Tag mit dem Bild. Dabei kann es sich um einen relativen Pfad handeln oder eine direkte URL zum Bild. Da die Bilder in unserem Beispiel im gleichen Ordner wie die XHTML-Datei liegen, brauchen Sie nur einen relativen Pfad anzugeben. Für unser Titelbild sieht das dann so aus:

```
<img src="samorost2-titelbild.jpg" />
```

Läge das Bild auf einem Server der Domain *www.website.de* in einem Ordner namens *bilder*, würde das Tag mit direkter URL so aussehen:

```
<img src="http://www.website.de/bilder/samorost2-titelbild.jpg" />
```

Auch wenn dieses Beispiel hervorragend funktioniert, sollten Sie einem Bild gleichzeitig mit dem Attribut `alt` immer einen Namen übergeben. Das hat zwei Gründe: Erhält der Browser das Bild nicht vom Server, da es womöglich gelöscht, verschoben oder umbenannt wurde, zeigt er einen alternativen Text für das Bild an. Außerdem hilft die Bildbeschreibung blinden Menschen, die von ihrem speziellen Webbrowser anstelle des Bilds eine Beschreibung geliefert bekommen. Zusammen mit dem alt-Attribut sieht das <img>-Tag dann folgendermaßen aus:

```
<img src="samorost2-titelbild.jpg" alt="Titelbild des Spiels
                                                Samorost 2" />
```

Tipp Möchten Sie innerhalb eines Texts ein Bild platzieren, das keine Zusatzinformation zum Artikel bietet, z.B. eine gestaltende Zierleiste, zeichnen Sie auch dieses Bild mit dem alt-Attribut aus, allerdings ohne Beschreibung, als alt="". Browser für blinde Menschen ignorieren solche Bilder einfach.

Zwei weitere wichtige Attribute für Bilder sind width für die Breite des Bilds und height für die Höhe. Geben Sie wenn möglich immer beide Angaben mit an, damit der Browser beim Bildaufbau den Raum, den das Bild einnimmt, mit einplant. Weil Bilder erst nach dem Download der Webseite geladen werden, kann es zu unschönen Effekten beim Aufbau der Seite kommen. Wenn kein Raum für die nachgeladenen Bilder eingeplant wurde, muss der Browser nachträglich die umliegenden Objekte (Texte etc.) verschieben. Das wirkt nicht besonders gut und erschwert das Lesen. Für unser 237 Pixel breites und 204 Pixel hohes Coverbild sollte das so aussehen:

```
<img src="samorost2-titelbild.jpg" width="237" height="204"
                         alt="Titelbild des Spiels Samorost 2" />
```

Damit alle Bilder standardmäßig vom restlichen Text auf der rechten Seite umflossen werden, erweitern wir die CSS-Datei um neue Eigenschaften für das Bild. Dazu benutzen wir die Eigenschaft float (Textumfluss). Mit float bestimmen Sie, wie die nachfolgenden Elemente das aktuelle Element umfließen. Dabei stehen Ihnen folgende Möglichkeiten zur Verfügung:

- left: Das Element wird rechts von den nachfolgenden Elementen umflossen.
- right: Das Element wird links von den nachfolgenden Elementen umflossen.
- none: Das Element wird nicht umflossen (Standardeinstellung).

Weiterhin versehen wir Bilder auf der rechten und der unteren Seite mit einem Außenabstand von 5 Pixeln. Damit verhindern wir, dass der Text am Bild »klebt«. Die Eigenschaft für Außenabstände heißt margin. Mit dieser Eigenschaft (wie übrigens auch mit padding, das für den Innenabstand zuständig ist) können Sie die Abstände für alle Seiten eines Elements angeben. Die Abstände liest man dabei im Uhrzeigersinn: oben, rechts, unten, links. Ist der Abstand null, kann auf die Endung *px* verzichtet werden.

Zum Schluss verzieren wir alle Bilder noch mit einem Rahmen von 1 Pixel in Schwarz. Diesen erzeugen wir mit der Eigenschaft `border`, der wir zusätzlich das Attribut `solid` übergeben. Dadurch wird die Rahmenlinie durchgezogen und nicht gestrichelt (`dashed`). Ergänzen Sie nun die *stylesheet.css*-Datei um die folgenden Zeilen:

```
img {
float: left;
margin: 0 5px 5px 0;
border: 1px solid #000000;
}
```

Exkurs für Fortgeschrittene: Bildunterschriften mit Definitionslisten realisieren

Um ein Bild mit einer Bildunterschrift zu versehen, gibt es zwei Möglichkeiten: Entweder Sie geben dem Bild eine Bildunterschrift, indem Sie es in einem Bildbearbeitungsprogramm direkt betiteln, oder Sie erweitern den XHTML-Code um das `<img />`-Tag herum. Die zweite Methode ist dabei die bessere, denn wenn Sie das Bild mit XHTML-Tags untertiteln, gehen diese Informationen nicht verloren. Außerdem bleibt auf diese Weise mehr Platz für das eigentliche Bildmotiv, und Sie können jederzeit die Bildunterschrift ergänzen oder verändern, ohne ein Bildbearbeitungsprogramm öffnen zu müssen.

Zurzeit gibt es leider noch kein Tag für Bildunterschriften. Die CSS-Experten Jens Meiert und Ingo Helmdach haben in ihrem Buch *Webdesign mit CSS* (O'Reilly Verlag) einen schönen Workaround entwickelt und empfehlen den Einsatz einer Definitionsliste. Diese Definitionsliste assoziiert Bild und Bildunterschrift und ist schnell in die XHTML-Datei eingefügt:

```
<dl>
<dt><img src="samorost2-alien.jpg" width="380" height="286"
                    alt="Samorost-Wichtelmann beim Chef-Alien" /></dt>
<dd>Samorost-Wichtelmann beim Chef-Alien</dd>
</dl>
```

Da wir für unsere Beispielwebseite bereits ein paar Styles für das Bild definiert haben, müssen wir die Definitionsliste noch um ein paar Eigenschaften ergänzen und bereits festgelegte Style-Vorgaben überschreiben. Um eine Kollision innerhalb der CSS-Datei zu verhindern, verknüpfen wir die Eigenschaften für dieses Element direkt innerhalb der XHTML-Tags. Das erreicht man mithilfe des `styles`-Attributs, das jedem Element hinzugefügt werden kann. Das `styles`-Attribut erlaubt das direkte Verknüpfen eines Elements mit Layoutvorgaben.

Da Browser standardmäßig Definitionslisten einrücken und gestalten, müssen die Innen- und Außenabstände unserer Definitionsliste auf null gesetzt werden. Dafür nutzen wir die beiden Eigenschaften `margin` und `padding`. Da es sich auch bei einer Definitionsliste um ein Block-Element handelt, das sich so weit nach rechts ausdehnt, wie Platz da ist, müssen wir es in der Breite begrenzen. Die Breite eines Elements wird mit `width` bestimmt. Da wir unserem Bild obendrein einen 1 Pixel breiten Rahmen verpasst haben, müssen zur Breite des Bilds auch der linke und rechte Pixelrand des Rahmens hinzugerechnet werden. Das ergibt bei einer Breite von 380 Pixeln eine Gesamtbreite von 382 Pixeln für die Definitionsliste:

```
<dl style="margin: 0; padding: 0; width: 382px;">
</dl>
```

Im nächsten Schritt fügen wir das Bild ein. Damit auch das `<dt>`-Tag samt seinen Abständen zurückgesetzt wird, ergänzen wir hier ebenfalls das `styles`-Attribut:

```
<dl style="margin: 0; padding: 0; width: 382px;">
<dt style="margin: 0; padding: 0;"><img style="margin: 0;"
                    src="samorost2-alien.jpg" width="380" height="286"
                    alt="Samorost-Wichtelmann beim Chef-Alien" /></dt>
</dl>
```

Für die Bildunterschrift benutzen wir im letzten Schritt das `<dd>`-Tag. Um sie vom restlichen Text noch ein wenig abzuheben, färben wir den Hintergrund des Elements mit einem leichten Grauton ein (`#EEEEEE`) und umrahmen das `<dd>`-Element mit einem 1 Pixel breiten Rahmen. Außerdem soll die Bildbetitelung zentriert und in einer kleineren Schrift angezeigt werden. Um den Text mittig zu setzen, benutzen wir die Eigenschaft `text-align: center;` und bestimmen mit `font-size: 80%;`, dass die Schrift 80% der Originalschriftgröße bekommt. Der vollständige Code sieht dann so aus:

```
<p>Für seine Abschlussarbeit erhielt Jakub Dvorsky an seiner [...]</p>

<dl style="margin: 0; padding: 0; width: 382px;">
<dt style="margin: 0; padding: 0;"><img style="margin:
 0;" src="samorost2-alien.jpg" width="380" height="286" alt="Samorost-
Wichtelmann beim Chef-Alien" /></dt>
```

```
<dd style="margin: 0; padding: 0; border: 1px solid #000000; font-
size: 80%; background: #eeeeee; text-align: center;">Samorost-
Wichtelmann beim Chef-Alien</dd>
</dl>

<h3>Ein Wichtelmann auf Reisen</h3>
```

Das Ergebnis können Sie in Abbildung 11-10 sehen.

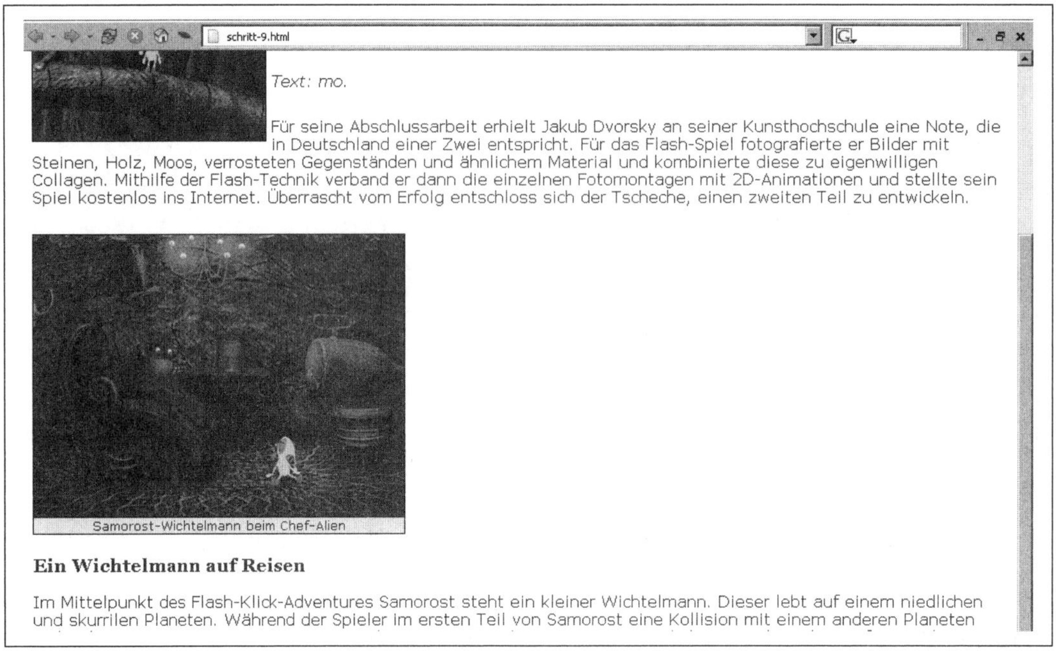

Abbildung 11-10 ▲
Um Bilder mit einer Unterschrift zu versehen, benötigt man lediglich ein wenig mehr XHTML-Code.

Bilder in Beiträgen platzieren

Zum Schluss bleibt nur noch ein Bild übrig: *samorost2-tunnel.jpg*. Dieses platzieren wir innerhalb des Artikels auf der rechten Seite. Da wir bereits Style-Vorgaben für das `<img />`-Element in unsere CSS-Datei geschrieben haben, müssen wir diese überschreiben. Damit das Bild vom Text auf der linken Seite umflossen wird, ändern wir den Fluss und positionieren das Bild auf der rechten Seite mit der Eigenschaft `float: right;`. Außerdem müssen wir den bisherigen Außenabstand von der einen Seite auf die andere verlegen. Ansonsten steht der Text zu dicht am Bild. Das fertige Bild-Tag positionieren wir abschließend zwischen zwei Absätzen. Das Ergebnis sehen Sie in Abbildung 11-11.

```
<p>
<img style="float: right; margin: 0 0 5px 5px" src="samorost2-tunnel.
jpg" width="156" height="333" alt="Samorost-Wichtelmann im Tunnel" />
Im Mittelpunkt des Flash-Klick-Adventures [...]
</p>

<p>Großartig an dem Flash-Spiel ist seine Einfachheit. Zwar [...]
</p>
```

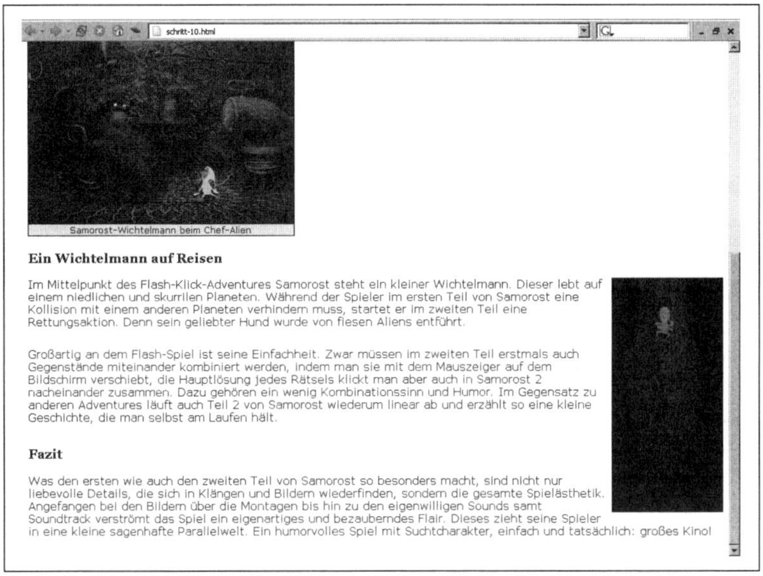

◀ **Abbildung 11-11**
Um Bilder innerhalb eines Texts links oder rechts zu positionieren, benutzt man die CSS-Eigenschaft float.

Fremde Quellen zitieren mit <blockquote> und <cite>

Zitate verleihen einem Artikel oder Beitrag Autorität. In Printmedien werden darum innerhalb von Artikeln aussagekräftige Zitate oft gesondert und in größerer Schriftgröße abgedruckt. Das ist auch im Internet möglich und wichtig, denn Zitate ziehen Leser in den Text.

»Wie Tatsachen darf man auch Zitate nicht bearbeiten. Stehen die Wörter erst mal in Anführungszeichen, müssen sie das sein, was die Quelle geäußert hat. Versuche, Zitate durch Veränderung der Satzstellung, Wortstellung oder sogar durch den Austausch von Wörtern zu verbessern, sind Kapitalverbrechen. Das Einzige, was man tun darf, ist, kleinere grammatikalische Fehler zu berichtigen und Füllsel oder bedeutungslose Wiederholungen wegzulassen.«

Mit diesen Worten beschwört Rene J. Cappon in seinem Buch *Journalistisches Schreiben* (Autorenhaus Verlag) den Leser, und er beschreibt den Zweck von Zitaten folgendermaßen: »Gute Zitate sollten zusammenfassen, was jemand denkt, Gefühle oder Einstellungen herauskristallisieren oder irgendwelche individuellen Perspektiven – und das auf knappe und interessante Weise.«

Wenn Sie Autoren, Künstler, Presseagenturen oder andere Blogger zitieren möchten, gibt es mehrere Möglichkeiten, den Text mit XHTML-Tags zu kennzeichnen. Dazu sind in erster Linie die beiden Tags `<cite>` und `<blockquote>` vorgesehen. Schon ohne Stylesheet-Vorgaben werden von den beiden Tags umschlossene Wörter oder Textabschnitte von Browsern gesondert behandelt. In der Regel stellt der Browser dabei das Inline-Element `<cite>` kursiv dar und rückt Texte sowie Bilder innerhalb des Block-Elements `<blockquote>` auf der linken Seite ein.

§ Das Zitat ist eine Ausnahme aus dem Bereich des Urheberrechts, auch »Schranke« genannt. Wer ein anderes urheberrechtlich geschütztes Werk im Rahmen des Zitatrechts vollständig oder teilweise wiedergibt, darf dies ausnahmsweise auch ohne die Erlaubnis des Urhebers tun. Erforderlich ist dafür aber, dass sich der Zitierende in den engen Grenzen des erlaubten Zitats bewegt. Das sogenannte Kleinzitat betrifft dabei nur einzelne Stellen oder Teile eines Werkes. Wie lang oder groß diese sein dürfen, orientiert sich am Zitatzweck. Wer zitiert, muss damit eine bestimmte Aussage untermalen oder eine bestimmte These stützen wollen. Entscheidend ist somit der Belegcharakter der zitierten Stelle für die eigenen Ausführungen. Erlaubt ist dann so viel Zitat, wie dazu gerade erforderlich ist. Sobald der Werkgenuss – also etwa das Abspielen eines halben Musiktitels – im Vordergrund steht und hiermit keine inhaltliche Auseinandersetzung stattfindet, ist das zulässige Maß in jedem Fall überschritten. Leider gibt es aber keine pauschalen Richtlinien, an die man sich halten kann – daher ist auch das Gerücht, wonach bei Musik genau acht Takte erlaubt seien, völliger Humbug. Es entscheiden immer der Einzelfall und das Verhältnis der Aussage und der inhaltlichen Auseinandersetzung zum zitierten Werk. Mehr dazu erfahren Sie im Abschnitt »Schranken des Urheberrechts« in Kapitel 14, *Urheberrecht*.

Während somit `<cite>` für kurze Zitate innerhalb des Texts zur Verfügung steht, zeichnet man mit `<blockquote>` ganze Textblöcke aus.

`<blockquote>` eignet sich vor allem für Interviews. Das Einrücken des Absatzes hilft dem Auge des Lesers bei der Orientierung. Oft gestalten Webdesigner das Block-Element zusätzlich, indem sie ihm per CSS eine Hintergrundgrafik in Form von Anführungszeichen übergeben. Beliebt ist auch die Methode, das ganze Element mit einem Rahmen oder einem senkrechten dicken Strich auf der linken Seite zu versehen. In Abbildung 11-12 wurde mithilfe von CSS das `<blockquote>`-Tag nur mit einer kleinen Grafik verziert. Der CSS-Code sieht dabei wie folgt aus:

```
blockquote {
margin: 10px 0 0 15px;
padding: 3px 0 12px 20px;
background: url(blockquote.gif) no-repeat top left;
}
```

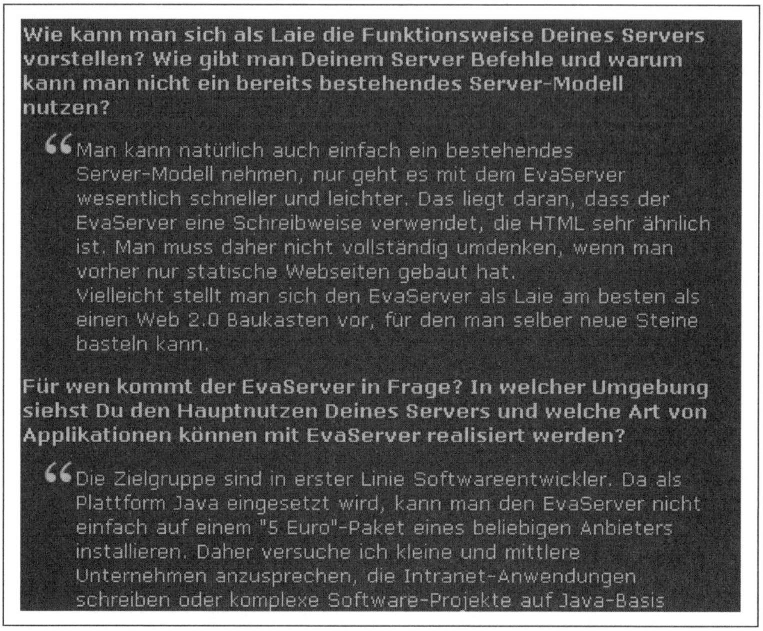

◀ **Abbildung 11-12**
Die Anführungszeichen in Form von GIF-Grafiken heben Zitate oder Kommentare hervor.

Während der Inhalt zwischen den `<blockquote>`-Tags oben und links über `margin` einen Außenabstand erhält, um eingerückt zu erscheinen, muss der Text selbst über den Innenabstand ein wenig von der Hintergrundgrafik weggerückt werden. Dies geschieht mit der `padding`-Eigenschaft. `padding` verhindert, dass die Grafik hinter dem Text liegt und dadurch das Lesen erschwert. Das Bild selbst wird über die Eigenschaft `background` in den Hintergrund eingebunden. Dabei bekommt es die Attribute `no-repeat`, `top` und `left` zugewiesen. Während `no-repeat` verhindert, dass die Grafik als Textur wiederholt wird, platzieren Sie mithilfe von `top` und `left` die Grafik in der oberen linken Ecke.

Das XHTML-Tag <code> ist nicht wirklich für Zitate vorgesehen. Es wird in der Regel dazu genutzt, Quelltextbeispiele in XHTML-Seiten einzubauen, aber es eignet sich auch sehr gut, um beispielsweise aus einer E-Mail zu zitieren. Browser formatieren Texte, die mit <code> eingeklammert werden, meist in einer Nicht-Proportionalschrift wie der Courier. Da zahlreiche E-Mail-Programme unsere elektronische Post in einer Courier-Schrift anzeigen, assoziiert man diese Schrift schnell mit einer E-Mail. Das können Sie sich zunutze machen. Möchten Sie z.B. in Ihrem Weblog einen Leserbrief oder eine Pressemitteilung veröffentlichen, könnten Sie den Text neben dem Einklammern per <blockquote> obendrein mit <code> einrahmen. Das lässt eine zitierte E-Mail noch authentischer wirken.

Zitate und Textausschnitte mit CSS hervorheben

Bisher habe ich Ihnen erklärt, wie man Zitate innerhalb des Fließtexts positioniert. Möchten Sie jedoch ein besonders interessantes, witziges, skurriles oder neugierig machendes Zitat gesondert platzieren, benötigen Sie ein wenig mehr XHTML und CSS. Mithilfe des Stylesheets können Sie ein Zitat herausheben, auch wenn es in den Fließtext eingebettet wurde (siehe Abbildung 11-13).

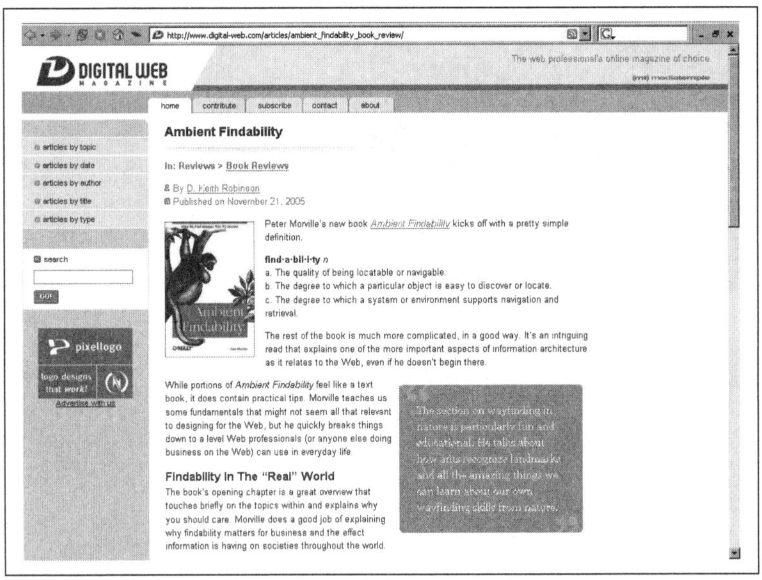

Abbildung 11-13 ▶ Das Digital Web hebt Zitate mithilfe einer Zitatbox hervor.

Um unseren Spieleartikel abzurunden, wollen wir noch einen Satz im Artikel markant hervorheben. Dabei greifen wir uns den Satz »Ein humorvolles Spiel mit Suchtcharakter, einfach und tatsächlich: großes Kino!« heraus.

Während in Abbildung 11-12 Grafiken für die Anführungszeichen zum Einsatz kommen, wird im folgenden Beispiel auf reinen XHTML-Code zurückgegriffen. Der Code sieht wie folgt aus:

```
<blockquote>
    <p><span>&raquo;</span>
 Ein humorvolles Spiel mit Suchtcharakter, einfach und tatsächlich:
 großes Kino!<span>&laquo;</span></p>
</blockquote>
```

Auf den ersten Blick sieht die zweite Zeile Code ein wenig verwirrend aus. Das liegt an den beiden Elementen `<span>»</span>` und `<span>«</span>`. Dabei handelt es sich um die beiden französischen Anführungszeichen » und «. Da es sich um Sonderzeichen handelt, die nicht jeder Browser korrekt anzeigt, kodieren Sie sie besser über sogenannte HTML-Entities – sicher ist sicher. Außerdem ist an dieser Stelle das Tag `<span>` neu. Ohne CSS-Angaben besitzt es – ähnlich wie das Element `<div>` – keinerlei Wirkung. Im Gegensatz zu `<div>` handelt es sich bei `<span>` jedoch um ein Inline-Element. `<span>` kann deshalb im Textfluss positioniert werden, ohne einen Umbruch zu erzeugen.

Wenn `<span>` keinerlei Auswirkung hat, warum wurden dann aber die beiden französischen Anführungszeichen eingeklammert? Ganz einfach: damit wir sie unabhängig vom Zitattext gestalten können. Mit diesem Trick können wir den Zeichen eine andere Farbe, einen anderen Schriftschnitt oder eine andere Größe zuweisen. Zuerst jedoch befassen wir uns mit dem alles umschließenden `<blockquote>`. Den folgenden CSS-Code schreiben Sie direkt in die CSS-Datei *stylesheet.css*:

```
blockquote {
width: 260px;
float: right;
margin: 0;
padding: 0 0 10px 10px;
color: #b70027;
font-family: Georgia, "Times New Roman", Times, serif;
font-size: 120%;
line-height: 130%;
}

blockquote p {
margin: 0;
padding: 0 0 5px 0;
}
```

Mit `width: 260px;` bekommt das Zitat eine feste Breite. Dabei soll die Zitatbox vom normalen Text auf der linken Seite umflossen werden. Das erreichen wir mit `float: right;`. Mit `margin: 0;` eliminieren wir den vom Browser standardmäßig vorgegebenen Außenabstand und fügen mit `padding: 0 0 10px 10px;` links und unten etwas Innenabstand hinzu. Dadurch schieben wir die Box ein wenig vom Text weg. Im nächsten Schritt übergeben wir dem Zitat eine eigene Farbe (`color: #b70027;`) und eine eigene Schrift, die es abermals vom restlichen Text abhebt (`font-family: Georgia, "Times New Roman", Times, serif;`). Zum Schluss vergrößern wir nur noch die Schrift mit `font-size: 120%;` und ziehen die einzelnen Zeilen mit einem eigenen Abstand `line-height: 130%;` ein wenig auseinander. Mit `blockquote p` formatieren wir anschließend das Absatz-Tag `<p>` neu, setzen den Außenabstand auf `0` und geben nur nach unten ein wenig Innenabstand hinzu. Die Formatierung des Absatz-Tags hat dabei keinerlei Auswirkung auf die restlichen Absätze, denn die Style-Vorgabe wirkt sich lediglich innerhalb des `<blockquote>`-Tags aus.

Im nächsten Schritt widmen wir uns den französischen Anführungszeichen. Diese soll der Browser fett und in einer größeren Schrift anzeigen. Außerdem rücken wir sie links und rechts ein wenig vom Text weg. Das sieht dann so aus:

```
blockquote span {
font-weight: bold;
font-size: 140%;
line-height: 100%;
padding: 0 3px 0 3px;
}
```

Achten Sie darauf, dass im oberen Code der Zeilenabstand mit `line-height: 100%;` reduziert wurde, um im Gegenzug die Schriftgröße mit `font-size: 140%;` zu erhöhen. Das ist an dieser Stelle deshalb nötig, weil ansonsten durch die neue Schriftgröße in Verbindung mit dem alten Zeilenabstand eine zu große Zeilenhöhe entstehen würde.

Damit das Zitat auch mit einem Autor versehen werden kann, ergänzen wir den XHTML-Code durch den Absatz `<p><cite>mo.</cite></p>`:

```
<blockquote>
    <p><span>&raquo;</span> Zitat<span>&laquo;</span></p>
    <p><cite>mo.</cite></p>
</blockquote>
```

Wie weiter oben beschrieben, wird Text innerhalb des <cite>-Tags in Kursivschrift angezeigt. Da wir – wie in Printmedien üblich – den Autor rechtsbündig unterhalb des Zitats anzeigen wollen, müssen wir das Inline-Element in ein Block-Element umwandeln. Das passiert mit `display: block;`. Wird dieser Schritt ausgelassen, wird der Text vom Browser innerhalb von <cite> nicht an den rechten Rand gerückt, obwohl wir dem Element mit `text-align: right;` Rechtsbündigkeit verschrieben haben. Der Code sieht jetzt so aus:

```
blockquote p cite {
display: block;
margin: 0;
padding: 0;
text-align: right;
font-size: 80%;
color: #333333;
}
```

Das Ergebnis zeigt Abbildung 11-14.

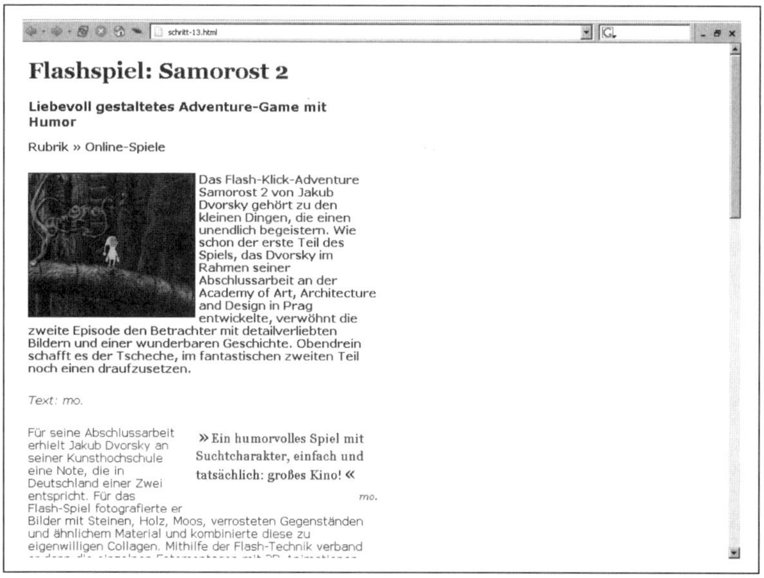

◀ Abbildung 11-14
Mit ein wenig zusätzlichem XHTML und Stylesheet-Vorgaben lassen sich Zitate wunderbar vom restlichen Text abheben.

Sicherlich wundern Sie sich, dass das Zitat im Beispiel-Screenshot nicht mehr über die gesamte Seite läuft. Das liegt daran, dass der ganze Text jetzt in einem <div>-Container steckt. Das Block-Element <div> dient dazu, andere Elemente einzuschließen, um sie danach zu positionieren oder ihnen gemeinsame Eigenschaften zu geben. In unserem Beispiel wird der gesamte Artikel von einem <div>-Container eingeklammert. Dadurch ist es möglich, dem

Block eine eigene Breite mit der Eigenschaft `width` zu geben. Der Code sieht also wie folgt aus:

```
<html>
<body>
<div style="width: 500px;">

Artikelinhalt

</div>
</body>
</html>
```

Korrekte und verständliche Links

Verlinkt wird nur dann, wenn es im Kontext Sinn stiftet und die zusätzliche Informationsquelle den Anwendern einen konkreten Mehrwert beschert.
Stefan Heinjk

Links sind der Klebstoff, der das Internet zusammenhält. Links machen das Web zu *dem* dynamischen Medium, das mithilfe von Querverweisen, Quellen und weiterführenden Informationen ein nicht lineares Lesen und Erfassen von Information erlaubt. Denn durch Links werden Dokumente verknüpft und lassen sich direkt ansteuern. Links schaffen ein Informationsversprechen, da jeder Link eine Erwartung generiert. Menschen und Suchmaschinen folgen Links, um neue Webseiten zu entdecken, Bilder zu vergrößern oder z.B. Multimedia-Dateien herunterzuladen. Mit Links katapultieren Sie Ihre Benutzer in die verschiedensten Welten, können sie in die Irre leiten oder ihnen wichtige weiterführende Informationen bieten. Darum sollte jeder Link mit Bedacht gewählt, mit Vorsicht platziert und sinnvoll eingesetzt werden. Denn fehlerhafte Links oder solche, die die Erwartungen des Besuchers enttäuschen, schaffen Misstrauen und Frust. Auf der anderen Seite können Links Vertrauen in die Qualität eines Webauftritts hervorrufen, als gehaltvolle Quelle erscheinen und dem Besucher ein Erfolgserlebnis verschaffen. Gern wird er Ihre Website noch einmal besuchen, wenn er Ihre Inhalte nützlich fand.

§ Wird ein Link gesetzt, sollte vorher überprüft werden, ob sich hinter diesem nicht ein offensichtlich rechtswidriger Inhalt verbirgt. Ist dies der Fall und wird darauf verlinkt, kann das Haftungsprobleme nach sich ziehen. Mehr dazu erfahren Sie in Kapitel 17, *Haftungsfragen*.

Weitere Tipps und Regeln für Zitate

Zitate beleben den Text und geben dem Leser das Gefühl, dabei zu sein. Außerdem vermögen Zitate, dem Leser sprachliche Eigenheiten und den Charakter eines Sprechers näher zu bringen. Beachten Sie beim Zitieren die folgenden Regeln und Tipps:

- Stellen Sie immer ein Zitat in einen sinnvollen Kontext und irritieren Sie Ihre Leser nicht durch falsche Platzierung.
- Lassen Sie niemanden dumm aussehen, wenn er sich versehentlich versprochen hat.
- Schreiben Sie ein direktes Zitat immer nur einer Person zu.
- Verknüpfen Sie – wenn möglich – mehrere Zitate zu einem lebendigen Dialog, der dem Leser das Gefühl des Dabeiseins gibt.
- Verzichten Sie bei Konversations- und Interviewzitaten auf die Ellipse [...] oder (...), wenn die Leser wissen, dass es sich um Auszüge handelt.
- Verwenden Sie Zitate, um kontroverse Aussagen vom übrigen Text abzusetzen.
- Machen Sie Ihre Beiträge lebendiger, indem Sie Eigenarten von Sprechern wiedergeben.

Das XHTML-Tag für einen Link lautet <a>. Dabei steht »a« für *anchor*, Anker. Zwischen den umklammernden Tags können Sie Zeichenfolgen (also Wörter) und Bilder platzieren, die dann auf der Seite als Textlink bzw. Bildlink erscheinen. Damit ein Link wirkungsvoll wird, müssen Sie ihm eine Zieladresse übergeben. Diese setzen Sie zwischen doppelte Anführungszeichen und definieren sie mit dem Attribut `href`. Dabei gibt es drei verschiedene Arten von Links:

- *Externe Links* verweisen auf Webdokumente fremder Websites.
- *Interne Links* verweisen auf Webdokumente auf der gleichen Webpräsenz.
- *Ankerlinks* verweisen auf Sprungmarken innerhalb einer Website.

Im folgenden Beispiel verlinken wir das Bild *samorost2-tunnel.jpg* mit einer Webseite. Klickt der Besucher auf das Bild, landet er auf der Website zum Spiel, die sich unter *http://www.samorost2.net* befindet.

```
<a href="http://www.samorost2.net"><img src="samorost2-tunnel.
jpg" alt="Samorost-Wichtelmann im Tunnel" /></a>
```

Bei internen Links sind das vorangestellte `http://` und die Serveradresse nicht notwendig, weil diese Links relativ gesetzt werden können. Liegt z.B. ein XHTML-Dokument namens *einleitung.html* im Verzeichnis *texte* und soll mit dem Dokument *hauptteil.html*, das auch im Ordner *texte* liegt, verlinkt werden, reicht der folgende Link:

```
<a href="hauptteil.html">Zum Hauptteil des Dokuments!</a>
```

Befindet sich das Dokument *hauptteil2.html* jedoch in einem weiteren Unterverzeichnis, muss dieses vor dem eigentlichen Dokument angegeben werden, hier das *dokumente*-Verzeichnis:

```
<a href="dokumente/hauptteil2.html">Zum Hauptteil 2 des Dokuments!</a>
```

Möchten Sie einen Verweis zu einem Dokument in einem höher liegenden Verzeichnis setzen, müssen Sie zwei Punkte und einen Schrägstrich voranstellen. Innerhalb der Datei *einleitung.html* verlinken Sie die Datei *dokument.html* aus dem Wurzelverzeichnis wie folgt (siehe auch Abbildung 11-15):

```
<a href="../dokument.html">Zum Hauptteil des Dokuments!</a>
```

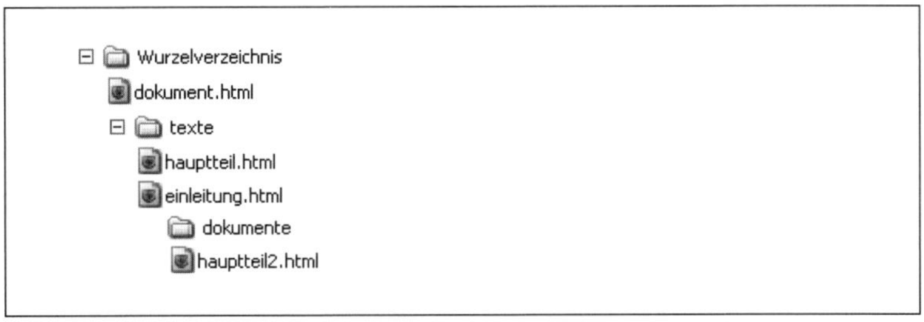

Abbildung 11-15 ▶ Verzeichnisstruktur der Beispiele im Text.

Innerhalb eines Dokuments können Sprungmarken platziert werden, die das direkte Anspringen ermöglichen. Sprungmarken sind vor allem bei längeren Dokumenten hilfreich, um dem Leser das Scrollen zu ersparen. Eine Sprungmarke setzen Sie mit dem <a>-Tag, indem Sie mithilfe des name-Attributs den Namen für den Anker festlegen. Dabei ist es nicht notwendig, einen Text innerhalb des <a>-Tags zu platzieren. Die folgende Sprungmarke lautet *hauptteil*.

```
<a name="hauptteil"></a>
```

Links zu Sprungmarken innerhalb eines Dokuments versehen Sie mit einem vorangehenden #. Um einen Verweis auf die obige Sprungmarke zu setzen, müssen Sie diesen Code eintippen:

```
<a href="#hauptteil">Zum Hauptteil!</a>
```

Sprungmarken können mit Links zu Dokumenten kombiniert werden. Stellen Sie sich z. B. eine Startseite vor, auf der ein Artikel mithilfe einer Überschrift und eines Anreißers angefeaturt wird. Natürlich befinden sich Überschrift und Anreißer auch auf der eigentlichen Artikelseite. Damit der Leser diese nicht zwei Mal lesen muss, können Sie auf den weiterführenden Text einen Anker setzen und diesen mit dem Anreißer auf der Startseite verlinken. Dieser Link könnte dann wie folgt aussehen:

```
<a href="artikel.html#hauptteil">Diesen Artikel weiterlesen!</a>
```

Klicken Sie nun den Link auf der Startseite an, lädt der Browser das Dokument *artikel.html* und sucht dort anschließend den Anker *#hauptteil*. Ist der vorhanden, springt der Browser direkt dorthin.

Um Links auf andere Websites zu setzen, müssen Sie beachten, dass der Link unbedingt ein *http://* enthält. Sonst sucht der Browser das Dokument auf der Präsenz der derzeitigen Website. Einen Link auf einen Artikel eines fremden Webauftritts setzen Sie z. B. so:

```
<a href="http://www.fremde-site.de/artikel.html">
Weiterführende Informationen</a>
```

Für Links stehen weitere wichtige Attribute zur Verfügung, die Sie einzeln innerhalb des `<a>`-Tags, jeweils mit einem Leerzeichen getrennt, platzieren können. Die wichtigsten Attribute sind `target` und `title`. Mit `target` bestimmen Sie das Zielfenster des Verweises. Generell können Sie das Attribut `target` weglassen, benötigt wird es in der Regel nur dann, wenn Sie den Link in einem neuen Fenster öffnen wollen. Um das zu erreichen, übergeben Sie dem Attribut den Parameter `_blank`. Um z. B. die Startseite des Onlinespiels zu verlinken und in einem neuen Fenster öffnen zu lassen, benötigen Sie den folgenden Link:

```
<a href="http://www.samorost2.net" target="_blank">Samorost 2</a>
```

Mit dem Attribut `title` übergeben Sie dem Link noch einen Titel. Diese zusätzlichen Informationen zeigen die meisten Browser in einem kleinen Fenster an, wenn der Surfer über den Link fährt. Diese Zusatzinformationen geben den Benutzern einen Eindruck davon, was sie hinter dem Link erwartet. Das ist vor allem dann sinnvoll, wenn anstelle von Text ein Bild verlinkt wird. Der folgende Verweis mit Bild und Titel wird im Browser Firefox wie in Abbildung 11-16 dargestellt. Der Internet Explorer 6 ignoriert hingegen die Informationen, zeigt sie nur bei einem Textlink an und gibt im kleinen Fenster den Titel des Bilds aus.

```
<a href="http://www.spiegel.de" target="_blank"
title="Zum Webauftritt von Spiegel Online"><img src="spiegel-logo.
gif" alt="" /></a>
```

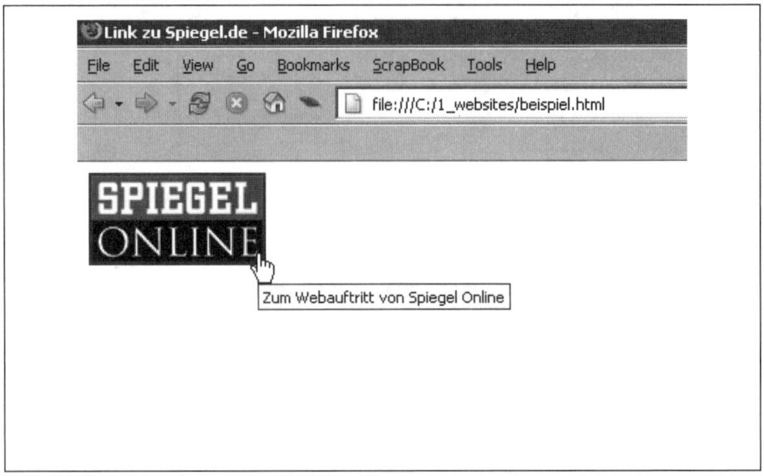

Abbildung 11-16 ▶ Bei Links mit title-Attribut erfahren die Besucher mehr über den darunterliegenden Link, wenn sie mit der Maus über dem Link verharren.

Generell sollten Sie jeden Link mit einem `title`-Attribut ausstatten. Einerseits erhöht die Zusatzinformation die Benutzerfreundlichkeit, und andererseits lesen zahlreiche Suchmaschinen solche Informationen aus und verknüpfen sie mit den anderen Informationen, die sie auf Ihrer Website finden. Mehr zu diesem Thema erfahren Sie in Kapitel 7, *Suchmaschinenoptimierung*.

Um unseren Artikel zu vervollständigen, suchen wir noch einmal unsere beiden Listen hervor. Während die erste, ungeordnete Liste die drei Links zum ersten und zweiten Teil samt einem Link auf die Firmenwebsite des Spieleprogrammierers enthalten, setzen wir innerhalb der Definitionsliste Verweise auf drei weitere Spiele. Dabei sieht die ungeordnete Liste mit den Attributen `title`, `href` und `target` so aus:

```
<ul>

<li>Samorost - Teil 1:
 <a title="Den ersten Teil von Samorost spielen" href="http://www.
amanitadesign.com/samorost/" target="_blank">www.amanitadesign.com/
samorost/</a></li>

<li>Samorost - Teil 2:
 <a title="Den zweiten Teil von Samorost spielen" href="http://www.
samorost2.net" target="_blank">www.samorost2.net</a></li>
```

```
<li>Firmenwebsite von Jakub Dvorsky: <a title="Amanita Design:
 Firmenwebsite von Jakub Dvorsky" href="http://www.amanitadesign.com/"
 target="_blank">www.amanitadesign.com</a></li>

</ul>
```

Verständliche Links gestalten

Many weblog authors seem to think it's cool to write link anchors like: 'some people think' or 'there's more here and here.' Remember one of the basics of the Web: Life is too short to click on an unknown. Tell people where they're going and what they'll find at the other end of the link.
Jakob Nielsen

Links auf Webseiten zu setzen, ist eine Kunst, weil Sie dadurch Benutzer leiten und ihnen weiterführende Informationen vor Augen führen können. Darum ist es wichtig, dass Links als solche schnell erfasst werden können und sich eindeutig vom restlichen Inhalt des Dokuments abheben. Links geben dem Leser beim Betrachten einer Webseite Bezugspunkte.

Seit den Anfängen des Webs haben sich Textlinks vor allem durch zwei Merkmale vom Rest eines Artikels abgehoben: Andersfarbigkeit und Unterstreichung. Darum erkennen die meisten Surfer intuitiv einen Link sofort als solchen. Zusätzlich setzen viele Websites zwei Farben für Links ein, um dem Besucher mitzuteilen, welche Links er schon besucht hat und welche nicht. Diese Farben und Eigenschaften lassen sich mit Cascading Style Sheets beeinflussen. Generell sollten bereits besuchte Links weniger aus dem Text hervorstechen als neue. Empfehlenswert ist es z.B., die Farbe des besuchten Links abzuschwächen. Noch nicht aufgesuchte Links erscheinen dadurch aktiver und signalisieren dem Besucher: Hier bist du noch nicht gewesen!

Tipp

Benutzen Sie immer die gleiche Basis-URL für einen Link, ansonsten weiß der Browser nicht, dass beide Links zur gleichen Seite gehören. Wurde die Seite bereits besucht und taucht mit einer neuen URL auf, wird der Link mit den Eigenschaften für noch nicht besuchte Links vom Browser angezeigt, obwohl der Surfer den Artikel schon angesehen hat.

Icons für Links

Bei einem Link weiß der Benutzer meist nicht, wohin er ihn führt, es sei denn, Sie haben ihn darauf vorbereitet und den Link eindeutig benannt. Ob sich eine Webseite in einem neuen Fenster öffnet, der Benutzer auf eine weitere Ihrer Unterseiten geht oder sogar auf einen Link zu einer E-Mail-Adresse geklickt hat, erfährt er erst nach dem jeweiligen Klick. Eine Möglichkeit, Textlinks noch eindeutiger auszuzeichnen, ist die Verwendung von kleinen Grafiken. Diese Icons können zusätzlich zum verlinkten Text den Leser visuell leiten und ihm im Voraus Aufschluss darüber geben, was sich hinter dem Link verbirgt. Bekannte Websites wie z.B. *www.telepolis.de* oder allen voran die Wikipedia unter *www.wikipedia.org* machen sich diese Navigationshilfe zunutze (siehe Abbildung 11-17).

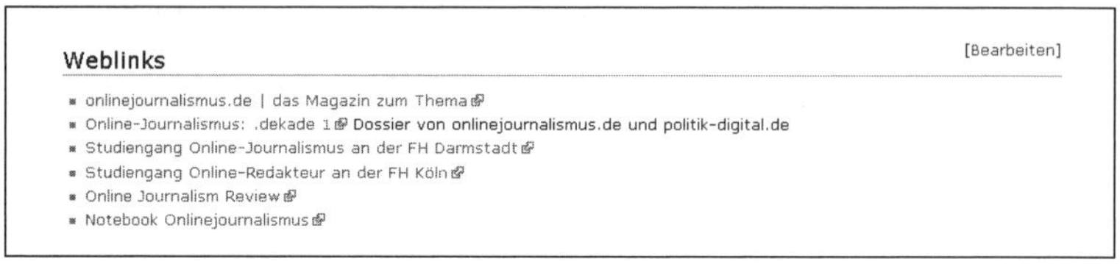

Abbildung 11-17 ▶ Externe Links werden in der Wikipedia-Enzyklopädie mit einem Icon von internen Links abgehoben.

Diese kleinen Icons sollten intuitiv erkennbar sein. Wie in Abbildung 11-17 zu erkennen ist, wird dabei oft ein Pfeil nach rechts oben mit einem Quadrat kombiniert, um darauf hinzuweisen, dass sich ein neues Fenster öffnet. Um solche Icons für eigene Links zu verwenden, müssen sie über die Cascading Style Sheets eingebunden werden.

Links gestalten mit CSS

Links lassen sich mithilfe von CSS auf mannigfaltige Weise gestalten. Innerhalb von CSS stehen für den Linkselektor a fünf unterschiedliche Eigenschaften zu Verfügung:

- `a:link` legt Eigenschaften für Links zu noch nicht besuchten Websites fest.
- `a:visited` legt Eigenschaften für Links zu bereits besuchten Websites fest.
- `a:active` legt Eigenschaften für Links fest, die gerade geklickt werden.
- `a:hover` legt Eigenschaften für Links fest, über die gerade der Mauszeiger fährt.

- a:focus legt Eigenschaften für Links fest, die per Tastatur angesprungen werden.

Alle fünf Eigenschaften sollten auf jeden Fall im Cascading Style Sheet vorkommen und definiert werden. Obendrein können Sie über CSS die Links mit Icons ausstatten. Dafür müssen Sie aber den eigentlichen Link mit einer jeweiligen Klasse – je nach Linkart extern oder intern – ausstatten. Ein externer Link sieht dann wie folgt aus:

```
<a href="http://www.heise.de" class="extern" title="Heise
                                Zeitschriften Verlag">www.heise.de</a>
```

Mit class="extern" rufen Sie die Stylesheet-Vorgaben auf. Diese versehen den Link mit einem Icon namens *icon-externer-link.gif* und könnten wie folgt aussehen.

```
.extern {
background: url(icon-externer-link.gif) center right no-repeat;
padding-right: 13px;
}
```

Mit background verknüpfen Sie den Link mit einer Hintergrundgrafik, hier mit unserem Icon. Dieses positionieren wir mittig in der Vertikalen (center) auf der rechten Seite (right) und lassen es nicht wiederholen (no-repeat). Mit padding-right wird dem Link auf der rechten Seite ein wenig Innenabstand gegeben, damit das Icon nicht hinter dem Linktext steht. Das Ergebnis könnte dann so aussehen, wie in Abbildung 11-17 gezeigt.

Man kann es nicht oft genug betonen: Links müssen wie Links aussehen. Deswegen empfehle ich Ihnen, bei der Gestaltung von Links am besten nur die Eigenschaften für Hintergrund, Unterstreichung und Schrift zu ändern. Beliebt bei der Gestaltung sind unter anderem Effekte, die Sie mit :hover erzielen. Der Hover-Effekt erzeugt nämlich eine gewisse Interaktivität, da durch das Darüberfahren mit der Maus etwas passiert.

Ich persönlich bevorzuge es bei meinen eigenen Websites, Links in Texten durch die CSS-Eigenschaft border-bottom zu gestalten und sie gleichzeitig fett vom Text abzuheben. Da es für Rahmen mehrere Arten von Linien gibt, kann man diese mit dem Hover-Effekt kombinieren. Während ich also in der CSS-Datei die Unterstreichung von Links über text-decoration:none; deaktiviere, bekommt ein Link gleichzeitig per border-bottom eine neue, 1 Pixel breite Unterstreichung. Diese ist im Normalzustand auf meinen Websites gestrichelt (dashed) und erscheint als durchgezogene Linie (solid), sobald der Mauszeiger über den Link fährt. Der CSS-Code für Links mit roter (#dd0000) unterer Rahmenlinie sieht dann so aus:

```
a {
text-decoration: none;
font-weight: bold;
border-bottom: 1px dashed #dd0000;
}
a:hover {
    color: #dd0000;
    border-bottom: 1px solid #ffce00;
}
```

Wohin mit den Links?

Das Platzieren von Links ist ein wichtiger Bestandteil in der Benutzerführung. Werden Links z.B. zu früh gesetzt, liest der Besucher aus Neugier womöglich den Text nicht zu Ende und besucht die verlinkte Webseite oder hört sich eine verlinkte Mediendatei an. Wie oben beschrieben, können Links auch den Lesefluss, dennoch sind sie äußerst wichtig. Denn mit ihnen verbessern Sie Ihre Website und bieten Ihren Lesern qualitativ hochwertige Mehrinformationen. Sie werden es Ihnen danken und wieder auf Ihrer Website vorbeischauen.

Eine Möglichkeit zur Anordnung von Links ist das Bündeln der Links ähnlich den Anhängen in einem Buch. Dazu eignen sich Boxen innerhalb des Artikels, die farblich abgegrenzt sind und vom Artikeltext umflossen werden. Diese Methode wird unter anderem von Spiegel Online genutzt. Dabei bündelt das bekannte Newsportal auch eigene Artikel zu Themensammlungen, die zum jeweiligen Artikel passen. Auf diese Weise verführen die Redakteure die Leser dazu, weitere Spiegel Online-Artikel zu lesen.

Eine weitere Möglichkeit zur Positionierung von Links besteht darin, sämtliche Links am Ende des Artikels noch einmal zu versammeln, ähnlich wie Fußnoten in wissenschaftlichen Büchern. Besonders Fleißige können innerhalb des Texts Sprungmarken mit Zahlen zu den unterhalb des Artikels angebrachten Links setzen – also quasi Fußnoten. Dieses Verfahren ist jedoch aufwendig und zeitintensiv, besonders wenn Sie einen Artikel pflegen und ihn gegebenenfalls um neue Links ergänzen. In einem solchen Fall müssen Sie nämlich sämtliche Links erneut durchnummerieren, es sei denn, das Redaktionssystem greift Ihnen unter die Arme.

Links im Anreißer

Wie soll der Link benannt werden, der nach dem Lesen des Anreißers zum Artikel führt? Verlinkt man am besten gleich den ganzen Anreißer? Oder nur einen Teil davon? Das sind Fragen, die unterschiedlich beantwortet werden können: Bei Spiegel Online, Heise.de und Stern.de lautet das verlinkte Wort zum Artikel »mehr...«, bei Focus ist es »weiter«, bei Netzeitung.de »Artikel«, und beim erfahrenen Weblogger Johnny Haeusler lautet das Motto »read on, my dear...«. Generell sollte man die Schlüsselbegriffe benutzen, an die sich der Leser schon gewöhnt hat – z.B. »mehr...« oder »Artikel lesen!«, denn damit bekommt der Link einen Aufforderungscharakter.

Was Sie vermeiden sollten

Links dienen dem Leser beim Scannen von Texten als Orientierungsmarken. Zu viele Links stören aber den Lesefluss und stellen eine Hürde dar. Obendrein erhöht jeder Link das Rauschen im Kopf, da sich der Besucher jedes Mal fragt: »Soll ich nachschauen, was sich hinter dem Link verbirgt?« Entscheiden Sie sich trotzdem dafür, Links im Fließtext unterzubringen, vermeiden Sie auf jeden Fall einen undurchdringlichen Link-Dschungel. Diese erschweren nicht nur das Lesen, sondern ermüden den Leser bei seinen Entscheidungen. Obendrein wirken Link-Dschungel unprofessionell und hinterlassen einen unseriösen Eindruck, da sich der Leser fragt, ob wirklich alles relevant ist oder der Autor des Artikels zu faul war, die besten Informationen auszuwählen.

Für die Startseite Ihres Internet-Auftritts gibt es eine weitere Richtlinie: Vermeiden Sie externe Links auf der Startseite, wenn Sie Ihre Leser zum Schmökern in Ihrer Site verleiten wollen. Zwar ist es auf Weblogs üblich, auf der Homepage auf externe Webpräsenzen, Mediendateien oder Dienste zu verlinken, aber das ist im Grunde kontraproduktiv. Denn auch wenn Ihre Stammleser immer wieder zurückkehren, sind Sie sicherlich auch an neuen Lesern interessiert.

Stellen Sie sich vor, ein Besucher stößt über die Link-Liste eines Freundes auf Ihre Website und landet auf Ihrer Startseite. Neugierig liest er die ersten zwei Anreißer, von denen der zweite seine Aufmerksamkeit erregt. Es handelt sich um einen neuen Online-Service, den Sie getestet haben und in einem Artikel vorstellen. Interessiert klickt der neue Leser auf den Direktlink und gelangt zum Service. Diesen probiert er nun selbstständig aus und beschäftigt sich in der nächsten halben Stunde mit ihm. Die Wahrscheinlichkeit, dass er zurückkommt, ist gering. Außerdem hat er Ihren

Artikel nicht gelesen, obwohl er dadurch womöglich Zeit gespart hätte oder von Ihrem Fachwissen begeistert gewesen wäre.

Checkliste für funktionierende Links

1. Ist der Link als solcher klar und logisch auf der Webseite erkennbar?
2. Hat der Link ein `title`-Attribut?
3. Öffnet sich der Link in einem neuen Fenster? Wenn ja, öffnen sich nur externe Links in neuen Fenstern?
4. Funktioniert der Link?
5. Erklärt der Link-Text oder die Grafik mit Schlüsselbegriffen sinnvoll den Inhalt, der dahintersteckt?
6. Weniger ist mehr: Hilft der verlinkte Inhalt dem Benutzer weiter, und passt er thematisch zum Text?
7. Stört der Link den Lesefluss?

KAPITEL 12

Newsletter

In diesem Kapitel:

- Aufbau eines Newsletters
- Plain Text oder HTML?
- Mailattachments
- Double-Opt-In-Verfahren
- Kurzlinks für Newsletter
- Newsletter-Versand mit Mailchimp

Newsletter per E-Mail gehören zu den preiswertesten und trotz Spam immer noch effizientesten Werbewerkzeugen. Denn E-Mail-Newsletter informieren ohne großen finanziellen Aufwand Interessierte, Journalisten, Redaktionen und Fans Ihres Weblogs über neue Artikel, Podcasts oder Nachrichten. Neben einer einwandfreien logischen Strukturierung des Newsletters spielt die Wichtigkeit und Häufigkeit der News eine große Rolle. Durch die generelle Zunahme des Mailverkehrs und vor allem durch immer mehr Spam-Mails fühlen sich Newsletter-Abonnenten schnell bedrängt. Deswegen ist neben einem geschickten Umgang mit der Anzahl der versendeten Newsletter auch eine entsprechende Netiquette elementar wichtig, sonst wird der Newsletter vom nächsten Spam-Filter gefressen.

§

Was juristisch für die Versender von Werbe-Mails (und Spam) gilt, ist auch für die Versender von Newslettern relevant. Nach der Anti-Spam-Regelung im Gesetz gegen unlauteren Wettbewerb dürfen Werbemails nur nach vorherigem Einverständnis des Empfängers verschickt werden. Wird dies nicht beachtet, stellen sie nach dem Gesetz eine unzumutbare Belästigung dar, die Schadensersatzansprüche zur Folge haben kann. Newsletter dürfen daher nur auf Anforderung und niemals an alle Empfänger einer auf anderem Wege entstandenen Adressliste verschickt werden. Näheres hierzu finden Sie im Abschnitt »Unerwünschte Werbung« in Kapitel 15, *Wettbewerbsrecht*.

Überlegen Sie sich ein Konzept und eine Gliederung für den neuen Newsletter. Entwerfen Sie dann ein Newsletter-Dokument, das Sie für jeden weiteren Newsletter benutzen können – das erleichtert die Arbeit und gibt Ihren Newslettern ein einheitliches Aussehen mit

Wiedererkennungseffekt. Schreiben Sie den Newsletter immer zuerst in einem Textverarbeitungsprogramm und überprüfen Sie anschließend die Rechtschreibung. Bereiten Sie den Newsletter optisch auf, indem Sie die Inhaltsbereiche voneinander abheben. Dazu gehören die Newsletter-Kennung, das Inhaltsverzeichnis, der eigentliche Newsletter-Content, das Impressum und die Möglichkeit, den Newsletter wieder abzubestellen. Begrenzen Sie anschließend die Zeichen pro Zeile, indem Sie den Newsletter probeweise an sich selbst versenden (alternativ können Sie auch manuell hinter jeder Zeile einen Zeilenumbruch einfügen). Wenn Sie mit dem Ergebnis zufrieden sind, öffnen Sie das Programm, das den Versand der E-Mails übernimmt.

Aufbau eines Newsletters

Je klarer und informativer ein Newsletter ist und je benutzerfreundlicher die Möglichkeit zur Abokündigung gestaltet ist, desto eher erfreut er sich der Beliebtheit bei den Empfängern. Hinterfragen Sie dabei regelmäßig, ob Sie selbst sich für die News und Tipps interessieren würden, die Sie gerade für Ihre Leser oder Zuschauer zusammenstellen. Selbst eine nett gemeinte E-Mail mit »Frohe Ostern!« oder »Guten Rutsch!« könnte nerven. Wenn Sie dennoch eine solche E-Mail versenden wollen, ist es ratsam, irgendetwas Amüsantes oder Unterhaltsames beizufügen – sei es ein kostenloses MP3 als Download-Link oder ein witziges, amüsantes Bild. Erzeugen Sie stets Mehrwert und Unterhaltung!

Die Nachricht, die Sie in Ihrem Newsletter verbreiten, muss nicht unbedingt Sie selbst betreffen. Ein Verweis auf etwas Interessantes, das Sie im Web entdeckt haben, kann den Empfänger begeistern. Beachten Sie dabei den Kontext. Ein Tipp zu einem Kochrezept für Weihnachten, egal wie lecker es ist, macht beim Versand eines Newsletters für Techno-Liebhaber wenig Sinn. In dem Fall ist schon eher ein unterhaltsamer Videoclip mit einem Nikolaus angebracht, der mit seinen Hirschen ordentlich im Techno-Takt mitnickt.

Beim logischen Aufbau eines Newsletters sollten Sie sich an der Struktur von Magazinen oder Büchern orientieren. Ein Erfolg versprechender Newsletter ist wie folgt strukturiert:

- Betreff mit Kennung
- Einleitung mit thematischem Titel des Newsletters, der Website oder Ihres Blogs, Datum und/oder personalisierter Einleitung

- Übersicht über die behandelten Themen in einem kleinen Inhaltsverzeichnis
- Hauptteil mit Nachrichten, Daten und Links
- Schlussteil mit Abo-Kündigungsfunktion und Impressum

Bevor ein Empfänger in seinem E-Mail-Programm eine neue Botschaft öffnet, betrachtet er die Adresse des Absenders und die Betreffzeile. Beide Felder entscheiden darüber, ob eine E-Mail geöffnet, ignoriert oder direkt gelöscht wird. Darum sollte eine Betreffzeile in erster Linie Vertrauen schaffen und Auskunft über den Versender geben. Vermeiden Sie kryptische E-Mail-Adressen und geben Sie einer Adresse mit direktem Bezug zum jeweiligen Angebot der Website den Vorzug. Vermeiden Sie weiterhin Wörter in Großbuchstaben sowie mehrfach verwendete Sonderzeichen in der Betreffzeile, wie z.B. Ausrufezeichen. Außerdem sollten Sie personalisierte Betreffzeilen meiden, in der Sie die E-Mail-Adresse des Empfängers ein weiteres Mal aufführen. Alle diese Dinge würden Ihre E-Mail für Spam-Filter besonders verdächtig machen. Achten Sie außerdem darauf, seriös zu wirken und marktschreierische Begriffe wie »kostenlos«, »gratis«, »free« oder »Gewinnspiel« zu vermeiden.

Neben dem Aufbau von Vertrauen muss eine Betreffzeile auch die Neugierde des Empfängers wecken und Spannung erzeugen. Schließlich ist die Betreffzeile der Einstieg in den Newsletter. Verschicken Sie Pressemitteilungen, dann schreiben Sie als Allererstes *Pressemitteilung:* in die Betreffzeile. Außerdem geben Sie in der Betreffzeile ruhig eine Kennung an. Das kann der Name Ihres Blogs, Ihrer Videoshow oder Ihrer Website sein. Wenn der Empfänger auf Anhieb erkennt, wer der Absender des Newsletters ist, wird er die Nachricht sicherlich mit Vertrauen öffnen.

Tipp Um sämtliche Risiken zu minimieren und den Inhalt Ihres Newsletters auf Spam-Merkmale zu testen, überprüfen Sie ihn am besten auf Herz und Nieren mit dem Spam-Assassin-Test, den Sie unter *www.lyris.com/resources/contentchecker* finden.

Plain Text oder HTML?

Der Versand von HTML-Newslettern ist nicht ganz unkompliziert. Denn zahlreiche E-Mail-Programme verstehen unterschiedlich viel HTML und zeigen womöglich gar keine Bilder in HTML-E-Mails an. Um auf Nummer sicher zu gehen, verschickt man E-Mails im reinen Text-Format, denn jedes Programm kann E-Mails im Text-

Format lesen. Ein weiterer Vorteil von Text-E-Mails ohne Anhänge ist die Tatsache, dass sie immer klein sind und sich schnell an Freunde weiterleiten lassen.

Es gibt auch Benutzer, die keine HTML-Newsletter empfangen wollen, weil sie vor sogenannten *Phishing-Attacken* Angst haben. Denn in HTML-E-Mails lassen sich Skripten einbauen und Links fälschen. Außerdem nutzen Spammer HTML-E-Mails, um ihren Opfern *Webkäfer* unterzuschieben. Darunter versteht man unsichtbare Bilder, die innerhalb einer E-Mail platziert werden. Jedes Bild hat eine individuelle ID und wird vom Server bei Aufruf der E-Mail abgerufen. Wird das Bild angefordert, weiß der Spammer, dass die entsprechende E-Mail-Adresse tatsächlich benutzt wird.

Trotzdem empfehle ich Ihnen den Versand von HTML-Newslettern. Denn dank HTML gestalten Sie Ihren Newsletter, passen das Design Ihrem Blog oder Ihrer Videoshow an und können unkompliziert Links im Fließtext unterbringen. Um HTML-E-Mails jedoch erfolgreich zu verschicken, greifen Sie am besten auf ein ausgereiftes Newsletter-Werkzeug zurück. Solche Werkzeuge bieten Ihnen Vorlagen, die garantiert in jedem E-Mail-Programm gut aussehen. Meinen Favoriten unter den E-Mail-Versandservices stelle ich Ihnen weiter unten vor: Mailchimp.

Sind Sie ein Gegner von HTML-E-Mails, können Sie selbst Text-E-Mails mit ein wenig Geschick optisch aufwerten und gliedern. Hilfreich für strukturierende Überschriften sind unter anderem Sonderzeichen wie Minus-, Plus-, Sternchen-, Raute-, Größer- und Kleinerzeichen sowie Unter- und Schrägstrich. Schauen Sie sich dazu einmal in Abbildung 12-1 den exzellent strukturierten Newsletter von Dr. Web mit mehr als 76.000 Abonnenten an.

Sollten Sie sich trotzdem für HTML-Newsletter entscheiden, dann halten Sie den eigentlichen Code schlicht. Benutzen Sie außerdem kein JavaScript, keine Tabellen und keine übergroßen Überschriften. Sparen Sie an bunten Farben und belassen Sie es bei einem weißen Hintergrund sowie wenigen Bildern. Setzen Sie innerhalb des HTML-Newsletters nur lesbare Links und vermeiden Sie IP-Adressen. Denn lesbare Links wie beispielsweise *www.domain.de/hilfreiche-wordpress-plugins* offenbaren dem Leser, wohin die Reise geht.

Weiterhin sollten Sie für Ihren Newsletter eine feste Zeichenanzahl pro Zeile ins Auge fassen, damit man ihn angenehm lesen kann. Eine Zeile sollte zwischen 50 und 74 Zeichen enthalten.

Von: bounce-dr.web-newsletter-3791119@scott.kbx.de im Auftrag von newsletter@drweb.de
An: Wissen fuer Webworker
Cc:
Betreff: Dr. Web Newsletter Nr. 221 vom 02. August 2005 - Scripts - Browserleisten - Fotos - Vista - Startseite (drweb: message 2 of 3)

```
---------------------------------------------------------------
Dr. Web Newsletter - Das Beste aus dem Dr. Web Magazin
---------------------------------------------------------------

Datum                 02.08.2005
Jahrgang              8
Ausgabe               221
ISSN                  1436-9826
Abonnenten            76245
Ihre Email Adresse    drweb.3.derbunker@spamgourmet.com
Website               http://www.drweb.de/
RSS-Feed              http://www.drweb.de/rss.xml
Kontakt               http://www.drweb.de/kontakt/
Online Version        http://www.drweb.de/archiv/index-dwn-2.shtml


---------------------------------------------------------------
Newsletter wieder abbestellen? Hier klicken:
http://www.drweb.de/scripts/comments.php#newsletter
---------------------------------------------------------------


01 // Script-Ressourcen
02 // Browserleisten basteln
03 // Neue Artikel bei Dr. Web
04 // SEO Extension für Firefox
05 // Basteln mit CSS: Fotos mit Mehrwert
06 // Windows Vista
07 // Perfekt ins Web mit der eigenen Startseite
08 // Service und Impressum


---------------------------------------------------------------
01 // Script-Ressourcen
---------------------------------------------------------------

Eine anspruchsvolle Sammlung bietet Thomas Fuchs. Sein Metier: JavaScript.
So finden sich allerlei originell und frische Ideen. Besonders angetan
```

▲ **Abbildung 12-1**
Webdesigntipps von Dr. Web: ein vorbildlich strukturierter Newsletter aus reinem Text

Mailattachments

Anhänge müssen von so vielen Computerbenutzern wie möglich geöffnet werden können. Denn was taugt ein Pressetext in Form eines DOCX-Newsletters, wenn der Empfänger nicht die aktuelle Version von Word besitzt? Selten werden sich die Empfänger die Mühe machen, den Newsletter noch auf andere Weise zu öffnen. Halten Sie deshalb Ihren Newsletter möglichst schlicht. Machen Sie auch einen großen Bogen um exotische Text-, Bild- oder Tonformate. Nutzen Sie für Ihre Attachments allgemeingültige Standards. Für Texte sind das TXT-, RTF oder PDF-Dateien.

Auch für Bilder und Grafiken gibt es unterschiedliche Formate. Die häufigste Verwendung findet sicherlich das JPEG/JPG-Format, das im Internet viel genutzt wird und sich besonders für fotorealistische Bilder eignet. Für die Nutzung im professionellen Printbereich empfiehlt es sich, Bilder im TIF-Format bereitzuhalten. Bilder dieses Formats werden unkomprimiert abgespeichert und sind wegen ihrer hohen Auflösung bei Printredaktionen beliebt. Für Logos hat sich das vektororientierte EPS-Format etabliert. Da EPS-Bilder als Vektoren abgespeichert werden, sind die Bilder skalierbar und sehen dadurch in jeder Größe scharf aus. Mehr Informationen über Bilder erfahren Sie in Kapitel 10, *Bilder fürs Web aufbereiten*.

Wenn Sie Dateien per E-Mail verschicken, sollten Sie unbedingt darauf achten, dass Ihr Mailattachment nicht zu groß ist. Gerade bei TIFF- und EPS-Dateien passiert das schnell. Wenn Sie Ihren Newsletter-Abonnenten große Dateien zukommen lassen wollen, hinterlegen Sie die Dateien besser auf Ihrer Website zum Download und positionieren im Newsletter lediglich einen Link darauf. Für Logos hat sich das vektororientierte EPS-Format etabliert. Dieses werden Sie sicherlich seltener verschicken; trotzdem ist es interessant für Redaktionen, wenn auch ein Logo mit abgedruckt werden soll. Da EPS-Bilder als Vektoren abgespeichert werden, sind die Bilder skalierbar und sehen dadurch in jeder Größe scharf aus.

Auch für Audiodateien gibt es viele Formate. Dazu gehören z.B. MP3, das Dateiformat des Fraunhofer-Instituts, WMA, der proprietäre Audiocodec von Microsoft, oder QuickTime, das Format von Apple. Das Standardformat für Audiodateien ist MP3.

Verschicken Sie aber bloß keine Audio- und Videodateien. Diese verschlingen meist viel Speicherkapazität und verstopfen schnell kleine Gratis-E-Mail-Konten. Hinterlegen Sie darum Audio- und Videodateien auf Ihrer Website und geben Sie in der E-Mail Download-Links zur jeweiligen Datei an. Ist Ihnen eine bestimmte Audiopassage besonders wichtig, verschicken Sie einen stark komprimierten Ausschnitt und weisen darauf hin, dass der Mitschnitt in besserer Qualität online zur Verfügung steht.

Double-Opt-In-Verfahren

Beim *Double-Opt-In-Verfahren* handelt es sich um ein Anmeldeverfahren, mit dem unterbunden werden soll, dass Menschen ohne ihr Einverständnis einen Newsletter erhalten. Hat ein User auf einer Website seine E-Mail-Adresse hinterlassen, um fortan einen Newsletter zu abonnieren, erhält er erst mal eine automatisch generierte E-Mail. Darin enthalten ist ein Bestätigungslink vor, mit dessen Aufruf das Abonnement aktiviert wird. Auf diese Weise bestätigt der Newsletter-Abonnent also zwei Mal, dass er den Newsletter tatsächlich beziehen möchte. Dadurch wird verhindert, dass Fremde eine E-Mail-Adresse einfach aus Spaß oder Bosheit in einen E-Mail-Verteiler eintragen können. Wird nämlich die Nachfrage-E-Mail ignoriert, wird die E-Mail-Adresse so lange nicht in den Verteiler aufgenommen, bis der Link angeklickt wird.

Natürlich hat dieses Verfahren auch einen Nachteil: Faule oder weniger motivierte Interessenten bleiben beim Double-Opt-In-Verfahren auf der Strecke, wenn sie nicht auf den Bestätigungslink klicken. Auch die Newsletter-Interessenten, die dieses Verfahren nicht kennen, werden eventuell abgeschreckt. Deshalb ist es besonders wichtig, den Vorgang so unkompliziert und einfach wie möglich zu halten.

Trotz dieser offensichtlichen Nachteile setzen alle professionellen Services und Newsletter-Anbieter – auch das unten vorgestellte Mailchimp – auf dieses Verfahren. Ein fairer und korrekter Umgang mit Menschen zahlt sich am Ende immer aus. Deshalb verzichten Sie lieber auf ein paar weniger interessierte Leser, um die wirklich Neugierigen bei der Stange zu halten. Das Double-Opt-In-Verfahren haben alle regulären Onlineservices und fortgeschrittene Programme als Funktion integriert. Sie brauchen lediglich die Texte der Double-Opt-In-Nachrichten den eigenen Vorstellungen anzupassen, den Rest übernimmt der Service. Anbieter solcher Dienste sind z. B.:

Open Source-Newsletter-Programm Dadamail

http://www.dadamailproject.com

Newsletter-Services

www.mailchimp.com

www.madmimi.com

Mailinglisten-Services

http://groups.yahoo.com/

www.domeus.de

http://groups.google.de/

Kurzlinks für Newsletter

Auch wenn sämtliche Links auf Ihrer eigenen Seite kurz und prägnant sind, kann es vorkommen, dass Sie einen Link auf eine fremde Webseite setzen wollen, z.B. auf eine Amazon-Produktseite. Solche URLs kürzen Sie besser auf eine angenehme Größe zurück, da sie oft unglaublich kryptisch und viel zu lang sind, wie Sie z.B. an der folgenden URL sehen können: *http://www.amazon.de/exec/obidos/ASIN/B0000A5BV4/qid=1120748820/sr=8-4/ref=sr_8_xs_ap_i4_xgl/302-8213968-9168819.*

Das Problem an solchen URLs ist nicht nur ein optisches, sondern es kann auch zu technischen Schwierigkeiten kommen. Wird ein langer Link im Mail-Client des Mailempfängers falsch umbrochen, kann es passieren, dass der Link nicht mehr funktioniert. Möchte der Newsletter-Empfänger dann dem gesendeten Link folgen, stößt er mit ziemlicher Wahrscheinlichkeit auf eine Fehlerseite.

Für die Fertigung und Verwaltung von Kurzlinks gibt es im Internet zahlreiche kostenlose Dienste, z.B. die von *tinyurl.com*, *bit.ly. is.gd oder snipurl.com*. Diese Websites haben das Problem von Newsgroup-Postings und Newsletter-Versendern erkannt und sich auf das kostenlose Anlegen und Verwalten von Kurzlinks spezialisiert. Tabelle 12-1 gibt Auskunft über die möglichen Optionen und den angebotenen Service.

Tabelle 12-1
Services für kurze URL-Weiterleitungen

Service	Anzahl der Zeichen in der URL	Bookmark	Statistik	Link-Aussehen	Benutzerverwaltung
is.gd	18	ja	nein	nein	nein
tinyurl.com	25	ja	nein	ja	ja
bit.ly	20	ja	ja	ja	nein
snipurl.com	23	ja	nein	ja	ja

Während *is.gd* Links nur auf aussagelose Zeichenketten eindampft, ermöglichen *snipurl.com*, *tinyurl.com* und *bit.ly* personalisierte Links. Alle Services bieten ein Bookmarklet für den Browser an. Befindet man sich auf einer Website, reicht ein Klick auf das Bookmarklet, und schon springt ein Pop-up-Fenster mit einem verkürzten Link zur gerade besuchten URL auf. Im Unterkapitel »Zeichen sparen für geballte Informationen« des Kapitels *Twitter* stelle ich Ihnen den URL-Verkürzer bit.ly genauer vor.

Checkliste für erfolgreiche Newsletter

Gestaltung

- Vermeiden Sie im Betreff den vermehrten Einsatz von Sonderzeichen und Großbuchstaben.
- Verzichten Sie auf eine Personalisierung in der Betreffzeile.
- Verwenden Sie keine unseriösen und marktschreierischen Begriffe.
- Verschicken Sie keine HTML-Newsletter.
- Versenden Sie keine Anhänge (wenn doch, dann nur kleine Dateien in bekannten Formaten wie PDF, JPG oder RTF).
- Nennen Sie einen Ansprechpartner und geben Sie ein Impressum mit Kontaktmöglichkeiten an.

Adressangaben

- Schaffen Sie Vertrauen und wählen Sie eine seriöse Versandadresse, die in Verbindung mit dem Versender steht.
- Verwenden Sie eine gültige Absender- und Antwortadresse.

Achten Sie auf einen gültigen Domainnamen des Mailservers.

An- und Abmeldung des Newsletters

- Bieten Sie eine Double-Opt-In-Funktion für das Anmelden zum Newsletter an.
- Richten Sie einen Unsubscribe-Link oder eine Möglichkeit zur Abmeldung des Newsletters ein.
- Integrieren Sie eine Datenschutzerklärung, um weiteres Vertrauen zu schaffen.
- Löschen Sie abgemeldete E-Mail-Adressen sicher und verbindlich.

Verhaltensregeln

- Seien Sie für Rückmeldungen und Beschwerden in kürzester Zeit erreichbar.
- Nehmen Sie Beschwerden ernst und reagieren Sie möglichst prompt.

Löschen Sie E-Mail-Adressen, die über eine Fehlermeldung zurückkommen.

Newsletter-Versand mit Mailchimp

Der Newsletter-Versand ist nicht unkompliziert, wenn man ihn professionell betreiben will. Schnell zerschießt ein E-Mail-Programm den HTML-Newsletter, plötzlich steht womöglich die eigene Domain auf einer Blacklist, oder die Verwaltung der E-Mail-Adressen verschlingt zu viel Zeit. Genau hierfür bieten sich professionelle Services an. Persönlich bin ich ein Fan von *Mailchimp*. Der amerikanische Service für Newsletter und E-Mail-Marketing ist zwar in Englisch, aber die Benutzeroberfläche ist so einfach gestaltet, dass Sie den Service schnell verstehen werden. Außerdem sind alle wesentlichen Elemente ins Deutsche übersetzt worden, lediglich das Backend nicht. Alle Nachrichten und Formulare an Ihre Empfänger können Sie somit eindeutschen und die Texte eventuell nachbearbeiten. Für alles Weitere bietet Mailchimp zahlreiche Videoanleitungen, die den Umgang mit Mailchimp erklären.

Abbildung 12-2 ▶
Umfangreiche Newsletter-Statistiken via Mailchimp: Wer hat was, wann und wo angeklickt?

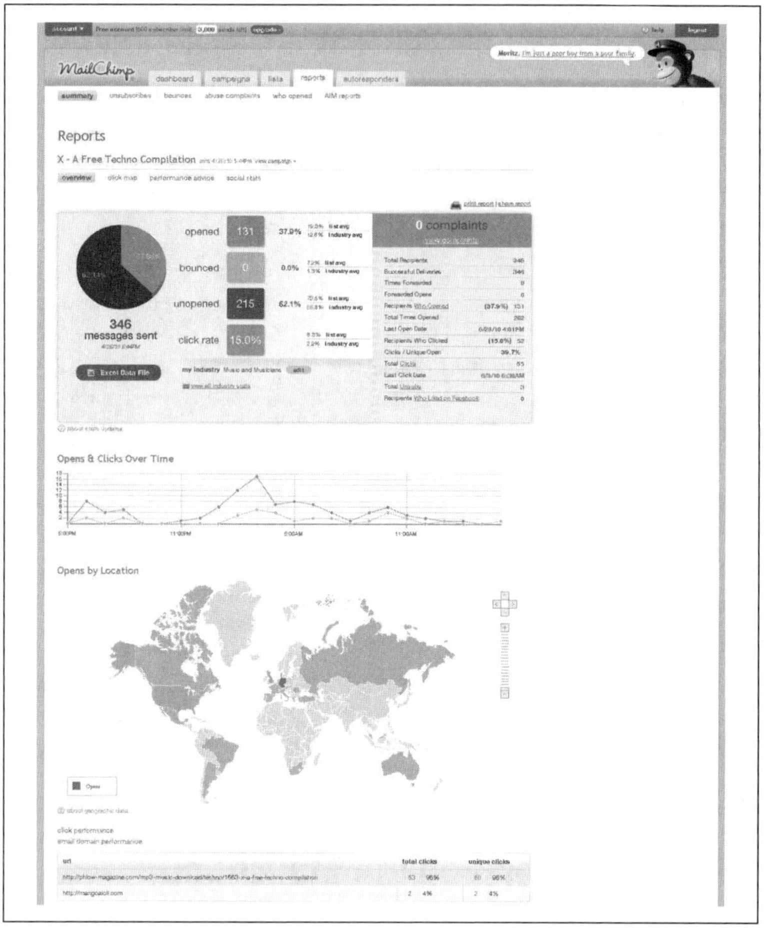

Pluspunkte von Mailchimp

Mailchimp unterstützt Sie in zahlreichen Punkten. Einer der wichtigsten Punkte ist der Empfang. Da Mailchimp auf zufriedene Kunden angewiesen ist, achtet die Firma streng darauf, dass Mailchimp nicht auf irgendwelchen schwarzen Listen landet und der Empfang der E-Mails von Servern geblockt wird. Auch müssen Sie nichts installieren, um den Service zu nutzen bzw. zu testen. Ähnlich wie WordPress besticht Mailchimp durch eine hervorragende Benutzeroberfläche, über die Sie Bilder für E-Mails hochladen, die Abonnenten verwalten und Statistiken einsehen – siehe Abbildung 12-2. Außerdem organisiert der Service ohne Ihr Zutun die Abonnenten. Ob Neugierige Ihren Newsletter abonnieren oder ihn wieder kündigen, Mailchimp erledigt alles im Hintergrund und bietet Ihnen Formulare bzw. einen Link darauf, um neue Abonnenten über Ihr Blog zu akquirieren. Obendrauf gibt es noch eine iPhone-App, über die Sie unterwegs neue Abonnenten hinzufügen oder Statistiken abrufen können.

Zu den großen Pluspunkten von Mailchimp gehören die folgenden Funktionen:

- Kostenlos – Mit Mailchimp verschicken Sie pro Monat maximal 3.000 E-Mails und maximal 500 Empfänger kostenlos.
- Archiv – Alle Ihre Newsletter sind auch online als HTML-Webseite in einem Archiv zugänglich.
- Empfängergruppen – Abonnenten können verschiedenen Gruppen zugewiesen werden.
- Statistiken – Mailchimp versorgt Sie mit Statistiken und zeigt, wer den Newsletter geöffnet hat, welche Links wo im Newsletter angeklickt wurden und, und, und.

Vorlagen (Templates) – Mailchimp bietet Ihnen professionelle und getestete HTML-Newsletter-Vorlagen für den erfolgreichen Versand.

Eigene Kurz-URLs – Links verkürzt Mailchimp auf Wunsch mithilfe des eigenen URL-Verkürzers.

Anbindung an soziale Netzwerke – Nach dem Versand verschickt Mailchimp auf Wunsch den Link zum Newsletter auch über Ihre Konten auf Twitter, Facebook & Co.

Text- und HTML-E-Mails – Benutzer wählen selbstständig, welches E-Mail-Format ihnen Mailchimp schicken soll.

Mailchimp ausprobieren

Das Newsletter-Marketing-Werkzeug Mailchimp bietet seinen Nutzern zwei Preismodelle: Entweder Sie zahlen monatlich einen Obulus, oder Sie zahlen für jede einzelne Kampagne, die Sie verschicken. Bevor es jedoch so weit ist, können Sie Mailchimp kostenlos ausprobieren. Denn in der Freemium-Version erlaubt der Service den kostenlosen Versand von maximal 3.000 E-Mails an maximal 500 Abonnenten. Das bedeutet, dass Sie selbst bei voller Auslastung mit 500 Abonnenten sechs Newsletter pro Monat verschicken könnten. Bis das so weit ist, müssen Sie aber erst einmal so viele Abonnenten sammeln. Und selbst dann können Sie den

Service immer noch wechseln, weil Mailchimp selbstverständlich den Export von Adressen und Daten erlaubt.

An dieser Stelle kann ich den umfangreichen Service nicht ausführlich vorstellen, weil der Platz nicht ausreichen würde. Das ist aber auch nicht weiter schlimm, weil Mailchimp für jeden Menüpunkt und die wichtigsten Aktionen jeweils eine Videoanleitung zur Verfügung stellt. Obendrein finden Sie unter *www.mailchimp.com/resources* ein Füllhorn von Anleitungen sowie Tipps und Tricks für den erfolgreichen Versand. Damit Sie jedoch schnell starten können, erkläre ich Ihnen aber noch im nächsten Schritt, wie Sie Mailchimp mit Ihrem WordPress-Weblog verbinden.

Mailchimp in Ihr Blog einbauen

Für den Newsletter-Versand braucht man natürlich Adressen. Diese geben Sie über das Mailchimp-Redaktionssystem ein, oder Sie sammeln neue Abonnenten über Formulare. Dazu bietet Ihnen Mailchimp zwei Lösungen: eine eigene Mailchimp-Webseite, um einen Newsletter zu abonnieren, und zum anderen ein Codeschnipsel. Die elegante Version ist die Code-Schnippsel-Variante.

Um neue Adressen für den eigenen Newsletter zu erhalten, baut man damit ganz einfach ein Formular in die Seitenleiste seines Blogs ein. Dazu nutzen Sie das Text-Widget, das es Ihnen erlaubt, auch HTML-Befehle in die Seitenleiste zu setzen. Ein HTML-Formular erstellen Sie dann über den Formular-Generator von Mailchimp. Diesen finden Sie über den Menüpunkt *Lists > forms* – siehe Abbildung 12-3 – unterhalb Ihrer Liste.

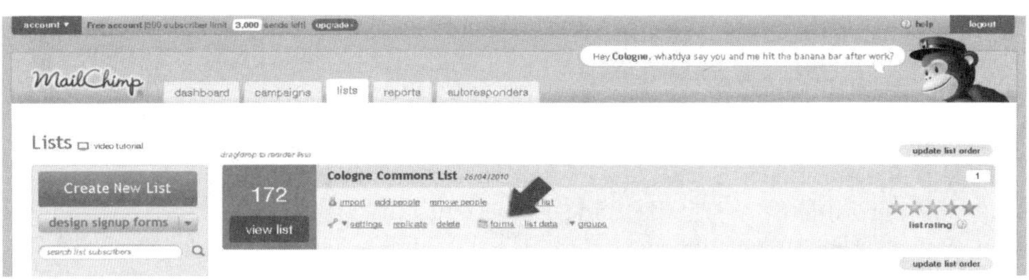

Abbildung 12-3 ▲
Den Formular-Generator von Mailchimp finden Sie über den Menüpunkt Lists und den Link forms.

Über das Drop-down-Menü *forms & response emails* im Formular-Generator gestalten Sie sämtliche Meldungen Ihres Newsletters. Wählen Sie den Menüpunkt *Signup Form*. Über das Register *Build it* klicken Sie sich das Formular zusammen. Über die Seitenleiste rechts fügen Sie mit *add a field* ein Formularfeld hinzu und verfeinern es über *field settings*. Mit einem Klick auf *save field* sichern Sie Ihre Einstellungen. Stehen die Elemente des Formulars, geht es an die Gestaltung über das Register *design it*.

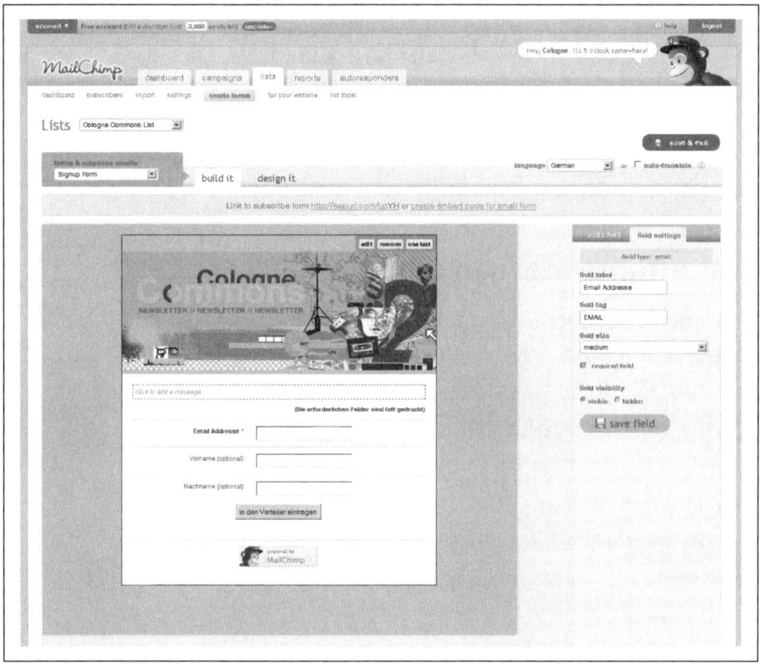

◀ **Abbildung 12-4**
Über den Editor gestaltet man unkompliziert Formulare mit eigenen Bildern, Farben und gewünschten Feldern.

Wir brauchen aber HTML-Code für unsere Website. Klicken Sie dazu unterhalb von *build it* und *design it* auf *create embed code for small form*. Über diesen Editor erstellen Sie den Code für Ihr Blog. Wenn Sie zufrieden mit den Feldern und dem Aussehen sind, kopieren Sie den HTML-Code unten links in den Zwischenspeicher. Als Nächstes öffnen Sie das WordPress-Backend und klicken auf *Design → Widgets*. Ziehen Sie das Text-Widget in die Seitenleiste, geben Sie dem Widget eine Überschrift und kopieren Sie dann den Code aus dem Zwischenspeicher in das Hauptfeld. Nach einem Klick auf *Speichern* können Leser Ihres Blogs jetzt den Newsletter abonnieren, den Sie über Mailchimp verschicken. Um zu testen, ob alles geklappt hat, abonnieren Sie testweise den Newsletter selbst. Dadurch gehen Sie sicher, dass das Formular auch wirklich funktioniert.

Wider die Newsletter-Kritik

Auch wenn viele Kritiker seit Jahren den Tod von Newsletter-Marketing heraufbeschwören, so sind Newsletter immer noch ein oft genutztes Mittel. Ein Vorteil von Newslettern sind vor allem die Zeitintervalle. Während z.B. Abonnenten von RSS-Feeds oft eine hohe Taktrate an neuen Inhalten erwarten, vermisst ein Newsletter-Abonnent vielleicht nicht sofort einen Newsletter, wenn Sie den Versand einmal aussetzen. In der Regel erreichen Sie noch ein halbes Jahr später Ihre Abonnenten, die die eingegebene E-Mail-Adresse weiterhin nutzen. Auch ändern die wenigsten Redaktionen ihre E-Mail-Adresse für Pressemitteilungen. Newsletter werden somit noch lange genutzt und erfahren vielleicht durch die hektische Echtzeitkommunikation eine kleine Renaissance.

Weiterführende Artikel zum Thema

Der nützliche, aber gefährliche E-Mail-Rundbrief – Praxistipps zum rechtssicheren Newsletter-Versand
    http://bit.ly/newsletter_tipps

Quelle zur Inspiration für designte Newsletter
    www.beautiful-email-newsletters.com

»Design trends and patterns in html email design«
    www.spammeltdown.com

Umfangreiche Sammlung an englischen Artikeln für den Newsletter-Versand
    www.mailchimp.com/articles/

»Stupid HTML Email Design Mistakes«
    www.mailchimp.com/articles/stupid-html-email-design-mistakes/

Teil 4: Rechtliche Grundlagen von Laura Dierking und Christoph Golla

KAPITEL 13

Medienrecht

In diesem Kapitel:

- Impressumspflichten
- Das Trennungsgebot
- Presserechtliche Sorgfaltspflichten
- Die Gegendarstellung

Wer sich im Internet mit Blogs oder Podcasts an die Öffentlichkeit wendet, kommt an einigen rechtlichen Fragen nicht vorbei. Medienrechtliche Grundsätze sind hier genauso zu beachten wie die Urheber- und Persönlichkeitsrechte anderer. Auch wettbewerbsrechtliche Fragen können schnell eine bedeutende Rolle spielen.

Das, was in größeren Medienunternehmen in aller Regel eigene Rechtsabteilungen prüfen, muss jeder private Blogger oder Podcaster selbst übernehmen. Dabei sind die Maßstäbe natürlich stets die gleichen und die Folgen unbedachter Rechtsverletzungen fatal. Ein Schadensersatzanspruch ist schnell entstanden, und bereits die Abmahnung durch einen Rechtsanwalt kann hohe Kosten verursachen. Der folgende Überblick soll eine kurze Einführung in die relevanten Rechtsgebiete geben und die typischen »Rechtsfallen« aufzeigen.

Hinter dem Stichwort »Medienrecht« verbergen sich sämtliche Gesetze und Regelungen, die sich mit Online- wie Offlinemedien befassen. Vor allem zählen dazu die Landespressegesetze, der Rundfunkstaatsvertrag (RfStV) und das Telemediengesetz (TMG) sowie der Jugendmedienschutz-Staatsvertrag (JMStV).

Sowohl Blogs als auch Podcasts sind elektronische Informations- und Kommunikationsdienste, die nicht Dienste im Sinne des Telekommunikationsgesetzes sind oder Rundfunk darstellen (§ 1 Abs. 1 TMG). Damit sind sie Telemedien und fallen unter die Regelungen des TMG. Dieses Gesetz enthält neben den gesondert behandelten Haftungsregelungen verschiedene Vorgaben, die bei der Veröffentlichung im Internet unbedingt zu beachten sind (siehe auch Kapitel 17, *Haftungsfragen*.

Impressumspflichten

Zwar bietet das Internet die Möglichkeit der grenzenlosen Anonymität, wer jedoch einen Telemediendienst an die Allgemeinheit richtet, muss sich zu erkennen geben. Schließlich müssen all diejenigen, deren Rechte in einem Blog oder Podcast betroffen sein könnten, wissen, an wen sie sich wenden bzw. gegen wen sie unter Umständen klagen müssen. Das TMG legt deshalb die Impressumspflichten fest, wonach zunächst jeder Anbieter eines Telemediendiensts seinen Namen und seine Anschrift anzugeben hat. Dienstanbieter sind solche, die eigene oder fremde Telemedien zur Nutzung bereithalten oder den Zugang zur Nutzung vermitteln. Erfasst sind damit auch alle Betreiber von Webseiten.Welche Informationen angegeben werden müssen, ergibt sich aus § 5 Telemediengesetz.

§

Wer nicht ein solcher Dienstanbieter ist, muss trotzdem ein Impressum haben, wenn seine Angebot nicht nur persönlichen oder familiären Zwecken dient. Dies ergibt sich aus dem Rundfunkstaatsvertrag, der nicht nur Anforderungen an Rundfunk, also Fernsehen und Radio, sondern auch für Telemedien enthält. Danach müssen Namen und Anschrift des Vertretungsberechtigten leicht erkennbar, unmittelbar erreichbar und ständig verfügbar gehalten werden.

Wer darüber hinaus ein journalistisch-redaktionell gestaltetes Angebot bereithält, das in periodischer Folge Texte verbreitet, muss zusätzlich einen Verantwortlichen mit Namen und Anschrift benennen. Dieser Verantwortliche muss seinen ständigen Wohnsitz im Inland haben, muss unbeschränkt strafrechtlich zu verfolgen sein und darf nicht jünger als 18 Jahre sein. Ein journalistisch-redaktionelles Angebot liegt insbesondere dann vor, wenn – wie im klassischen Journalismus üblich – Material gesammelt, geordnet und aufbereitet wird mit dem Ziel, für einen unbestimmten Personenkreis zu veröffentlichen. Ein Weblog, das mit einer gewissen Regelmäßigkeit erscheint und in irgendeiner Form aufbereitetes Material enthält, wird ohne Weiteres als ein journalistisch-redaktionelles Angebot einzuordnen sein, sodass die Pflicht zur Nennung eines Verantwortlichen besteht.

Früher war umstritten, ob diese Regelung auch für Podcasts, unabhängig ob Audio oder Video, von Bedeutung ist. Im Gesetz heißt es zwar, dass journalistisch-redaktionell gestaltete Inhalte insbesondere solche sind, die Texte und Bilder periodisch wiedergeben, dies wird jedoch nicht als ein Ausschlussgrund gegenüber anderen Diensten, die Inhalte periodisch anbieten, gesehen.

Wenn in einem Podcast eine wüste Beleidigung ausgesprochen wird, muss dafür genauso jemand strafrechtlich verfolgt werden können, wie es bei einem Blog der Fall wäre. Schließlich besteht insoweit der einzige Unterschied darin, dass einmal geschrieben und einmal gesprochen wird. Auch wenn sich noch kein Gericht zu dieser Frage geäußert hat, ist davon auszugehen, dass die Pflicht zur Benennung eines Verantwortlichen in entsprechender Anwendung der Vorschrift auch für Podcasts gilt.

Natürlich dürfen die gesetzlich vorgeschriebenen Impressumsangaben, wenn sie denn notiert sind, nicht in der hintersten Ecke einer Unter-Unterseite versteckt werden – womöglich nur über ein Scrollen am Rand zu erreichen oder nur bei Aktivierung von Flash, Silverlight oder weiteren Plug-ins abzurufen und dann noch winzig klein geschrieben. Die BGB-Info-Verordnung verlangt, dass die erforderlichen Informationen gut lesbar und leicht zu erreichen sind. Es empfiehlt sich daher in jedem Fall, auf der Startseite eines Webangebots an prominenter Stelle einen Button *»Impressum«* anzubringen, der unmittelbar auf die vorgeschriebenen Angaben verlinkt.

Ein besonderes Problem kann sich ergeben, wenn beispielsweise ein Podcast nicht auf einer eigenen Webseite angeboten wird, sondern lediglich als »nackter« RSS-Feed verfügbar ist. Auch wenn eine Webseite, auf der ohne Weiteres ein Impressum angebracht werden könnte, nicht existiert, bleibt der Podcast dennoch ein in der Regel redaktionell gestalteter Telemediendienst mit entsprechenden Impressumspflichten. Diese lassen sich erfüllen, indem man die Informationen jedes Mal aufspricht und etwa zu Beginn sagt: »Dies ist der Podcast von Max Mustermann, Bahnhofstr. 5 in 55555 Musterhausen, für den auch Max Mustermann verantwortlich ist.« Deutlich eleganter und weniger störend ist dagegen eine Information über die ID3-Tags. Hier lässt sich bespielsweise im Feld *»Albumtitel«* eine E-Mail-Adresse angeben, und die weiteren Daten können unter *»Sonstige Angaben«* hinterlegt werden. Beim Abspielen des Podcasts sieht der Hörer dann die Informationen auf seinem Player.

Diese Pflichten gelten natürlich auch für Video-Podcasts. Dort könnte man beispielsweise die Informationen, statt sie jedes Mal einzusprechen, auch am Anfang oder am Ende einblenden.

Das Trennungsgebot

Von freundlichen Kommentaren allein kann man auch als Podcaster oder Blogger schlecht leben, und daher ist das Angebot, bei einer gut besuchten Webseite Werbung zu schalten, überaus verlockend. Die meisten Blogs und Podcasts konzentrieren sich auf spezielle Themen, und die Nutzer sind in aller Regel sogenannte »Streamies«, also technikbegeisterte Neugierige einer eher jüngeren Altersklasse. Damit lässt sich eine enge Zielgruppe für Werbung sehr genau bestimmen, was je nach Produkt für die Werbetreibenden äußerst attraktiv sein kann. Wer jedoch auf seiner Webseite oder in seinem Podcast Werbung einbindet, muss auch hier einige medienrechtliche Vorschriften beachten.

Allen voran steht hier das Trennungsgebot, wonach Werbung als solche immer erkennbar und vom übrigen Inhalt eindeutig getrennt sein muss. Der Grund für diese Regelung liegt in der Verantwortung, die auch die Betreiber von Telemediendiensten für die Meinungsbildung haben. Wer sich in redaktionell-journalistischer Form äußert, genießt in der Regel ein gewisses Vertrauen seiner Hörer oder Leser. Leicht ließe sich das ausnutzen, um mit unkenntlicher Werbung zu manipulieren. Problematisch wird es also, sobald unterschwellig bestimmte Produkte häufig gelobt oder Markennamen ständig genannt werden (Stichwort »Schleichwerbung« oder auch »Product Placement«) und dies mit einem entsprechenden Werbevertrag mit der jeweiligen Firma zusammenhängt. Trotzdem darf ein Blogger natürlich darüber schreiben, dass Twix sein Lieblingsschokoriegel ist. Sobald allerdings Werbung bezahlt wird, muss der Hinweis dazukommen, dass es sich um Werbung handelt.

§

Bei der Gestaltung einer Webseite erfolgt die Trennung vom übrigen Inhalt etwa durch ein separates Kästchen, über dem »Anzeige« steht. Da der normale Internetnutzer jedoch an Werbung auf Webseiten mittlerweile durchaus gewöhnt ist, reicht z.B. eine Anordnung von Werbefenstern am optisch abgetrennten seitlichen Rand auch aus, um eine eindeutige Trennung vom Inhalt deutlich zu machen.

Bei Podcasts, die mit akustischen Werbespots arbeiten, empfiehlt sich ein vorhergehendes Tonsignal oder schlicht die Ankündigung, dass nun Werbung folgt. Ein solches Ton- bzw. Bildsignal ist für klassisches Radio und Fernsehen ausdrücklich vorgeschrieben, für Telemediendienste nicht. Sollte die Trennung also auch ohne Tonsignal deutlich erkennbar sein, ist auch dies zulässig. Bei Video-Podcasts kann die Abgrenzung auch über einen Trenner geschehen.

Möglich wäre es natürlich, auch ein Gewinnspiel anzubieten, durch das besser auf den eigenen Telemediendienst hingewiesen werden könnte. Die Durchführung solcher Gewinnspiele muss immer unter dem Gebot des Teilnehmerschutzes und der Transparenz erfolgen. Gewinnspiele, die nur dazu da sind, Teilnehmer in die Irre zu führen, indem beispielsweise ein Gewinn gar nicht möglich ist, sind natürlich unzulässig. Innerhalb des Gewinnspiels muss über die Kosten der Teilnahme, die Teilnahmeberechtigung, die Spielgestaltung und über die Auflösung der gestellten Aufgabe berichtet werden.

Presserechtliche Sorgfaltspflichten

Wenn es sich bei einem Telemediendienst um ein journalistisch-redaktionell gestaltetes Angebot handelt, trifft den Anbieter nicht nur die im Abschnitt »Impressumspflichten« angesprochene journalistische Pflicht, einen Verantwortlichen zu benennen. Auch andere journalistische Grundsätze sind dann zu beachten. Dies betrifft zum einen die Trennung von Kommentar und Bericht, damit der Hörer oder Leser stets weiß, ob er es gerade mit der neutralen Wiedergabe eines Ereignisses im Sinne einer Nachricht zu tun hat oder ob der Anbieter seine persönliche Sicht der Dinge schildert.

Zum anderen sind die journalistischen Sorgfaltspflichten zu erfüllen, die mit der bereits früh erkannten Bedeutung von Telemediendiensten für die öffentliche Meinungsbildung zusammenhängen. So soll beispielsweise verhindert werden, dass auf einer Vielzahl von Blogs und Podcasts vom Kauf eines MP3-Players abgeraten wird, der angeblich Funktionsmängel habe, obwohl dies falsch ist. Sind aufgrund einer solchen Meldung erst einmal die Käufer abgesprungen, hat der Hersteller völlig zu Unrecht Einbußen erlitten. Entscheidend ist daher die journalistische Wahrheitspflicht, die vor allem in Bezug auf Ehrverletzungen, wirtschaftliche Schädigungen oder Täuschungen im Wettbewerb zu beachten ist. Allerdings bedeutet journalistische Wahrheitspflicht nicht, dass alles, was veröffentlicht wird, zu 100 Prozent wahr sein muss. Wäre das so, dürfte vieles, was in den Zeitungen steht, nicht abgedruckt werden, bevor nicht ein Wahrheitsbeweis erbracht worden ist. Journalistische Wahrheitspflicht bedeutet vielmehr das ernsthafte Bemühen um Wahrheit und die sorgfältige Recherche. Im Klartext heißt das, dass man sich zwar ohne Weiteres auf Meldungen der bekannten Presseagenturen verlassen darf, bei einer äußerst seltsamen Geschichte, die an der Supermarktkasse erzählt wird, aber in jedem Fall recherchieren muss. Oft ist dazu erforderlich, auch einmal die »andere Seite« anzuhören. Wer sich mit einem Bericht allein auf ein Gerücht stützt, muss dies auch genau so kenntlich machen. Sollte ein Journalist einmal trotz sorgfältiger Recherche dennoch etwas Unwahres verbreitet haben, so schützt ihn die Pressefreiheit bzw. die Wahrnehmung berechtigter Interessen im Strafrecht vor Schadensersatzansprüchen oder vor strafrechtlicher Verfolgung. Wer jedoch schlampig recherchiert oder gar wissentlich etwas Falsches verbreitet, verliert diesen Schutz und muss sich für die Falschbehauptung verantworten.

Eng verwandt mit der journalistischen Wahrheitspflicht ist das Gebot journalistischer Fairness, wonach relevante Tatsachen nicht einfach weggelassen werden dürfen. Eine einseitige Darstellung, die etwa alles weglässt, was den Betroffenen entlastet, widerspricht den journalistischen Grundsätzen und ist somit unzulässig. Genauso ist bei der Darstellung eines Umfrageergebnisses mitzuteilen, wie viele Befragte teilgenommen haben und welche Fragen gestellt wurden.

Verdachtsberichterstattung

Eine Besonderheit stellt im Zusammenhang mit der Wahrheitspflicht die Verdachtsberichterstattung dar. Natürlich soll in einem demokratischen Staat auch dann über Vorfälle berichtet werden können, wenn bislang nur ein Verdacht, aber keine gesicherte Kenntnis besteht. Dies ist z.B. bei Straftaten der Fall, wenn die Staatsanwaltschaft gegen jemanden ermittelt, der Betroffene aber auch unschuldig sein könnte. Zunächst darf in so einem Verdachtsfall nur berichtet werden, wenn ein berechtigtes öffentliches Interesse besteht. Außerdem muss ein gewisser Mindestbestand an Beweisen vorliegen, sodass der Verdacht zumindest berechtigt ist. Nicht ausreichend wäre hier der von einem Supermarktangestellten lediglich behauptete Ladendiebstahl einer nicht prominenten Person.

Im Rahmen der Berichterstattung ist dann peinlichst darauf zu achten, dass keine Vorverurteilung stattfindet. Man sollte daher z.B. vom »mutmaßlichen Täter«, nicht vom »Dieb« sprechen, denn über die Strafbarkeit eines Verhaltens hat nur ein Gericht zu urteilen. Die bereits genannten Sorgfaltspflichten sind bei einer Verdachtsberichterstattung noch stärker zu beachten. So ist am besten immer auch eine Stellungnahme des Betroffenen selbst einzuholen.

Die Gegendarstellung

Wird eine Person durch eine Berichterstattung – sei sie nun wahr oder unwahr – persönlich betroffen, etwa indem man ihr eine Straftat vorwirft, so hat sie stets das Recht, sich mit »gleichen Waffen«

dagegen zu wehren. Verankert ist dies im gesetzlichen Anspruch auf Gegendarstellung, der den Anbieter redaktionell-journalistischer Mediendienste verpflichtet, eine Gegendarstellung des Betroffenen kostenlos aufzunehmen und diese ohne Einschaltungen und Weglassungen in der Aufmachung des ursprünglichen Berichts zu veröffentlichen. Außerdem sind ursprünglicher Bericht und Gegendarstellung miteinander zu verknüpfen, sodass Leser oder Hörer beides gleich gut wahrnehmen können. Unzulässig ist es daher, die Gegendarstellung zu einem Titelseitenartikel auf einer weit verzweigten Unterseite einer Webpräsenz zu verstecken. Wird der Ausgangsbericht nicht mehr angeboten, so muss die Gegendarstellung, wenn der Betroffene dies verlangt, noch bis zu einem Monat abrufbar sein.

§ Für Podcasts heißt dies im Besonderen, dass eine Gegendarstellung als Reaktion auf einen akustisch wahrnehmbar gemachten Beitrag nicht lediglich als Text auf einer Webseite veröffentlicht werden darf. Der Sprecher muss vielmehr den jeweiligen Text verlesen, wenn der Betroffene keinen Audiobeitrag verfasst hat.

KAPITEL 14

Urheberrecht

In diesem Kapitel:

- Verwertungsrechte
- Creative Commons-Lizenzen
- Das Urheberpersönlichkeitsrecht
- Schranken des Urheberrechts

Die meisten Rechtsverletzungen im Internet betreffen das Urheberrecht. Sofort denkt man hier an Musiktauschbörsen und sogenannte »Raubkopien«. Aber schon ein sorglos auf die eigene Webseite kopiertes Familienfoto, die Anfahrtsskizze mit der gescannten Straßenkarte oder der zusammengeschnipselte Musik-Jingle kann dazu führen, dass Schadensersatzansprüche in erschreckender Höhe geltend gemacht werden können. Wer vorsätzlich das Urheberrecht verletzt, muss darüber hinaus auch mit einer strafrechtlichen Verfolgung rechnen. Dabei genügt es für den Vorsatz bereits, wenn der Täter eine Urheberrechtsverletzung für möglich hält und diese billigend in Kauf nimmt.

Jeder, der mit einer eigenen persönlich-geistigen Leistung ein Werk erschafft, genießt als dessen Urheber den Schutz des Urhebergesetzes (UrhG). Der Werkcharakter beginnt nach der Theorie der »kleinen Münze« dabei nicht erst beim Buch, bei der ganzen Oper oder beim Gemälde – auch ein fünfminütiger Podcast, ein kurzes Video, der sechszeilige Blogbeitrag oder eben die Online-Straßenkarte können urheberrechtlich geschützte Werke sein, sofern ihnen eine geistige Leistung zugrunde liegt, die über das Normale und Gewöhnliche hinausgeht. Es wird insoweit von einer gewissen »Gestaltungshöhe« gesprochen. Nicht geschützt ist dagegen die reine Idee, solange sie noch nicht in Werkform – etwa durch die Aufnahme und Herstellung einer Audiodatei – wahrnehmbar gemacht worden ist. Kein Werk in diesem Sinne ist etwa das ohne künstlerische Ambitionen geknipste Foto oder der Gesang einer Popdiva – dennoch gelten dafür die dem Urheberrecht verwandten Leistungsschutzrechte, die weitestgehend genauso behandelt werden.

Sobald ein Werk vorliegt, entsteht der urheberrechtliche Schutz automatisch. Eine Anmeldung, Eintragung oder etwas Ähnliches ist nicht erforderlich. Die dann bestehenden Rechte des Urhebers (bzw. des Leistungsschutzberechtigten) werden im deutschen Urheberrecht in eine persönlichkeitsrechtliche und eine verwertungsrechtliche Seite unterteilt

Verwertungsrechte

Die Verwertungsrechte sorgen dafür, dass der Urheber selbst entscheiden kann, was mit seinem Werk passieren soll. Sie geben ihm das alleinige und ausschließliche Recht, das Werk z.B. zu veröffentlichen, es zu kopieren oder es via Internet öffentlich zugänglich zu machen. Natürlich steht dahinter letztlich der Gedanke, dass der Urheber für sein Werk, das er der Allgemeinheit zur Verfügung stellt, auch entlohnt werden soll. Er kann daher über seine Verwertungsrechte in der Form verfügen, dass er anderen gegen eine Vergütung Nutzungsrechte, auch Lizenzen genannt, einräumt. Ein Nutzungsrecht zur Vervielfältigung und Verbreitung eines Schriftstücks ermächtigt damit z.B. einen Verlag, den Text eines Autors zu drucken und zu veröffentlichen, im Gegenzug dafür erhält der Autor ein Honorar. Das Nutzungsrecht zur Zugänglichmachung im Internet kann der Autor dagegen z.B. einem anderen einräumen oder es selbst behalten.

Nutzungsrechte können in einfacher oder ausschließlicher Form erteilt werden. Wer ein einfaches Nutzungsrecht besitzt, darf damit das Werk in der vereinbarten Form nutzen, muss aber damit rechnen, dass auch anderen ein solches einfaches Nutzungsrecht eingeräumt wird. Mit einem ausschließlichen Nutzungsrecht ist man dagegen alleiniger Inhaber der Rechte zur jeweiligen Werknutzung und kann anderen – selbst dem Urheber – die Nutzung verbieten. Ein solches ausschließliches Recht wird auch als sogenannter »Total-Buy-Out«, also Verkauf aller Rechte, bezeichnet. Gleichzeitig kann der Inhaber eines ausschließlichen Nutzungsrechts selbst – mit Zustimmung des Urhebers – einfache Nutzungsrechte an andere Nutzer erteilen.

Verwertungsgesellschaften

Die eigenständige Verwertung eines Werks stellt den Urheber oft vor eine unlösbare Aufgabe. So wird etwa eine halbwegs bekannte Musikgruppe kaum in der Lage sein, jedem Radiosender, jeder Schulband und jedem Fan jeweils die Rechte zur Sendung, zur Aufführung oder zum Herunterladen der Musik aus dem Internet einzuräumen. Auch kann sie nur schwer überwachen, ob die Musik ohne entsprechende Lizenz widerrechtlich genutzt wird. Daher gibt es die Möglichkeit einer kollektiven Verwertung, bei der eine Verwertungsgesellschaft – im Fall des Musikurhebers z.B. die GEMA (die *Gesellschaft für musikalische Aufführungs- und mechanische Vervielfältigungsrechte*) – all dies für den einzelnen Urheber übernimmt. Weitere Verwertungsgesellschaften sind etwa die GVL (*Gesellschaft zu Verwertung von Leistungsschutzrechten*), die VG Wort und die VG Bild/Kunst. Die Verwertungsgesellschaft schließt mit dem Urheber einen sogenannten Wahrnehmungsvertrag, der ihr die ausschließlichen Nutzungsrechte und die Vergütungsansprüche überträgt. Damit kann sie den Verwertern gegen Vergütung einfache Nutzungsrechte einräumen und anschließend das erwirtschaftete Geld an die Urheber ausschütten.

Dies erklärt, dass insbesondere bei Musikstücken die ausschließlichen Nutzungsrechte sehr häufig bei der GEMA liegen. Wer ein solches Musikstück – etwa als Podcast-Jingle – nutzen möchte, muss sich daher an die GEMA wenden, um die entsprechenden einfachen Nutzungsrechte von ihr zu erwerben. Dafür gibt es vorgefertigte Formulare, die unter *www.gema.de/musiknutzer* zu finden sind. Wer z.B. einen Song als Hintergrundmusik für seine private Website nutzen möchte, findet in der Rubrik »Hintergrundmusik für Websites« und »private Website« den aktuellen Tarif und einen Meldebogen. Derzeit kostet eine solche Hintergrundmusik für die private Webseite 35 Euro pro Jahr für je 120.000 Zugriffe innerhalb eines Jahres. Im Meldebogen werden u.a. Titel und Spieldauer des Musikstücks eingetragen. Für Podcaster bietet die GEMA inzwischen eigene Tarifmodelle an, die unter *http://www.gema.de/musiknutzer/online-bereitstellen/nutzungsformen/podcasting00/* zu finden sind.

Die Branche der Verwertungsgesellschaften befindet sich jedoch zurzeit im Umbruch. Nach einer Empfehlung der EU-Kommission ist es Musiklabels erlaubt, die Rechte für eine Onlinenutzung von Musik aus den Verwertungsgesellschaften und damit aus der GEMA abzuziehen. Die EMI hat dies getan und eine eigene Verwertungsgesellschaft für die Onlinenutzung gegründet. So werden nun die Rechte für diese Werke dieser Plattenfirma für bestimmte Nutzungsarten bei der CELAS eingeholt. Dies gilt im Moment beispielsweise für den Verkauf von MP3s oder Klingeltönen. Wie das bei der reinen Wiedergabe der Stücke online ist, war und ist weiterhin streitig. Stand ist aber momentan, dass bei einer Nutzung der Stücke in Podcasts, Blogs oder Videos die Rechte über die GEMA eingeholt werden können.

§

Jeder, dem vom Urheber kein Nutzungsrecht eingeräumt wurde, ist zu einer Werknutzung auch nicht berechtigt. Wer also ein urheberrechtlich geschütztes Werk, d.h. jedes Werk, in dem eine eigene geistige Leistung steckt, vervielfältigt, verbreitet, im Internet zugänglich macht, aufführt oder sendet, verletzt damit das Urheberrecht.

Eine Werknutzung liegt auch dann vor, wenn ein Werk nach eigenen Vorstellungen bearbeitet oder umgestaltet wird. Das ist etwa bei einer Verfremdung von bestehenden Tonaufnahmen oder bei der Vertonung eines fremden Texts der Fall. Hier ist stets die Einwilligung des Urhebers erforderlich, es sei denn, das andere Werk wird »frei benutzt«. Unter einer freien Benutzung ist die Verwendung eines Werks in einem eigenen selbstständigen Werk dann zu verstehen, wenn das ursprüngliche Werk hinter dem neuen Werk verblasst und nahezu nicht mehr als das ursprüngliche Werk wahrnehmbar ist. Eine freie Bearbeitung der fremden Tonaufnahme liegt also dann vor, wenn eine stark verfremdete Textzeile in einem längeren eigenständigen Hörspiel aufgeht. Für diese Art der Bearbeitung ist eine Einwilligung nicht erforderlich.

§ Im Bereich der Musik gibt es die freie Bearbeitung ausdrücklich nicht. Wer also ein Musikstück bearbeitet, benötigt dafür *immer* die Einwilligung des Urhebers.

Creative Commons-Lizenzen

Das Grundprinzip, wonach vom Urheber für einige Verwertungshandlungen Nutzungsrechte erteilt werden, für andere dagegen nicht, liegt auch den Creative Commons-Lizenzen zugrunde. Hinter dem Begriff »Creative Commons« verbirgt sich eine Organisation, die verschiedene Lizenzvertragsmodelle für Urheber anbietet und dabei das Ziel verfolgt, einen fairen Ausgleich zwischen Urheberinteressen und einem freien Informationsfluss zu schaffen. Der Urheber, der die Verwertung seiner Werke selbst in die Hand nehmen möchte und daher die Dienste der Verwertungsgesellschaften nicht in Anspruch nimmt, hat hier die Wahl zwischen verschieden strengen Modellen. So kann er die Vervielfältigung und Verbreitung seiner Werke allen interessierten Nutzern erlauben, sofern diese ihn als Rechteinhaber nennen. Gleichzeitig kann er aber auch eine gewerbliche Nutzung seiner Werke oder die Bearbeitung durch andere ausschließen. Die genauen Hintergründe und wie man selbst seine Werke unter eine Creative Commons-Lizenz stellen kann, wird auf der Homepage der Creative Commons-Organisation erklärt: *http://de.creativecommons.org*.

Unter einer solchen Creative Commons-Lizenz stehen in der Regel auch die Angebote, die als *Podsafe Music* bezeichnet werden. Dabei handelt es sich um Musikwerke, die nicht von der GEMA verwertet werden und daher auch die Bezeichnung »gemafrei« tragen. Diese Werke werden auf Portalen wie beispielsweise *www.podsafeaudio.com* Podcastern und Videobloggern kostenfrei zur Nutzung überlassen.

Auch bei Bildern im Internet findet sich zuweilen ein Verweis auf Creative Commons-Lizenzen. So können etwa viele der Bilder auf *www.flickr.com* unter den dort angegebenen Bedingungen frei verwendet werden. Auch Bilder, die beispielsweise bei Wikipedia genutzt werden, stehen oft unter einer Creative Commons-Lizenz. Auf der Seite *http://commons.wikimedia.org/wiki/Hauptseite* lassen sich viele Bilder oft unter bestimmten Bedingungen, wie beispielsweise der Nennung der Fotografen, weiter nutzen.

Das Urheberpersönlichkeitsrecht

Anders als die verwertungsrechtliche Seite, die dem Urheber sein Einkommen sichern soll, schützt das Urheberpersönlichkeitsrecht die persönliche Beziehung des Urhebers zu seinem Werk. So verpflichtet es etwa den Nutzer eines Werks, den Namen des Urhebers nach dessen Wunsch zu nennen oder zu verschweigen. Bei Zitaten zwingt es zur Quellenangabe. Gleichzeitig schützt das Urheberpersönlichkeitsrecht das Werk vor Entstellung und sichert dem Urheber das Recht, bei »gewandelter Überzeugung« ein erteiltes Nutzungsrecht wieder zurückzurufen. Anders als die in Form von Nutzungsrechten übertragbaren Verwertungsrechte bleibt das Urheberpersönlichkeitsrecht immer beim Urheber und kann daher niemals übertragen und verkauft werden.

§

Wer ein Werk nutzt, muss daher, auch wenn er die entsprechenden Nutzungsrechte besitzt, immer die Urheberpersönlichkeitsrechte beachten. Er muss damit in aller Regel den Urheber nennen und darf Werke nicht entstellen.

Spannend kann die Frage der Urhebernennung etwa dann werden, wenn auf einer Webseite ein Link »inline« gesetzt wird, d.h., wenn fremde (urheberrechtlich geschützte) Inhalte nicht in einem separaten Fenster mit zugehöriger Webadresse, sondern im Frame der verlinkenden Webseite auftauchen. Dann ist nicht mehr erkennbar, zu wem bzw. zu welcher eigentlich verlinkten Webseite die Inhalte gehören. Das Urheberpersönlichkeitsrecht auf Namensnennung ist damit verletzt. Wer also z.B. eine »nackte« Musikdatei verlinken möchte, sollte unbedingt darauf achten, dass der jeweilige Komponist und der Interpret des Musikstücks genannt werden, sofern sich deren Namen aus der ursprünglichen Webpräsenz ergeben. Bei Fotos sollte ein Hinweis beim Link auf das Bild oder direkt auf dem Bild vorhanden sein.

Natürlich gibt es auch Urheber, die ausdrücklich nicht namentlich genannt werden möchten. Dieser Wunsch ist genauso zu respektieren wie das Verlangen, mit einem bestimmten Künstlernamen aufgeführt zu werden.

Schranken des Urheberrechts

Keine Regel gilt ohne Ausnahme – so ist auch das Urheberrecht nicht unbeschränkt anwendbar. Zahlreiche Ausnahmeregelungen, die Schranken des Urheberrechts, sorgen dafür, dass die Regelungen des Urheberrechts dann keine Anwendung finden, wenn bestimmte Voraussetzungen erfüllt sind. Zurückzuführen ist dies auf das Regelungsziel des Urheberrechts, wonach die Urheber einerseits nicht zum Verhungern verdammt sein dürfen, andererseits aber auch bestimmte Informationen der Allgemeinheit zukommen sollen, ohne dass ein Urheber das verhindern kann.

Die wohl bekannteste Urheberrechtsschranke ist die der Privatkopie, wonach einzelne Vervielfältigungen für den privaten Gebrauch auch ohne ein entsprechendes Nutzungsrecht zulässig sind. Dies gilt weiterhin für analoge sowie auch für digitale Kopien. Voraussetzung ist hier aber, dass die Kopiervorlage nicht von offensichtlich rechtswidriger Herkunft ist und dass die Kopien nicht zu einem Erwerbszweck genutzt werden. Damit darf beispielsweise eine Musikdatei, die ohne entsprechende Nutzungsrechte in einer P2P-Tauschbörse zugänglich gemacht wurde, genauso wenig kopiert werden wie ein Computerspiel, das zuvor unter Umgehen eines Kopierschutzes kopiert worden ist. Ebenso ist die Kopie der privat erworbenen CD unzulässig, wenn diese Kopie anschließend bei eBay verkauft werden soll. Die kopierte CD, die der Schwester zum Geburtstag geschenkt werden soll, ist dagegen vom privaten Gebrauch noch mit umfasst.

Anders als dies häufig vermutet wird, handelt es sich bei der Privatkopierschranke jedoch nicht um ein »Recht«, das eingeklagt werden könnte. So findet die Privatkopie ihrerseits ihre Schranken in technischen Schutzmaßnahmen wie etwa Kopierschutzmechanismen. Auch diese schützen das Urheberrecht – sofern sie als wirksam bezeichnet werden können –, sodass auch derjenige, der unter Umgehung eines Kopierschutzes eine vermeintliche Privatkopie herstellt, eine Urheberrechtsverletzung begeht.

Tipp

Zur Privatkopie kann man sich merken:
Erlaubt ist hier das Selbstgebrannte
für Freunde und auch für Verwandte.
Kopierschutz soll man nie umgeh'n,
sonst kann man schnell vorm Richter steh'n.

Auch die journalistische Arbeit wird durch Schranken des Urheberrechts begünstigt. So ist etwa die Internetveröffentlichung von Zeitungsartikeln und Rundfunkkommentaren zu aktuellen politischen, wirtschaftlichen oder religiösen Tagesfragen zulässig, sofern diese nicht mit einem Rechtevorbehalt versehen sind. Allerdings ist dafür eine angemessene Vergütung zu zahlen, die wiederum durch die Verwertungsgesellschaften geltend gemacht wird.

Werden bei einer Berichterstattung über Tagesereignisse Werke wahrnehmbar, ist auch das in gebotenem Umfang zulässig. Dies gilt etwa für Kunstwerke, die im Verlauf eines Video-Podcasts über eine Ausstellungseröffnung zu sehen sind. Weitere Schranken beziehen sich auf den Schulunterricht und die Forschung.

Die für die Arbeit mit Blogs oder Podcasts interessanteste Urheberrechtsschranke betrifft das Zitat und hier insbesondere das Kleinzitat. Es erlaubt, Stellen eines bereits veröffentlichten Werks in ein neues (Sprach-)Werk aufzunehmen und damit eigene Ansichten aussagekräftig zu untermauern. Voraussetzung dafür ist jedoch die Schaffung eines eigenen urheberschutzfähigen Werks und die inhaltliche Auseinandersetzung mit dem Zitierten. An einem Werk, d.h. an einer eigenen geistigen Schöpfung, fehlt es, wenn sich beispielsweise ein Blog darauf beschränkt, Textstellen oder Links lediglich zu sammeln und für »gut« oder »schlecht« zu befinden. Bei einem selbst geschriebenen Text, der eine bestimmte eigene Aussage transportiert, kann dagegen ein Zitat zulässig sein, sofern es dem Zitatzweck dient. Der Zitatzweck liegt darin, eine eigene Aussage zu stützen, und führt zum einen dazu, dass unbedingt eine inhaltliche Auseinandersetzung mit dem Zitierten erfolgen muss. Zum anderen hat der Zitatzweck auch Auswirkungen auf die zulässige Länge der Zitatstelle. Erlaubt ist insofern nur, was tatsächlich erforderlich ist. Um zu unterstreichen, dass eine Band einen sehr rockigen Stil hat, reicht sicherlich ein sehr kurzer Musikausschnitt; wer darüber schreibt, dass ein Autor besonders blumige Formulierungen an den grausamsten Stellen seines Romans verwendet und daher ein Exzentriker der besonderen Art ist, kann sicherlich etwas umfangreicher gleich mehrere Stellen zitieren. Sobald jedoch im äußeren Erscheinungsbild das Zitierte den gleichen oder gar einen größeren Raum einnimmt als die inhaltliche Auseinandersetzung mit dem Zitat, kann man davon ausgehen, dass es sich nicht mehr um ein zulässiges Zitat handelt. In jedem Fall gilt bei einem Zitat die Pflicht, die Quelle des Zitierten mit anzugeben. Neben dem Text- und dem Musikzitat gibt es natürlich auch ein Bildzitat, für das die gleichen Voraussetzungen gelten. Wer also seine Plattenkritik mit der Abbildung des Plattencovers untermalt, muss sich auch mit der Cover-Darstellung auseinandersetzen – andernfalls ist eine Einwilligung des Urhebers erforderlich.

§ Zitate sind nur zulässig bei der Schaffung eines eigenen Werks, bei inhaltlicher Auseinandersetzung mit dem Zitat, in einem vom Zweck gebotenen Umfang und unter Angabe der Quelle.

KAPITEL 15

Wettbewerbsrecht

In diesem Kapitel:

- Unerwünschte Werbung
- Missbräuchliche Verwendung von Keywords/Metatags
- Kostenfalle Abmahnung

Wer im Rahmen von Podcasts und Blogs mit Werbung arbeitet, um sich so das eine oder andere Zubrot zu verdienen, sollte sich auch mit den Vorgaben des Wettbewerbsrechts auseinandersetzen. Die entsprechenden Regelungen des UWG, des *Gesetzes gegen unlauteren Wettbewerb*, verfolgen das Ziel, die Fairness im Geschäftsgeschehen zu schützen. Gegen das Wettbewerbsrecht verstößt daher, wer durch unfaire Methoden seinen Mitbewerbern am Markt das Leben schwer macht – etwa indem potenzielle Kunden im Internet auf die Seiten des Konkurrenten umgeleitet werden, ohne es zu merken, oder indem Produkte des anderen schlecht gemacht werden, um eigene besser zu vermarkten. Gleichzeitig schützt das UWG aber auch die Fairness gegenüber den Verbrauchern – z. B. dürfen diese nicht durch übertriebene Sparangebote angelockt werden, deren überaus klein gedruckter »Haken« sich am Ende als Kostenfalle entpuppt. Daneben sollen Verbraucher vor Bombardements mit unerwünschter Werbung (Spam) bewahrt werden.

Unerwünschte Werbung

Wer sich vor der Flut von Werbeprospekten im eigenen Briefkasten schützen möchte, hat die Möglichkeit, einen Aufkleber mit der Aufschrift »Bitte keine Werbung einwerfen« anzubringen, und wird künftig von den Verteilern bunt gedruckter Sonderangebote verschont. Das Prinzip lautet dabei: Alle Briefkästen bekommen Werbung außer denen mit »Bitte nicht«-Aufklebern. Dieses Prinzip wird auch als »Opt-out« bezeichnet.

Da sich an einem E-Mail-Postkasten kein Aufkleber anbringen lässt und die Flut unerwünschter Werbemails inzwischen erschreckende

Ausmaße angenommen hat, schreibt das Wettbewerbsrecht für den Onlinebereich ein anderes Prinzip vor, die sogenannte »Opt-in«-Lösung. Danach darf niemand E-Mail-Werbung zugeschickt bekommen, es sei denn, er hat sich ausdrücklich (etwa durch Setzen eines Häkchens) damit einverstanden erklärt. Ganz besonders sicher ist diese Lösung im Fall des »Double-opt-in«: Hier muss nicht nur ein Häkchen gesetzt, sondern anschließend auch noch eine E-Mail bestätigt werden, um auszuschließen, dass jemand anderes als der Mailempfänger die Erklärung abgibt (siehe dazu auch Kapitel 12, *Newsletter*).

Ausnahmsweise gilt auch bei E-Mails das Opt-out-Prinzip, also die zulässige Werbung, bis widersprochen wird, wenn bereits zulässigerweise Werbung für ganz ähnliche Produkte oder Dienstleistungen an diese Mailadresse von genau diesem Absender geschickt wird oder wenn der Kunde die Mailadresse im Zusammenhang mit einem Kauf an den Unternehmer weitergegeben hat. Dass es trotzdem täglich eine neue Flut von Spam im E-Mail-Postfach gibt, liegt vor allem daran, dass in Deutschland wie auch in anderen Ländern die Anti-Spam-Gesetze noch recht frisch sind und deren effektive Durchsetzung noch immer in den Kinderschuhen steckt.

§

Das grundsätzliche Verbot, E-Mail-Werbung an Empfänger zu schicken, die nicht zuvor eingewilligt haben, gilt auch für Newsletter und Ähnliches. Allein die Tatsache, dass in einem Newsletter auch sinnvolle Informationen jenseits der klassischen Werbung transportiert werden, führt nicht dazu, dass es sich nicht um Werbung im Sinne des Gesetzes handelt. Es reicht bereits aus, dass der Newsletter auf das Portal des Versenders verweist, damit er als »Werbung« im Sinne des UWG anzusehen ist.

Beim Anbieten von Newslettern aller Art ist deshalb unbedingt darauf zu achten, dass nur auf Bestellung des Empfängers versandt wird.

Missbräuchliche Verwendung von Keywords/Metatags

Wie bereits im Abschnitt »Onsite-Optimierung« in Kapitel 7, *Suchmaschinenoptimierung*, erläutert, sind Metatags die Informationen, die zwar für den Besucher einer Internetseite nicht sichtbar sind, aber beispielsweise von Suchmaschinen genutzt werden, um Suchergebnisse zu erstellen. Je besser die Informationen in den Metatags dabei mit der jeweiligen Suchanfrage übereinstimmen, desto weiter erscheint die jeweilige Webseite vorn bei den besten Ergebnissen der Anfrage. Da liegt es nahe – etwa als Onlinevertreiber von No-Name-Waschmaschinen –, den Namen »Miele« möglichst oft in die Metatags zu schreiben, um so als Ergebnistreffer eventuell noch vor der eigentlichen »Miele«-Seite zu landen. Auch für ein Blog, auf dessen Seite sich ein Waschmaschinenbeitrag und zufällig auch eine Werbung für No-Name-Waschmaschinen finden, könnte diese Metatag-Nutzung interessant sein. Allerdings ist davon dringend abzuraten. Zwar war lange Zeit umstritten, ob es nicht aus wettbewerbs- wie auch aus markenrechtlichen Gesichtspunkten doch zulässig sein könnte, weil die Verbraucher selbst die Metatags ja nicht sehen können. Inzwischen hat jedoch der Bundesgerichtshof klargestellt, dass in der Nutzung eines fremden Markenkennzeichens als Meta-Tag eine kennzeichenmäßige Benutzung und damit auch eine Verletzung der Markenrechte zu sehen ist. Diese Rechtsprechung kann ebenfalls auf neue Angebote wie beispielsweise Twitter übertragen werden. So ist darauf zu achten, dass beim Anlegen eines Twitter-Accounts keine markenmäßige Benutzung eines Markennamens durch den Benutzernamen vorliegt.

Kostenfalle Abmahnung

Wenn es einmal zu einer Verletzung des Wettbewerbsrechts gekommen ist – etwa weil ein ungewollter Newsletter verschickt wurde oder weil eine Werbeanzeige den Ruf des Konkurrenten schädigt und der Seiteninhaber diese trotz Kenntnis nicht gelöscht hat –, soll es nach dem Willen des Gesetzgebers eine außergerichtliche Beilegung des Streits geben. Bevor es also überhaupt ein Gerichtsverfahren geben kann, muss dem vermeintlich Schuldigen in Form einer Abmahnung die Chance gegeben werden, etwa durch Abgabe einer Unterlassungserklärung den Verletzten zu beschwichtigen. War die Abmahnung berechtigt, ist die behauptete Rechtsverletzung also tatsächlich geschehen, gibt das Gesetz einen Anspruch auf Ersatz der Aufwendungen. Führt die Abmahnung also ein Rechtsanwalt durch, sind die Anwaltskosten zu erstatten. Dies gilt nicht nur für das Wettbewerbsrecht und insbesondere im Urheberrecht, sondern auch bei anderen Rechtsverletzungen auf Webseiten oder in Podcasts können kostenpflichtige Abmahnungen zugestellt werden.

Leider gibt es Anwälte, die darin eine sprudelnde Geldquelle sehen und daher in großem Stil Abmahnungen verschicken. Das wiederum ist nicht zulässig – zumal diese Anwälte nicht in eigenem

Namen, sondern nur für den jeweils Verletzten handeln dürften. Auf eine unzulässigerweise verschickte Abmahnung hin muss jedoch der Abgemahnte auch dann nicht zahlen, wenn die Abmahnung dem Grund nach berechtigt wäre.

Ähnlich verhält es sich, wenn ein Unternehmen selbst eine Rechtsabteilung hat, die durchaus in der Lage gewesen wäre, die Abmahnung selbst zu schreiben. Wird dann trotzdem der teure Anwalt herangezogen, sind seine Kosten unnötig entstanden und müssen auch nicht ersetzt werden.

Es empfiehlt sich daher, im Fall einer Abmahnung erst einmal nachzuforschen, ob eine Zahlungspflicht tatsächlich besteht. Dafür kann es empfehlenswert sein, selbst einen Rechtsanwalt zurate zu ziehen. Sollte die Zahlungspflicht tatsächlich bestehen, lässt sich über die Höhe oft noch verhandeln. Wie hoch der zugrunde liegende Streitwert ist, an dem sich die Gebühr orientiert, ist gesetzlich nicht festgelegt, und es besteht ein recht großer Spielraum. Auch bei diesen Verhandlungen kann ein Rechtsanwalt hilfreich sein.

Am besten ist es natürlich, wenn man es gar nicht erst zu einer Rechtsverletzung – sei es im Wettbewerbs- oder sonstigen Recht – kommen lässt und so für Abmahnungen aller Art keinen Anlass gibt.

KAPITEL 16

Persönlichkeitsrechte

In diesem Kapitel:

- Das Recht am eigenen Wort
- Das Namensrecht
- Das Recht am eigenen Bild
- Ehrschutz

Zu den häufigsten Rechtsverletzungen im Internet zählen die Verletzungen von Persönlichkeitsrechten. Wer einmal seinem Ärger Luft machen möchte und andere wild beschimpft, weiß in der Regel, dass er dabei die Grenzen der hinzunehmenden Kritik überschreitet und den Straftatbestand der Beleidigung erfüllt. Wer dagegen eigene Fotos ins Netz stellt oder ein auf der Straße aufgenommenes Interview online stellt, verletzt dabei die Persönlichkeitsrechte anderer oft völlig unbewusst und unbeabsichtigt – und sieht sich dennoch den zivilrechtlichen Schadensersatz- und Schmerzensgeldansprüchen ausgesetzt.

Das allgemeine Persönlichkeitsrecht wird aus dem deutschen Grundgesetz abgeleitet und schützt jeden Einzelnen in seiner persönlichen Entfaltung. Die sogenannte *Sphärentheorie* unterscheidet dabei drei verschiedene Bereiche. Der erste und weiteste Bereich ist die Individualsphäre, die einen Menschen in den Beziehungen zu seiner Umwelt betrachtet. Geschützt wird hier beispielsweise die informationelle Selbstbestimmung, also alles, was in den Bereich des Datenschutzes fällt. Der zweite Bereich, die Privatsphäre, schützt unter anderem das Privatleben oder das Leben im Familienkreis. Verletzt wird dieser Bereich z.B. durch die Zusendung unverlangter E-Mails, durch Tonbandaufnahmen ohne Zustimmung oder durch die Verwendung eines Namens in der Werbung. Den innersten Kern des Persönlichkeitsrechts stellt die Intimsphäre dar, die am stärksten vor Beeinträchtigungen geschützt ist. Hierzu zählt etwa alles, was im eigenen Schlafzimmer passiert, oder die ganz persönliche Tagebuchaufzeichnung. Diese dürfte z.B. nicht einmal in einem Mordprozess zur Beweiserhebung genutzt werden.

Das Persönlichkeitsrecht endet nicht mit dem Tod eines Menschen, sondern wirkt auch noch darüber hinaus. Allerdings verblasst das sogenannte »postmortale Persönlichkeitsrecht« mit der Zeit, sodass die Erben Napoleons im 21. Jahrhundert sicherlich nicht mehr aus persönlichkeitsrechtlichen Gründen gegen eine verhöhnende Karikatur vorgehen könnten. Der Bundesgerichtshof beschrieb die Dauer des Schutzes mit dem Zeitraum, in dem die Erinnerung an den Verstorbenen verblasst.

Ein Schutz des allgemeinen Persönlichkeitsrechts findet sich auch im Bürgerlichen Gesetzbuch, das dem Verletzten unter anderem einen Anspruch auf Schmerzensgeld gewährt. Andere Spezialformen des Persönlichkeitsrechts, wie etwa das Recht am eigenen Bild, das Urheberpersönlichkeitsrecht (siehe dazu den gleichnamigen Abschnitt weiter oben in diesem Kapitel) oder der Schutz der Ehre sind in anderen Gesetzen ausdrücklich geregelt.

Das Recht am eigenen Wort

Zu den Rechten, die als Teil des allgemeinen Persönlichkeitsrechts nicht ausdrücklich geregelt sind, gehört unter anderem das Recht am eigenen Wort, das sowohl das geschriebene als auch das gesprochene Wort umfasst. Geschützt wird der Einzelne etwa davor, dass ihm Worte in den Mund gelegt werden, die er nicht oder nicht so gesagt hat. Deshalb dürfen z.B. Interviews nicht um entscheidende Passagen gekürzt oder inhaltlich verändert und dann ohne Einwilligung des Betroffenen veröffentlicht werden. Schließlich könnte es sein, dass sich durch das Kürzen der Sinn des Gesagten verändert. Auch verletzen Zitate, die das ursprünglich Gemeinte durch die Form des Zitierens verzerren, das Recht am eigenen Wort – etwa indem sie in einen völlig anderen Zusammenhang gestellt werden.

Das Recht am gesprochenen Wort betrifft vor allem den Schutz vor dem Abhören von Telefonaten oder vor nicht genehmigten Tonaufnahmen. Insoweit besteht sogar strafrechtlicher Schutz – wer Privatgespräche eines anderen heimlich aufzeichnet, kann dafür mit bis zu drei Jahren Gefängnis bestraft werden. Das betrifft etwa auch das Zwiegespräch, bei dem heimlich ein Diktiergerät mitläuft. Selbst wenn eine Audioaufnahme mit dem Einverständnis des Betroffenen hergestellt worden ist, bedeutet dies nicht, dass auch ohne Weiteres eine Veröffentlichung im Rahmen eines Podcasts zulässig ist. Schließlich lässt das Recht am eigenen Wort den Einzelnen auch bestimmen, ob und in welcher Form das aufgenommene Wort vor anderen abgespielt werden darf.

§ Wer auf Einladung eines Podcasters zu einem Interview erscheint, erklärt sich damit in der Regel auch gleichzeitig mit einer Veröffentlichung des aufgenommenen Interviews einverstanden. Geht die anschließende Bearbeitung jedoch über ein Schneiden in normalem Umfang (Versprecher, Nebengeräusche usw.) hinaus, empfiehlt sich eine Rücksprache. So kann ausgeschlossen werden, dass sich der Interviewte durch Kürzungen oder Änderungen missverstanden fühlt. Wer auf archiviertes Tonmaterial zurückgreift, muss dabei sicher sein, dass sprechende Personen mit der jeweiligen Veröffentlichung auch einverstanden sind.

Das Namensrecht

Ein entscheidender Teil der Persönlichkeit eines Menschen ist sein Name. Daher genießt dieser auch einen ausdrücklich genannten Schutz nach dem Bürgerlichen Gesetzbuch. § 12 BGB schützt dabei den Namen vor unrechtmäßiger Benutzung, vor allem vor Namensanmaßungen. Eine Namensanmaßung liegt z. B. vor, wenn der Name eines Prominenten mit einem Produkt in Verbindung gebracht wird, ohne dass ein Werbevertrag oder etwas Vergleichbares geschlossen worden wäre. Da das Namensrecht allein den Namen betrifft, der sowohl »Karl Schulze« als auch »Apple« oder »Bosch« lauten kann, gilt das Recht nicht nur für natürliche, lebende Personen, sondern auch für die sogenannten juristischen Personen, also z. B. Wirtschaftsunternehmen. Wird ein Name unrechtmäßig benutzt, kann der rechtmäßige Namensträger eine Unterlassung dieser Nutzung verlangen. Das Produkt mit dem Namen des Prominenten müsste dann also vom Markt genommen und gegebenenfalls umbenannt werden.

Das Recht am eigenen Bild

Ein Foto in der Zeitung, in einem Online-Magazin oder auf einer Blog-Webseite kann für die abgebildete Person eine hervorragende Publicity oder eine schmeichelnde Anerkennung sein, genauso kann es einen tiefen und schmerzhaften Eingriff in die Persönlichkeit darstellen. Deshalb gibt der Bildnisschutz aus dem *Kunst- und Urhebergesetz* (KUG) jedem Einzelnen die Befugnis, selbst zu entscheiden, ob und in welchem Rahmen ein Bild veröffentlicht wer-

Domainnamen und das Namensrecht

Häufig kommt es bei der Vergabe von Internet-Domains zu Rechtsstreitigkeiten im Zusammenhang mit dem Namensrecht. Das liegt vor allem daran, dass der Domain durch die Gerichte eine Namensfunktion zugesprochen wurde. Wenn Karl Schulze die Domain »www.karl-schulze.de« einrichtet, nutzt er diese Domain als Namensträger rechtmäßig. Nutzt die Domain dagegen Heiner Müller, so kann Karl Schulze von ihm Unterlassung verlangen. Im Fall der Domain bedeutet dies, dass Heiner Müller die Domain (bei ».de-Domains« gegenüber der DENIC) freigeben muss. Karl Schulze kann dann, wenn er möchte, selbst die Domain für sich registrieren. »Domain-Grabber«, die sich Domains mit fremden Namen registrieren lassen, um sie dann teuer zu verkaufen, gehen deshalb leer aus.

Problematisch wird es, wenn Konrad Schulze die Domain »www.k-schulze.de« registrieren lässt, denn dann haben sowohl Karl als auch Konrad Schulze ein Namensrecht. In diesem Fall gilt das Prioritätsprinzip. Nutzen darf die Domain dann, wer sie als Erster registriert hat. Eine Ausnahme, die von der Rechtsprechung geschaffen wurde, gilt hier bei großen Unternehmen mit weithin bekannten Namen. So müsste ein Herr Siemens, der sich die Seite »www.siemens.de« gesichert hat, diese trotz seines unbestrittenen Namensrechts hergeben, da ansonsten das Unternehmen Siemens Gefahr liefe, durch die fehlende Präsenz unter der Domain in seinem Ansehen herabgesetzt zu werden. Die Gerichte sprechen dann von einer »Verwässerung«.

den darf. Natürlich sind dieser Entscheidungsfreiheit aber auch Grenzen gesetzt, denn schließlich gibt es auf der anderen Seite ein Informationsinteresse der Öffentlichkeit, das mit dem Persönlichkeitsrecht in Einklang gebracht werden muss.

Das KUG bedient sich hier der »Regel-Ausnahme-Technik«. Zunächst einmal gilt für jedes »Bildnis«, d.h. für jedes Foto, Video oder montierte Computerbild, auf dem eine Person identifizierbar ist, dass eine Veröffentlichung ohne die Einwilligung des Abgebildeten nicht zulässig ist. Dabei deckt eine einmal erklärte Einwilligung für die Veröffentlichung in einer Schülerzeitung nicht automatisch auch das Einstellen ins Internet ab. Die Einwilligung muss sich eindeutig auf die beabsichtigte Form der Veröffentlichung beziehen.

Auch wenn keine Einwilligung des Abgebildeten vorliegt, kann eine Veröffentlichung trotzdem zulässig sein. Dies gilt erst mal für Bilder, auf denen die abgebildeten Personen nur im Hintergrund eine Rolle spielen. Wird zum Beispiel der Kölner Dom fotografiert, hat man trotzdem ein Recht, das Bild zu veröffentlichen, obwohl sich vielleicht Menschen davor aufhalten. Dasselbe gilt für Bilder von Aufmärschen und Demonstrationen, bei denen die Menschenmenge im Vordergrund steht und nicht die einzelne Person. Das ist etwa dann der Fall, wenn es sich um ein Bildnis aus dem Bereich der Zeitgeschichte handelt, wenn also entweder die abgebildete Person oder das gesamte Bild zeitgeschichtliche Bedeutung hat. Das kann Robbie Williams in der Fußgängerzone sein oder auch die Gruppe der ersten Ostdeutschen, die nach Grenzöffnung in den Westen kamen. Unterschieden wird dabei zwischen absoluten und relativen Personen der Zeitgeschichte. Während absolute Personen der Zeitgeschichte aufgrund ihrer Prominenz dauerhaft im Blick der Öffentlichkeit stehen, wecken relative Personen der Zeitgeschichte das öffentliche Interesse nur vorübergehend – etwa als Opfer eines Unfalls oder als Lottogewinner. Auswirkungen hat diese Unterscheidung auf die anschließend durchzuführende Interessenabwägung. Früher folgte die Rechtssprechung der Ansicht, dass bei einer absoluten Person der Zeitgeschichte ein Bild, solange nicht ein berechtigtes Interesse der Person verletzt wurde, immer auch ohne Einwilligung zulässigerweise veröffentlicht werden darf. Dies wurde jedoch durch die Rechtssprechung des europäischen Gerichtshofs für Menschenrechte, die auch für Deutschland gilt, eingeschränkt. Demnach kommt es zum heutigen Zeitpunkt nicht mehr so sehr auf die einzelne Person an, sondern darauf, ob sich die Berichterstattung über die einzelne Person auf ein Ereigniss der Zeitgeschichte bezieht. Es kommt somit mehr auf den Kontext der Berichterstattung an. Befindet sich Robbie Williams bei einem privaten Einkauf, ist er nicht mehr im Rahmen eines Ereignisses der Zeitgeschichte unterwegs. Stellt er jedoch seine neue CD vor, kann dies als ein solches Ereignis eingestuft werden. Für den Bereich der Personen der absoluten Zeitgeschichte muss somit immer zwischen dem privaten und dem öffentlichen Auftreten unterschieden werden. Das kann in der Praxis oft zu schwierigen Abgrenzungen führen.

Bei einer relativen Person der Zeitgeschichte muss das Bild mit dem jeweiligen Ereignis, das die Person für die Öffentlichkeit interessant macht, zusammenhängen. Damit wäre die Veröffentlichung des strahlenden Lottogewinners vor seiner Annahmestelle in Ordnung, ein Bild des Lottogewinners an der Supermarktkasse ohne dessen Einwilligung dagegen nicht.

§

Der Bildnisschutz aus dem KUG betrifft lediglich die Veröffentlichung bereits vorhandener Bilder. Das heimliche Aufnehmen mit einer Webcam in Cafés oder Sonnenstudios ist dagegen nach allgemeinem Persönlichkeitsschutz zu beurteilen. Danach gilt, dass alle Bildaufnahmen, die den Intimbereich betreffen, unzulässig sind und ansonsten auf berechtigte Interessen der Person Rücksicht zu nehmen ist.

Einen besonderen Schutz bietet das Strafrecht bei Bildaufnahmen, die ohne Einwilligung in der Wohnung oder in einem gegen Einblicke besonders geschützten Raum angefertigt werden. Dies betrifft etwa auch die öffentliche Sauna. Wer hier heimlich fotografiert, muss mit einer Freiheitsstrafe bis zu einem Jahr oder mit einer Geldstrafe rechnen. Das Gleiche gilt für denjenigen, der diese Bilder weiterverbreitet.

Ehrschutz

Die persönliche Ehre gilt als bedeutender Teil des Persönlichkeitsrechts – das zeigt sich vor allem daran, dass der persönliche Geltungswert auch durch das Strafrecht ausdrücklich gegen Verunglimpfungen geschützt wird. Gleich fünf Straftatbestände schützen vor Beleidigung, Verleumdung und übler Nachrede. Dabei stellt sich aber auch hier das Problem, dass der Ehrschutz auf der einen Seite mit der Meinungs- und Pressefreiheit und dem öffentlichen Interesse an – auch einmal etwas schärferer – Kritik auf der anderen Seite in Einklang gebracht werden muss. Im Ergebnis sind daher die Voraussetzungen der strafrechtlichen Ehrverletzung immer ein bisschen strenger als vermutet. Auch wenn sich jemand durch eine Äußerung – etwa in einem Blog – tief verletzt und beleidigt fühlt, ist die Schwelle zur strafrechtlich relevanten Beleidigung damit oft noch lange nicht überschritten.

Unterschieden wird zunächst zwischen Tatsachenbehauptungen und Meinungsäußerungen. Während sich die Tatsachenbehauptung an Fakten orientiert und damit entweder richtig oder falsch sein kann, bezieht sich die Meinungsäußerung auf das rein subjektive Empfinden. »Er hat Geld gestohlen« ist damit eine Tatsachenbehauptung, »er ist ein Vollidiot« dagegen eine Meinungsäußerung.

Tatsachenbehauptungen berühren die Ehre, wenn sie den Betroffenen vor anderen herabwürdigen, den »guten Ruf« zerstören. Dabei führt eine erwiesenermaßen wahre Tatsachenbehauptung jedoch keineswegs zu einer Strafbarkeit – wer einen Anlass zu herabwürdigenden Aussagen gibt, ist nicht mehr geschützt. Schwieriger wird es allerdings, wenn bei einer Tatsachenbehauptung nicht feststeht, ob sie wahr oder unwahr ist. In diesem Fall trägt der Täter das Beweisrisiko. Gelingt der Wahrheitsbeweis nicht, kann sich auch strafbar machen, wer etwas an sich Wahres behauptet hat. Das Gleiche gilt für den, der eine solche Behauptung zwar nicht selbst aufstellt, aber die Aussage eines anderen über Blogs oder Podcasts weiterverbreitet – es sei denn, er distanziert sich ausdrücklich, z.B. mit den Worten: »Die Behauptung, X habe gestohlen, halte ich für fragwürdig.« Ansonsten droht bei den Ehrdelikten eine Geldstrafe oder bis zu fünf Jahre Freiheitsstrafe. Dazu können dann noch zivilrechtliche Schadensersatz- bzw. Schmerzensgeldansprüche des Opfers kommen.

Privilegiert sind diejenigen, die im Dienst der Meinungs-, Presse- oder Rundfunkfreiheit Tatsachen verbreiten (das dürften die meisten Blogger und Podcaster sein) und dabei sorgfältig recherchiert haben. Damit kommt insoweit wieder der journalistische Sorgfaltsmaßstab bei der Recherche ins Spiel (siehe dazu den Abschnitt »Presserechtliche Sorgfaltspflichten« weiter oben in diesem Kapitel). Wer also verlässliche Quellen nutzt oder dubiose Quellen sorgfältig überprüft, kann in einem Blog durchaus auch mal eine falsche Aussage verbreiten. Wichtig ist dann aber, dass der Zweck der Aussage in einer ernst zu nehmenden Berichterstattung liegt, denn reine Sensationsgier reicht dafür in aller Regel nicht aus. Diese Rückausnahme dient dem Ausgleich zwischen der Ehre des Einzelnen und dem Informationsinteresse der Allgemeinheit – damit müssen hier die Vorteile der Äußerung für die Allgemeinheit gegen die Nachteile des Betroffenen abgewogen werden. Alle Umstände – wie etwa die Art des Mediums, die Größe der Hörer- oder Leserzahl oder die Schwere der Rufschädigung – müssen hier gewürdigt werden. Überwiegen die Vorteile für das allgemeine Informationsinteresse, bleibt die entsprechende Äußerung nicht nur strafrechtlich ohne Folgen – auch Schadensersatz- und Schmerzensgeldansprüche sind dann in aller Regel nicht mehr zu befürchten.

Abfällige Meinungsäußerungen betreffen – anders als Tatsachenbehauptungen – weniger den guten Ruf als vielmehr die innere Ehre. Gleichzeitig ist jede Meinungsäußerung durch die Meinungsfreiheit geschützt. Kritik darf – auch wenn sie einmal etwas schärfer formuliert ist – grundsätzlich immer geäußert werden. Die Grenzen liegen allerdings dort, wo eine Miss- oder Nichtachtung so deutlich gemacht wird, dass dies nicht mehr als unerheblich anzusehen ist. Wer andere – z.B. im Meinungsforum – mit »Du« anspricht, ist vielleicht unhöflich, begeht aber keine Straftat. Wer jemanden als »unfähigen Deppen« bezeichnet, befindet sich damit wohl jenseits der Grenzen des Zulässigen. Zu berücksichtigen sind aber auch hier alle äußeren Umstände, vom grinsenden Emoticon bis zum insgesamt eher deftigen Umgangston in einem Forum. Ist eine Meinungsäußerung mehrdeutig, wird immer von der harmlosesten Deutung ausgegangen.

§

Eine Besonderheit stellt im Zusammenhang mit beleidigenden Meinungsäußerungen die Satire dar. Überzeichnete Schärfen machen ja gerade eine Satire aus und können deshalb nicht per se zu einer Strafbarkeit führen. Außerdem ist – z.B. bei einer gezeichneten Karikatur – neben der Meinungsfreiheit auch die Kunstfreiheit des Zeichners betroffen, die den Rahmen des Zulässigen noch erweitert. Ist die Satire als solche für jedermann erkennbar, wird die ehrenrührige Aussage auf ihren Kern reduziert. Stellt dieser Aussagekern eine hinzunehmende Kritik dar, ist die Satire zulässig. Verbirgt sich also hinter der Zeichnung eines Bomben legenden Politikers die Aussage, der Politiker eröffne heikle Diskussionen, ist dies zulässig. Soll es aber heißen, der Politiker sei ein Terrorist, sind die Grenzen der Zulässigkeit überschritten.

Beleidigungsfähig sind nicht nur einzelne Personen – auch ganze Unternehmen, Berufsgruppen oder Vereinigungen können Opfer einer Ehrverletzung sein. Eine Gruppe – wie etwa die Bundeswehr – kann als solche nur beleidigt werden, wenn sie eine anerkannte gesellschaftliche oder wirtschaftliche Funktion erfüllt und wenn sie einen einheitlichen Willen bilden kann. Es können aber auch die einzelnen zur Gruppe gehörenden Personen (alle deutschen Soldaten) gemeint sein. Je kleiner die Gruppe ist und je eher tatsächlich jeder Einzelne konkret gemeint ist, desto wahrscheinlicher ist die Strafbarkeit.

Alle Beleidigungsdelikte sind Antragsdelikte, d.h., sie werden nur auf Antrag durch die Staatsanwaltschaft verfolgt. Einen Strafantrag kann lediglich derjenige stellen, der durch die Ehrverletzung unmittelbar betroffen ist, also in aller Regel der Beleidigte oder Verleumdete selbst. Daher kann man ein Strafverfahren oft durch eine ernst gemeinte Entschuldigung und das Angebot, entsprechende Stellen zu löschen, vermeiden.

KAPITEL 17

Haftungsfragen

In diesem Kapitel:

- Haftung für eigene Inhalte
- Haftungsprivilegierungen für fremde Inhalte
- Die Störerhaftung

Ein Grundprinzip, das der deutschen Rechtsordnung zugrunde liegt, ist das sogenannte Verantwortungsprinzip. Demnach hat ein jeder für das einzustehen, was er selbst verursacht hat. Grundsätzlich gilt das natürlich auch im Internet, allerdings gibt es hier in Fragen der Haftung für Rechtsverletzungen einige Besonderheiten. Diese ergeben sich aus dem Telemediengesetz. Hier hat der Gesetzgeber unter anderem für Internet-Zugangs- und Host-Provider Privilegierungen geschaffen, damit diese nicht für alles mitverantwortlich sein müssen, was ihre Kunden mit ihrer Hilfe ins Netz stellen – das sollte die Internetwirtschaft in Deutschland stärken.

Haftung für eigene Inhalte

Im Rahmen der Haftungsprivilegierungen ist zunächst zu unterscheiden zwischen eigenen und fremden Inhalten. Bei eigenen Inhalten gilt – wie gehabt – das Verantwortungsprinzip. Das heißt, dass jeder für eigene Inhalte im Internet auch selbst zur Verantwortung gezogen wird. Wer also in einem eigenen Blog oder Podcast andere beleidigt, zu rechtsextremer Gewalt aufruft oder Schleichwerbung betreibt, muss selbst für den Schaden aufkommen und etwa Schadensersatz zahlen oder auch ein strafrechtliches Ermittlungsverfahren befürchten.

Zu eigen gemachte Inhalte

Eigene Inhalte sind nicht nur die Inhalte, die jemand selbst schreibt oder produziert. Auch fremde Inhalte können in Haftungsfragen wie eigene behandelt werden, wenn sie sich jemand »zu eigen« gemacht hat. Wer also fremdes Material wie Anzeigen oder sonstige Texte in die eigene Arbeit so integriert, dass dem unwissenden Zuschauer nicht klar wird, dass es sich eigentlich um fremde Inhalte handelt, macht sich dieses zu eigen. Genauso kann das der Fall sein bei Links, die verlinkte Seiten im gestalterischen Rahmen (Frame) der eigenen Seite darstellen. Auch hier wird dem Betrachter nicht klar, dass es sich eigentlich um fremde Inhalte handelt, mit der Konsequenz, dass für diese Inhalte volle Verantwortlichkeit besteht, also die Gefahr von Schadensersatzansprüchen und strafrechtlicher Verfolgung. Bei einem »normalen« Link entscheidet vor allem die äußere Form, ob es sich um zu eigen gemachte oder um fremde Inhalte handelt. Wer ganz allgemein auf die Webseiten befreundeter Blogger oder Podcaster hinweist, leitet den Nutzer offensichtlich zu fremden Inhalten, wer dagegen in einem Text verlinkte Inhalte (z.B. Wikipedia-Artikel) gewissermaßen als Erklärung mit heranzieht, macht sich diese zu eigen. In jedem Fall sollte man beim Setzen eines Links überprüfen, ob sich hinter der verlinkten Seite nicht ein offensichtlich rechtswidriger Inhalt verbirgt. Wer sich verlinkte Inhalte zu eigen macht, sollte dann ein Auge darauf haben, ob sich der verlinkte Inhalt verändert und dadurch rechtswidrig wird.

Haftungsprivilegierungen für fremde Inhalte

Sobald es sich weder um eigene noch um zu eigen gemachte Inhalte handelt, greifen die Haftungsprivilegierungen des Internetrechts. Wer z.B. wie der Zugangsprovider fremde Informationen lediglich durch die eigenen Leitungen schickt, haftet für Rechtsverletzungen nur, wenn er die Datenübermittlung ausnahmsweise selbst veranlasst hat bzw. wenn er die Informationen selbst ausgewählt oder verändert hat. Auch die Host-Provider, die ihren Kunden Webspace zur Verfügung stellen, haften nicht, solange sie von Rechtsverletzungen keine Kenntnis haben. Erfahren sie allerdings von einer Rechtsverletzung in ihrem Hoheitsbereich, sind sie verpflichtet, unmittelbar tätig zu werden – entweder durch Löschen der betreffenden Inhalte oder durch Sperren der entsprechenden Seiten. Wer in dieser Hinsicht nicht unmittelbar handelt, haftet so, als wenn es sich um eigene Inhalte gehandelt hätte.

Dies betrifft vor allem die Kommentarfunktionen bei Blogs und Podcasts. Schreibt hier ein Gast Beiträge, die die Rechte anderer verletzen, sollte der Seitenbetreiber schnell tätig werden und die Beiträge bzw. zumindest die betreffenden Stellen löschen. Werden sämtliche Kommentare dem Betreiber parallel auch per Mail zugesandt, wie es oft üblich ist, und ist die übliche Menge der Kommentare auch in einem überschaubaren Rahmen, wird sich auch ein privater Blog- oder Podcast-Betreiber kaum länger als etwa zwei bis drei Werktage auf der Behauptung ausruhen können, er habe davon nichts gewusst. Allerdings gilt dies nur für Rechtsverletzungen, die tatsächlich auch vom juristischen Laien als solche erkannt werden können. Während das bei einer wüsten Beschimpfung sicherlich eindeutig ist, kann es in anderen Fällen (etwa bei dem mysteriösen Angebot eines gewaltigen Nebenverdiensts allein durch Geldüberweisungen) angezeigt sein, sich von außerhalb Rat zu holen. Bei »versteckten« Rechtsverletzungen (wie z. B. dem Ausplaudern eines Betriebsgeheimnisses oder Ähnlichem), die nicht ohne Weiteres als solche erkennbar sind, gilt die Pflicht zum unmittelbaren Löschen bzw. Sperren der Inhalte dagegen nicht. Der Webseitenbetreiber muss dann erst tätig werden, wenn er tatsächlich weiß – etwa durch einen entsprechenden Beweis –, dass es sich um eine Rechtsverletzung handelt. In jedem Fall sollte aber eine Äußerung, auf deren Rechtswidrigkeit ein Webseitenbetreiber durch andere aufmerksam gemacht wurde – durch eine Abmahnung oder auch einen gut gemeinten Tipp –, sehr sorgfältig überprüft werden.

Haftung für Forenbeiträge

Sobald die Gestaltung einer Webseite mit Fremdäußerungen über die Kommentarfunktion im kleineren Rahmen hinausgeht und es sich vielmehr um ein öffentliches Meinungsforum handelt, stellt sich auch hier die Frage der Haftung. Grundsätzlich gilt, dass die Haftung des Webseitenbetreibers für fremde Inhalte erst dort beginnt, wo er von einer Rechtsverletzung Kenntnis erlangt hat. Eine Pflicht, sämtliche Beiträge vor ihrer Veröffentlichung einzeln durchzusehen und auf ihre Rechtmäßigkeit zu überprüfen, besteht dagegen ausdrücklich nicht. Allerdings gehen insbesondere im Bereich der Forenhaftung die Meinungen auseinander, und auch die bisherige Rechtsprechung ist in diesen Fällen nicht eindeutig. So wird zum Teil davon ausgegangen, dass eine gewisse Prüfungspflicht dann besteht, wenn der einem Meinungsforum zugrunde liegende journalistische Artikel ein so brisantes Thema mit äußerst schneidigen Thesen behandelt, dass von einer rechtswidrigen Reaktion der Leser im Forum nahezu ausgegangen werden muss. Auch dann, wenn bekannt ist, dass es unter bestimmten Umständen (durch ein bestimmtes Thema oder durch bestimmte Forenteilnehmer) immer wieder zu Rechtsverletzungen kommt, kann hier eine vorherige Überprüfung der Beiträge erforderlich sein. Die Gegenseite vertritt, dass jegliche vorherige Überprüfung fremder Inhalte per Gesetz ausgeschlossen sei und deshalb auch nicht verlangt werden könne. Solange aber die Rechtslage in diesem Bereich nicht endgültig entschieden ist, empfiehlt sich bei Meinungsforen – insbesondere bei sensiblen Themen – eine gewisse Vorsicht.

Die Störerhaftung

Neben der allgemeinen Haftung, die sich insbesondere auf den zivilrechtlichen Schadensersatz und die strafrechtliche Verantwortlichkeit bezieht, gibt es ein zweites Haftungsmodell, das insbesondere Zugangs- und Hostprovidern oft Kopfschmerzen bereitet. Die sogenannte Störerhaftung betrifft jeden, der zu einer Rechtsverletzung irgendeinen ursächlichen Beitrag geleistet hat – z.B. also den Webhoster, der dem Verletzer Webspace zur Verfügung gestellt hat. Inhalt der Störerhaftung ist die Beseitigung des eigenen Beitrags – im Beispiel müsste also der Webhoster dem Verletzer den Speicherplatz entziehen. Letztlich ist er damit verpflichtet, die entsprechenden Seiten bzw. den Zugang zu ihnen zu sperren.

Natürlich gilt auch hier das Verbot allgemeiner Überwachungspflichten – kein Webhoster muss also sämtliche Seiten seiner Kunden permanent überprüfen. Die Prüfungspflichten des Webhosters müssen sich vielmehr immer im Rahmen des Möglichen abspielen. Allerdings hat sich im Bereich der Störerhaftung eine Rechtsprechung entwickelt, die einer Überwachungspflicht immer näher kommt. So muss etwa ein Online-Auktionshaus verhindern, dass eine einmal bekannt gewordene Rechtsverletzung – z.B. die Versteigerung gefälschter Rolex-Uhren – in gleicher oder ähnlicher Form noch einmal passiert. Man spricht dabei von »kerngleichen« Rechtsverletzungen. Wer also z.B. als Betreiber einer Blog- oder Podcast-Plattform bei bestimmten Inhalten schlechte Erfahrungen mit Rechtsverletzern gemacht hat, sollte diese Bereiche ganz besonders im Auge behalten. Auch wenn sie nicht vorgeschrieben sind, können dafür Filter durchaus sinnvoll sein, die bei einer automatischen Überprüfung auf bestimmte Schlüsselwörter anspringen.

KAPITEL 18

Jugendschutz

In diesem Kapitel:

- Der Index des Jugendschutzgesetzes: die Liste jugendgefährdender Medien
- Der Jugendmedienschutz-Staatsvertrag
- Werbung
- Technische Selbstregulierung im Internet oder sonstige Vorgaben

Gewaltverherrlichende Darstellungen und pornografische Inhalte können Jugendliche in ihrer Entwicklung beeinträchtigen und zu psychischen Störungen führen. Auch wird eine Steigerung der Gewaltbereitschaft befürchtet. Diese Erkenntnisse sind keineswegs neu und haben daher in mehreren Gesetzen Niederschlag gefunden. Eine besonders große Gefahr sehen Jugendschützer im Internet, da hier zum einen das weltweite Angebot eine Vielzahl jugendgefährdender Inhalte bereithält und zum anderen die Anonymität des Internets weitgehend verhindern kann, dass Jugendliche von bestimmten Angeboten ausgeschlossen werden. Schließlich kann es eine Gesichtskontrolle, wie sie etwa der Türsteoher vor dem Pornokino durchführen kann, im Internet nicht geben. Ziel der Jugendschutzvorschriften im Medienbereich ist daher einerseits die Kennzeichnung jugendgefährdender Inhalte, damit Eltern die Möglichkeit haben, den Zugang zu unterbinden, andererseits aber auch eine staatlich verordnete Zugangssperre für Jugendliche zu bestimmten Inhalten. Dabei ist der Jugendschutz im deutschen Recht ein Rechtsgut mit Verfassungsrang, gleichzeitig obliegt aber die Kindeserziehung den Eltern, und der Staat darf hier nur im Notfall eingreifen.

Die für den Jugendschutz in Blogs und Podcasts relevanten Regelungen finden sich vor allem im *Jugendmedienschutz-Staatsvertrag* (JMStV), zum Teil aber auch im *Jugendschutzgesetz* (JuSchG). Diese Zweiteilung führt zuweilen zur Unübersichtlichkeit, liegt aber darin begründet, dass für die Gesetzgebung im Jugendschutz mal der Bund und mal die Länder zuständig sind. So behandelt das Jugendschutzgesetz als Bundesgesetz den Jugendschutz in der Öffentlichkeit und betrifft dabei etwa auch Trägermedien wie CDs und DVDs, der Jugendmedienschutz-Staatsvertrag beinhaltet als Länder-Staatsvertrag Regelungen über Telemedien, also auch über Mediendienste wie Blogs und Podcasts.

Der Index des Jugendschutzgesetzes: die Liste jugendgefährdender Medien

Um Kinder und Jugendliche gezielt vor gefährdenden Inhalten zu schützen, sieht das JuSchG eine Indizierung durch die Bundesprüfstelle für jugendgefährdende Medien vor. Die Prüfstelle führt eine Liste mit jugendgefährdenden Medien, die ständig aktualisiert wird. Auch Telemedien können in die Liste jugendgefährdender Inhalte aufgenommen werden. Damit erscheinen unter Umständen auch bestimmte Blogs oder Podcasts bzw. einzelne Episoden auf dem Index. Für regelmäßig erscheinende Telemedien gilt, dass sie für drei bis zwölf Monate komplett in die Liste aufgenommen werden können, wenn sie innerhalb eines Jahres mit mehr als zwei Folgen indiziert worden sind. Ein wöchentlich erscheinender Podcast, der also mit drei aufeinanderfolgenden Episoden durch die Bundesprüfstelle als jugendgefährdend eingeordnet wurde, kann damit genauso mit sämtlichen (vielleicht ansonsten harmlosen) Folgen indiziert werden wie ein Blog, der auf ein Jahr verteilt dreimal als jugendgefährdend aufgefallen ist. Medien sollen aus der Liste gestrichen werden, wenn die Voraussetzungen der Aufnahme nicht mehr vorliegen. Des Weiteren verliert eine Aufnahme in die Liste nach 25 Jahren ihre Wirkung.

Der Jugendmedienschutz-Staatsvertrag

Der Jugendmedienschutz-Staatsvertrag (JMStV) sieht zum Schutz von Kindern und Jugendlichen vor jugendgefährdenden Inhalten eine dreistufige Regelung vor. Auf höchster Stufe stehen Inhalte, die – wie etwa Kinderpornografie – gegen einen Straftatbestand verstoßen, den Krieg verherrlichen oder die Menschenwürde verletzen. Insbesondere zählen dazu auch die Telemedien, die von der Bundesprüfstelle als absolut verboten indiziert wurden. Diese Inhalte sind ausnahmslos unzulässig.

Telemedien, die von der Bundesprüfstelle als »schwer jugendgefährdende« Inhalte eingestuft wurden, fallen genau wie etwa pornografische Darstellungen unter die zweite Stufe. Auch diese Angebote sind grundsätzlich unzulässig. Wenn jedoch vom Anbieter sichergestellt werden kann, dass nur Erwachsene dieses Angebot wahrnehmen, weil nur diese sich in einer sogenannten *geschlossenen Benutzergruppe* befinden, ist eine Verbreitung dieser Inhalte ausnahmsweise doch zulässig.

Altersverifikationssysteme

Um im Internet eine geschlossene Benutzergruppe nur mit Erwachsenen herzustellen, gibt es verschiedene Altersverifikationssysteme, die sicherstellen sollen, dass tatsächlich nur Nutzer über 18 Jahren auf ein bestimmtes Angebot zugreifen können.

Das anerkanntermaßen sicherste Verfahren ist das sogenannte »PostIdent-Verfahren«. Hier wird der Nutzer zunächst mit seinem Personalausweis bei einer Filiale der Deutschen Post vorstellig, von dort wird die Volljährigkeit anschließend gegenüber dem Anbieter bestätigt, der dann den Nutzer zum Angebot zulässt. Problematisch ist bei diesem Verfahren lediglich, dass es zunächst einige Zeit in Anspruch nimmt und dann für den potenziellen Kunden eine sehr große Hürde der Peinlichkeit darstellen könnte, für die Nutzung eines Pornoangebots bei der Post vorsprechen zu müssen. Bei Anbietern sind daher Systeme, bei denen allein die Personalausweisnummer zur Altersverifikation ausreicht, deutlich beliebter. Anhand der Nummer prüft dieses System, ob der Nutzer volljährig ist oder nicht. Allerdings wird dieses System als unzureichend angesehen, da es zu leicht manipulierbar ist. Findige Kinder können sich entsprechende Personalausweisnummern sogar aus dem Internet besorgen. Das Gleiche gilt für Systeme, die mit Kreditkartennummern oder vorangestellten Geldüberweisungen arbeiten. Auch darin liegt nach allgemeiner Ansicht keine effektive Barriere – schließlich haben auch Kinder Girokonten oder können sich Kreditkarten der Eltern »ausleihen«. Wer also eine geschlossene Benutzergruppe unter Ausschluss von Kindern und Jugendlichen schaffen muss, sollte sich dafür des PostIdent-Verfahrens bedienen.

Auf der letzten Stufe der Regelungen des JMStV stehen schließlich Angebote, die »geeignet« sind, Minderjährige in ihrer Entwicklung zu »beeinträchtigen«. Diese Angebote sind grundsätzlich zulässig, allerdings muss der Anbieter hier dafür sorgen, dass Kinder und Jugendliche diese Angebote üblicherweise nicht wahrnehmen können. Diese Auflage kann etwa im Fernsehen dadurch erfüllt werden, dass bestimmte Inhalte erst nach 23 Uhr gesendet werden, da zu dieser Zeit üblicherweise Kinder und Jugendliche nicht zusehen. Im Internet ist das nicht ganz so einfach – schließlich ist hier grundsätzlich jeder Inhalt zu jeder Zeit und von jedem Ort aus abrufbar. Es helfen dann also nur technische Filter, die bestimmte Inhalte für Kinder weitestgehend unzugänglich machen. Hier können etwa die Altersverifikationssysteme zur Anwendung kommen, die – wie z. B. der Abgleich von Personalausweisnummern – zur Abgrenzung einer geschlossenen Benutzergruppe unzureichend sind (s. o.). Auch wenn diese Systeme bei jugendgefährdenden Inhalten der zweiten Stufe nicht ausreichend zuverlässig sind, erschweren sie den Zugang für Kinder dennoch deutlich, sodass sie auf der dritten Stufe effektiv eingesetzt werden können.

Handelt es sich um Angebote, die nur für jüngere Kinder gefährlich sein könnten, erfüllt der Anbieter seine Pflicht schon dadurch, dass er die Angebote von einem Kinderprogramm deutlich trennt und als jugendgefährdend kennzeichnet.

Aufseiten der Eltern besteht dann die Möglichkeit, eine Filtersoftware einzusetzen, die entwicklungsbeeinträchtigende und jugendgefährdende Inhalte blockiert, sodass Kinder und Jugendliche die betreffenden Internetseiten nicht aufrufen können. Diese Filterprogramme orientieren sich dabei unter anderem an den Angaben des Anbieters.

Explicit Tags

Wer einen Podcast bei iTunes veröffentlicht, stößt bei der Eingabe der Metadaten auf ein Kästchen *»Inhalt nur für Erwachsene geeignet«*. Wird dieses Kästchen angeklickt, erscheint der Podcast stets mit dem Schriftzug *»explicit«*. Genauso lässt sich ein garantiert jugendfreier Inhalt mit der Bezeichnung *»clean«* versehen. Vorrangig dient dies der Information der Eltern darüber, welche Inhalte für ihre Kinder geeignet bzw. weniger geeignet sind. Gleichzeitig lässt sich Jugendschutz-Filtersoftware so programmieren, dass sie auch alle *»explicit«*-Podcasts blockiert. Wer allerdings Inhalte verbreitet, die nicht nur »entwicklungsbeeinträchtigend«, sondern vielmehr schwer jugendgefährdend oder gar strafrechtlich verboten sind, dem nützt auch ein *»explicit«*-Zeichen nichts. Schließlich dürfen diese Inhalte überhaupt nicht zugänglich gemacht werden.

Werbung

Der Schutz von Kindern und Jugendlichen umfasst nicht nur das Verbot oder die Einschränkung bestimmter gefährdender Inhalte: Auch vor manipulierender Werbung möchte der Staat die Jugend bewahren. So sind Kaufappelle an Kinder und Jugendliche, die deren Unerfahrenheit oder Leichtgläubigkeit ausnutzen, unzulässig. Insbesondere ist dabei an die Angebote von Klingelton-Abonnements zu denken, die zunächst wie der Kauf eines einzelnen Klingeltons erscheinen, dann aber – für den unerfahrenen Jugendlichen völlig überraschend – eine langfristige Vertragsbindung beinhalten.

Aber auch bei der Werbung für alkoholische Getränke und Tabakprodukte hält das Gesetz seine schützende Hand über die Jugend: Alkohol- und Rauchwarenwerbung darf sich nicht an Minderjährige richten und darf diese auch durch die Art der Alkoholdarstellung nicht besonders ansprechen. Für ein Blog, das sich (auch) an minderjährige Schüler richtet, verbietet sich damit z.B. eine werbetechnische Zusammenarbeit mit einer Zigarettenfirma.

Technische Selbstregulierung im Internet oder sonstige Vorgaben

Die Anzahl jugendgefährdender und schwer jugendgefährdender Inhalte im Internet ist immens. Eine rein staatliche Kontrolle wäre daher aus Personal- und Kostengründen von vornherein zum Scheitern verurteilt. Daher herrscht im Bereich des Jugendmedienschutzes das Aufsichtsmodell der regulierten Selbstregulierung. Bei einem möglichen Verstoß gegen die Jugendschutzvorschriften wird zunächst eine anerkannte Einrichtung der freiwilligen Selbstkontrolle tätig, wenn der Anbieter einer solchen Einrichtung angehört. Die wichtigste Einrichtung ist hier die *freiwillige Selbstkontrolle Multimedia-Diensteanbieter* (FSM), die etwa die empfohlenen Altersgrenzen für Spielfilme festlegt. Erst wenn diese freiwillige Selbstkontrolle versagt, kommt die KJM, die *Kommission für Jugendmedienschutz*, ins Spiel. Sie führt dann ein Prüfverfahren durch und ergreift entsprechende Maßnahmen.

Index

D

E

F

G

H

I

N

O

P

Q

R

S

T

X

Y

Z

Über die Autoren

Moritz »mo.« Sauer ist Journalist, Buchautor, Dozent und Webdesigner. Als engagierter Spezialist beschäftigt sich der Kölner hauptsächlich mit den Themen Internet, Kommunikation, (Online-) Journalismus, Marketing, Musik und Netzkultur.

Als Journalist veröffentlichte Moritz »mo.« Sauer seine Künstlerportraits, Thementexte, Fachartikel und Podcasts bereits über verschiedenste Medien wie beispielsweise das *c't Magazin*, auf *zeit.de*, *de-bug.de* oder über *Keyboards* oder die *Musikwoche*.

Als Musikliebhaber und Fachbuchautor hat er für O'Reilly außerdem den Titel *Websites für Musiker, DJs und Netlabels* geschrieben.

2009 und 2010 organisierte Moritz »mo.« Sauer 2010 die Cologne Commons-Konferenz. Neben der Moderation zahlreicher Panels betreute er den Auftritt im Internet und in sozialen Netzwerken. Die Konferenz befasste sich mit aktuellen Themen der digitalen Kultur, Zukunft der Medien, den Entwicklungen im Web 2.0 und der globalen Vernetzung.

Als Webdesigner und Herausgeber veröffentlicht Moritz »mo.« Sauer das deutschsprachige Musik- und Netzkultur-Magazin *Phlow.net* und die englischsprachige Dependance *Phlow-Magazine.com*. Mit *Netlabels.org* stellt er im Internet ein umfassendes Verzeichnis digitaler Musiklabel zur Verfügung, welches Zugang zu freier Creative Commons-Musik von Netlabels bietet.

Dr. Laura Dierking, LL.M. (Informationsrecht) ist Rechtsanwältin im Bereich Telekommunikations- und Medienrecht in Düsseldorf. Sie promovierte zum Thema Podcasting und Recht (Dissertation online unter *http://miami.uni-muenster.de/servlets/DerivateServlet/Derivate-4832/diss_dierking.pdf*) und startete im Jahr 2006 das juristische Podcast-Projekt »J!Cast« in Zusammenarbeit mit der Universität Münster. Unter *www.jcast.de* werden regelmäßig Experten aus Wissenschaft und Praxis zu medien- oder telekommunikationsrechtlichen Themen befragt.

Rechtsanwalt **Christoph Golla**, LL.M. (Medienrecht), studierte Jura in Bochum und absolvierte anschließend sein Rechtsreferendariat in Dortmund, Speyer und Berlin. Des Weiteren nahm er an einem Masterstudiengang zum Medienrecht der Universität Mainz teil. Derzeit ist er als wissenschaftlicher Mitarbeiter am Institut für Informations-, Telekommunikations- und Medienrecht bei Prof. Hoeren in Münster beschäftigt. Dort hat er auch die Produktion des juristischen Podcasts J!Cast übernommen, der unter *www.jcast.de* medien- und telekommunikationsrechtliche Fragen behandelt. Neben dem Studium arbeitete er beim Hochschulsender der TU Dortmund und sammelte so auch journalistische Praxis und Erfahrungen.

Web

Praxiswissen Joomla!

Tim Schürmann
648 Seiten, 2008, 29,90 €, inkl. CD-ROM mit Bonusmaterial
ISBN 978-3-89721-455-2

Tim Schürmann begleitet Sie von den ersten Schritten mit dem Content Management System Joomla! bis zum fertigen modernen Webauftritt am Beispiel eines Kinoportals. Er zeigt Ihnen, wie Sie Joomla! installieren und einrichten. Wie Sie existierende Erweiterungen installieren und ganz eigene Erweiterungen entwickeln, erfahren Sie in einem weiteren Kapitel. Mehrsprachigkeit, Barrierefreiheit, Suchmaschinenoptimierung, Backups und Sicherheitsaspekte sind ebenso dabei. Behandelt die Version 1.5.

Joomla!-Websites erweitern und optimieren

Tim Schürmann
672 Seiten, 2009, 34,90 €, inkl. CD-ROM
ISBN 978-3-89721-884-0

Geschafft: Die Joomla!-Website läuft stabil und zieht immer mehr Besucher an. Kein Grund, die Hände in den Schoß zu legen! Wie wäre es mit einem Online-Shop, damit der Besucher nicht für jede Bestellung eines Fanartikels eine Mail an den Administrator schicken muss? Und sollten sich wichtige Termine nicht in einem schicken Kalender ablesen lassen? Wie wäre es mit einem Forum für die Kommunikation der Benutzer untereinander? Die zentrale Antwort darauf sind die zahllosen Erweiterungen für Joomla! Tim Schürmann zeigt in diesem Buch nicht nur, wie man sie installiert und welche Komponenten für den jeweiligen Zweck am geeignetsten sind, sondern erklärt auch, wo die Fallstricke liegen, welche Sicherheitsaspekte berücksichtigt werden müssen und viele wichtige Punkte mehr.

Praxiswissen Drupal 6

Friedrich Stahl & Olav Schettler
240 Seiten, 2008, 24,90
ISBN 978-3-89721-485-9

Dieses Buch bietet einen kompakten Einstieg in Drupal 6 und demonstriert anhand eines Beispielprojekts, wie Sie eine CMS-basierte Website Schritt für Schritt aufbauen: Angefangen beim Setup über die Einbindung von Blogs und Foren bis hin zur Entwicklung eigener Module lernen Sie Drupal und seine Stärken kennen.

Online-Shops mit Magento

Roman Zenner
384 Seiten, 2009, 34,90 €
inkl. CD-ROM, gebundene Ausgabe
ISBN 978-3-89721-868-0

Magento Commerce, das brandneue und viel beachtete Open Source-Shopsystem der Firma Varien, beeindruckt durch eine Funktionsvielfalt und Flexibilität, die sogar für den Enterprise-Einsatz kaum Wünsche offen lässt. Dieses Buch bietet Webshop-Betreibern einen praktischen Einstieg in die Installation und Einrichtung dieses E-Commerce-Systems, mit dem sie ihren Shop schnell ans Laufen bekommen. Sie erfahren alles über den Aufbau und die Pflege des Produktkatalogs, das Kundenmanagement, das Anpassen von Steuersätzen, über Template-Design, Versandmodelle, Multishops oder Mehrsprachigkeit. Schritt-für-Schritt-Anleitungen und viele Praxistipps helfen Ihnen, Ihr Online-Business mit Magento aufzubauen und nach Ihren Wünschen zu gestalten.

Praxiswissen WordPress

Olivia Adler
304 Seiten, 2009, 19,90 €
ISBN 978-3-89721-915-1

WordPress erfreut sich seit Jahren großer Beliebtheit: Ganz gleich, ob privat oder kommerziell genutzt, ob für eine Handvoll Besucher oder Tausende Nutzer pro Tag ausgelegt – mit dem Weblog-CMS lassen sich sowohl Blogs als auch umfangreiche Websites umsetzen. Dieses Buch beschreibt anhand einer Beispiel-Site, wie man ein Weblog aufsetzt, konfiguriert und mit individuellen Inhalten befüllt. Da sich auch komplexe Websites gut mit WordPress verwalten lassen, widmet sich die Autorin auch der Nutzung von WordPress als Content Management System. Darüber hinaus wird eine Auswahl an nützlichen Plug-ins vorgestellt, mit denen Sie Ihr Blog um schöne oder praktische Features erweitern können.

Die Programmiersprache Ruby

David Flanagan & Yukihiro Matsumoto, 480 Seiten, 2008, 39,90 €, gebundene Ausgabe, ISBN 978-3-89721-874-1

Die Programmiersprache Ruby ist das maßgebliche Handbuch zu Ruby mit einer Beschreibung der Sprachversionen 1.8 und 1.9. Es wurde vom Ruby-Entwickler Yukihiro »Matz« Matsumoto für erfahrene Programmierer geschrieben, die sich in Ruby einarbeiten, und für Ruby-Programmierer, die ihr Wissen erweitern und Ruby besser beherrschen wollen. Es enthält eine umfassende Einführung in die mächtige API der Ruby-Plattform und stellt – mit ausführlich kommentiertem Code – die Möglichkeiten von Ruby in Bezug auf Textbearbeitung, mathematische Berechnungen, Collections, Ein-/Ausgabe, Netzwerkverarbeitung und Concurrency vor.

Webdesign

Webdesign von Kopf bis Fuß

Ethan Watrall & Jeff Siarto
496 Seiten, komplett in Farbe, 2009, 44,90 €
ISBN 978-3-89721-906-9

Webdesign von Kopf bis Fuß ist ein Buch für alle, die Kenntnisse in (X)HTML und CSS mitbringen und nun am Gesamteindruck ihrer Website feilen wollen. Nach und nach lernen Sie die Prinzipien professionellen Designs kennen und bekommen einen geschärften Blick dafür, was standardkonforme, nutzerfreundliche Websites von anderen abhebt. Auch die technische Umsetzung wird wie immer bei Büchern dieser Reihe mit viel Kreativität und Humor behandelt.

HTML mit CSS & XHTML von Kopf bis Fuß

Elisabeth Freeman & Eric Freeman
692 Seiten, 2006, 44,90 €
ISBN 978-3-89721-453-8

Sie wollen die Web-Grundtechnologien HTML und CSS erlernen, fürchten aber nüchtern-technische Lehrbücher? Dann ist *HTML mit CSS und XHTML von Kopf bis Fuß* genau das Richtige für Sie! Statt langweiliger Vorträge finden Sie hier viele visuelle Überraschungen, witzige Comics, geistreiche Dialoge und unterhaltsame Beispiele. Und trotzdem vermittelt das Buch das technische Know-how, das man braucht, wenn man im Web-Umfeld arbeitet oder arbeiten möchte. Angefangen bei den Grundkenntnissen in HTML, XHTML und CSS über notwendige Infos zu Zeichensätzen und Farben bis hin zur Einhaltung der Webstandards werden alle wichtigen Themen behandelt – worauf warten Sie also noch?

JavaScript: Missing Manual

David Sawyer McFarland
576 Seiten, 2008, 39,90 €
ISBN 978-3-89721-879-6

Die Zeiten, als Websites allein aus Texten und Bildern bestanden, sind längst vorbei. Nutzer von Webangeboten erwarten inzwischen nutzerfreundliche Formulare, eine elegante Navigation, Bookmark-fähige Stadtpläne oder interaktive Fotogalerien. Hinter vielen dieser Features verbirgt sich JavaScript – ein guter Grund also, sich mit der beliebtesten Skriptsprache des Webs zu beschäftigen. Dieses Buch vermittelt auf verständliche Art den Aufbau und die Arbeitsweise der Sprache und richtet sich explizit an Nicht-Programmierer, die ihren Sites Interaktivität einhauchen wollen. Sie lernen die Vielfalt interaktiver Elemente kennen und erfahren, wie Sie sie konkret in JavaScript entwickeln.

Webdesign mit (X) HTML & CSS

Jennifer Niederst Robbins
mit Farbteil, 480 Seiten, 2008, 39,90 €
ISBN 978-3-89721-782-9

Dieses Buch bietet einen erfrischenden Einstieg ins Webdesign und macht Sie mit den modernen technischen Standards vertraut. Ohne viel graue Theorie lernen Sie mit (X)HTML und CSS umzugehen und erproben diese Webtechnologien von Anfang an mit vielen Übungen. Wichtige Hinweise zur konkreten Einhaltung der Webstandards und zur Barrierefreiheit sind immer wieder in den Text eingeflochten.

CSS: Missing Manual

David Sawyer McFarland
520 Seiten, 2009, 39,90 €
ISBN 978-3-89721-890-1

Die Tage, als Webdesign vor allem mit HTML-Tabellen und Platzhaltergrafiken zu tun hatte, sind längst vorbei. Cascading Stylesheets haben sich als Webstandard durchgesetzt und sorgen dafür, dass Farbgebung, Typografie, Layout etc. zentral gesteuert werden können. Dieses Buch erklärt CSS von der Pike auf und lässt Sie das ungeheure Potenzial entdecken, das diese Auszeichnungssprache mitbringt. Grundkenntnisse in (X)HTML werden vorausgesetzt. David Pogue ist erfolgreicher Buchautor und Technik-Kolumnist der New York Times. Er ist dafür bekannt, dass er technische Inhalte humorvoll, leicht verständlich und ohne Lobhudelei vermittelt.

CSS – Das umfassende Handbuch, 2. Auflage

Eric A. Meyer
576 Seiten, 2007, 39,90 €, gebundene Ausgabe, ISBN 978-3-89721-493-4

Eric Meyer, eine international anerkannte Größe in der CSS-Gemeinde, behandelt in diesem Buch ausführlich die aktuellen Standards CSS2 und CSS2.1. Detailliert beschreibt er alle CSS-Eigenschaften, erläutert, wie sie mit anderen Eigenschaften zusammenwirken und zeigt anhand vieler praktischer Beispiele, wie sie angewendet werden. Durch die Referenzen im Anhang zu allen CSS-Eigenschaften und Selektoren kann dieses Buch auch sehr gut als Nachschlagewerk verwendet werden.